育人之道
与
问学之理

■ 刘庆昌 著

The Art of Educating and the
Principles of Inquiry

科学出版社

北京

内 容 简 介

　　本书是作者在"以人类的名义思考，向认识的极限挑战"理念引领下，对教育和教育学术研究的理性思考，主题集中在"育人"和"问学"两个范畴之中，充分体现了现代精神和中华优秀传统文化的结合。作者以随笔的形式书写，对具体环境中的教育实践和教育学术研究进行了深刻的思虑，内容通俗而深刻，体现了教育哲学学者的真诚与使命意识，既具有思想的灵动性，也具有理论的严谨性。

　　本书可供一线教育工作者、教育学专业研究者和学习者，以及具有中等以上文化水平的社会公众阅读。

图书在版编目（CIP）数据

育人之道与问学之理 / 刘庆昌著. -- 北京：科学出版社，2025.2.
ISBN 978-7-03-081043-4

Ⅰ. G4-53

中国国家版本馆 CIP 数据核字第 2025TP1110 号

责任编辑：崔文燕 / 责任校对：何艳萍
责任印制：徐晓晨 / 封面设计：有道文化

斜 学 出 版 社 出版

北京东黄城根北街 16 号
邮政编码：100717
http://www.sciencep.com

北京建宏印刷有限公司印刷
科学出版社发行　各地新华书店经销
*
2025 年 2 月第 一 版　开本：720×1000　1/16
2025 年 2 月第一次印刷　印张：23 1/4
字数：368 000

定价：139.00 元

（如有印装质量问题，我社负责调换）

目录 CONTENTS

育人之道

问 学 之 理

育人之道

一

教育应以塑造人格、开发思维
为要务

人为什么要受教育

我们为什么要受教育？这个问题只能供人们做反思性回答，原因是只有受过教育并足够成熟的人才能意识到教育对于他们的必要性。对于那些每年秋季第一次走进学校的儿童来说，他们并不知道自己为什么要受教育，包括送他们入学的父母大概也多是遵从一种习惯，至少在一开始不会去想孩子为什么要受教育这个问题。

随着时光的流转，孩子们渐渐地长大，他们开始参加中考继而参加高考，并有可能在父母的影响下，把受教育与自己的未来生活联系起来。我们在闲暇遛弯时所见闻到的父母的劝学表演基本上就是这种认识的折射。从父母的劝学词中，我们最容易捕捉到的就是孩子受教育的目的和理由。

现在我们换一个角度，站在社会的立场上，则可以提出另一个问题，即为什么要让人受教育。应该说，这个问题的答案就摆放在那里，社会从来就没有在这一问题的回答上遮遮掩掩，这让西方的批判教育理论在我们这里基本上没有什么用场。

1957年，毛泽东在《关于正确处理人民内部矛盾的问题》中说："我们的教育方针，应该使受教育者在德育、智育、体育几方面都得到发展，成为有社会主义觉悟的有文化的劳动者。"（《毛泽东文集》第二卷，人民出版社，1991年版，第226页）今天我们则讲："我们的教育必须把培养社会主义建设者和接班人作为根本任务，培养一代又一代拥护中国共产党领导和我国社会主义制度、立志为中国特色社会主义奋斗终身的有用人才。这是教育工作的根本任务，也是教育现代化的方向目标。"（《习近平在全国教育大会上强调坚持中国特色社会主义教育发展道路 培养德智体美劳全面发展的社会主义建设者和接班人》，《人民日报》2018年9月11日）

无论是"有文化的劳动者"还是"有用人才"，概而言之，都是国家和社会建设发展的生力军，这就是社会为什么要让人受教育的基本逻辑。这样的逻辑对于我们来说，一方面格外地熟悉，另一方面也早就理解与认同了。但是，在强调个人发展和自我价值实现的人们那里，这样的逻辑就有了一些不足，其核心的内容是我们的教育更多强调了使受教育者成长为集体理想实现的手段组成部分，而没有强调个体通过受教育实现自我发展的问题。

对于这一种认识，我们首先应当加以尊重，因为教育无论应发挥何种社会的职能，都应当同时利惠于受教育者个人；其次则应当告知相关的认识者对于教育与个人发展的现实关系问题不必过虑。须知我们社会主义教育的理论基础是马克思主义的人的发展的学说。这是一种人类有史以来最具先进性和辩证性的人的发展观，其要义正是与成为建设者和接班人并不冲突的人的自由全面发展。

有一位研究者说道：马克思关于人的自由全面发展观主旨是提倡人的全面发展，反对异化和片面畸形发展；提倡人的行动自觉自愿自主，反对物统治人和客体支配主体；提倡人与社会和自然和谐统一，反对与之分裂对立以及提倡人的创造性能力充分发挥。（陈刚：马克思人的自由全面发展观及其当代意义，江苏社会科学，2005 年第 6 期）从马克思的思想中，怎么能读不出来社会主义教育对受教育者个人发展和自我价值实现的天然性重视呢？

当然，人类社会发展的最高阶段是共产主义社会，我们目前还处于社会主义的初级阶段，因而也不能断言教育对于受教育者的利惠就到马克思的论述为止了。但可以肯定地说，马克思关于人的自由全面发展学说的确为教育设定了迄今为止最高的目标。

回顾整个教育的历史，人的受教育在大多数时候是被社会需要和被社会设计的。即使像柏拉图那样具有现代性思想的人物，在教育上也主张阶段施教、分类淘汰的金字塔形教育体系。他把公民分为治国者、武士、劳动者三个等级，分别对应智慧、勇敢和欲望三种品性。治国者统治国家，武士辅助治国，劳动者则从事物质生产。

作为一种理论的构想，我们可以对其采取欣赏的态度，但从教育与人的关系角度来审视，治国者、武士和劳动者哪一个之于社会不具有工具性质呢？问题的关键还不在这里，而在于柏拉图的教育是没有以人为目的的教育。

"人的发现"是文艺复兴的辉煌成果，但在文艺复兴时期也只是强调了以人为本而非以神为本，人的地位的真正到位则到了康德提出"人是目的"的时代。"人的发现"和"人是目的"是人的历史的两个端点，在这两者之间还有人的认识和人的解放，而只有到了"人是目的"这一阶段，人的自由全面发展才成为可能。应该说，历史还没有结束，理想仍然具有价值。人文主义者所热衷的人的自由全面发展已经活跃在人类教育和人类社会发展的理想之中。

离开较为宏大的叙事场域，我们其实可以对教育利惠个人的历史性、现实性和可能性加以梳理：第一种性质的教育是要让人有能力的，具体包括生产的和生活的能力，通向所谓智育初级阶段；智育的高级阶段显然是使人聪明的发展性教育。概括起来，教育就是使人有用、聪明。第二种性质的教育是要让人有德性的，其核心的意蕴是规矩和分寸，通向所谓的德育，概括起来，就是使人无害、有德。第三种性质的教育是要让人自主、自由、全面发展的，其要义是使人成为主体，帮助人走向完美，通向特殊意义上的美育。

良好的生命状态与教育

教育领域已经接纳了很多的理念，其中有重认知探究的，有重心性涵养的，还有更具高度的对生命状态的重视。相比较下，着重于认知或心性的教育理念，更具有面对现实的纠偏意向；而重视人的生命状态的教育理念虽然也针对了现实的问题，却更根本一些。也就是说，好的生命状态对于一个人来说，几乎相当于他取之不尽的能量活水，即便没有人刻意重视认知或心性，这两方面的品质也差不到哪里去。

我经常说自己的中小学时期，环境中既没有人讲素质教育，也没有人讲核心素养，但整个学校教育状态就那么自然，老师和学生也没有今天那种必然无法摆脱的懵懂和焦虑。老师的心思很简单，就是让学生把书念好，把人做好；学生的心思更简单，就是等着下课和放学，为此可以配合老师的任何一种教学上的要求。

仔细回忆那时的老师，或许在我们不知道的工作过程中也会思考教学的方法，但呈现在我们面前的教学真的没多少讲究。老师们的精神品质基本上不用怀疑，大而公的工作和生产机制也能让他们心无旁骛。没有什么课外的辅导机构等着他们，因而能一门心思地扑在学校工作上。老师们相互之间虽然也存在着水平上的差异，但这种差异并非来自学历或教育理念和方法的不同，总的来说是由个人的智力天赋决定的。

在中小学阶段，我是比较幸运的。原因如下：

一是学校教育绝对纯粹，尊师重教蔚然成风，环境对学校教育的影响有序，没有什么人敢对学校和老师不敬。

二是学习的课目很少，尤其在中小学阶段，除了语文就是数学，搞不清楚哪来的那么多时间可以让我们练武术、学音乐、养兔子、玩打仗。学业负担根本就不成问题，以致家长看到我们把大好的时光用在成天的疯跑疯玩上，总是责怨老师没有多布置一些作业。

三是碰巧我的老师们都很聪明，我说的是真聪明，不是那种奸猾狡黠式的小聪明。这种聪明释放到教育过程中，给我们的感受是老师做什么都是正当的，老师怎么做都是恰当的。

四是家校配合绝对默契。若是孩子在学校挨了打、受了批评，一旦让家长知道，往往会变本加厉。

我所讲的这几点，毫无夸张美化的成分，实在是我的描画能力弱，无法把许多真实的美好表达出来。我曾力图将自己的那一段受教育经历置入专业的视野审视，结果并没有发生变化，只是让我更加深入地把握了那时的教育。

那时的课程资源不足，但实有的资源得到了充分的利用，即使我们在农村学校，也没有感觉到有一点点欠缺。别的不敢说，日常生活本身就是不错的教科书。我们的长辈们所继承和维持的社会文化古朴又不无活力，成人成才实际上成为学校内外的共同心向。

那时的教师和家长虽然承续着权威伦理，但一心为了学生和孩子，那恨铁不成钢的朴素和真诚，完全抵消了权威力量对我们的消极作用。做学生的我们有时候会心生畏惧，但多数时候却是对老师有一种尊敬。

那时没有网络，也没有电视，当然也没有一机在手、全知天下的条件，但充分的游戏性课外生活和充满了温暖的师生交往，足以让我们接受到足够的教育。

把这一切叠加起来，可以说我们的学校生活真的具有"团结紧张，严肃活泼"的品质。无论是老师还是学生，其生命的状态正是今天的学校教育改革所追求的。也因此，我能够踏实地对我的那一段受教育时光而充满自信，并在今天更加坚定好的生命状态是一切"好教育"的追求所应该具备的基础性前提。

那时农村的老师和家长，因具体的社会生活的决定，在孩子的学习和成长上，几乎没有什么功利心。他们只是指望着自己的孩子能学好，最好能成才。如果孩子不是学习的那块料，实在成不了才，家长也不会担心，毕竟有多少亩地在等着孩子。在我的记忆中，即使个别情商高的家长，也大不了给孩子的老师一点小礼物，更多的事情他们也做不了什么，而且他们根本不知道自己的孩子并不会因为他们的后台公关而有特殊的进步，恰恰相反，其他同学是很看不上这一点的，常常会孤立那孩子，反倒不利于他的成长。

学校的老师，没有来自家长和行政方面的各种压力，他们完成了教学的任务之后，就带着自己的学生做有意义的事情。很少有人评这评那，基本上没有什么占用教育时间的事情，因而老师也是轻松的。要说人最难得的就是轻松，处于轻松之中的人加上有积极的理想，公共的价值就可以把他带到教育所期望的境地。看一看任何时期各个行业的佼佼者，他们最幸运的莫过于遇到一个或几个学高身正、有见识、真聪明的老师，想必他们所接受的教育也就是正统和规范而已。

好的老师难免会以一言一行垂范和启迪学生，但学生后来的发展状况基本上是由他们的理想和天赋成就的，当然还是不能忘却他们的生命状态。反思今天的教育，当我们意识到不若从前的时候，通常并不是站在方法和技术的维度做出判断。实事求是地说，今天的教师所使用的方法和技术肯定达到了本土历史上的最高水平。不若从前的要害处显然是部分教师不能坚守教育信念，具体表现为他们随波逐流地接受和认同了应试训练者的角色。

至于教育这件事和教育者这种角色，他们一般不会去专门思考，大约是觉得这是顺理成章和自然而然的事情。其实，这样的感觉也不算太糟，问题的关键是一些老师顺应了浩浩大势，不仅忽视了自己生命状态的品质，而且亲自改变了学生生命状态的理想状态。想必众所周知，既成的教师和学生的生命状态也不是他们自己的选择，因而在很大程度上是出于不得已。这的确也是事实，但却不能因此而把一切的消极现象都归咎于环境。难道一个人对于自己的实践真的完全没有自我决策的可能吗？如果不完全如此，那个人就需要承担自己和学生生命状态不理想的部分责任。

我们虽然无法强求每一个人都做正确的事情，却也无法承认一切不正确的事情都是由环境决定的。每一次听到人们谈起应试教育时对教育行政部门的批评，我总会说教育行政部门从来就没有让学校搞应试教育。看来这不是一个简单的问题，身处于应试教育中的人，个个都没有责任，但也不知道什么样的力量在发挥推动作用。不知道也好，但需要知道的是让学生具有良好的生命状态是一切教育目标实现的基础性条件，所谓的主观能动性、自觉性和创造性都是个人良好生命状态的自然产物。

教育的最根本处

教育的最根本处，怎么想都是具有独立意志的人与人之间的事情，直截了当地说，是教育者与受教育者的意志碰撞，言其细节，就是有独立意志的教育者对同样有独立意志的受教育者的干预。正因此，在实际的教育生活中，从来就不只是充满欢乐，而应该是任何消极情绪和心境都会出现。作为直接的结果之一，教育者会有烦躁和郁闷，受教育者则会有满肚子的委屈和无奈。

然而，教育的力量并不会因此而减弱，文明的延续和社会的进步要求教育者不断地坚持，教育者又要求受教育者不断地接受。联想到教育者的坚持，根本上是为了受教育者的利益，这种看似生硬的教育其实是充满了善意的。若是人们难以见到其中的善意，很有可能是"干预"一词抑制了他们对善意的感知，毕竟在日常的语境中，干预多多少少携带着强制力，是可能给人带来紧张感的。

但在专业的意义上，"干预"只是一个中性词，仅仅意味着对某种自然过程进行主动的影响。日常现实生活中的干预自然有性质不同的动机，但教育生活中的干预至少在原则上不具有干扰的意图。虽然如此，我们也不能回避干预中的偏差，心情急切而无策略的教育者的确很容易制造出与动机不一致的效果，这种情况实际上折射出教育的艰难。

这种艰难在传统的社会生活中通常可以借助于非理性的力量获得适当的缓解，但同时也可能使教育的过程变得少有生气，仅为了人性的尽可能舒展，教育的改变也会由此而生。

不过，背离没有生气的教育改变，在现实中是随着非理性力量的逐渐失效而发生的，这是因为教育者直面了受教育者的觉醒，开始创造性地运用自己的本体力量，即情感和智慧。情感的运用使教育摆脱了生硬、具有了生气；智慧的发挥使教育摆脱了机械、具有了灵性，教育的艺术也得以历史性地诞生。

以往我们对教育艺术的认知主要局限于效果思维的范畴，其实教育艺术是教育自身的升级换代。具体来说，教育者通过创造性地运用自己的情感和智慧，深深地吸引了受教育者。进而，教育自身的力量带动了受教育者的心悦诚服和甘愿放弃自己的部分意志，原本固有的矛盾在教育艺术的作用中缓缓消失。

简而言之，教育本是意志与意志的碰撞，除非实施单边伦理，矛盾与冲突在所难免，因而，一旦单边伦理失效，教育者就需要另寻新路；教育总是有自己任务的，除非对任务的完成与否都无所谓，教育者总是要想方设法去完成。这种情况下，如果意志的碰撞越来越靠不住，教育者就不得不另寻他法。

我们把人性的逻辑和历史的事实结合起来，终于发现高明的教育者是用情感柔化了生硬的教育，用智慧活化了机械的教育。从此以后，教育越来越具有了诗性和柔性，同时也越来越具有了灵性和活性。这无疑是一个事实，但这是不是一种毋庸置疑的教育进步呢？我估摸着大多数人应是持肯定意见的，依据是目前以此为方向的教育追求正如火如荼。

而从教育与人的存在之关系而言，诗、柔、灵、活的教育也的确更能使受教育者拥有更好的感受。但问题是更好的感受对于受教育者来说是不是一种毋庸置疑的利益呢？从效果上讲，我们能看到他们的积极情绪会更容易出现，实际上又能够意识到他们的意志因被搁置很可能已蒙上了灰尘。对于看重个人独立意志价值的人们来说，远离了生硬和机械的新教育显然不会是一种完美无缺。

如果这中间存在着某种重要的道理，那我们对教育中的生硬和机械至少不必简单地抛弃，而应容忍它们偶尔地出现，以提醒人们什么是教育。教育就是一种干预。这种干预是善意的。这种善意是着眼于受教育者的未来的。虽然是善意的，但教育毕竟是一种干预。既然是干预，就难免有意志与意志的冲突。冲突虽然会令事中人紧张和不适，但它是教育的题中应有和必有之义。知道了这一番道理，就算走到了教育的最根本处。

教育重要且有限

教育是重要的，但教育的作用是有限的。这倒不是因为人们利用自己的智慧无法设计出在技术上精致的教育过程，而是因为无论多么精致的教育过程都是需要教育者和受教育者共同完成的。在这个过程中，最具有现实意义的是两种角色的人必然会发生相互作用。而凡是发生在人与人之间的事情，永远没有我们想象的那么简单，许多预先设定的效果和目的，都不可能完全依据某种因果律来实现。我们在理论上所提出的各种构想都是在标准的条件下才能成立的，但问题是，无论是作为教育者的人，还是作为受教育者的人，他们都不可能完全符合我们所设定的标准条件。

　　在不标准的条件下进行教育，不顺利及其带来的不愉悦就是一种自然的结果。每当这种事情发生的时候，教育者往往会灰心丧气甚至会对教育自身失去信心。这种状况我们当然是可以理解的，但同时也需要提醒一切教育者不要把教育视为一种万能的技术。我们在内心一定要清楚，教育只对那些可教育的人才能发挥真正的作用。如果一个人是不可教的，那就如孔夫子所说的"朽木不可雕也，粪土之墙不可圬也"（《论语·公冶长》）。

　　然而，我们也不能因此而怀疑教育自身，更不能因此对教育失去信心，而是需要回过头来深思教育的限度。人的成长和发展中的许多事情，连同那些著名的教育家也会头疼，也会感到束手无策。所以，还是那句话，这并不是因为我们没有办法构造出一种在技术上精致的教育过程，而是因为我们面对的是具体的、有自己人格特质的个人。

　　也许是人文主义思想的过多影响，我们这个时代的许多人很愿意也很容易赋予教育更多的柔性和诗性，给大众制造的印象就是教育应该像阳光、雨露、春风那样哺育和温暖受教育者。这样的教育当然是值得向往的，但如果说教育只具有这样温和的一面，那教育的失败恐怕就是必然的。在教育这件事上，千万不要指望我们所做的事情在受教育者那里完全能够实现。他们的资质，具体包括他们的智力和意志以及他们的个性特征，既可能成为教育的便利条件，也可能成为教育的障碍。

　　当我们感觉到便利的时候，不必过分地相信自己和教育的力量；反过来，当我们感到有障碍的时候，也不必过分地贬低自己以及教育的力量。正如佛只渡有缘之人，教育也永远只恩惠那些具有可塑性并愿意接受理性、文明和善意干预的人。从这个角度来看，那些在教育问题上信誓旦旦的人，还有那些为了教育而高度相信精心设计的人，我觉得他们多多少少还是有些天真，也就是说他们把教育想得过于简单了。

　　我这里所说的简单，并不是说教育者对教育的设计不具有复杂的理论和思想基础，也不是说他们的设计过程没有高阶思维的参与，而是说他们可能在不知不觉中沦为科学主义者或技术主义者了，进而把一个复杂的人性互动过程简化为某种技术性事件。现实一点说，教育实际上是教育者和受教育者两种人之间的较量。为什么说是较量呢？因为双方都是有自己意志的人，都是有自己个性的人。意志使他们尽力地证明自己的存在和独特，个性使他们要本能地表现出来与众不同。

可以想一想，把一个有自我意志和个性的人与同样的他人放在一起，怎么可能没有丝毫的冲突呢？有冲突其实并不可怕，教育的艺术和智慧实际上正体现在教育者在处理这些冲突方面具有超越平常人的能力。换一个角度看，虽然自然冲突往往会给我们带来坏心情，但在经历许多次的冲突之后，我们却能更加理性地认识自己和我们身在其中的这个世界。

但是，冲突很可能使我们不再相信理性的力量，由此我们不再天真地与任何人都去讲道理。如果有的人根本听不进去道理，那么我们的讲道理就会显得十分迂腐。教育这件事情，我们也希望它是与阳光、雨露、春风联系在一起的，但也的确需要知道，只有温和的一面，教育就不可能实现它自身的目的。当然，最重要的还是我们不要指望教育对所有的人都能产生同样的、实质性的作用。对于那些不可雕的和不可圬的对象，我们或可少些不必要的纠结。

教育重要但绝不复杂

我们应该对时常提醒教育领域规避过分技术化的人们做一个客观的分类，其中无疑有不擅长技术操作的，但主要还是对教育具有古典情怀的思想者。这后一部分人在感觉上很像是保守的，实际的情况很可能并非如此，他们根底上并不拒绝技术的运用，他们所忧虑的只是教育过程的过度技术化。因为他们兴许已经从逻辑上推知，过度的技术化将使教育过程越来越远离人整个精神的投入，而没有整个精神投入的教育几乎无可争辩地会塑造出通过机械过程形成机械的人。

作为教育的产品，这样机械的人应能够在社会各领域承担合格的工具角色，但他们的工作过程于他们自身而言也只能是一种暂时的功能性匹配物，一旦工作过程停止，他们自己便恢复到具有潜能的工具存在状态。可以确定他们与工作过程的关系是无所谓精神依赖的，进而我们历来较为看重的事业情怀基本上无从说起。更关键的是他们自身的精神成长与发展必将与自己长期镶嵌于其中的工作过程在精神层面相分离。

如果精神状态对于人不是可有可无而是具有较高的价值，那么教育过程的过度技术化无论对于教师还是对于学生都不会是最佳的选择。当然，谁也不能说过度技术化的教育过程是当下教育中的人们所选择的。客观地讲，学生走进怎样的教育过程，完全是由教师决定的，即便是所谓让学生做主体的教育，也不是学生诉求的结果。进一步说，是教师让学生做主人的，而教师之所以让他们做主人，一方面有新的教育文化牵引，但这只是低强度的影响；另一方面才是起决定性作用的，即让学生做主人才能获得最大的教育效益。

因而可以说，连同本来具有人文内核的教育观念，在技术化思维的作用下也被转化为技术性教育设计的有机组成。走进学校就能感觉到，各种堪称景观的文化标识与可以文本化的理念并没有多么功利和技术的色彩，但只要深入到教育的现场，就会发现那些"文化"和"理念"只是实际教育过程的离身存在物，其功效主要在于让学校教育过程之外的人们知道和欣赏。盖因此，今天的一些教育在一定程度上是经不起近观的，自然更经不起基于理性的追问，因为在各种繁复、琐细的教育操作背后发挥支持作用的往往是比较简单的思维。

而且，这种简单的思维整体上还未达到教育的层级，基本局限于教学的层面，加上无法摆脱的应试教育的束缚，国家课程方案所期望的深层教育目标往往难以实现。在我看来，应试的习惯性思维虽然根深蒂固，理论上讲并不是影响深层教育目标难以实现的决定性因素，核心的障碍在于过于现实和高强度的应试目标与绝对占用心理空间的繁复、琐细操作所发挥的双管齐下的作用。

具体而言，应试目标的现实和高强度，使得学校的领导和教师不能不做出切实的应答。与之相较，真正的教育目标既不那么现实，也没有多么高的强度，学校和教师即使没有实现之，也往往不会有人追究，甚至不会有人关心。以学生家长为代表的模糊的社会公众群体所关注的，通常是学生平日成绩和最终应试的结果。至于国家课程方案所设定的"三维目标"

"核心素养"，往往不在他们的意识之中。因此，这也难怪学校和教师少有纠结地把功夫下在帮助学生取得好成绩以及获得理想的应试结果上。

随着时间的推移，一种合情却不合理的教育工作立场已经成为一些学校的第一遵循。间或有利于学生发展和社会进步的教育理念来临，学校也会以不能降低应试成效为前提来有限度和有策略地落实。

关于应试这件事，实际上也不用多说，这个问题能不能解决好，肯定不需要方法和策略方面的探究，最简单且最有效的办法目前看来应是通过严格的教育督导使学校严格实施国家课程方案。这当然只是一种理性的说法，其中的道理很少有人不知，而之所以有知而无行，原因显然在现实的行政文化之中，这就不是教育理论家和教育实践家力所能及的了。

只说教育工作者力所能及之事，我以为各种力量推动促成的教育过程技术化是制约学校教育提质增效的重要因素。实际上，我最想表达的观点是教育绝对没有那么复杂，其灵魂性的内涵只是由高尚的人塑造高尚的人，由聪慧的人培育聪慧的人。务实一点讲，被后世尊为师表的孔夫子是没有上过师范大学的；人民教育家陶行知虽然接受过高等师范教育和教育学教育，但他也没有接受过各种理论支撑下的教学设计训练。

问题是这两位圣人的教育实践智慧究竟从何而来？依我看，他们的教育实践智慧来源无非以下四个：在社会文化中生成的教育家精神、社会文化所认定的高尚意义、人类所创造的知识，以及基本属于他们自身的聪慧。至于他们所使用过的和极力倡导的教育原则与方法，就其实质而言，应属于人类一般智慧在教育过程中的折射。我们这样说，也不是对技术的教育应用持简单排斥的态度，这样的态度在任何时候都是不明智的。我们对于技术的态度是它可以为教育所用，但不能主宰教育。

在此意义上，我们对技术思维偏执的警惕是远远大于对技术运用本身的。道理很简单，技术思维的偏执实际挤走了学校教师的教育思维，以致在他们的意识中教学完全压倒了教育，作为教育对象的一个个生命体，在他们的意识中更像一架架学习和考试的机器。这是我们已经司空见惯了的一种教育的痼疾，其根本的消除是不能难为教育理论家的。应该肯定地说，在学校可以不受消极力量干扰的前提条件下，只需保证走进学校和走进课堂的人足够高尚和聪慧，一切现代教育所期望的深度教学都可以在比较自然和人文的氛围中顺利实现。

所谓智育者，以知育智之谓也

如果我们把可用智商表达的智力看作不会改变的一种遗传素质，那么后天的学习和训练充其量也就是能把这种先天的可能性尽可能多和尽可能好地挖掘出来。这样，一个人的潜在智力才能够展开成为有意义的现实智力。对于这个道理，从来就没有人否认过，但也缺少一种严肃和正式的教育学表达。至少在教育原理中，"遗传是基础，环境和教育对人的发展起决定作用"，仍然是教育领域唯物主义思想的典型判断，与之有戏剧性配合的则是"勤能补拙"或"天才出自勤奋"方面的劝学格言。这至少在理论上给人的暗示是：类似"勤奋"这样的非智力因素对于人的发展来说才是至关重要的。

这样的理论和劝诫贵在传递着一种正能量，但要说作为一种可靠的知识，显然还缺少一个大前提，那就是不同的个体具有理论上相等或大致相等的智力。如果省略了这个大前提，那各种关于遗传、环境、教育作用的判断和意在劝学的格言，就只能算是教育艺术整体的一部分，自然会散发出温和的人文气息，但也具有抑制教育知识创造和个人个性发展的负面作用。

这样的判断和劝诫在教育粗放运行的历史阶段整体上看是具有积极意义的，虽然一些重要的客观事实被人们无意中淡化，并不影响教育事业和受教育者个人的健康成长和发展，但在追求教育精细化和个人发展个性化的时期，这样的判断和劝诫就有点保守甚至过时了，很容易让教育的认识和实践在新的社会发展及个人发展需要面前陷入困境。

仅说学生要真正达成等级越来越高的认知目标，哪是靠学生的勤苦就能有效实现的呢？每每见到年轻的父母身兼孩子的伴读和督学角色，我立即想到的是他们心中的信念一定是"一分耕耘一分收获"，同时也能推知他们的意志内涵是"尽一切可能控制孩子的一切"。然而，他们几乎想不到，也可能是不愿意去想一个问题，即他们能够控制的那一部分并非最为关键的部分，因为最为关键的部分是孩子的内部认知运作，这是他们看不到的，更是左右不了的。

问题是，如果家长及教师对孩子的内部认知运作既感觉不到也左右不了，那教育这件事情对于孩子来说究竟意味着什么？好长时间以来，我们只是很理性地批评学校教师重视知识的传授而缺少对学生认知发展的关注，却很少想为什么这种局面并未因舆论的引导和专家的评论而发生改变。现在看来，其直接的影响因素与目标明确、手段模糊的引导和评论有关，其间接的影响因素则是旨在指导教育实践的教育理论对认知科学的成果未能成功使用，因此给予教师的教育建议总的来说还是原则性胜于策略性。

检视我们的教育学研究，虽然不间断地强调"心理学是教育学的第一科学基础"，但研究者整体上欠缺对心理学领域相关成果的关心。我觉得这也应是新课程改革中的"研究性学习""发展性教学"等理念在落实中出现形式大于内容的重要原因之一。真的不知道从什么时候开始，部分人养成了不深入事物实质的习气，而且这种习气不局限于教育领域，给人浅表的感觉印象是虚浮，在其背后则是愚陋和固执。这三种捆绑在一起的坏品质，让再好的教育理念也无法变为现实。

我总觉得，对于今天的教育者和教育研究者来说，只要心中有种子，土壤和营养就是毫不缺乏的。如果许多事情有始无终、有名无实，只能归咎于不知从何而来的虚浮、愚陋和固执。暂且不管这些东西从何而来，要真想消除并非没有办法。更重要的是，如果我们不想把这种坏品质遗留给下一代人，除了舆论引导和教育劝诫，还需要切实从基础教育阶段开始对学生实施智力教育。

经过历史的洗礼，智育应该到了被界定为智力教育的时候。智育不是知育，但智力教育与知识教育紧密相关。作为这一命题的基础，知识和智力在教育过程中的现实关系可以被表达为"以知育智"，在其中知识具有手段属性，智力可能的现实化才是目的。既然我们知道教育的精细化不能没有认知科学的支撑，那么就不能简单地满足于"以知育智"的理念，而是要看看知识和智力各自内在的情形，并要本着智力教育的立场，总结、归纳出能够把知识学习和智力现实化连接起来的有意义的中介活动，并在此基础上设计教学过程。

对于智力教育来说，这一思路无疑是务实的和科学的，但也只是一种渠道。在此之外，我们还需要从基础教育阶段开始对学生进行专门的思维教育，其性质类似于"儿童哲学""批判性思维"等教育尝试，其核心是让孩子们从小学开始就进入理性思维训练的轨道。这是一种积极的行动，行动者会充分考虑学生的心理发展顺序，而不会一味地让教学适应学生的发展心理。说起来，这也不是什么新思想，赞可夫早已经提出并实践过"让教学走在发展的前面"，只是他的设想仍然是在学科教学的范围之内，并未牵涉专门的思维教育。

那我们不妨就把专门的思维教育当作教育历史给今天的人留下来的一份作业吧！这份作业做好了，"以知育智"的学校智育应有质的飞跃。智育飞跃了，我们整个的学校教育也就能向前跨越一步。当今天的人仍然时不时念叨前人的思想和问答时，一方面让我们觉悟到辉煌的思想具有永恒的魅力，另一方面也在展演着我们今天的平庸。令人尴尬的是我们实际上基本有条件在前人的基础上有所作为，只是我们已有的作为常常是在精巧上值得肯定的同时又缺少了必要的教育意蕴，因而尚需努力。

我们肩负着传承与创新的双重使命，应当深刻反思并不断优化教育实践，确保在追求技术精湛的同时，不丢失教育的本质与灵魂，让思维的光芒照亮每一个学子的心灵，引领他们走向更加宽广的智慧之路。

释解今日训育之难

古人讲修身养性，远可通圣，近可为贤，最差处也可使人得体而在，足见修养之重要，因而凡已受启蒙的人是不应躲避的。若自觉得通圣无利、为贤过累，至少不该躲避得体，总不能因日常行事而受人诟病吧？虽然说时光流逝，今非昔比，现代生活纷乱复杂，远不如先前生活那般简明，以致修身养性不仅费心劳神，而且难得功利，但内在有圣贤之心，即使不需时时处处实践，也能自带几分贵气。

这贵气并不是一种装饰，而是内在性情的溢出，根子上是与己同一的，在个人那里并无半点违和。若真是一种装饰，便必不是修养而来的贵气，与己分裂，在他人那里就只有一种虚伪的效果，反倒不如某种粗糙原始的真实。今日我们多见人表里不一、境异性移，正是把修养做成了外在的功夫，却不知真正的修养是纯粹内在的，并无须直接去在枝节上用力。

想一想佛、道也罢，儒学也罢，在其高卓的境界，哪个需要人去做外在枝节的事情？相反，三家修养之法无不启人纯粹内心，操作上则冀望人从根本处入手，以求心性纯正、不染一尘。究各家修身的精要，无不关重为己、兼利他人，更进一步，实使人汲文明之道以丰腴自己的精神。

人之为人，可谓天赐机缘，纵然终了归于寂无，但显在之时又何忍为低劣的行走之物？若非万不得已，又岂不顾人过留名、雁过留声？声名听似虚幻，却着实能反馈于己身进而塑己之魂形，既形成个人心境，亦影响他人的感受，所谓利害并不是仅仅关己。

每见为人亲者为子担忧，为人子者因亲羞愧，定是亲或子未能用力涵养心性，进而不能为对方长脸。从这里则可知修身养性之事虽兴废在于己身却福祸关乎群体。此种道理应属平常，甚至不用烦劳古今圣贤，平凡的成人和学校的教员就可以道个明白，但这种道理的实现却是难坏众人的。

看到今日学校或家庭的训育，算得上用心，也舍得费力，唯独实效性不足，其原因如何？应是训育的逻辑起始于外在，且从外面用力，这就难免让受教育的人不痛不痒，偶尔有痛有痒也只会是皮外的事情，难及心扉。他们由此而对各种训诫入耳不入脑、入脑不入心、入心不入行，也就根本没有什么奇怪的了。

记得前些年，有批评德育智育化的，应该说批评者看到了问题的实质，而之所以出现这种问题，主要是教育领域的人们无法脱离自己的时代，被很少关涉心灵的知识和方法占据了心灵。至于受教育者的心灵、人格、德性，许多教育者认为应由不包括他们自己在内的其他所有人负责。

德智体美劳五育的说法，则让一部分教育者觉得德育是由分工为德育工作者的人们承担的。如若不信，可以想象一下，看看人们是不是习惯于把学校的教导主任、班主任等角色与德育工作联系起来？

越出学校的边界，也有人把训育实效的不理想归因于类似商业经济这样的环境性因素，听起来不无道理，实际上也只能说是不无道理，因为商业经济不只今天有，也不只本地有。但训育的基本成功，在过去、在外地都曾或正客观地存在着。

基于这一事实，稍稍借用排除法，竟使两个因素渐渐浮出水面：一是确有个体遗传素质不良，不宜训育，以致教育者要么事倍功半，要么劳而无功；二是好久以来我们所采用的部分激励方略，因基于想当然的性恶论和经济人假设，客观上助长了原本需要克制的私欲。对于遗传因素，教育者真没什么办法，对于助长私欲的激励方略，教育者好像也没什么办法，那么训育之难持续良久，现在看来也应该被人们理解了。

道德教育的理性

在现实生活中，众人认为的道德意义上的好人却不见得过得幸福，而道德意义上的不好的人看上去却也会过得很幸福。在这样的感受中，我们分明发现德行和个人的幸福好像是可以分离的，而且这样的事实必定降低人们追求道德的动力。在此前提下，即使是那些在道德上有追求的人，也只是满足于自己做好人的愿望，他们好像并不会把自己的德行与幸福直接联系起来，最多只是增加一些批评不道德的人和不道德行为的底气。

对受教育者来说，教育者要求他们具有德行，很容易变成一种生硬的要求，就其效果而言，便成为一种与他们的本能作对的束缚，从此推论下去，道德教育的实效性较弱反而是顺理成章的。面对这样的实践难题，我们自然需要从理论中寻找启示，我发现康德的认识可以帮助我们解释这一切。

在康德看来，德行并不是一个人获得幸福的条件，而是他是否配享幸福的条件。这种看似很哲理的观点，却隐藏着一个值得我们关注的问题，这个问题就是幸福到底意味着什么。显而易见，无论我们把德行作为人获得幸福的条件，还是作为人配享幸福的条件，幸福都是一种游离于道德之外的独立存在。

而由于德行终归与人的实践理性相关，因而幸福只能是属于与实践理性相对应的感性范畴的事情，这种情况与人的愿意与否并没有什么关系。果真如此，任何教育者都没有理由在道德教育中把人的德行与他们的幸福联系起来。假如他们在教育中做了这种联系，多多少少是对受教育者的一种欺骗。一旦受教育者在现实的生活中真切地感受到德行与幸福的分离，那就不仅仅是教育者的信誉会受到影响，恐怕连同道德教育的意义也会受到怀疑。

现实的情形是，受教育者对道德教育，要么是逆反的，要么表现出若无其事，这让教育者一方面感受到了深深的焦虑，另一方面也由此损失了他们对教育的信心。这种信心的损失还不同于教育者在教学领域的失败所导致的问题，因为教学领域的失败固然有教育者的方式、方法问题，但他们可以理直气壮地对受教育者实施劝学行为，尽管这种劝学通常并不见得能取得良好的效果。而发生在道德教育过程中的类似于劝学的训诲，却会让受教育者感觉到厌烦，甚至会让他们觉得教育者的训诲完全是一种多余。

领受了这种结果的教育者，不仅不能理直气壮，还可能对自己的教育生活产生失望的情绪。应该说这一切并不是我们思辨推理的结果，而是学校教育中的真实存在。究竟应该怎么做，究竟应该做什么，已经成为学校教育者的自然感叹。这样的感叹内含失意、无奈和自责，但又少有意义，因为环境的期待和自身的义务，会让教育者继续满怀不快，继续领受未来的失意、无奈和自责。

理性地看待这一问题，相对满意的解决策略恐怕只能是由我们重新审视道德教育的责任和目的，也许是我们在一种纯粹理性的和过于理想的教育文化影响下，主动或被动地接受了过高的教育责任，并毫无怀疑地领受了来自环境的批评。不过，即使真的如此，教育者也不可能摆脱来自环境的期待，更不应因此减少自己的责任，至多能够提升教育的理性程度，确知教育的可能和极限，进而能理智地看待自己和教育。

实际上，有了这样的教育理智已经足够，它将使教育者的失意、无奈和自责限于日常的层面，而不把它们与教育的无良和无能做无原则的联系。教育者的确需要知道自己和教育均非全能，仅就人成熟的德行养成而言，日常生活环境中的几乎一切因素，反映文化传统和个性的文学、艺术、宗教、民俗，都能够以各自的方式参与其中。因此，对于人在德行上的进步和完善，教育者不能全揽其功；反过来，对于人在德行上的退步与缺陷，教育者也不必全担其责。

我们经常说，教育人是全社会的事情，教育者的主要职责是把德性的价值和道德的规范告知受教育者，同时能够以己之言行示范德行，其余的事情还需要社会系统中其他各种角色的人去做。除此以外，要解决道德教育实效性较弱的问题，更需要一种支持积极社会生活的规则，以使德行与幸福最大限度地关联。

"仁"的意涵与美德教育

我们现在解释"仁"，总是要牵涉到"爱"，然而，不论我们把"仁"理解为单向的还是双向的爱，都具有了明显的爱的方向性。也许这种方向性真的符合"仁"这一概念的最初含义。即便如此，我们还是可以把它的方向性删除，同时还能保持"仁"的存在。没有了方向性的"仁"或许真的是我们的主观臆造，但其更为基础性的内涵一定能够改进我们的道德思维，降低我们的道德教育难度。

做了这一番铺垫之后，我们便须抱着谨慎的态度将"仁"解释为人与人之间的平等对立状态，在操作的意义上，就是两个或两个以上的人类个体，能够相互视对方为同类，进而相互视对方为人格上与自己平等的他者。在这一陈述中，至少有三处是有必要做进一步解释的。

一是"平等对立状态"。我的意思是"仁"是人际情感关系的一种状态，虽然可以把它当作一种能够建议给他人的原则，但一定要清楚我们的建议所指向的仍然是人际情感关系的一种状态；而平等对立中，难做到的是平等，难理解的是对立，那我们就不妨顺便记住对立的意味，即人与人在人格上最文明的状态是互不隶属。无论人与人之间的社会角色关系怎样，他们的人格都应是相对独立的。

二是"能够相互视对方为同类"。这听起来不该是个问题，实际上却是需要专门提及的。"能够视对方为同类"不只是甚至不主要是一个能力问题，而是牵涉到人的德性的。所谓的"是不为也，非不能也"，应用到这里即是未视对方为同类者并非不具备这样的潜力，而是不具备这样的德性。要知道奴隶主是不把奴隶当人看的，几乎本能地把奴隶当作会说话的工具。类似校园霸凌中的大小恶魔，他们在各种因素的作用下远离了人性的基本。

三是"视对方为人格上与自己平等的他者"。客观上普遍的现实恰恰与此相左。这种结果只能出自两种存在，一为个人人格的障碍，二为集体文化的病症，而这两种存在通常是交织在一起的。从而，这种结果最终只能是借助人格的修复和文化的改良。就迄今为止的经验来看，温和的修复和改良都很难实现初衷，这就促逼出了先礼后兵式的方法和策略。

何为先礼后兵？就是先用礼制约束人际行为，这样无疑容易造成人的表里不一和阳奉阴违，但至少能让人际关系中的各方知道共同体的期望；如果礼制的约束效果不尽理想甚至没有了效果，带有强制力的断然措施就得出场了，这就是所谓的"后兵"。教育主义者是很容易偏向于用"礼教"一以贯之的，最多对较为乖张的个体施以惩戒。客观而言，其效果并不是很好，否则也不会有学校德育的实效性持续走低的状况。

顶用的法子兴许是用我们轻易不愿意使用的强制力对难以用礼制教化的个人下一点猛药。能够体现这一思路的实例莫过于新加坡的社会治理。新加坡的社会治理水平有目共睹，其实也没有什么奥秘或高新的技术。实际的情况是，"除了重视社会教化的力量之外，新加坡维护法治及严厉执法的体制是新加坡社会治理成功的重要基石。"（曾志敏：强政府、强社会：社会治理现代化的新加坡与美国经验，社会治理，2016 年第 6 期）如果一个人在禁止吸烟的地方吸烟或被罚款 500—1000 新元（根据 2024 年 11 月 16 日的汇率信息，1 新加坡元≈5.3862 人民币），如果连涂鸦（包括喷涂油漆，以及重犯在被禁止的墙上张贴广告、海报）都可能接受鞭刑，还有哪些人敢不把他者当人看？

　　仁，不是一种与生俱来的秉性，在此意义上，用善和恶来把握人性显然是比较肤浅的。何况相信了人性的善恶之后，教育主义者也有理由推卸自己的部分责任呢？人与人固然有差异，但这种差异是在"人"范围内的差异，而非人与禽兽的差异，因而一个人最终成型的德性和他在人际情感关系中的姿态，基本上是由他在与环境中的"礼"与"兵"的互动中形成的。

　　既然我们无法改变所谓禀赋的因素，那就只能和必须在礼与兵的结构及分别彻底到位上做文章。礼不到位，人很难有敬；兵不到位，人很难生畏。没有了对礼与兵的敬畏，再加上没有了对无限和完善的信仰，人与生俱来的破坏性本能就可能蠢蠢欲动甚至张牙舞爪。这样的个人如果不能受到断然的惩罚，任何积极的和正当的原则与标准都会失去其本可发挥的力量。

　　中国的儒家是讲求"仁"的，但对"仁"应当作何理解呢？这绝对是一个难题。毕竟我们不能仅凭"仁者爱人"就简单地将其理解为"爱"。可以肯定的是，"仁"是内在的，如同"果仁"之"仁"。在儒家的思想中，"仁"是与"德"联系在一起的，但不能说它自身就是一种德。这本是我的一己之见，但当看到朱熹《周易本义》中对"元亨利贞"之"元"的理解后，更加确信了仁的特殊性质。朱熹说："元者，生物之始，天地之德，莫先于此。故于时为春，于人则为仁，而众善之长也。"我理解这里作为众德之始、众善之长的"仁"，不应是与众德、众善相并列的德目，而应是众德、众善的始基。这个始基的作用是基础性的和根本性的，当然也是不可替代的，却不该具有任何一种倾向性。这就如同红花绿草均生自土壤，而土壤却不会偏喜于红或绿、花或草。

　　再回到我释"仁"为"人与人之间的平等对立状态"，应比通常的任何一种理解都更符合"仁"的始基和在先性质。进一步说，仅当一个人能够视对方为同类进而视对方为人格上与自己平等的他者之时，所有的人际美德才能够由此生长出来。"爱人"必在平等待人之后和之上，不懂、不愿及不会平等待人者，无论如何都是不可能去真正爱人的。即便他做出了形式上相似于爱的事情，也是内含着短近目的的。

忽然想到孔子"仁"的实践路径，更觉得"仁"至少不应是有实际价值倾向的一个德目。《论语》载："我欲仁，斯仁至矣。""为仁由己，而由人乎哉？""躬自厚而薄责于人，则远怨矣。""君子求诸己，小人求诸人。"这些话一则可以说明修养道德须自求自得，二则可以说明"仁"的实践之关键在于既不苛责于人，又不求之于人。这就从源头上规避了自我中心者极容易产生的价值偏执，从人的内心状态上说其实就是平和、中庸、不偏不倚，就是一种具有滋养善德的精神土壤。

说一千道一万，"仁"只是人与人相互视对方为同类的状态，它是众德之始、众善之长。既然如此，道德教育就得先从这里开始，打不好这个基础，其余的一切都只能靠天吃饭了。但现实的情况恰恰是我们因不知这个基础的存在而直接把我们期望的美德寄希望于受教育者自然具备，殊不知缺少了一个"能视他者为平等对立者"的基础，美德的教育就成了无根之木。我们要"立德树人"，就需要进一步求索德可以立起的地基和仁可以立起的土壤。

心理教育与道德思想教育的相互纠缠

心理教育无疑是具有专业内涵的，但也禁不住人们从最初就把它与德育联系起来。想起20世纪90年代，我也曾在一所学校的心理咨询室有零星的实践，从行政归属上来说它是直属于政教处的，这至少说明在人们的意识中，政教处之外的其他机构与心理教育更不搭界。也就是从那个时期开始，学校的心理教育开始受到政策性的重视，加之参与此项工作的人员越来越趋于专业化，人们才逐渐把它与德育工作进行了意识上的分离。到今天，如果还有人把心理教育归属到德育的范围，莫说专业的工作者不会答应，恐怕非专业的大众也不能认同。朴素地讲，一个心理上稍有些不适的人无论如何也不会接受任何人把他们的不适与道德或思想等联系起来。

对于这样的变化，我们应该给予专业性的理解，并尽可能用专业的思维来处理与此相关的事情。这样做不仅是一种智识上的高明，也可以说是一种精神上的文明。有朋友或许接触过心理教育的专业人员，就可以从与他们的交流中听到弗洛伊德、荣格、阿德勒等人的名字，以及脱敏疗法、认知疗法等等名词。进而再端详一下他们在具体时空中的纯粹和认真，多半会从他们的表现出发联想到一般医学的领域。由于我们知道一个人无论患了何种病症也不能简单地归因于道德、思想等，也就毫无纠结地会把心理教育与德育做彻底的分离。

需要说明，以上的话语是特意说给心理教育工作者的，目的只有一个，即表达我并不会以完全门外汉的立场来继续讨论与此相关的问题。而且，特意做这样的说明，也不是缘于我个人的过分谨慎，而是因为基于经验的观察并结合理性的思考，我似乎越来越觉得心理的问题与道德、思想的问题，心理教育的问题与道德、思想教育的问题，还真的不能够彻底分离。虽然绝不能说心理的问题就是道德、思想的问题，也绝不能说道德、思想的问题就是心理的问题，但客观上却一定存在着这样一种现象，即一定的心理问题可以导致道德、思想问题，以及一定的道德、思想的问题可以导致心理健康问题。

为了方便讨论，我们不妨先对道德、思想上的问题加以界定。暂时搁置理论的严谨性，仅从经验的层面说，我们一般会把反社会、损他人的言行视为道德、思想上有问题。就反社会的个人来说，我们不难发现他们的理性欠缺，即使他们中的高智商者能够慢条斯理地引经据典，以确立自己与社会对峙中的正当性角色，但如果让精神分析师略微使用一下专业的方法，也能挖掘出他们几乎所有的反社会表现都基于一种深层的心理机制。即便我们这些普通人，也能从他们逢社必反的言行中透视到其心理学意义上的自负、自卑、过度防卫等底色。

而就损害他人的个人来说，如果他与损害的对象并无实际的瓜葛，我们就很难说他的相关言行仅仅属于心理的问题。就好比我邻居家雇了一名菲佣，而我对菲律宾的马德雷山号军舰"坐滩"仁爱礁事件一直义愤填膺，所以就三番五次地去砸邻居家的玻璃。谁来判定一下我的行为是属于心理的，还是道德、思想的？从损害他人利益的角度看，我的问题就是道德、思想的；而从原因上看，实际上属于心理范畴的认知错乱和知行搭配不当。这是一个比较简单的举例，不过是为了方便说明问题，日常生活世界里的许多事例要远比我的举例形象和生动。

一些极端的德行障碍者，往往有两个方面的不由自主的影响因素：一是遗传的天赋——毕竟确有人携带着远胜于他人的自私和狭隘基因；二是后天形成却是基于先天思维缺陷的自我认知障碍——毕竟确有人在理性的层面油盐不进，以致无法形成与他人正常交流的能力，从而只能活在自己可怜的精神幻象之中。当然也是由于人们能够从专业的高度意识到这种由心理问题导致的道德、思想问题，因而在通常情况下人们会放任其存在，其实质是不与他们一般见识。说到底，这样的人虽然令人厌恶，却也让人同情。

要知道从这些人一侧来思考，他们在生活世界表现出来的，出自心理障碍的道德、思想的欠缺，反过来又反噬了他们自己，其具体的效果是他们的心理系统会在一种恶性循环中走向更糟糕的境地。有时候我心无所念，总喜欢从环境中观察学习，这便使我有机会注意到那种值得我们同情的人的不堪。他们的精神飘忽，内心的浅薄和斑斑锈迹并无法被一种故作镇静、故作高雅所掩饰，微风吹过都能够让他们瘦骨嶙峋的灵魂暴露无遗。好在从科学的意义上讲，他们一般并不知情，否则对于他们自己来说，每一次的社会性出场都是一次灾难。

思考到这些，我就不再认为心理教育和道德、思想教育是可以彻底分开的两件事情了。顺理成章的结论是，为了一切人的心理健康，教育者和精神卫生工作者可借鉴中医的原理，在人的道德、思想的改进上下功夫；而为了一切人的道德、思想健康，教育者和精神卫生工作者则需要从心理健康入手做一些看似无意义却具有根本性的工作。

事实上，我们提出这种建议的时候，就已经具有了一种先在的认识：既不存在与心理障碍无关的道德、思想问题，也不存在与道德、思想障碍无关的心理问题。我相信这是一个值得教育学、心理学、伦理学、社会学等领域的人们认真对待的问题域，同时也能意识到这是一个具有各种维度的艰难性的问题，那就不妨先把这个保存下来，以待各种条件成熟的时候再行研究。在这一段不知长短的等待过程中，一般教育者，如学校的教师，需要加强心理学的知识和方法修养，以便看清一些道德、思想问题的心理学实质；心理教育工作者，则需要加强伦理学和教育学的知识和方法学习，以便对一些心理健康问题做合理的归因。

思维训练和价值教育

记得在一篇短文中我写过这样的话："如果学校只能开设两门课程，我会选择思维训练和价值教育，原因是思维训练可以使人聪明和清楚，价值教育可以使人积极和阳光。"对于这一认识，我现在仍然坚持，有所变化的是，我意识到即使在现有的课程体系中，我的意愿也可以实现，具体的路径是把思维训练和价值教育的精神贯穿到每一门具体的课程之中。换言之，借助于现有的任何一门课程，我们都能够实现对人的思维训练和价值教育。

当然也要承认一个事实，即不同的课程在思维训练和价值教育上的情形是各不相同的，各有各的优势，也各有各的短板。具体细致的东西就不说了，因为我此刻关心的不是课程问题，而是思维和价值，这两个问题虽非人的全部，却是人精神的核心要素和基本维度。在精神的意义上谈论人，除了思维和价值好像也没有什么实质性的内容了。

思维是人认知过程的关键，它既能决定感知觉所获信息的最终价值，又能决定想象与创造的类型与边界，具体个人的聪慧状况基本上就是其内在思维品质的外部显现。也因此，教育的历史越是接近现代，就越是重视对人的思维促进。今天所谓发展性的教育，论其主旨也是对人思维的发展，只是其实际的效果从整体上看至今仍不能令人满意。究其缘由，既非受教育者不努力，也非教育者不用力，简单地说是不得其法。深究其理，兴许是思维的闪光之处应非人力可为，大半是自然的规定。

我们自然希望这种猜测最好不是客观的事实，否则指向思维的教育努力将注定劳而无功。好在教育者群体尚有自信，从而与思维促进相关的方法探索总在进行，而且的确产生了一定的效果。乐观地说，已经获得的效果会激励教育者持续地探索下去，最起码在未来的教育中，促进学生的思维会成为教育者意识中的关键内容，这本身就是一种难得的进步。

有用心者建议人们应该学一点心理学，尤其是认知心理学，因为其中是要展现思维自身的，我也觉得很有必要。我们做事情时知道一些所做事情的脾性总归没有坏处，但转念一想，又觉得这种说法的合理性过于低浅。因为实际的情况是，专门致力于认知心理学研究的个人也未必聪慧过人，这就很像谙熟于人体生理学的个人并不一定身强力壮。因而可以说，关于思维的知识或能给人描述和判断思维的有效框架，却不能改变自身思维的实质。

还有用心者建议人们应该学一点逻辑学，因为逻辑学是研究思维的学科，而逻辑则相当于思维的"语法"，说实话，比起学习心理学，我觉得这一建议更有必要。心想着能够掌握思维的"语法"，还愁造不出正确的思维"句子"？

然而，随着进一步的了解，我才发觉这种说法也不比前一种说法更高明，因逻辑学的特殊性，这种说法反倒更贴近"想当然"。如果你意识到专门致力于逻辑学研究的人也不见得有上好的思维表现，那你还能相信逻辑学对人思维的促进作用吗？在某种程度上，逻辑学更像是思维的检测系统，我们可以使用它对已经发生的思维进行检测，却不能用它来实际地营养思维。

那么价值呢？它究竟是什么呢？通俗言之，它应是人判断对错、善恶、贵贱、高下以及轻重、缓急的依据。高雅地说，其实就是众所周知的"三观"，亦即世界观、人生观、价值观。表面看来，世界观和人生观是与价值观并立的，实际上前两者是作为后者的基础存在的。也可以说，一个人的世界观和人生观很难独立存在，它们最终通过转换为人的价值观来体现自身的意义。

世界观是基础，教科书式的界定是人对世界总体的看法，务实而言，一个人的世界观不过是他对世界的如实表达。这就意味着世界上有多少人就有多少世界观，绝对没有世界观完全相同的两个人。这是因为个人的世界并不是在他之外的一种可以称为环境的事物，而是以他自身为中心形成的一个时空结构。

从理论上讲，一个人如果不经受价值思维上的天启，他既走不出自己的世界，也无法走进他人的世界。同样的道理，一个人的人生观也是他的人生的如实表达。每一个人的人生，不仅发生在他自己的世界里，而且也是生成他自己世界的过程。在此意义上，一个人的人生观和世界观根本无法两分，大约是生命过程的结构和过程两个侧面的关系。

有了对世界观和人生观的认识，再来说价值观，它几乎就是世界观和人生观的另一种表现形式。一个人的价值观完全可以折射出他的世界和他的人生的实际，这样我们就能够理解价值教育的难度了。这是因为，你改变一个人的价值观就等于在改变他的世界和人生，而问题是他的世界和人生是既成的，是历史的，我们怎么可能对其加以改变呢？

所以，如果我们只是在交流的意义上表达自己的三观，甚至有些辩争，都没有什么问题，但如果意图改变他人的三观，道理上是不可能的。正因此，多元共存，和谐共处，才成为社会共同体成员共享社会生活过程的权宜之策。

那是不是价值教育就没有什么必要了呢？也不是。尽管个人的世界和人生及其价值表达难以从外部改变，但人却能够在自己愿意的时候加以自我调控，关键是他调控的时机和依据只能来自外部的他人世界和人生。教育者从这里应能获得启示，比如，可以弱化一些教育的意志，把重心放在自认为必要的"三观"呈现上，至于受教育者的变化最好还是交给自然的因果律。

价值教育重要且艰难

从实际情况看，价值教育的难度主要取决于个体价值选择的理由，更进一步说，取决于个体价值选择的理由究竟源自哪里。显而易见，这里的理由之来源在空间的意义上可分为内部与外部，在意志自由的意义上则可分为主动地依循和被动地接受，的确具有一定的复杂性。

就作为理由来源的内部空间来说，它只能是指个体理解并认可了群体性公理，不管怎么说，自然的个体在没有与群体价值世界交流的情况下只是一个虚空，他后来所拥有的可作为价值选择理由的前提其实也是自己的选择，从而在现实的意义上必然成为具有自己价值倾向的一类人。既然如此，作为理由来源的外部空间也就是储存了所有价值观念的仓库，其内容就是各种关于价值的哲学和非哲学思想。

与来源的空间相比较，价值选择在意志自由意义上的主动和被动更具有实质性的意义，这是因为主动和被动不仅显现着个体精神的品质，而且决定着个体价值选择本身能否成为真实。如果个体在价值形成中具有主动性质，那么选择就是一种客观的事实。即使供他选择的对象属于某种预先的设计，只要为他的选择留下了最小的空间，选择行为和主动的精神状态也能够存在。

反过来看，如果个人的价值形成无须劳烦个人的有关决策，而是由有关的力量代劳这种决策，那么对于个人来说，他的价值的形成本质上就是被动的。其实，价值生活的被动也不是多么不可取的状态，也可以说被动比起主动更具有压倒性的优势。生活在既有的生活结构中，个体存在的常态恰恰是在意识强度较弱的情况下对来自环境的刺激做出自动化的应答。

一般来说，只要一种价值性的刺激没有使个体的心理活动遇到障碍，换言之，只要一种刺激没有使个体的基本价值原则产生危机性的震荡，由众多刺激所携带的价值信息都是可以被个体容纳和接受的。在这样的容纳和接受中，个体的精神状态无疑谈不上主动，却也算不得完全的被动。真正完全的被动精神状态，往往是由个体心灵的危机性震荡之后还只能由个体自行平复带来的结果。

何谓自行平复？简单地说，就是个体不能指望导致心灵震荡的刺激退场，而是必须对这种刺激做出积极应答，并为此努力调整主观结构以实现顺应。这大概也是现实中较为典型的价值教育过程和方法。对这种典型的过程和方法做一般性的讨论并没有多少实际的用处，但对这种过程与方法的效果还是值得认真考察的。

关于这一方面的实证性研究结果很不容易获得，仅从人们直觉的印象来看，效果应不尽理想。当然，间接性的效果判断倒是有许多文献可资参考，最为贴近主题的研究多集中在对价值教育或广义德育的实效性考察上。研究者在这一方面的普遍认识是结果难如人意，而他们做出的与此相联系的工作建议则多集中于实施的方式和方法上。这样的认识和建议无疑具有一定的深刻性，但从实践的状况来看，至少所提出的建议还是未能切中要害。

再做逆向的思考，建议不能切中要害，也许可以反映出建议的依据存在着不足，同时可以推测出用于建议的依据可能未涉及问题本身的全部影响因素。立足于学理思维，价值教育的顺利运行和目标达成应与道德教育的原理、道德体系的特质以及社会生活的风格相关。

就道德教育的原理而言，其全面性和深刻性在学术研究领域是可圈可点的，哲学、心理学、社会学等领域的研究者对此均有贡献。但是，主导性的并被实践者普遍熟知的原理主要是具有哲学认识论和实践论特征的"知情意行"逻辑，此逻辑已经悬置了生动的现实生活细节，这就难免使教育者自认为顺理成章的价值教育实践往往难以获得预期的效果。

察其缘由，窃以为在于这一为人熟知的原理具有过于纯粹的教育学性质，并没有对心理学、社会学以及社会生活的风格等因素给予应有的考虑。殊不知价值教育与知识教育的性质迥然有异，其效果并非完全甚至不主要依赖于个体认知的效果，而依赖于个体及其外因素的联合作用。

在这一考虑的基础上，我们就可以做一点延伸性的说明。这里仅选取社会生活的风格因素，这显然是较少被人们关注的问题。不考虑思考的完整性，这里着重指出社会生活因受文化类型的制约而风格各异，粗略地说，既有崇尚统一性秩序的取向，也有略带浪漫主义情调的取向。不用做过多的说明，我们也能推断出不同风格的社会生活会锻造出不同的价值教育类型，进而也会间接地促成不同的价值教育效果。

目前的教育改革和发展，虽然多以"课程"为抓手，实为教育的全面改革和发展，然而，也因突出了"课程"而使受公共语言制约的人们顺利地把重心置于认知发展，而非置于与价值更具紧密联系的人格发展一侧。鉴于这种情况，教育理论家和实践者均需要有意识地在"课程"改革的背景下偏重于价值教育。

且不说教育的第一意义应是价值与道德，即便在重视物质性发展的特定时期，也必须坚守价值与道德的追求才能实现物质性发展的目标。仅仅有意识和态度上的偏重当然还是不够的，要突破价值教育领域的卡脖子"技术"，最终还是要逐渐走出纯粹的教育学逻辑，进而与心理学、社会学以及社会生活的风格联系起来解决问题。说起来也算有了思路，落实到实践中还是很有难度的。

劳动教育是怎么回事

劳动教育算得上目前教育领域的一个热点话题，实践者会谈，理论研究者更不会落伍，感觉上，一个虽然重要却不艰难的问题现在好像具有了前沿的性质。凭借经验估计，这一问题的讨论至少会持续三两年，而且应该相信随着参与讨论的人数增加，问题本身最终会更加清晰。对于实践者关于这一问题的言论，我也曾注意过，其内容多是行动层面的困惑，由于我的见识和经验均有限，因而只能听一听作罢，并无一点勇气提出任何的建议。

对于理论研究者的言论，我则是更加仔细地阅读，因为他们的博学能使他们引经据典、侃侃而谈，稍有分心便理解不透。但通过学习总有收获，最直接的收获是知道了一些前人对此有所认识，且由此产生了感谢他们的欲望，因为他们好像是有预见地为今天的研究者做了前期的准备。凭良心说，如果没有他们几百年甚至上千年以来的准备，今天的研究者要从头开始思考自是必然，有一部分研究者也许因此而无话可说。

当然，与此同时我也想到了另一种可能，即没有了那些前人的准备，今天的研究者也可能身无负担、心无挂碍，从而创造性地提出多少观点也未可知。这样一想，对于前人的工作，我心里倒奇怪地生出一些埋怨：一方面怪怨他们抢了今人的风头，说实话，自己都知道这样的怪怨纯属无理；另一方面要埋怨的是，正是因为他们抢了今人的风头并制造出所谓的经典文献，才害得今人秉烛夜读、咬文嚼字以至于乐而忘忧，客观上把许多聪明才智圈进了文献。

积极的效果不可能没有，但消极的效果已经呈现，即不见得有新意增长的文献层出不穷，而劳动教育的实际却无改善的迹象。我再一次申明个人视野的有限，意识中也不敢否定已经或正在发生的有效探索，只能说在自己有限的视野下，以为解开劳动教育之谜的关键并不在那些经典文献之中，也不在概念模糊的劳动教育本身，而在于理论研究者的纯粹理性与现实教育整体的相互作用之中。

可感欣慰的是，我们的这种说法实际上已经被许多研究者实现，之所以难成正果，想必应是时机未到吧。我学着先辈们回溯历史的方法，获得一种感悟：就人的本质力量来说，暂且忽略秩序问题，德育、智育、体育，应是人的全面发展教育的基本组成部分。再把席勒提出的美育引入，可以说人的现代全面发展教育的基本组成部分分别是德育、智育、体育、美育，不管怎样，德性、智能、体能、审美兴趣和能力，总归是人自身所具有的内在品质项目。

这里显然没有提及劳动教育，这当然不是因为劳动和劳动教育不重要，也不是因为我们受到某种不完美教育理论的影响，而是因为劳动虽然在社会学意义上是人合理存在和发展的基础，但却不是人内在的一种品质项目。如若非得把劳动教育引进来以成全"五育并举"，也许不会对教育实践造成实质性的影响，但对于教育理论理性的发展来说应该是一种意外的认识论事件。

教育是培养人的，是为社会培养人的，在今天，则可说是为社会培养建设者的。什么是建设者呢？其实就是社会各个生产领域中各种类型的劳动者的总称。那么，现代社会的教育是不是就能转化为培养劳动者的教育呢？再进一步说，培养劳动者的教育不就是劳动教育吗？如果这样的推演有一定的道理，那恐怕就是在教育领域对劳动的极大重视了。但这样的推演估计不会被许多人接受，尽管他们的不接受基本上没有什么理由，但没理由也不接受的现象在现实生活中并不鲜见，那我们就只能拜托时间去解决问题了。

假如我们承认现代社会背景下的教育说到底是培养劳动者的劳动教育，那么，德育、智育、体育、美育就用不着享受"鸡兔同笼"的待遇了。什么意思呢？说透了，德性、智能、体能、审美兴趣和能力，都是一个现代社会的劳动者应该具备的，所以从理论上讲，我们的教育要想成为服务于现代社会发展的、培养劳动者的劳动教育，就必须在某种理念统整下实施德育、智育、体育、美育。

尽管学校的学生，尤其是中小学校的学生，实际学习的知识、技能并不是具体劳动领域的直接需求，但他们的学习无疑指向现代社会劳动者所需的德性、智能、体能、审美兴趣和能力。我觉得这样的理解在逻辑上不成问题，如果有什么不容易被人们理解的，应是我们的理解无形中改变了众所周知的劳动教育认知。

对于这一点，我是有充分考虑的，因为身处当下的我们均知道劳动教育的常识性内涵，就是让学生通过有设计的劳动过程，获得平常课堂学习和课外活动无法给予他们的收获。而且，这里的劳动必须是体力劳动，并不能随意地进行意义扩张，原因是没有任何形式的劳动比体力劳动更能牵动人的生理与心理的紧张，也比不上它更能检验和锻造人的意志。

在此意义上，通常我们所说的劳动教育也不好与其他"四育"并列，逻辑上应该被视为德智体美四育成果的综合运用过程，作为一种特殊的课程设置才是它最合适的定位。实际上，过去的学校教育中是存在着劳动教育课程的，只是这种课程凸显的是劳动本身，其教育的意蕴只在教师和学生的意会之中，但如实说来，这样的课程实施并没有降低劳动教育的水平。对一种事物的重视，关键在于使它在自己的位置上尽其所能，并不能依赖我们的主观善意地改变它的身份。

素养导向的教育

现在我们的教育要回归本真，简单地说，就是要停止那些在教育的名义下进行的、实际上并不属于教育的行为，这是一种清醒，也是一种理智。如果我们对这一点还没有高度的自觉，那么我们的教育将逐渐失去它本该具有的意蕴，甚至会逐渐滑入非教育和反教育的境地。这并不是一种危言耸听，而是有经验的事实作为明证，其中最具有说服力的莫过于"理想"、"本领"和"担当"已经成为几种稀缺素养资源。做逆向的思考，本真的教育就应该是最终使人有理想、有本领和有担当的教育。

再继续审视这三项内容，就会发现它们清一色地属于素养或素质的范畴，总的来讲，是没有办法直接传授的，学校教师能做的也就是奠基和激发方面的工作。

教师是可以有理想的，但其理想的具体内容是与其自身的存在状态联系在一起的，当然不可能把自己的理想传授给学生。教师在使学生有理想这件事情上，最有效的作为莫过于自己呈现出有理想的姿态，并表现出有理想给自己带来的积极影响。

教师也可以是有本领的，但他们最为本质的本领应是教育的本领，这种本领显然不是他们要传授给学生的。学生未来的发展具有无限的可能性，他们最终具有的核心本领必是社会需要和个人兴趣结合的产物。因此，学校的教师在使学生有本领这件事情上，最主要的贡献就是奠基。

除非是职业技术的训练者，教师通常只是承担促进学生发展整体工作中的局部和片段的任务。具体而言，这种局部和片段的任务主要集中在知识和技能的教学领域，而其目的应是指向学生素养的，也只有这样，教师在教学上的付出才具有真正的价值。

教师也是可以有担当的，他们的担当显然不是从哪里学习而来的，一般讲会受到两种因素的影响，一是文化历史中有担当的精英人物和肯定担当的信念，二是某种与生俱来的人格品质。

比如，对于中国知识分子来说，"横渠四句"即"为天地立心，为生民立命，为往圣继绝学，为万世开太平"，就是肯定担当的文化信念，它引领着无数知识分子的人生进路。至于某种与生俱来的人格品质与担当的有机联系，也是一种客观的存在。

值得注意的是，理想、本领和担当均具有素养的特征，受教育者无法通过认识性的学习而获得，而需要有素养的教育结构和过程塑造、锤炼，我们正在改革的教育走的就是这样一条道路。人们之所以把这样的道路选择视为素养导向的教育，严格地说并非一种新创造，其思想形态早已存在于教育的历史之中，只不过它在过去基本处于思想的王国和边缘的位置。

相对朴素的人类生活和生产，有足够的知识和规范支撑就可以正常运行，这才使得素养虽然会为人所尊崇，却未能成为教育的主题。但是，这种教育的追求的确存在于思想者的思想和日常的生活文化之中。

我想到了《论语》中的"人而不仁，如礼何？人而不仁，如乐何"。显而易见，相对于仁，礼与乐是外在的，也是易于学习的，却是非本质的。比附到现代教育中，礼与乐就相当于知识与技能，而仁则相当于素养或素质。然而，仁是不可传授的，教育者必须借助于礼与乐的教学和实践才能激发和调动出人性中的仁的素养。

我又想到了人们常说的"有知识没文化"，这里的文化显然就是不同于知识的素养。整合此类散见于教育文化生活中的观念，可以发现人们对更具有基础性和可迁移性的素养的尊崇，自从出现就没有消失过。今日教育改革者的选择客观上反映了具体知识和技能在新生活和新生产面前的价值局限，实际上也说明环境的变化和人类所面对的新问题、新任务，更需要人具备生产性和发展性的内在素养。

在新的条件下，如果我们的教育仍然聚焦于具体的知识与技能，多少是有些舍本逐末的。换言之，素养是目的性的，知识与技能必须转换成为手段。现实的教育也许永远需要从知识与技能切入，但其归宿和最终的追求却必须设定为素养。这种素养在认知领域就是具有优良品质的心理形式，在人格领域则是具有崇高性质的情感、态度和价值观。

思考在教育的素养转向中

　　教学的功能在人的需求和创造性发挥的加持下越来越强大。只要教学能够合理地承受，只要人的创造不至于离谱，那么教学功能的不断强大就可被视为发展性事件。值得欣慰的是，在传统的教育世界中，人们似乎并没有兴趣对教学过程进行执着的挖掘，在自然主义思维的作用下，教育者普遍重视的是学习者的学习态度。而在现当代教育世界中，由于人们对于教育的各种期望均有相关的科学作为基础，因而截至目前，虽然各种对教学的设计或许让学校教师感到力不从心，但细究其中的道理，不仅能看到技术上的可能，而且能看出道义上的可行。

　　不管怎么说，人们赋予教学更大的责任，并不是在满足自己的创造欲和表现欲，教学功能的强大最终将有利于学习者适应未来越来越有智力含量的生产和生活。

　　有群体意识的人大多希望我们的生活世界越来越好，实际上，在希望的同时还应该意识到好的生活世界是需要我们自己建设和创造的。如果生活世界的建设者和创造者乏心乏力，那么越来越好的生活世界就只是一种梦想。要使梦想成为现实，我们就得努力使自己成为建设者和创造者，并要借助教育过程培养一代又一代的接力者。依于这一观念，我们对于教学的各种创造性思考就应该基于生活世界建设者和创造者的规格，进而一切关于教学的设计和功能挖掘都应该以有益于学习者成为合格的建设者和创造者为原则。

　　现在我们的教育正在实现素养转向其实就具有这样的思维，因为人们已经能够在理论理性水平上接受关于素养的价值判断。学校教育聚焦于核心素养的发展，说明经过长期的舆论准备和技术开发，我们已经能够把曾经倡导的"素质教育"以"核心素养教育"的形式落到实处。

　　这无论如何都是重大而可喜的事情。我们甚至由此可以展望未来：随着核心素养教育逐渐成为一种教育的新常态，教育世界里各种角色的劳动者（教育操作者、教育管理者、教育研究者）将不再进行许多无谓的争论，他们的创造力必将发挥在以培养建设者和创造者为目标的教育过程设计及教育操作能力的提升上。到那时，理论的学习和研究应成为人们提升理性思维品质的方式，文艺作品的欣赏和创作则应成为人们提升心灵境界的手段。进一步讲，教育实践者应该不再简单地拒绝理论的学习和应用，而教育研究者则应能自觉地意识到自身的价值是与教育事业整体联系在一起的。

到了这样的将来，教育世界的结构是清晰的，教育活动的运行是简明的，教育世界里的思考者和行动者则是深刻的和可爱的。此处的言外之意好像是说当下的教育世界的结构不够清晰，教育活动的运行不够简明，而教育世界里的思考者和行动者还没有多么深刻和可爱。遵循"有则改之无则加勉"的原则，我们实际上不必在乎以上的判断是否严谨，而应该从中寻找有利于我们自身和教育世界发展的启示。当作为教育行动者或思考者的我们自己深刻且可爱的时候，教育世界的结构是不是就自然清晰了？教育活动的运行是不是就自然简明了？

假设我们现在已经是深刻而可爱的教育行动者或思考者，那么在当前核心素养教育转向的大背景下，应该具有怎样的教学和教育认识呢？这是一个没有固定答案的问题，但是对这一问题的回答却应有固定的立场。简而言之，我们的认识，在目的上必须是核心素养教育追求圆满的，在方法论上必须是符合辩证逻辑的，在认识的实质上必须是兼容道义和技术的。基于这一立场，窃以为如下的认识是我们应该努力具有的，并应该用具有的认识有效支配我们的教育行动。

素养是目的性的，也是观念性的，它在学习主体身上的实现，必须借助实在的知识和以知识为能源的教学过程。以知识为手段达成素养，则素养达成且知识也未废弃。只有这样，我们才能说核心素养教育是更高水平的教育。

以知识为能源的教学过程具有多种可能性，教育思考者和行动者切不可因思维的非辩证性而顾此失彼，具体来说，既不能因重视探究性的教学而简单地抛弃非探究性的教学，也不能因重视跨学科学习而降低各自学科的学习质量。

在任何时候都不能把自己降格为教育技术工人，而应该时时处处提醒自己是培养人的教育者。不必说自己是灵魂的工程师，至少应是学生素养发展的促进者。

作为这样的教育者，我们是需要不断学习和不断进步的，而我们学习和进步的基本方向，应是使自己在教育生活中更加文明和更加专业。其中的文明是基于道义、臻于美好的。这里的道义是指教育行动不违背先进的和积极的世界观、人生观和价值观；这里的美好是指教育者的心性和谐和言行美学化。其中的专业是基于技能、臻于艺术的。这里的技能虽然不排斥技术工具使用中的技能，但更是指连通人精神的心理性技能；这里的艺术则是指一种教育劳动的境界，内含自由、诗意等有利于人思维创造的主体品格。

也许可以这样理解核心素养教育

自21世纪以来，我国基础教育在改革力量的推动下，已可作为整个教育发展的风向标了。相比较而言，我们的高等教育不仅延续着它的保守性格，而且在多向奔突的忙乱中，也丢掉了自身原有的一些教育内蕴。因此，一个大学生走过今日大学这个通道，不成材似乎已不再奇怪。对于这种现象，好思的人们自然有思考，比如就有人感叹大学毕业生无法用自己学得的本领赚钱，而选择去送外卖。如果我们铁定地认为这并不是那些年轻人积极主动的选择，并铁定地认为凡能去送外卖的孩子尚属于可敬的不愿啃老、不愿躺倒的人，那似乎只能从大学教育的能力上寻找原因了。

在这个问题上，任何人也没必要大谈什么整个社会生产一侧的收缩所导致的就业机会减少。理性地说，即便是在2018年之前就业形势尚不很严峻时，大学生的较好就业，也不是因为他们从自己的大学里学到了可以谋生的本领。除了那一部分长于技术操作的工程和技术类毕业生，通常意义上的文理专业毕业生事实上难以在毕业之后从自己的专业学习中直接受益。但我并不觉得这是一个问题，如果后来做什么与原先学什么必须一致才算是合理，那恐怕社会生活中的许多重要的工作岗位就无人能够胜任了。

大学不可能设置乡长、县长以及培养各种"长"的专业，但社会运行需要这样的人才，组织部门就不限专业地把他们选拔出来。从选拔的结果来讲，必然有一定比例的个人从事与他原先学习的专业很少有关甚至完全无关的岗位工作。比如，学教育学的人做了农业什么"长"，学建筑的做了教育什么"长"。而很值得我们思考的是，这种表面上看起来明显错位的人力配置，在现实的运行中很多时候不仅没有发生故障，而且可能有意想不到的积极结果。反过来，则能发现确实有学农学的人并做不好农业什么"长"的工作，学教育学的人也没有把教育什么"长"做成个样子。

这种情况对我们的最大启示是：除了从事极其具体、专业的技术性工作，非专业技术性的岗位工作所需求的，实际上是人的基本素质和素养。恰好前几日有同行因谈到过去讲的素质教育和今天讲的核心素养教育，希望我对素质和素养做出区别。我的答复是：素质是人与生俱来的未经雕饰的质地，亦即人的先天禀赋；素养则是人基于素质接受教养或自我修养的成效在人格品质上的体现。基于这一前提，如果一个人不具有决策、组织、协调等方面的先天禀赋优势，即使他在大学刻苦学习了行政管理的专业，也很难胜任各级各类行政管理岗位的工作。

不过，这样的个人也不是没有前程，其先天禀赋优势也可能表现在探究或传播等方面，那他通过努力是可以成为优秀的行政管理哲学家和科学家的，也可以成为化繁为简、化育众人的行政管理卓越演说家。现在我们越来越容易发现，这样的哲学家、科学家和卓越的演说家所释放的能量和发挥的作用，在价值和意义上虽与具体岗位上纵横捭阖的各种"长"类型不同，但论其积极的贡献应说是各有千秋。只是做哲学家、科学家和演说家的人从来就是少数，将来也不会增多，所以，人的离开所学专业的基本素养就成为更具有市场潜力的通货。

至于这样的通货能够从何而来，我们过去几乎没有系统地思考，现在看来，至少从效率的意义上讲，只能来自各级各类的学校教育。这也意味着，学校虽然可以分级分类，但有一个通项要素是不能丢弃的，即"教育"。这里的"教育"显然不是一种对学校工作的习惯性定义，落到实处应是学生从任何专业的学习中都应获得等质的、与所学专业知识既有关又无关的一般性见识和能力。

我个人曾把与此类似的道理讲给过学生。具体的情节是，学生感叹学习教育学专业没什么用。我先是告诉他们教育学应该属于大学专业中较为有用的，要说没有众人理解的用处，哲学、历史等专业才是最明显的。所以，我紧接着告诉学生，对于大学里的专业，我们应该视之为各有特色的运动项目，有地上的、有水上的、有田径的、有球类的，林林总总，但每个人通常只能选择少数项目学习。在这种情况下，我们就不必得陇望蜀，而应认识到任何一种运动项目都有一个共同的效用，就是可以增强我们的体质。这样一来，试想支撑我们有力工作的健康和强壮从何而来还有那么重要吗？

认识到这一层面，我们对于当代中国基础教育改革和发展的基本理念及方法倡导就很好理解和接受了，其中的基础性理念就是对当前具体历史背景下的核心素养的关注。在这一方面，中小学在教育行政和专业发展的双重驱动下已经走在整个教育系统的前面，大学显然也到了该觉醒的时候。如果我们的大学仍然自以为是、浑浑噩噩、搁置初心、急功近利，一定会被天下的学子抛弃的。在现实的生活中，办教育是一种内含期望的投资，而受教育则是一种生命实践意义上的冒险。如果前辈学生通过接受大学教育却不知所终，那后来者又怎么可能不加思考、不约而同地加入其中呢？

我的话说得有些形象，但并不影响对客观事实的反映。好思和有使命感的人实际上早已经意识到我们大学教育改革的紧迫性与必要性，然而他们的见解虽然深刻，却往往缺乏足够的支持力量，因此不再多言。当大家都不发声时，问题也就不再被视为问题了。如此，关于大学如何办的问题，便少有人再关注他们的意见。最终的结果就是，办大学的人有了更大的自由度，即使办学不佳，也似乎无须承担过多的责任。这或许才是现实的情况，若能一切如愿，倒像梦境而非现实。然而，从心而论，我真希望现在的大学是一种梦中的东西，这样，待到梦醒之时，我们还有觉醒的可能和希望。

尽管我有些悲观的倾向，却也真的能从教育的变化中感到欣慰，原因是我们的基础教育毕竟在国家转型发展的大背景下跌跌撞撞地向前探索。对其探索的立意，即便用严苛的教育思想和理论标准来衡量，也属于真的想把学校办成学校，把教育办成教育。也因此，一种乐观的心情油然而生，它使我很愿意为基础教育实践的健康发展而效野人献芹。窃以为以下三种目标是各级各类的学校教育最值得努力追求的：基于跨学科教学的对世界的整体化理解、基于大概念教学的学生抽象思维培育，以及基于项目化教学的解决问题能力训练。

首先，学校教育者应当帮助学生通过知识的融通，形成对世界的整体化理解。要知道世界本身就是一个整体，而关于世界的知识却是以学科的形式分别存在的。这当然具有充分的合理性，但这种合理性是建立在人类认识的能力和精力有限基础上的。仅由于个人以一己之力无法一次性整体地把握世界，这才有了认识领域的分工，而各个学科知识正是这种分工形成的结果。学生掌握的自然是分科的知识，但当他们带着自己掌握的知识重新面对世界的时候，就必须把分散于各个学科的知识加以融通，否则他们对世界的理解固然比没有知识的时候更具体和细致，却会失去没有掌握知识时对世界所具有的模糊但整体的把握。

我们还需要知道，人在与自然、社会环境互动中所遇到的问题也是一个整体，关键是那些问题不会因为知识的学科化存在而使自身具有纯粹的能与具体某一学科相匹配的性质。这就需要教师和学生借助某种有效的过程与方法，让分科存在的知识在问题的实际解决中各司其职。从目前课程改革的动向看，改革者已然具有高度的认识论自觉，他们所倡导的跨学科教学和项目化教学，客观上就暗合于对世界的整体理解和对复杂问题的有效解决。

其次，学校教育者应当帮助学生提升抽象思维的能力。虽然思维有动作的、形象的和抽象的分别，理论上也不应当论说其内在的高低，但从形成的难度上讲的确是存在着梯度的。在没有人外力干预的情况下，个体思维的成熟顺序一定是从动作到形象再到抽象，抽象的思维显然具有最高难度。虽然不能说抽象思维的地位最高、价值最大，但也须认识到高水平、高复杂程度问题的发现（提出）和解决（解答）对人的抽象思维能力具有特别的需求。也正是因此，恩格斯才会说："一个没有理论思维的民族，是不可能站在科学的最高峰的。"（《马克思恩格斯选集》第3卷，人民出版社，1971年版，第467页）同样，一个没有理论思维的民族，也不可能站在文明和社会发展的前列。

恩格斯所讲的理论思维正是一种有明确的思维方向，有充分的思维依据，能对事物或问题进行观察、比较、分析、综合、抽象与概括的一种思维。这样的思维一方面具有自然形成的客观性，另一方面则只有通过有意识的培育才能够达到较高的水平。目前课程改革中所强调的大概念教学对学生抽象思维水平的提升无疑是有益处的，但仅仅做"概念"的文章还远远不够。单从形式逻辑学的角度看，还得在判断和推理上下专门的功夫，更不用说从辩证法的高度讲还需要教师帮助学生具有整体、复杂性的思维习惯和看似轻易、实际上难以具备的历史意识。

再次就是问题解决能力的训练问题。这个问题在某种意义上比抽象思维能力缺欠的危害更大，其最为典型的表现即人们常说的"高分低能"现象。这当然属于基于科学主义精神的思考路线，根底上是说学生空有知识而无运用知识解决实际问题的能力。换一个角度，同样也存在着学生空有相关知识而无充分的、应从知识中转化而来的文化素养和思想道德修养。综合起来，就是"有知识没能力"和"有知识没文化"。深入思考，便可知这种状况正是大学毕业生找不到合适的工作，而用人单位又找不到合适的人才之根本原因。针对这一事实，目前的学校课程改革中主要是以项目化教学来应对的，应当说其大思路没有问题。

项目化运行是以工程思维为灵魂的，而工程思维的最大长处就是借助设计中的想象和操作中的技术，为人自己解决现实的问题和创造实际的利益。尽管如此，我们仍然需要就项目化教学的实施做必要的自我提醒，其要旨为：项目化教学只能发挥出它自身能够具有的作用，换言之，它解决不了所有的教育目标问题；更重要的是在教学过程中，教师必须引导学生对"项目"做尽可能充分和全面的理解，也只有这样，我们才能在所有的学科教学中合理运用之。事实上，我已经明确地意识到，虽然核心素养的内涵是全面和辩证的，但在学校教育的操作层面，人们还是自觉不自觉地容易具有科学主义的偏失，同时也较容易远离整体性思维，这些消极的可能性是需要我们努力避免的。

教学可转身成为教育

让教学成为教育，这是我对教学的一种抽象期望，想必很多人会觉得我的话有点多余，我甚至能猜想到这些人一定觉得学校的教学自然就是教育。对于这样的认识，我是持保留意见的。稍退一步，我最多承认纯粹的教学也能收到教育的效果，但这并不能使教学自然成为教育。实际的教学能否算作教育，不可以结果衡量，关键要看教育者是否有教育的自觉意识，因为这将决定教师与学生能否构成教育性关系。

换言之，如果教师与学生之间仅存在教学性关系，那么教学过程必然是过于程序的和过于功利的。其中，过于程序的教学来自教师精心的设计，无论多么精致，也难避免匠技的刻板和自以为是。而过于功利的教学则直奔可测量的目标，即便教师在过程中做出很像教育的样子，也一定是为可测量目标达成而采用的策略。这些难道不是现实教学中真实存在的问题吗？

我之所以有如上的认识，一方面是对教学进行理性思维的结果，另一方面也受到了教学现场的启示。话说前几日去一所小学听实习生的讲课，又一次真切地体会到教学与教育的真实差异和距离。虽然实习生不可能不认真，但因初登讲台，自然更关心如何"度过"漫长的40分钟。因此，其教学的纯粹几乎可做经典，程序性和功利性显而易见，并折射出一种卖力与真诚，却实实在在地把教学仅仅做成了教学，那些难掩刻意的轻声细语、和颜悦色，也没有让课堂里生出多少教育的味道。

要知道我说这话并无夸张，当然需要说明这样的现象存在于一个实习生的课堂上并不奇怪。从研究的角度来说，恰恰在这样的新生儿似的课堂上，我们才容易感知到"教学并不必然是教育"这一事实。为了形象地说明这一问题，我愿意描述学生实习教学中的一个片段。

那节课的内容是小学三年级语文上册中的《美丽的小兴安岭》。其中第一段是："我国东北的小兴安岭，有数不清的红松、白桦、柞树……几百里连成一片，就像绿色的海洋。"实习的学生也可谓用心，一边诵读这段文字，一边用多媒体工具呈现小兴安岭地区的植物，客观上让学生把文字和形象结合了起来，课堂气氛还算活跃，但比较遗憾的是教学的时间只是在这样的诵读中自然流逝。

这种情形也许在许多课堂上也属正常，然而也就是在这样的正常状态下，教育的可能性未能化为现实，从而在这一片段的进程中，教学仅仅是教学。那么，教学是不是只能如此呢？换一种问法，这一片段的教学难道没有转化为教育的可能吗？显然不是。实际上，只要教师能够以教育的思维和情怀机智地挖掘与表现文本，教育的意味自然呈现。如此，教学自身的基本功能并不会减损，却使自身转成为教育。

要说具体的方略，我仅举一例说明："几百里连成一片，就像绿色的海洋"，隐含着空间问题，小学三年级的学生可以在教师策略性的引领下，借此发展空间观念。具体而言，从几里开始，到几十里，再到几百里，自然会让学生从小湖，到大湖，再到海洋依次想象，他们的空间认知必然会获得发展。与此同时，还可自然融入审美教育，甚至可通向爱国主义教育，在此过程中，教育的意义岂非自然生成？

教育中的权威问题

偶尔与各级学校的教师谈及学生，有一个问题是高频率出现的，那就是现在的学生不好管，而与此对应的另一个问题则是现在的老师都不太管学生。先不说这些现象是不是具有普遍性，可以肯定的是它一定与教师的权威失落这一问题有关。具体地说，学生的不好管，固然有新一代人新特征的影响，但也能反映出教师的权威作用出现了历史性的衰落；而教师的不爱管，听起来像是他们的责任感淡漠，但谁能排除一种可能，即这是他们实施权威受挫之后的一种退缩性或报复性反应呢？毕竟，教育是不能没有权威作用的，否则受教育者人性中顽劣的一面将使教育者及其教育因无力而尴尬。

然而必须指出，我的这种演绎是比较传统的，比如我无意中想到了教育者及其教育的"尴尬"，说明潜意识中比较在意教育者及其教育的体面。照此追索下去，会发现我所说的教育不能没有权威的作用，虽然首要的理由是应对受教育者人性中的顽劣，但必然包含着权威对教育者尊严的支持。而且，我不能不承认自己意识中的权威是没有形成过程的一种给定性力量，这显然是已经过时的观念。

因而，如果今日感叹教师权威失落和欲唤回权威的人们与我具有同样的认识，那么我基本可以认为他们感叹的和欲唤回的权威是已经过时的权威，也就是那种没有形成过程的、具有给定性质的权威。进而，还可以认为在今天的教育环境中，如果问谁需要权威，答案应该是一切实施教育的个人，至于受教育者，也许他们在具体的情境中需要一个主事的或最终裁决的人，但还上升不到需要权威的高度。

相对而言，有一个问题或许更为核心，即教育者要权威干什么。这一问题的答案其实就在他们对权威先前拥有、后来失落的体验之中，其道理是先前拥有权威时自然获得的利益，恰是他们后来失落权威后自然失落的利益，凭直觉判断，无非是他们自己的体面和教育行动的秩序。形象地说，先前面对受教育者，他们自己一声令下，对方无不适从，一切的事物都井然有序，他们自己作为教育者的尊严得以维持；而在后来，他们的指令失去了原有的效力，甚至出现了来自对方的抵制和对抗，他们作为教育者的面子忽然拾不起来，失意与沮丧接踵而来，教育行动本身有乱无序。在这种情况下，一种欲唤回权威的复古情绪便自然生出。

我揣度他们自己应首先本能性地严厉起来，即以一己之力恢复传统，但注定自己的努力不仅无效，多数情况下还会适得其反。究其原因，就是时过境迁，生活的逻辑在不经意间与时俱进，新的土壤使得曾经的权威难以复活，教育者在来不及新生的当下突然遭遇了自己的束手无策，自然会发出人心不古的慨叹。如果要切实改变自己的处境，无论是否愿意，恐怕都得宁静下来做理性的思虑，尤其要对权威及其效应做重新的考量。

我觉得第一位的思虑是要认识到曾经的权威失落必然与它如影随形的消极后果有关。权威或许有其间接、遥远的理性基础，但它在当下的作用必定具有非理性的特征，那么对于接受权威作用的受教育者而言，他们的主体性难道不会出现被动性的退缩吗？可以想象，一个人的能动性、自觉性和创造性在权威的作用下被动退缩，几乎必然带来他的思维活力降低和行动激情减弱，他作为生命体的精气神又怎么可能处于理想状态呢？

实际上，一切领域的解放，其实质都不过是人对自认为不合理或合理但过度的束缚的否定。既然曾经的权威具有束缚人主体性发挥的功效，受教育者及其代理者的否定性意向和行动在时机成熟的时候就一定发生。对于教育者来说，只有体会到旧权威作用的消极后果，才能理解自身在当下的感受，也才能用新的思维应对已经变化的教育环境和不同于以往的教育问题。

既然唤回权威的实质是对自身尊严和教育秩序的渴望，教育者就需要理性地面对两种可能性：一是设法寻找到具有新品格的权威以替代旧权威并发挥其支持教育者尊严和教育秩序的作用，这就是所谓的权威重塑；二是在权威之外寻找一种或多种力量来获得教育者的尊严和教育的秩序，应该说这一方面的努力也已经出现。关于权威重塑的观念，天然地具有更大的可接受性，但其难度可能并不小于在权威之外寻找力量，还有一种可能是人们在重塑权威的过程中忽然发现自己实际上就是在寻找权威之外的力量。如果这种情况真的发生了，我们差不多得接受一个事实，那就是新时代的教育多半在自觉地摆脱权威，至于能否真正地摆脱则另当别论。

显而易见，主体性在不断升值，民主的原则越来越深入人心，非理性的权威遇到了越来越有力的抵制，传统文化赋予教育者的武器越来越不合时宜，与此相伴随，教师的知识、思维和人格的力量与教育专业化之间的紧密结合越来越成为一种趋势。从这种变化中，我们实际上不难意识到，教育者的尊严和教育的秩序在新的时代虽然可能与外部的给予有关，但更为可靠和可持续的支持力量一定出自知识、思维和人格以及专业化。

就知识来说，教育者之于受教育者当然是要有优势的，但这种优势不能仅仅局限于"闻道在先"和"术业专攻"。信息技术带来的便利已经使传统的知识优势内涵彻底消解，教育者恐怕必须在体现知识本质和示范知识力量上着力，才可能因此获得尊严和自己教育行动的秩序。就思维而言，重点并不在于教育者是否掌握了关于思维的知识，而在于教育者能否展现出日常语言中的聪明和智慧。这方面的事情，我们应该有所期待，但更多的发言权还是应该交给相关的专家。就人格而言，最重要的是需要明确，它与伦理学意义上的道德问题既有关系又不能等同，它的要义甚至也不是心理学可以独立促成的。

当我们评论一个教育者的人格魅力时，很可能既考虑到了他的道德品格和心理品质，也考虑到了他的知识素养和思维能力，换言之，人格的力量是由各种不同性质的力量凝成的合力。一个能够在知识、思维、人格及专业化上达到较高水平的教师，无需外在的力量也能在学生的心目中确立起自己的教育权威形象。这样的权威在具体的教育情境中一旦确立是不可能失落的，因为支持它的力量，均产生于教师自身而非外在力量的给定，是在受教育者的心理土壤中生长起来的而非由外力强加的。如果有人挑战这样的权威，就等于在挑战人类的精神文明，也许在特殊的条件下能够发生，但绝不可能持续，更不可能成为教育历史进步的有机环节。

教育阶段性别假说

20世纪80年代末，太原幼儿师范学校曾经招收过一批男学生，这件事情报纸上也有报道，今天再寻找，竟无踪影。想必该校当时的立意是想改变人们对幼儿教育的刻板印象，同时也有借助男性的阳刚之气，让幼儿园的小朋友能够获得健康人格的意图。不过，这件事情后来并没有引起社会的高度重视，随着时间的推移也就隐入尘烟。对于这样的结局，我们当然可以将其归因于尝试者的未坚持或环境反应的迟缓，但也许在幼儿教育这一领域，男教师虽然也可以有，却一定有其可以没有的深层道理。

至于这深层的道理究竟是什么，这一领域的专家应该有自己的独到认识。不过，也只能说是"应该有"，实际有没有就不太清楚了，仅从有限的听闻来判断，好像是没有的。而这样的"好像没有"也说明不了什么问题，最好的解释是，那个所谓的深层道理在专家那里根本就不能构成问题。有趣的是，当年太原幼儿师范学校的尝试，在当时就引发了我的思考，我的基本判断是幼儿教育由女教师承担是具有充分合理性的。

到了1998年，由于工作的原因，我更多地接触到了初中和高中阶段的教育实践，再加上自己在大学工作的感觉经验，与当年对幼儿教育的思考自然地结合起来，最终形成了一个被我称为"教育阶段性别论"的假说。具体而言，我发觉今日看似天经地义的教育过程及其相关的人力资源配置，很可能就是天经地义的。这样的表达仍然有些模糊，那就进一步具体地说，教育在不同的阶段其实是具有性别特征的。

我估摸着人们听到这样的说法八成会觉得荒诞不经，对此我也不做反驳，这本来就是一种假说嘛，教育又不是人，哪还有什么性别特征呢？有了这样的认识基础，我们就可以比较放松地谈论问题，既不执着于知识论，也不用执着于价值论，权当一种街头广场的闲聊吧。为了方便表达，我们不妨依循现有教育过程的阶段，对隐含于其中的性别特征加以解释和说明。

第一阶段：幼儿教育。俗称学前教育，在英语中表达为 pre-school education。这种教育在时间上是指发生在儿童进入学校之前的教育，在空间上则是指发生在非学校里的教育，现实地说就是发生在幼儿园里的教育。那幼儿园又是一个怎样的空间呢？

英语中竟然有一系列词语与此相关，分别是 kindergarten、nursery school、infant school、day-care centre。在这些词语中，既有表达对象的，也有表达场所的，还有表达功能的。综合研判，这一阶段的教育显然不具有学校教育的纯粹性，应是处于由保育向教育的过渡阶段。

想一想3—6岁的孩子，懵懵懂懂，正处于人生的幼稚阶段，生活上的事情还不能自理，语言、心智正处在发展的关键期，是不是更需要具有耐心、细致、柔和特征的女教师来替代他们的妈妈呢？如果我们承认这一点，那么，判定幼儿教育理应具有女性特征就不为荒谬，这一阶段的教育也可以称为母性教育。

第二阶段：小学教育。正常情况下，这一阶段的孩子年龄普遍在6—12岁。我们的新课程标准在"总目标"之下，已将小学按1—2年级、3—4年级、5—6年级划分为三个学段，不同学段的孩子是具有不同心理特征的。

笼统而言，低年级段的小学生，心理特征带有明显的形象性、具体性、无意性，尚不具备抽象性、随意性。他们活泼好动，喜欢表现自我。中年级段的小学生，在心理发展过程中，正处在一个转化和过渡的比较特殊的阶段。思维开始由具体的形象思维向抽象思维转化、过渡。高年级段的小学生，初步具备了抽象概括的思维能力，但由于知识经验的限制，还无法进行那些和具体事物相距较远的高度抽象概括的活动，只能对一些过程、结构简单的事物进行抽象概括。

尤其需要指出，在情感认知方面，低年级段的小学生虽然已经基本上掌握语言的基本原则，也就是最基本的口语语法形式，但是理解书面语言和用书面语言表达的能力通常比较低下，对自我感受的表达还不完善；中年级段的小学生情感稳定性、可控性、丰富性、深刻性有所提升，对情绪的操控能力有所提升，可以正确地表达自己的情绪；高年级段的小学生则有了一些高级情感的体验，如道德情感、理智情感、审美情感的体验等，能够比较正确地抒发、表达自己的情感。

这一方面的变化直接影响到小学生与教师关系的微妙变化，从性别特征角度讲，到了高年级段的时候，小学生对具有耐心、细致、柔和特征的女教师的感觉开始产生前所未有的不适应感，其实质是相当于孩子开始摆脱母亲的呵护和管束，这种倾向在学校生活中通常会表现为小学生对具有女性特征的教育的逃避和抵触。整体地看，小学教育阶段，从性别特征上讲，是一个由母性教育向父性教育逐渐过渡的阶段。

第三阶段：中学教育。按照通行的说法，中学教育在整个学校教育体系中处于小学教育与大学教育的中间阶段，是承上启下的一段教育。中学教育的对象是年龄在十一二岁至十七八岁的青少年，他们正处在生理、心理迅速发展和突变的转折时期，正经历着急剧获取知识和增长才干，以及世界观、人生观、价值观初步形成的关键年段。

实际从事这一阶段教育工作的人们深知，这一阶段的学生具有了更强的独立性和个人性，对他们的教育和管理难度与小学教育阶段相比明显提升，女教师如果没有特殊的教育本领，往往很难赢得学生配合。各种因素的综合作用，使得这一阶段的孩子整体上更欣赏和更愿意接受具有宽厚、有力、理性、豁达特征的男教师。因之，中学教育阶段实际上成为一个父性教育阶段。

第四阶段：大学教育。这一阶段的学生基本成熟，他们的自主性、独立性和社会性已经初步形成，而且对未来开始具有理性的思虑，对环境开始具有责任和使命意识。由于在大学教育阶段，教师工作的目标和师生关系都发生了质的变化，学校教育的教育性出现了断崖式下降，而教学性则获得空前的提升，教育的性别特征不再那么鲜明，从而使大学教育趋于无性。

在大学教育阶段，教师总体上无法从性别中获得优势，他们在学生心目中的地位基本取决于他们的学识、道德和事功。这一方面意味着受教育者的接近成熟，另一方面也意味着学校教育这种形式在个体那里使命的完成。归结起来，不同阶段的教育会依循教育对象的身心发展变化而具有性别特征，这就是所谓的教育阶段性别假说。如果这一假说能够通过实证研究的检验得到确证，对于我们的教育人力资源配置应当具有借鉴的意义。

所谓"真正的教育"

每当有人说"你们搞的根本就不是教育。真正的教育应该是这样、这样、这样的"时，被批评者常常是一头雾水，心里想"我们一直就是这样做的，怎么就不是教育了呢"。而旁观者则可能像和事佬一样，四平八稳地告诉被批评者"你们做的教育的确有问题，不要不承认"，转脸则会对批评者说："现实是骨感的，你说的真正的教育只是一种理想，说说可以，能做到就不容易了。你说人家做的根本就不是教育有点过分。他们做的教育虽然有不足，但也还是教育嘛。你总不能说病人就不是人了吧？"

我相信以上描述一定深深地刻印在众多教育研究者的脑海里。而且我也基本相信，在被批评的教育实践者和四平八稳的旁观者面前，教育研究者即使有满腹的理由和说辞也无法表达，从此开始怀疑自己工作的价值也不是没有可能。对于这种情况，我始终很感兴趣，并想着在三种角色的现实关系中捕捉某种信息，说到底是要寻找他们思维中并不相互冲突的内容，应该说总有大大小小的收获。

今日读到黑格尔的一段话，我眼前忽然一亮，倒不是因为发现了什么新的观念，而是看到了一个哲学家的理性中所藏匿的可爱情感。黑格尔是这样说的："在哲学讨论里'不真'一词，并不是指不真的事物不存在。一个坏的政府，一个有病的身体，也许老是在那里存在着，但这些东西却不是真的，因为它们的概念（名）和它们的实在（实）彼此不相符合。"（《小逻辑》，商务印书馆，1980年版，第282页）读到这段话，谁能无视黑格尔的理性？他的理性集中体现在对概念的绝对尊崇。

但我们同时又能想象出黑格尔的坚决，这坚决中显然包含着黑格尔没直接说出来却一定能够说出来的一句话：与概念不符合的实在就不是概念要指代的实在。如果实在中的主体非得以为自己身在其中的实在就是概念所指代的，那也是一种伪的、不真的实在。再延伸一步，如果黑格尔恰好拥有了"教育"的概念，那他一定会认为，老是在那里存在着一种坏的教育，是不配享用"教育"这一名称的。

说到这里，我们是不是能够接受到理性的黑格尔所具有的可爱的完美主义情感呢？人间的事物本就是人在终极价值追求过程中不断创造和发明的结果，进而概念（名）和实在（实）的时间顺序，就不是简单的名在先实在后，而是一旦启动了名实关系运动，就成为"实—名—实"的无限运动过程。也可以说，在开始之后的时间里，人文事物的前行必由完美的概念牵引，那么，发明了新概念的人，都等于掌握了评判现实事物的标准。

如果能够意识到这一点，对于"真正的教育"这一类的说法，人们还有什么理由拒绝呢？只是还需要一个重要的提醒：教育研究者须先清楚，自己的概念创造和发明活动，一定得朝着人文的终极价值奔去。如果没有这样的前提，教育研究者所言说的"真正的教育"，便无异于平庸的修辞或是一个漂亮的口头禅，在教育现实面前的怯懦与无力也属自然。

课堂是什么

有人问课堂是什么，我说是 classroom；继续问课堂的概念是什么，我说是上课的地方。人家说我的回答简明，但我觉得人家在心里一定是不满意的。在我这里，其实也没有敷衍人家的意思。我说完课堂是上课的地方后，顺便列举了教堂、学堂、礼堂、会堂等，目的是要说明"堂"就是一个物理空间，人用它做什么，它就成了什么堂。课堂也是一个空间，因为用于上课，所以就叫课堂。

我自信我以上的说辞是靠谱的，当然，我也知道我对课堂内涵的表达在今天的学术交流中，既有点土气，又容易吃亏，还容易让人形成我没有学问的印象。回味我对课程是什么的回答，说好听点，比较朴素，说不好听点，甚至有点粗俗。如果就照着这样的方式来表达自己的观点，且不说难登大雅之堂，说不准得让许多学术上的先进笑话死。

实际上，在平常的学习中，我注意到也能基本领会一些高雅的表达方式，但就是由于一身的惰性，至今也没有做到学以致用，以致说出来的话语、写出来的文字总显得有些笨拙。反思自己对课堂是什么的回答，的确不上档次。冒出个 classroom 还说得过去，毕竟沾了点洋气，怎么就能说课堂是上课的地方呢？如果我满足于这样的认识，那几十年的书不就白读了？学科外的人和一线的实践者怎么能瞧得起我呢？

想到这里，我意识到了问题的严重性，这不仅仅是个人能否被人认可的事情，显然还会影响到教育学科的声誉。痛定思痛，我也不能太自责，积极的姿态应该是迷途知返。

实际地讲，走到非粗俗的、很有学问的道路上，对我来说并不存在技术上的问题，目前主要的障碍是从年轻时形成的保守、刻板、一根筋的学术思维，具体表现为过于重视研究的实质，同时在文章方面用力不足。充分认识到了自己的不足，也就知道了努力方向，足见反思之于个人进步的价值。

未来若再有人问我课堂是什么，我决心痛改前非。我一定在没有任何思考的状态下，首先告诉人家，这问题"看似简单，实则深奥"；其次，我会劈头盖脸地问对方有没有读过康德、黑格尔、海德格尔、胡塞尔、列斐伏尔等等；我估计这几个外国人就能让他茫然；然后，我再谈论一点物理、心理、文化、精神、历史、平行、多维什么的。如果兴致比较高昂，我再画几个比较复杂的结构图。不过，所有努力的目的只有一个，就是要让对方知道，把课堂说清楚绝非几句话的事情。至于课堂与上课的地方有什么联系并不重要，而且说出来也有点俗，索性就不说。如此，对方大都觉得我学识渊博、视野开阔、想象力丰富、创造力不可限量。

如果以这样的姿态洋洋万言，对他人耳提面命，是不是就有点国际范儿和学术范儿？答案应该是基本肯定的。但我担心的是，他人会不会因我的言说而对课堂的认识更加糊涂，更担心自己会不会在自得其乐的过程中深度迷失。要命的是，内在的良心总在不断提醒我，课堂就是个上课的地方。

我由此联想到教育实践工作者面对一些教育理论文本时的无奈，真的觉得不能完全把这种现象归因于他们的动力和知识不足。因为，我注意到他们中的许多人好学而敏思，并能追随像苏霍姆林斯基、范梅南、陶行知这样的教育家。理性地说，教育理论家与教育实践者应是分工不分家的，他们虽各有追求，却应属于同道中人。

如果教育理论家真的要把教育说清楚、论深刻，教育实践者大致是能够判断出来的。在此基础上，双方会共同克服互动的障碍，最终走向共同的理想。我还想到了大道至简，进而可以说，凡言说繁复、杂芜且不问实践的言说者，对于教育很可能只是一知半解。甚至还可以说，表面上看来很学术的文字，也可能只是用无关的讯息修饰了作者思维的幼稚和思想的苍白，并客观上展演了一种浮华的风格。

果真如此，实在需要纠正，以使求真至善的精神不再旁落，并最终让清爽与优雅重回一切探索者的意识。

"教" 与 "导"

在从教师到导师的跃进中，我们需要知道非教育策略的"导"必定出现在"教"走到穷途末路的时候。这并不是一种标新立异的判断，而是在最自然的背景下对一种事实的描述。通俗地讲，如果某种有意义的东西能够被"教"，谁会殚精竭虑地去"导"呢？

那既然"导"属于教而不能后的不得已，我们为什么非得要"导"呢？最充足的理由当然是只有靠"导"才可能实现的那些东西，对学生的发展来说更为本质和重要，学生如果没有获得那些东西，就只能做一个学科领域的普通成员。换句话说，他们只是卓越者具有卓越效果的背景性元素，即所谓众星捧月中的星星，虽不失存在的意义，但毕竟如同影视剧中的群众演员。

从教、导主体的一方说，为什么古代的教育者会讲"师父领进门，修行靠个人"？难道是因为师傅懒惰进而只把徒弟领进门便不管不顾了吗？当然不是。其实，师傅的"领"是极为关键的，他的"领"，并非轻松地"带"，要领在于对学生就学科领域进行本质性的点拨，操作意义上是师傅自信地把学生推向有意义的可能世界。

既然提到可能世界，我们不妨顺便指出，教与导的区别正在于前者要把学生带进学科的现实世界，后者则要把学生推向学科的可能世界。这里所谓学科的现实世界，是指学科领域古今研究人员贡献的成果总体，连同生产成果的他们自己所构成的学科知识结构、生产过程以及环境支持，亦即认识哲学意义上的学科时空统一体；学科的可能世界，则是指当下的学科研究者依据我们已经把握的认识规律设想出的、应该能大概率达到的知识境界。

显而易见，学科现实世界的存在物，我们在理论上是可以转述、传递给学习者的，但学科的可能世界，即可能达到的知识境界，我们只能基于以往的研究经验和在经验中形成的学术判断力，给学生指出大致的方向和应该有效的路径。

需要指出，我们对教与导的分辨和比较纯属于理论的工作，意在增强教育者的教育理性，在教育实践过程中，教与导实际上是无法完全分离的。甚至可以说，今天意义上的"教"几乎就是以"导"的方式实现的。"教学"的概念至少不再能独步天下，"导学""学导"已经能与"教学"平分秋色。但这也只是一种事实，只能说明客观地存在着"教学"概念在历史过程中的变异，并不意味着某种教育的真理。

窃以为，不可极端地以导废教，即使扬导抑教，也不符合学校教育的内在需求。放下许多听起来提神的观念，学校教育恐怕还是应当以教为首、能教则教，进而应该让"导"在它不得不出场的时候再出场。具体来说，就是当无法通过"教"而实现某种目标时，再行指导或引导。

论难度，"导"自然比"教"难，其难主要在于欲述之内容无法尽述、欲达之目标难以操作，因而可以说，教师易得，导师难求。一个合格的导师，不能只有记问之学，还必须能谙通学科的和研究的本质，尤其需要具有与学科和研究相匹配的价值哲学。只有这样，一个人才能从教师跃进为导师，从而成为合格的研究生教育工作者。

跨学科教学

基础教育课程方案修订之后，一些算不上新颖却很符合时代要求的教学理念被特别地倡导，客观而言，一线的老师们对此也是持欢迎态度的。二十多年的课程改革已经让教师群体基本实现了教学理念上的迭代更新，他们普遍具有改革、探究的精神。这对教育的不断进步和发展无疑是一种积极、有利的条件，可使我们对未来的教育持有基本乐观的态度。不过，也有许多问题需要我们在前行的过程中认真地对待和理性地解决，否则，无论多么适宜的教学理念，都难以自然落到实处。

就以跨学科教学为例，其基本精神是相对容易理解的，核心的意涵是：学科是人类认识分工的结果，也是知识高效率传递的需求；但是，作为认识对象的世界是不分科的，人们要解决的问题和要完成的任务是不分科的。这就需要我们必须走出自己的学科，以对象、问题和任务为中心，借助想象力，把有助于认识对象、解决问题和完成任务的各学科知识调动和吸引过来。

这里的"走出"就是所谓的"跨"，但我们究竟需要跨到哪里，需要跨多远，则是由对象、问题和任务的复杂程度决定的。这中间当然还有一个我们究竟能够跨到哪里和能够跨多远的问题，这显然是由我们知识的广度和深度决定。在此认识的基础上，跨学科教学对于教师而言，就需要具备两方面的能力：一是发现和建构复杂对象、复杂问题和复杂任务的能力；二是学习尽可能多的学科知识的能力，而且对自己获得的知识还要尽可能获得深度的理解。

这样的期望，实际上同样可以复制到学生那里，其中的道理是学生也只有具备以上两方面的能力，才能逐渐形成跨学科教学所要培育的素养。说到这里，我们很有必要提到一个基础性问题，即我们为什么要主张教师在教学中贯彻跨学科的精神？

简而言之，应是要学生通过跨学科认识对象、解决问题和完成任务的过程，形成认识真实世界、解决实际问题和完成具体任务的综合素养及能力。还有一层期望同样重要，那就是要让学生在教师的引导下，在不得不参与的学科知识学习中摆脱学科知识的孤岛现象，进而能够以整体性的思维面对整体性的对象、问题和任务。

跨学科教学的基本道理也就是这样，但对于现实学科教学体制中的教师来说，大致是处于知易行难状态之中的。最主要的原因是，具体的教师个人总是具体的学科教师，即使他们基本理解和高度认同跨学科教学的理念，也会在日常思维的影响下不知所措。如果我是一个具体学科的教师，我至少会存在以下两个疑惑：①我需要建构什么样的对象、问题和任务？②我究竟要从我的学科跨到别的什么学科？

对于第一个问题，我们必须确定性地认为，要建构的对象、问题和任务，必须属于自己所教授的学科。通俗地说，一名语文教师必须建构出属于语文学科的对象、问题和任务。跨学科教学，并不是为跨而跨，让语文教师去把别的学科知识牵强附会地引进到语文课堂中。如果这样做了，不只是对自己和学生的折磨，也是对语文课程的戏弄。

需要谨记：语文课程实施中需要跨学科认识的对象、解决的问题和完成的任务，只能是语文范畴的对象、问题和任务。不过是这样的对象、问题和任务比较特殊，仅靠纯粹的语文知识认识不清、解决不了、完成不好，必须引入其他学科的知识。在此意义上，跨学科教学很难成为教学的常态，只有在需要走出某一学科范围、借用其他学科知识才能被认识的对象、被解决的问题和被完成的任务出现时，跨学科教学才有必要出现。

在这里，同样需要指出，那种特殊的对象、问题和任务并不会凭空出现，它可以来自教师的发现或建构，也可以是因教师对普通对象、问题和任务的跨学科加深和拓宽而得到转化。这说明跨学科教学能否成为现实，根本上还是取决于教师个人的知识结构和思维能力，而不仅仅是他们在认知上理解和在价值上认同这一教学理念。

除了上述的思考，一线的学科教师还需要认识到跨学科教学的"跨度"总是有一定范围的，实际的跨度是由需要决定的，也不是跨得越远、越多就越好，超越了需要的限度，很有可能陷入不着边际的境地。何况任何当代的教师个体恐怕也不可能懂得人类所有学科领域的知识，即使他对跨学科有强烈的兴趣，又能跨多少和跨多远？我们举了跨学科教学的例子，顺便也理清了这一方面的许多头绪，也算是认识上的一种收获。

教育中的表达艺术

数九寒天，如果没有取暖的条件，人在哪里都是冷的。同样的道理，夏日炎炎，如果没有乘凉的地方，人在哪里都是热的。在这一类情况下，知趣的人最好不要教诲他人要有坚强的意志，因为意志力的价值虽然足够重大，但与自然中的极端条件相比，还是比较渺小的。所以，如果有可能，我们应该设法给那些挨冻的人送去棉衣，给那些酷热中的人送去扇子，之后再教诲他们坚持和坚忍，这才算是一种智慧，通常也会收到良好的效果。

要说这种智慧和良好的教诲效果，实际上也不是某种复杂过程的产物，其要领真的不过是教诲者多了一些体谅的意思。他们的目的或许还是要人不能因严寒和酷热而驻足不前，但在被教诲者那里被感受到的却是一种善意和友好，至少不会让他们觉得有一种力量没有商量地逼近自己。

站在旁观者的位置看，我们也许会发现智慧的教诲者满怀狡诈，即便如此，也不影响他们通过教诲而实现自己的目的。甚至当被教诲的人在某时某刻也意识到了教诲者的心机时，他们也不会因此生怨，最多诡异地一笑或是轻轻地调侃几句了事。从中我们能够悟出哪怕是形式上的善意和友好也会具有积极的和创造性的价值，而隐藏在其背后的原因则是平常的个人其实比较脆弱。从道理上讲，他们固然需要环境的磨炼和锻造，但就他们个人本能的需要而言，一定更愿意接受即使只是形式上的善意和友好。

对于人的这种表现，我们当然既可以指摘他们的幼稚和简单，也可以告诫他们许多骗子正是利用了他们的本能心理，但最好还是对他们的表现采取宽容的态度，体谅他们作为现实生活的主体必会承受许多的重负。这样的宽容和体谅在我们自己这里既可能是平等平和的，也可能是居高临下的，一般情况下在承受重负的生活主体那里会是一种积极的力量。

相反，如果我们习惯于表现出一种唯我独尊的姿态，或是脑子里装满了各种各样的主观臆断，并格外享受训育他人的快乐，那么通常是不会受到他人欢迎的。而由于不欢迎那种姿态和那些臆断，他人还会进一步拒绝与那种姿态和那些臆断捆绑在一起的训诲。这样的情况，我猜测天下的父母、教师和领导一定深有体会，而家庭教育、学校教育和组织管理中的许多不顺利和不愉快应是与此有关的。

教育和管理中一旦出现了这种情况，那么教育和管理至少在具体的情境中是失败的。若要分析失败的原因，父母、教师和领导基本上不会认为是自己的问题，多会认为是孩子、学生和下属的性情乖张，并会坚信"良药苦口利于病"的说法。殊不知在具有现代性特质的社会生活中，苦口的良药非常符合逻辑地逐渐失去了市场。没有了粗鲁和野蛮支撑的非理性力量，任何使他人感到不愉快的言行都在经受真正的生活实践主体的抵制。谁能说这不是一件好事情呢？

我记得有一部电影名叫《有话好好说》，剧情忘记了，就记住了这个片名，看似平常，却是平常人的不平常希望。要知道在我们的生活中，不会好好说话的人并不在少数，他们不知在什么样的力量支持下敢于且乐于信口开河，结果只是畅快了自己的肝胆，却扰乱了他人的心绪。这实在是一个问题，事关个人的修养、他人的利益和群体的文明，应是个人和社会发展中必须郑重对待和认真解决的。

我们在教育领域是比较重视语言艺术的，表达的艺术加上师生情感和思维的互动，便促成了教学的和训育的艺术。但需要指出，这一方面的研究者普遍地把教育中的语言艺术定位在修辞的范畴，这就有点狭隘了，就其深层的内涵而言，教育中的语言艺术绝不只是对美的纯粹追求。甚至可以说，教育中的一切艺术的追求，其原动力均为对善的追求。

通俗言之，教育者之所以要讲究表达的艺术，首先是因为艺术的表达更容易使受教育者对接收到的内容心领神会，其次则是因为艺术的表达会让受教育者感到自在，进而能够自动放弃对教育者的防御机制。在此意义上，真正聪明的教育者个人是不会不讲究表达方式的。

教育改革中的策略性思维

近两年基础教育课程方案的修订，把学校教育改革又向前推进了一步。因有自 2001 年开始的 20 年课程改革作为历史基础，学校里的绝大多数教师一方面能够感受到新的挑战和要求，另一方面也没有觉得新的挑战和要求是什么了不得的事情。这种状况本身也应该算作新课程改革的历史性成果。

我大致计算了一下，2001 年时 7 岁入小学的孩子，现如今也过 30 岁。按照正常的节奏，这一批孩子本科毕业应有七八年，硕士毕业应有四五年。假设他们恰好从事了基础教育领域的工作，就正在实施新课程方案的中小学从事教育教学。

我要说的是，他们自打进入学校，接受的就是一种新教育，那么在新教育的大范畴中不断出现的新要求，对于他们来说固然也是一种新事物，但其挑战性还是要大打折扣的。这也使得新的课程方案在实践领域的推行，并未像当年的新课程改革启动时那样引发明显的反弹。

然而，我们还得注意到一线教师中还存在一些经历了新课程改革却明显具有过渡性特征的教师，他们并不见得思维僵化、思想保守，但对频繁的改变的确更容易表现出无奈和厌烦。因而，我们总能听到一种夹带着情绪的声音——不变能怎样？进一步的、更加具有冲击力的说法则是：频繁的变就是折腾。

对于这样的声音，即便是改革者，也不能简单地视之为一种消极的抵制。只要理智地去分析，就会从他们的声音中解析出某种容易被改革者筛掉的理性。这种理性的要义通常分布在两个层面：一是作为急躁、冒进、浪漫和理想主义的对立面而存在；二是对连同他们也不见得明了的教育中的不变的坚守。

我既不是一个改革者，也不是一线教育者，这种第三方的角色使我至少不会轻易产生对新事物的热烈欢迎或激烈抵抗，也不会对既有的传统格外厌弃或坚决捍卫。当然也不能说我是一个完全的局外人和骑墙派，实际的情况是，我时常会为一线教育者答疑、解惑和出招，但传授、解释和宣扬的又是改革者的立场和观点。这是不是听起来就觉得十分有趣呢？

我以为其有趣之处主要在于既在局外又在局中的我，其实获得了对改革者和一线教育者实现双边理解的绝好机遇，从而通过专业性的劳动，不仅助推了改革者的观念落地，而且淡化和转化了改革者与一线教育者之间的矛盾。

首先说我是能够理解改革者的。我知道他们并不是对改革本身具有天赋的兴趣。在极大的程度上，一线教师能够触碰到的改革者，基本上属于更高层级的改革意志的贯彻者和执行者。除了不可能没有的得过且过者，这个群体的成员还是有理想和有担当的，岗位的责任驱动着他们为了国家、民族、社会的整体利益而推动课程改革。只是这些改革者是改革意志的最基层执行者，一线教育者总是从他们那里领受变化的指令，长此以往通常把他们看作麻烦的制造者。殊不知由他们体现的频繁改变所反映的，正是国家、民族和社会发展的急切。

谁都知道曾经走在世界最前面的中华民族，从近古开始逐渐与外部世界拉开了距离，到了 19 世纪中叶竟一步步地走到因落后而挨打的境地。1949 年以来，我们焕发精神，奋起直追，历经艰难，终于由站起来、富起来到了强起来的历史阶段。但环视世界，竞争激烈，欲先进而不落后，就需要通过新教育造就新人才。教育改革的节奏不断加快、程度不断提升，表面上看来似乎有失于急躁，但站在国家、民族和社会的大立场上却也是可以理解的。

其次说我同样理解一线教育者。我知道他们是当下社会分工的各个行业中最具有难度和最不具有稳定性的岗位劳动者。他们的工作难度不仅表现在不断翻新的技术性教学操作上，还表现在他们必须在改革者倡导的"好教育"和大众认可的"好教育"之间轮番切换。

难道他们愿意做这种事情吗？显然不是。做出这样的选择，皆因他们既不能不落实改革者的意志，因为那是国家、民族和社会的意志，同时又不能不考虑具有功利性诉求的社会公众。一线教育者便在各种力量的汇聚中，面临在平衡公众期望、学校发展需求与国家教育目标这三个微妙而重要的方面谨慎行进的挑战，宛如在一根细线上优雅地保持平衡。

想一想我对他们的理解是不是有点道理呢？而在这种必要的理解过程中，我实际上与上述两方面的人们共同构成了现实教育的铁三角，并客观上使教育中不同的利益相关主体的价值逻辑，在求同存异的运动中实现了平衡。这样的平衡肯定不是最理想的状态，却一定是能使各个利益相关方均相对满意的现实状态。

须知历史从来就不是理想家的乐园，当然也不会长期由通常意义上的公众主宰。先进的思想与相对保守的公众，理想的目标与相对现实的公众，总会处在时紧时松的价值竞争之中，历史可以收获的进步只能是两方相互妥协之后的盈余。现在看来，这才是真实的教育历史运动和教育现实存在，理智地接受了这一事实，教育世界中的任何角色都不应该有过多和过久的迷惘和纠结。

切记我说的是不应该有迷惘和纠结，而不是不能有；我说的是不应该有过多、过久的迷惘和纠结，而不是一点、一时的迷惘和纠结都不能有。人的现实性最集中的体现就是无法摆脱现实环境中消极因素的困扰。如果没有了这样的困扰，教育、社会就都成了机器，运行起来应该简单一些，却也同时失去了人间的趣味。

面对频繁出现的教育改革，一线教育者一则需要积极应对，二则必须以超脱的精神融入；面对必然存在的、保守甚至会消极抵抗的一线教育者，改革者一方面须尽到自己的岗位的责任，做必要的苦口婆心式的引导；另一方面，也不要幼稚地指望所有的改革理想都能够一蹴而就。理想虽然不能没有，但实现理想的步子只能慢慢走。

学校文化建设的内在章法

目前，中小学对学校文化建设的重视已蔚然成风，这不只是现象层面值得肯赞的事情，即便在教育历史发展的意义上也是令人欣慰的。须知学校作为文化传承的基地，必先自身具有文化的内涵，这实际上是一种毋庸置疑的常识。但也是因为毋庸置疑，在没有外部提醒的情况下也很容易被人们忽略，客观的结局就是长期以来虽然无人有意轻视学校文化建设，却也没有使其成为学校发展中的重要事宜。

而今日学校对文化建设的看重，一方面有大趋势的引领和推动，还有重要的另一方面因素是教育领域的人们日益认识到了文化建设本身所具有的生产力价值。过去，我们实际上也在理念的层面意识到了文化建设所具有的特殊价值，只是因为文化怎样讲还是有些虚幻，这才难以在人们务实的思维中被列入正式的议事日程。

学校的文化究竟是什么？大多数情况下，身在学校的人们是能够感受到它的有无和好坏的，但要追究它的具体内涵，能够清晰明了的人就少而又少了。在简单的意义上，人们容易想到的是与学校物质性存在相联系的教育的和审美的修饰，继而可以有计划地做一些可见的和有形的工作，其代表性的实施莫过于校园文化建设了。

就具体的举措来看，排在第一位的当然是校园的美化，比如绿化、净化和艺术化，创造教育化的内容标识则会自然地被列在第二位。这样的工作最终会体现为学校的基本文化形象，其直接的效果是能让走进学校的人立刻能够感觉到学校就是学校。记得很多年前的一些民办学校会借用原先用作他途的场所和建筑，学校工作者稍加修饰便能够立即营造出一所学校的模样，这说明校园文化建设至少属于最基本的学校文化建设内容。

但是，仅仅停留在校园文化建设的阶段，对于学校教育发展整体而言还是远远不够的。正因此，一些校舍全新的学校在内行看来仍然缺乏文化的韵味，深究起来，应是内行们在深入学校的时候未能强烈地感受到学校里的教育精神意蕴。这也就是说，学校文化建设的核心一定是在校园美化和初步教育化之外的场域。此更为深刻的场域现在看来是涉及学校教育精神内涵的。

应该说，在没有普遍的学校文化建设风气的时候，能够具有教育精神韵味的学校文化主要存在于一部分先进的学校，一般学校在这一方面无疑是存在着短板的。多年来，教育领域倡导和要求每个学校须有自己的办学理念，且希望学校能把自己的办学理念体现在"一训三风"之中，这自然是一种整体的进步，标志着我们的基础教育正在经历历史性变化，教师和学生，尤其是学生，必将因此在学习生活的质量和综合发展上受益。

如果一所学校在新的历史阶段力图建设自己的学校文化，从形式上讲就需要先确立自己的办学理念，并逻辑地演绎出自己的校训、校风、学风、教风，但在操作的层面如何进行，还是要进行一番思量的。之所以做此提醒，是因为学校精神文化建设中客观上存在着浅表化的现象，具体表现为建设者常常把这样的事情简单化为语言和文字的功夫。尽管相关的语言和文字工作也的确反映了建设者的希望与理想，但在一定程度上仍然存在着缺少系统章法的情况。

因而，我们很有必要就学校精神文化建设一事预先明确一些原则，否则，无论在语言、文字维度显得多么精美的办学理念和一训三风，最终都难逃脱与学校教育实践相脱节的结局。我以为相关人员在学校文化建设中至少需要考虑到以下几个方面。

首先，学校精神文化需要具有积极的价值内涵。这里所说的积极，不单指向上、进取等不颓废、不后退的心理状态，还包括向上和进取必须接受公共善的引领。在今天，学校文化标识中虽然不会出现"颜如玉""黄金屋"之类的直接表达，但围绕着考试和升学成功的激励性语言并不少见。这就属于强调向上、进取有余而考虑公共善价值不足的情况。

其次，学校精神文化需要具有鲜明的教育特征。这是因为学校是制度化的专门教育机构和场所，其文化的精神要义必须符合教育事业的特性才真正属于学校的精神文化。像符合工厂企业的"厂兴我荣，厂衰我耻"，虽然对人也具有激励作用，却一定不适用于中小学校。

最后，学校精神文化需要体现具体学校的个性化追求。从原则上来说，同一类学校相互之间的共性必定大于个性，但能够展现出具体学校特色的，恰恰就是那些远小于共性的个性。这种个性一旦形成，就应是具体学校师生员工的集体创造，其源头应是与初任或后来某任校长的精神个性密切相关的。所以，作为学校文化精神的核心建设者，校长的作用是不可忽视的，其责任当然也是无法推卸的。

就目前来看，大多数中小学校的文化建设还没有做到有效和深入，基本上还处于视觉和听觉的水平，真正能够体现到学校所有成员身上和学校工作各个方面的还不多见，这说明学校文化建设是一项特别艰难的工作。本着务实的态度看，这项工作在目前具有两种意义上的难度：一是具体学校精神文化特色建设的难度；二是将学校精神文化的要义转化为师生员工行为准则的难度。

第一种难度通常是由学校内部的思想力薄弱导致的，第二种难度则与学校文化的凝聚力有关，根本上是学校之外的世俗文化力量强大且与教育优秀文化的方向不完全一致所致。立足于积极的和建设性的立场，学校文化建设一方面需要迎难而上，这是一种必要的态度；另一方面，最终还是要增强学校内部的思想力和凝聚力，只有这样，目前学校文化建设的主要困难才能够被真正克服。

孩子的"听话"和"不听话"现象

　　孩子的"听话"或"不听话"，这是一个已经生活化的现象，而且也成为我们文化传统中直接影响教育行为决策和教育生活感受的因素。偶尔与做父母的或是做老师的人交流，只要谈及孩子的未来，总能听到这孩子或是现在的孩子"太难伺候、不听话"的抱怨。且不说具体的情形，完全可以肯定的是孩子的不听话已经成为教育意志难以实现的主要障碍。

　　对过去的时代稍加回忆，便可知这样的心结由来已久，但至今应该也没什么好办法。客观地说，这个问题在今天要比过去更为严重，解决起来也更为困难，究其背后的原因，绝对不是遗传意义上的叛逆能力进化，而是我们的生活实践更具有理性，新文化中尊重个体生命意志的倾向更为鲜明。

　　值得注意的是，为人父母和老师的人们整体上正在历史性地承担和完成老传统向新文化的过渡，这就使得新旧两种文化原则在他们的教育实践中轮番上阵，并进一步使他们的观念比以往常规发展时期更富含冲突与纠结。何况方向性的新原则理论上否定了他们在传统中曾经合理拥有的力量，否则，不听话的孩子即使不可能消失，也不会成为他们念念不忘的问题。

　　我们设想一下，问过去一代人面对孩子的不听话该如何应对，他们十有八九会斩钉截铁地说"那就揍他"，可是在今天，文明的规则会积极抑制这样的念头。那么问题就来了，教育的意志不可不实现，但曾经的法器已被道义地取走，过渡期的父母和老师自然就出现了心理的危机和恐慌，在此基础上有不同程度的焦虑也应在情理之中。

　　转换一个角度，一切旁观者均应理解他们的心情和现实处境，但新的原则却不可能对他们妥协，它所承载的先进方向必然引领他们的思想和行为，并强度不同地期望他们成为新原则的化身。在这种无法逆转的潮流面前，父母和老师固然可以在焦虑中恪尽职守，但如果采取积极的心态，实际上需要在新的背景下尝试回答以下问题：

我们为什么喜欢听话的孩子而不喜欢不听话的孩子？

我们为什么要让孩子听话？

听话一定好吗？

不听话一定不好吗？

我们自己是听话的还是不听话的？

我们对自己的听话或不听话怎样进行评价？

我尝试站在较为传统的立场上回答以上问题，发现我们喜欢的并非孩子听话时的神态、状貌，而是孩子发自内心的服从；反过来，我们不喜欢的也不是孩子不听话时的神态、状貌，而是他们发自内心的不服从。当然，这也不是因为我们有宰制孩子的嗜好，根底上是因为我们基于经验和社会化，预先知悉了现实生活和个人一般性成长的通用原则及因果原理，进而自信孩子的服从属于明智之举。

更进一步讲，作为父母或老师的我们自信自己的行为意志出于良知，是为了孩子当下及未来的利益。换言之，欲使孩子服从的意愿，本质上是我们的责任心，如果是与我们自己无干系的孩子，他们的服从与否一般不会激起我们的情绪。如此看来，喜欢听话的孩子，是因为他们的听话更易于我们教育意志的实现。反之，不喜欢不听话的孩子，则是因为他们的不听话成为我们教育意志实现的直接障碍。

离开教育的情境，走出教育的关系，我们对听话和不听话常常有不同的想法。比如，对于太听话的孩子，我们在喜其乖巧的同时，可能担忧其主体性不足；对于不太听话的孩子，我们在厌其乖张的同时，有可能暗暗觉得其未来很可能有出息。

反观我们自己，究竟是属于听话的，还是属于不听话的？我想无论答案如何，每个人都有听话的时候，也有不听话的时候，而且不管是听话还是不听话，都给我们既带来过好处也带来过坏处。所以，这是一个平常却不简单的问题，值得我们玩味和思考。

现在我们不妨以研究者的姿态面对这一问题，那么用分析的眼光可以看出，（不）听话现象显然内含两个意义单元：一是"话"，二是"（不）听"。辩证地看，我们至少可以说：来自父母和老师的话是可以分类的。有的话只有信息而不含教育意志，孩子的听或不听仅仅表明他的听觉是否有效参与到信息的接收之中；有的话则既有信息也有教育意志，甚至可以说信息本身就是对教育意志的表达，那么孩子的听或不听所表明的就是他的服从或不服从。

只是纯粹信息的话，其困难程度和有趣程度也有各自的不同，听与不听的情形较为复杂。一般来讲，容易且有趣的话，孩子最容易听；困难而无趣的话，孩子最容易不听。处于以上两者之间的情形多种多样，我们依据经验基本上能够想象出来。承载教育意志的话，孩子的听与不听，涉及话本身的内涵和表达者的力量，需由专家深入研究。

使儿童无厌苦有自得之法

王阳明的《传习录》中有专论儿童教育的内容，悟其大意，一则承往圣之智慧，二则有独特心法，在中国古代的教育专论中应属上品，虽不若《学记》《师说》传播广泛，却不失其思想的光泽。正如他的学生聂文蔚所说，"道固自在，学亦自在，天下信之不为多，一人信之不为少"，这话实在精到。阳明先生虽为旷世奇才，且教育有方，但并未获得后世教育者和教育学者的特殊重视，这便使得许多精华沦入孤寂。

尽管后来的各种有识者多尊崇先生，但察其缘由，主要在于惊异于其境界通透，并敬其少年立志成圣，至死不忘初心，仅一句"此心光明，亦复何言"便足以受万世膜拜。至于其教育之心法，纵然深邃高明，一如其事功，必被其心学之大成遮蔽。由此看来，一人之才学智慧、嘉言懿行若是令人目不暇接，必会在历史流变之中有所遗漏或持久休眠。

今日有此番感慨，只因读到阳明先生的训蒙思维，他在《传习录》中说道："凡授书不在徒多，但贵精熟。量其资禀，能二百字者止可授以一百字，常使精神力量有余，则无厌苦之患，而有自得之美。"这段话看起来平平常常，其中的内容细节也可出于明惠贤良的老妇人之口，但我想这内容背后的思量逻辑及其人文意涵则全然不同。

普通人家的老妇人常易宽容孙儿，只要有人敢授孙儿二百字，即便他能四百字，老妇人也只让教授一百字，唯恐坏了孙儿的脑子。你可以说她是在心疼孙儿，也可以说她是在纵容孙儿，唯独不能说她有什么面向未来的方略，实际上就是一种溺爱，没长进的孩子就是这样造就出来的。

说到这儿，我竟有了悔意，为何要将阳明先生与老妇人相比呢？转眼一想，这样倒是让两种本真有缘相聚，各自的立意虽不同，但思量的路数却一致。阳明先生的二百而一百，为的是"常使精神力量有余，则无厌苦之患"，换句话说，就是怕坏了儿童的学习兴致；而老妇人的二百而一百，则可说是"常使孙儿身心轻松，则无求学之苦"，换句话说，就是怕坏了孙儿的脑袋。

两者的旨趣纵然有天壤之别，但终究都相关一个"怕"字，所怕不同，怕却无异。打个小趣，老妇人在乎的脑子难道不比求学的兴致更为重要吗？这注定只能是一种调侃，换个思路，我们也可以说不用于求学的脑子实际上没多么重要，恰恰是求学的好兴致说不定能把包括老妇人的孙儿在内的儿童带到理想的地方。说实话，刚读到阳明先生的这段话，我立刻想到的是心理学家维果茨基提出的最近发展区，要让老妇人说，就是跳起来吃果子的问题。

可问题是跳起来多累呀，万一儿童跳不了几次就没有了继续跳的兴致，那他客观上具有的潜力又有何用呢？真不如用阳明先生的方法，让儿童在轻松、得意的状态下，带着信心收服一个个字词句篇。未曾想到阳明先生既有格竹子的惊人之举，也有教儿童的平实之法，顿觉智慧和圣贤并非天赐生知，不过是朴真、坚毅之人的自性发现和实践。

有一种客观存在是"效果现象"

有一种客观存在是我们在事中或事后生出的一种感觉，它的真实性不用怀疑，但它的普遍性却不见得存在，那么这种客观存在作为现象，可以称为效果现象。这样的现象就漂浮在我们与对象的关系中，也可以说漂浮在我们与对象相互作用的过程中，其中较为典型的有美、艺术、智慧等等，它们与我们的生命过程密不可分，却难以用语言尽述，因而容易被人们视为玄虚，若作为研究的领域，则被人们视为困难。柏拉图就曾说美是难的，以此类推，则艺术、智慧之类的存在一旦被纳入我们理性思维的范围同样也是难的。

以上的认识在我这里已经许久了，今日说起是因为两个学生的论文分别涉及艺术和智慧，而我看过他们的论文，明显地感觉到他们即便在未来获得学位，也可能对艺术和智慧仍不会有真切的感觉，反过来说他们的论文，很难说是研究的结果，准确地讲，大致是不无思考的文章创作，而且我敢说他们的思考因很难有效进而很难有意义。

我从中自然会想到我们的教育虽然日复一日地运行，却难以在学生的思维品质和方式上有更大的突破。但这样的念头很快就被搁置，就事论事，学生论文中所存在的问题实际上是他们仅凭着感觉和清浅的兴趣主动地触碰到了一类特殊的现象。因而，即便我再一次说明艺术和智慧都属于效果现象，对它们的后续改变也不会产生立竿见影的效果。这并不是因为他们在理性上不能接受我的说明，而是因为他们在现阶段尚无能力把我的说明贯彻在自己的思考和表达之中。其症结在于他们很难用有限的理性审视本就稀少的艺术和智慧经验。

在这里，我很明显要说两个问题，即研究者的理性和他们的艺术及智慧经验。就理性而言，他们的不足主要表现在未能在过去的学习中形成理论思维的方式，这中间有思维本身知识的短缺问题，但主要是缺乏理论思维的有效训练，从而既没有学得必要的理论思维章法，也没有养成不能没有的理论思维习惯。这样的不足使得他们无论怎样努力都无法让艺术和智慧成为他们思考的真实对象，以致进入所谓的研究过程之后不得不陷入语言世界里的泥潭。为什么说是泥潭呢？这是因为艺术和智慧的特殊性，使短缺理性能力和艺术及智慧经验的他们，只能在语言文字中寻找研究对象的痕迹，而语言文字中的艺术和智慧基本上是微热的词语，绝非完整的可被意念为真实的存在。

我告诉学生："说一个教师的教学很艺术，一定是我们在教学中或教学后，被现场的或记忆中的存在感染，这才让我们觉得他的教学简直就是艺术，我们主观上产生了相当于欣赏常规艺术后才会具有的感受，但那位教师并不是把教学当作艺术进行操作的。"关于智慧，我告诉学生："智慧本身是专属于成功者的，它从来就不是具有某种外在特征的操作程序和方式，因而只有在成功成为事实之后，成功者的某些思、言、行才被我们界定为智慧，它无疑也是一种效果现象。"

我相信我的学生一定有过关于艺术和智慧的相关经验，但他们的经验数量和对自己有限经验的反思程度，还不足以让他们把艺术与智慧在意识中独立和明确下来，因而可以说他们的研究既有对象又无对象，他们怎能不陷入语言世界里的泥潭呢？对于这一类现象的研究，很难运用主客分离的认识方式，它在很大程度上依托研究者个人的完整经验。什么是完整的经验呢？仅就对艺术和智慧的研究来说，研究者个人具有完整的艺术和智慧经验，意味着他们一方面曾经作为相当合格的欣赏者，产生过艺术和智慧的感受效果；另一方面，还曾作为某种实践的主体在作为欣赏者的他人那里产生过艺术和智慧的效果。

如果没有这种完整的经验，艺术和智慧就失去了成为明确研究对象的必要条件。我由此理解了学生的处境，他们的研究目前不尽如人意，一定不是态度上的问题，甚至也不是技术上的问题，而是他们实在没有条件把文献中的艺术和智慧在意识中组织为一个虽不实在却清晰的对象。在这种情况下，文章意义上的蹩脚就情有可原了。然而，我们的学术教育并不能因这种体谅而中止，恰恰相反，我们借此正好可以让学生深刻地认识到明确研究对象是研究的最重要的前提。

既然学生缺乏相关的经验，我们是不是应该否定学生对类似效果现象研究的选择呢？我不主张否定，相反，我会鼓励他们尊重自己的兴趣。要知道这样的研究，更容易让他们触及自己理性与经验的边界，非常有利于他们往后的进步。因为，我越来越觉得，一项面对客观存在本身的研究，即使很不完美，也远远胜过运用文献和辞章之学组织出来的精致文章。学生的研究是他们学习做研究的一门特殊的课程，如果其中有知识和思想上的贡献，自然求之不得，但通常情况下，我们更应该让他们在与真事物、真问题的较量中获得真研究的经验，同时提升研究的意识水平和操作能力。

今天的教育怎样才能比过去的更好

远离了过去，留下的只是记忆，而记忆的神奇不仅在于它能够战胜遗忘，更在于它比较服从主人的意志。主人天真烂漫，其记忆便识时务地选择美好；主人苦大仇深，其记忆则会识趣地选择悲情。比如我，就是偏于天真烂漫的，因而能够记起来的，总是美的和好的。实际上，他人经受过的苦痛，我一点也没有错过，只是不愿意记起，所以就做了选择性遗忘。我当然也知道曾经存在过的苦痛并不会因为我的遗忘而成为虚假，但眼下对苦痛的遗忘的确能使我只见美好的树木而不见无所不有的森林，心灵因此较为平静，间或想傻乐一阵子也有基础和依据。

我为什么就想到了记忆这件事呢？直接原因是我近来察觉到自己及一些同龄人，在谈到教育的时候，总是容易把当前的教育说成一团糟，而把自己曾经接受过的教育说得格外好。根据我对记忆和遗忘的选择性认知，忽然意识到我们其实就是那种偏于天真烂漫的人，这才对过去教育的美好元素铭记在心，而对过去教育中令人苦痛的元素做了选择性遗忘。对于当下的教育，一是因为它就在我们的生活世界之中，好与不好都显现无遗；二是因为我们自己通常会对美好熟视无睹而对瑕疵格外敏感，所以总是以批评见长而缺乏肯定的理性。

但较真起来就会发现"今不如昔"纯属一种主观的感觉，而非客观的事实。且不说今日教育在物质和技术条件上不只超过了过去几个数量级，也不说今日的教师就其所掌握知识的高度和系统性远远超越了他们的前辈，即便是在教学、教育的过程中，他们也较前辈更为文明和更为专业。如果说真有今不如昔的地方，那就是有的新文明有那么一点不接地气，有的新专业有那么一些青涩和冒进，让曾经也文明和专业过的人们感到了突兀和失落。但说实话，我这样的判断都不见得能够完全说服自己，而我之所以还要如此判断，主要是想表达自己对变化愿意持一种欢迎的态度。

那么，不能完全说服自己的理由又是什么呢？在我这里，主要有两个方面：一是今天的教师很难普遍具有纯粹的教育情怀，二是今天的学生很难普遍具有自主的时间和空间。在情怀不太是问题的时候，较少有人大讲情怀；反过来，当人们都在呼唤情怀的时候，说明情怀即使没有绝迹，也已经是生活世界的稀有之物。

虽然习近平总书记强调"教师群体中涌现出一批教育家和优秀教师，他们具有心有大我、至诚报国的理想信念，言为士则、行为世范的道德情操，启智润心、因材施教的育人智慧，勤学笃行、求是创新的躬耕态度，乐教爱生、甘于奉献的仁爱之心，胸怀天下、以文化人的弘道追求，展现了中国特有的教育家精神"[①]，但我们可曾想过总书记所说的"一批"是一个什么样的数量概念。具体一点说，在 1891.8 万专任教师中，这"一批"能占多大的比例呢？

这个数字是很难获得的，但不难想到的是，在职场内卷和教育价值向日常世界妥协的大背景下，能够具有教育家精神的个人，如果不是衣食无忧、天性高洁的贵族，就是上天派遣到人间的天使。这种情况在曾经的岁月里虽然算不上普遍，却算不上稀有。对于我们这种在 20 世纪 70—80 年代接受学校教育的人来说，并不少见具有教育家潜质的教师。他们在特定的环境中和条件下整体上没有过多的功利心，也无须被卷入恶性的竞争之中，因而对教育工作在整体上是能够以纯粹的态度面对的。

仅说教过我的老师们，他们具有不同的个性，来自不同的家庭，却具有基本相同的真诚品质和投入姿态。他们中的优秀者并不比其他同行具有

---

① 习近平致信全国优秀教师代表强调大力弘扬教育家精神 为强国建设民族复兴伟大事业作出新的更大贡献. https://jhsjk.people.cn/article/40074132.（2023-09-10）.

更全面和更高级的教育德性，而只是在教育认识的境界和教育所需要的天赋品质上比其他同行更具有优势。再回首看今天的教师，我相信他们的教育认识境界和教育所需要的天赋品质并不逊色于前辈，他们通向卓越的障碍应是自己的功利心和环境中的内卷潮。这样看来，今天的教师成长为教育家的难度也许并不比过去更大，但艰难的领域却与过去不同。具体言之，过去的艰难主要在教育的认知和技术上，而今天的艰难则主要在教育的情感和德性上。

那作为受教育者的学生在过去和现在又有什么样的不同呢？我在这里只说一点、不计其余。这就是过去的学生在时间和空间上拥有更多的自主权，而今天的学生则在物质和技术条件的支持上更具有优势。辩证地说，这两个方面对于学生的发展来说都是重要的，但要追究哪一个更为重要，答案恐怕只有一个，毋庸置疑的是时间和空间上的自主权。

过去，无论是在城里还是在乡下，孩子们均无过重的课业负担，在特定的社会条件下，孩子们也不会被家长驱赶到各种辅导机构中。星期天和假期虽然有作业，但那一点作业根本无法压倒聪明的学生，也不会对不聪明的学生形成压力。无聊的低级玩耍和有组织的高级游戏各种各样，孩子们在并不理想的物质和技术条件下，虽不敢说能获得全面发展，但有张有弛、有劳有逸却是孩子们学习生活的常态。或因此，后来的我们经常会感叹当年的我们所接受的才是素质的或是素养的教育，尽管我们的老师朴素无华甚至土得掉渣。

今天的学生倒是不缺物质的和技术上的支持，但他们却普遍缺乏时间和空间上的合理自主权。须知"时间"和"空间"绝不只是一对外在于人的概念，在某种意义上它们就是人的存在自身。如果孩子们的时间和空间基本被教师和家长征用，那就相当于说孩子们只要不结束学校教育生活，基本上就没有独立自主的机会。

可记得钱学森之问？为了方便思考，我们不妨回忆一下当时的具体情况。据 2005 年 7 月 31 日《人民日报》第一版的报道，温家宝总理探望住在解放军总医院康复楼病房中的钱老，谈了未来 15 年科技工作指导方针（自主创新、重点跨越、支撑发展、引领未来）后，钱学森说："您说的我都同意。但还缺一个。"温总理亲切地说："好哇，我就是想听您的意见。"钱老接着说："我要补充一个教育问题，培养具有创新能力的人才问题。""现在中国没有完全发展起来，一个重要原因是没有一所大学能够按照培养科学技术发明创造人才的模式去办学，没有自己独特的创新的东西，老是'冒'不出杰出人才。这是很大的问题。"

从这段材料中可知，对于钱学森之问，钱学森自己已有答案，即"没有一所大学能够按照培养科学技术发明创造人才的模式去办学，没有自己独特的创新的东西"。这很显然只是在说高等教育，而且也只是指出了培养杰出人才的技术侧面，想着钱先生并不是想不到，可能没有去多想这个问题，以致忽略了杰出人才的培养需从小学开始，而且，杰出人才的培养不只是需要"培养科学技术发明创造人才的模式"，尤其需要把必要的时间和空间自主权还给学生。一个从小就被设计、安排、控制的孩子，长大以后哪还有主动思考难题和参与复杂行动的兴趣？

相比各种培养人才的模式，学生没有该有的自主权才是我们的教育改革需要面对的问题。理所当然地，把学生该有的自主权还给学生，才是当下最为紧迫的任务。某年的教师节期间，教育家叶澜先生的"四个还给"震撼人心，我特意编辑如下：把课堂还给学生，让课堂充满生命活力；把班级还给学生，让班级充满成长气息；把智慧还给教师、把创造还给教师，让教育充满智慧的挑战；把精神发展的主动权还给师生，让学校充满勃勃生机。什么时候叶先生的这"四个还给"普遍实现了，我们便无须回忆实际上并不完美的过去的教育。

改善思维状况是最难办的事情

如果人的思维能够健全地运行，许多令人头疼的问题就不再是问题。换言之，许多令我们头疼的问题，感觉上林林总总、纷繁多样，但就其实质而言，不是不健全的思维所致，就是不健全的是思维本身。因而，纯粹个人的进步，应被列在首位的就应该是思维，它就像纲，纲举则目张。思维好了，其余的一切就好办了。但思维的事情又是最难办的事情。它的进退的确与外在的条件有关，却不是外在的条件完全可以决定的。

从已经存在的相关努力和作为来看，各种促进思维的策略虽然不无效果，但效果不大明显，有趣的是各种促退思维的办法虽然无需费力，但效果却是出奇的好。这便让积极努力的人们无所适从，也不知是该有所作为还是静待花开。

今天的学校教育者就属于这种积极努力的人，他们无法不努力，因为通过教育改善学生的思维状况，已经不是具体教育家个人的主张，而是社会发展的需求。举个例子说，在过去的一百多年，我们借助从别人那里学来的知识和技术，在经济生产领域创造了很多奇迹。可未来的一百年呢？如果曾经被我们学习的人们好像悟到了什么，进而不愿意把更多的东西教给我们，难道我们不需要自力更生？

而要做到自力更生，恐怕仅靠决心和无根基的信心是无济于事的，更不能指望招摇过市、飞黄腾达的各种混混，根本上是需要学校通过有组织、有计划、有策略地实施恰当的教育，来塑造新一代人的思维。不管我们愿意不愿意接受，"思维"正在替换"知识"而成为更强大的力量。回顾新课程改革中所强调的"过程与方法"目标，其实就是对优质思维的追求，可惜的是实施新课程改革的群体尚缺与这种追求相匹配的教育思维。

在与教育实践工作者的接触中，我真切地感受到了他们的困惑和局限。当他们告诉我无法理解为什么要把"过程与方法"设定为教学的目标维度时，我立即想到的，并不是他们在教育知识上存在着什么不足，而是他们的教育思维被时代远远地甩到了后面。我敢说即使在今天，新课程改革实际上已经悄悄地退场，但广大的教育实践工作者对教学的"过程与方法"目标仍然所知甚少。

果真如此，我们又如何指望他们能够真的改善新一代人的思维状况呢？客观地说，不能全指望他们，却也只能指望他们，因为除了现实中实际实施教育的人们，并不存在符合我们理想的替补队伍。因而，若是我们真的觉得思维这件事情对于社会的未来至关重要，那就认认真真地对我们的教育加以筹划。与此同时，最好顾及学校教育能够有所作为的必要条件。过去的经验告诉我们，学校虽然是制度化教育系统的重要构成，但它的力量有限，很多时候学校无法抵御来自外部世界的非正当干预。

尽管如此，真正要改善新一代人的思维状况，核心的工作还是在学校教育之中。教育的和管理教育的思维需要首先根据服从社会发展的原则得到改造，否则，我们社会的智力财富不仅不会增加，几乎必然大大缩水。这种迹象实际上早已出现，它较为集中地反映在一定比例的毕业生迷惘、无灵性的精神面貌上。最令人不安的是，从外相上即可推知他们曾经是具有极好智力潜质的个人。

问题显然出在学生所经历的教育过程中。这当然是一种习惯性的说法，现在我发现，影响一个人思维的不只是某一种性质的过程，还有某一种性质的结构。而且，结构是居于主导地位的，所谓某一种性质的过程其实就是某一种性质的结构的运动。不知有多少人体验过思维意义上的无法突围，如果有人体验过，那就比较容易理解一定性质的结构和过程的神奇作用。至少能够基本解释清楚自己的和自己熟悉的人的思维何以很好和何以很糟。

说来说去，一是要表达思维的重要，二是要说明学校教育的责任。这两个意思虽然属于常识，却没有被人们真正地重视。如果真的重视了，思维上的先进分子就会受到制度性的推崇；如果真的重视了，学校教育就不至于每天都在改革却始终难有大的发展。要破局，先须诚意、正心。在操作的意义上，也许应当设置一个指令性的重大课题，然后挑选一些有良知、会思维的人，只让他们梳理出一个我们应当立即停止的做法的清单。

中小学生的苦和累怎么能减轻一点

许多人疑惑今天的学生为什么那么累和那么苦，但还是没有发出足以引起决策系统注意的声音。因而，关于学生的累和苦这件事，人们也就是想说就说一说，说完了事。至于孩子们的存在状况，这也不是一天两天了，一茬一茬的孩子们已经视之为天然，应是苦也不知其苦、累也不知其累了。我真希望有本领的研究者就从孩子们的累和苦切入，下一番真功夫，做一次真学问，在正常的情况下，应该不仅能知道今天的学生苦累的原因，兴许还能破解"钱学森之问"。

内行人自知这一问题的复杂性，但学生超常规且没必要的苦和累一定与此问题有关。我个人甚至在冥思的状态中发现，从苦和累出发，是能直通"钱学森之问"根本之处的。将其中的模糊信息粗略地记录下来：学校不出人才，是因为学生太苦太累且少有意义；学生太苦太累且少有意义，是因为学习任务不仅繁重，而且舍本逐末；学习任务之所以繁重且舍本逐末，是因为务本的学习无法适应意义重大的考试的要求；务本的学习之所以无法适应考试的要求，是因为考试的目的和学习的目的大相径庭。

实际上，考试目的和学习目的大相径庭并没有什么奇怪，症结在于学生在学校的学习长期以来是服从考试的。但考试又不能没有，因而人们只好从考试的改革上下手，近来又要求实践教学评一体化的有效教学原理。这个大方向无疑是对的，但根本上难以解决学生既苦又累的问题。尽管学校里的教师再怎么努力，但只要除不了病根，无论开局如何精彩，结局恐怕仍然是草草收场。

其间的道理并不是任何一种逻辑的运动，而是错综复杂的多种逻辑的碰撞、竞争和动态的平衡。以往论说教育价值的秩序时，我就想到了多种价值的竞争，并指出了教育问题的根由主要在于教育的逻辑向非教育逻辑的退让。更具体地说，教育的逻辑退让了多少，教育就会有多少问题；教育的逻辑在哪里退让了，教育的哪里就会有问题；教育的逻辑因什么逻辑的强劲而退让，教育问题的根源就是什么逻辑的那个什么。

回到日常生活之中，学生的苦和累是极为明晰的，其原因自然是学业负担重，而学业负担重的原因，是学校和家长在一定的因素作用下，不约而同地服从了不知根源于何方且不知缘何生命力超强的奇妙设计。可以肯定的是，这种设计是具有民间性质的，又是具有市场色彩的，要不然政府也不会发布"双减"政策，要不然"双减"政策也不会好说难做。直白地说，被众人，尤其是被教育理想主义者指批的应试教育，虽然是由学校实际运行的，但其设计者和支持者均与学校及教育系统没有本质性的关系。最多只能说学校里的工作者个人为了更好地生存而搁置教育的信念，进而被民间性的和市场性的力量雇佣。

但由于能被雇佣的个人通常具有学校系统"关键少数"的特征，因而他们客观上成为有问题的学校教育和有欲望的民间市场心照不宣、相安无事的重要基础。由此可以推测出一个结论：当政府要"压减学科类校外培训机构"的时候，坐立不安的绝不仅仅是那些机构的经营者，无可争辩地还会有那些被雇佣的"关键少数"，甚至还要加上一大批或理性或不理性的学生家长。从理论上讲，如果学生苦累的终极原因安若泰山，已经发布的政策总有一天也会像学校一样，以体面的方式向民间的和市场的力量妥协。如果不承认这一点，我们就得承担有法不依、违法不究和执法不严的责任。

什么时候，中小学校可以像很多年以前那样严格执行学校教学计划就好了；什么时候，与中小学生有关的课外各种机构与考试无关就好了；什么时候，学校的"关键少数"不为民间的和市场的利益所动就好了；什么时候，孩子们无论如何也不服从家长的安排去接受课外辅导就好了。问题是这各种各样的"好了"都能够成为现实吗？

在纯粹的想象中，我们问询校长能不能严格执行学校教学计划（现在叫学校课程方案），校长很为难，说严格执行了学校教学计划，学校在升学竞争中必败无疑；我们问询课外各种机构的经营者能不能做一些与考试无关的业务，经营者很为难，说不做与考试有关的业务，机构在市场中必败无疑；我们问询学校的"关键少数"能不能不为民间的和市场的利益所动，这关键的少数很为难，说不为那些利益所动就没有利益了；我们问询孩子能不能不听从家长的安排，孩子们很为难，说你若是我们，你不听家长的安排试试。

每一个角色好像都有自己的难处，这就很容易让任何欲改变现实的个人生出"谁都不容易"的感叹。既然谁都不容易，又何苦为难人家呢？如此运思，便有了教育中根深蒂固、积重难返的各种问题。

面对这样的问题，无谓的哀叹是不可取的，那是不是只能把它交给历史、交给时间呢？恐怕不行，我们可以采取理性的立场，在可为的地方有所作为，在难为的地方有所准备，在不可为的地方保持定力。我相信每一个时代的人们之间大同小异，都会面对这样的情境，都会在其中产生心理的纠结，因而我们也不必因问题的根深蒂固、积重难返而叫苦连天。较积极的态度是先自问在可为的地方是否愿意有所作为，在难为的地方是否愿意有所准备，在不可为的地方能否保持定力。最好的答案是愿意和能够。

发展人格不能徘徊在教育目标之外

应是创造型的人才为社会发展所急需，学校教育才被接入社会变革的链条，它不再是以往相对独立的形象，而是与科技、人才共同构成社会发展的基础。用规范的政策话语来表达，党的二十大报告首次将教育、科技、人才三大战略进行统筹部署，教育从此在社会发展思维中与科技、人才共同成为建设社会主义现代化国家的基础性、战略性支撑。教育的重要性程度在更高的水平上被自觉，学校变革的任务则比以往任何时候都要繁多与艰巨。这是因为，我们的学校教育，就其实际发挥的功能与社会发展对人口素质要求之间的关系而言，好像还不是差距的大小问题，而是基本上不匹配。

这种不匹配集中表现为在很大的范围内，学校的毕业生没出路，具有专业性的工作岗位无人选。在这种情况下，学校教育受人诟病起码在日常思维的水平上也在情理之中，也正因此，我们的学校似乎无一日不在变革之中。但就现状来说，所谓传统的模样基本隐去，而新的教育模样却远未成型。

一方面，说今天的学校教育百花齐放，凡有志、好思者，均想别出心裁、有所作为，个性、特色一时被学校看重；另一方面，说今天的学校教育千篇一律，也不是无稽之谈，因为不论不同的学校有怎样不同的作为，整体上未能深入到教育的核心地带，以致学生也不知能从各种程式中获益多少，但无疑是成就某一种教育程式不可或缺的一员。再具体一点说，学校的各种教学模式本是要为学生的充实和发展服务的，但实际的情况却是学生在一定的程度上是为某种教育的程式服务的。

对于教师个人来说，在把某一种教育的程式化为内在的图式之前，他们对程式本身的关注程度一般是高于对学生发展之关注程度的。加之几乎所有可程式化的教育行动在设计者的意识中普遍指向学生认知领域的积极变化，学生人格的发展在一种合情合理的思维流动中就被忘却了。也许说忘却并不符合实际，毕竟在我们的教育传统中，心理学意义上的人格发展从来就没有被纳入教育目标。

虽然今天的教育者通过接受规范的教师教育，多少理解了人格发展的意义，但教育的精细程度和历史发展阶段的规限，也使得人格发展仍将徘徊在教育目标之外。这无疑是一种不足，甚至可以说是一种缺陷，即使是从培养创新型的科技人才这一功利性的目标出发，也是应该及时加以修补的。

我们可以设想一个人才，在德智体美劳各方面发展均好，唯独人格不健全、心理不健康，这样的人才又怎能为社会发展竭尽其才呢？即便他有此心愿，令他自己痛苦且令他人烦恼的境况，恐怕也会让他的创造力连同启动的机会少而又少。

我偶尔看到了以下一段话：真正给自己撑腰的是手中的存款，是知识的储备，是情绪的稳定。总觉得这话说得雅俗有致，既是实在的，又是超脱的。没存款，就没底气；没知识，就没希望；没有稳定的情绪，就没有健康的日常生活；而没有了底气、希望和健康的日常生活，一个人也就没有了良好的存在状态。

不过，在这三者之中，我最看重的还是能助力于健康的日常生活的稳定情绪。我不大清楚心理学工作者在这一方面有怎样的策略，相信他们应有专业的办法。但根据观察，那些情绪比较稳定的个体通常具有令人羡慕的自我认知，而且能自觉地远离个人中心型的人格局限。

情绪稳定的价值自不必多言，我们最应知其形成之艰难，并知其反面的存在可困扰当事人及其情感相关者，最终影响人际和谐和生活安宁。如果能在学校教育和家庭教育中对此做出建设性的工作，想必能够为人的全面发展贡献新的内涵。至于学校的相关工作如何具体进行和借助于什么样的切入口，窃以为可以确定为自我认知和积极思维两个，前者利于个人客观的自我评估，后者利于通过客观地评估他人，进而减轻甚至消除个人中心的人格障碍。

对自己的客观认知可以避免放大或缩小自我的力量，我们尤其重视避免放大自我的力量；对他人的客观评估可以避免放大或缩小他人的力量，我们尤其重视避免缩小他人的力量。通俗地讲，首要的是不能有自我的膨胀，其次则是不可小觑任何的他人。简而言之，即客观地看待自己，同时须积极地看待他人。如此这般，在任何情境中，人都不会出现消极情绪的突发与持续，稳定的情绪状态自然就会形成。稳定的情绪能够塑造一个人的心境。如果一个人的情绪基调是平静，那么他的心境自然就是平静。

可知"平为福"？平常人容易将其解释为平安就是福气，这显然有望文生义之嫌。幸得一深刻解读，颇有启示之功效，其言曰："中国人讲究中庸之道。平即是不高不低，就像树木，太高了有句话叫'木秀于林风必摧之'，太低了又享受不到阳光雨露，所以不高不低，平即为福！"[①]这话听起来不那么积极，却是地道的中国智慧，无论西方论著对人格建设有何高论，基于健康的生活追求来审视个人的精神，平静均为既符合文明标准又利于个体发展的品质和状态。

过去，我们潜意识中是把人格的发展交给个人和心理学家的，现在看来，学校教育是应该担起这个责任的。每当听到不同类型的个人躺平、怠惰之时，我总会本能似地追查其究竟在德智体美劳的哪一个部分有了欠缺，查来查去，最终还是归结到五育之外的人格教育。虽然找到了症结，却难以归属责任，因为学校教育系统的任何部门、人员、课程等，均可以合理地与学生的人格发展摆脱关系。除非教育的理念和微观格局有所变化，否则，这一方面的问题便永远是问题。

好在人格教育目前已经进入教育实践者的视野，一部分教育工作者已经开始思考这一问题，但较为普遍的现象是对其本性的把握尚不到位。进

① https://www.7788.com/pr/detail_778_66674292.html

一步的探索必将有更多的教育者参与，自然也会有更多的真知灼见产生。所以，在此仅需要陈述我的初步判断。其主旨是：人格的发展状况是德智体美劳全面发展教育的自然结果，从而，人格教育并不需要专门的机构和人员来专门实施；人格教育既非心理教育，也非广义的德育，而是有理想人格的教育者所进行的、能体现现代教育理性的日常教育活动。

人格塑造与思维开发密不可分

把人格塑造和思维开发并列为教育的要务，或有挂一漏万的可能，却不会成为一种多余，这当然是因为人格本身之于人的存在实在不可忽略。"人格"一词在今天拥有太丰富的内容，至少心理学、伦理学和人类学都可以给出自己的界定，但要论其第一内涵，必是只有人类才能够具有的、可以标示人的独特与尊贵的心理和伦理特征。在比较彻底的意义上，甚至可以视人格为人的标准。如果某一人类个体达不到这一标准，他便不是一个彻底的人；如果完全背离了这一标准，他便彻底不是一个人。

品味类似"禽兽不如"这样的怒斥，作为其对象的个人应是完全未具有或是基本丧失了人格的。就像近来令人发指的"邯郸三害"，众人怒斥其为恶魔和禽兽，就是说其完全没有了人性和人格。且不论其形成的缘由，单说那三害之所为是完全背离人的标准的。教育是培养人的，我觉得，这一判断的第一层内涵，必须是保证我们培养出来的人不能只是生物分类意义上的人，而是被积极的文化熏陶过的，从而成为首先无害其次有用的人。这里的无害已是底线，只有在无害的前提下，我们才有机会和基础对他们的人格进行有目的和有计划的塑造。

人的无害，现实地讲，意味着一个人尽可以有摆不上台面的念头，但能够接受理性的控制，并不把那种念头变为现实。对于这一点，恐怕最有能耐的教育家也不会视之为小儿科的目标。你有机会留意一下日常生活的教育片段，最好是走进学校观察一下，就会发现教育者的心力至少有一半花在这种使人无害的目标实现上。如果每一个受教育的人都能理性地控制自己的不良念头，那么学校针对学生制定的各种纪律也就没有了意义。

　　学校训育的实质不就是教师与自觉力和控制力较弱的学生进行的意志互动吗？通常所谓的学生"不听话"，表面上是不听老师的话，其实是不能听从理性的指挥，因为老师的话并不简单地指作为老师的某个人所说的话，它通常是公共理性的表达。在具有较高文明水平的社会中，制度化教育系统的教师在某种意义上也是国家的公务人员。他们的教育权一方面来自学生家长的转移，另一方面则来自国家的赋予，而后者显然更为有力和正式。尤其在训育领域，教师事实上成为国家意志和社会积极文化价值的代言人。

　　教师培养人，并不是为了自己，而是为了国家和社会，因而他们培养出的人，必先是无害于国家和社会的人。在此基础上，教师才有条件进行使无害的个人有用的工作。说出"有用"一词，未免显得粗鲁，但在道理上确是彻底的。试想一个人仅仅无害于人，那他和自然界任何无关于人的一物便无区别，他的在与不在于人是没有什么影响的。若从生命持续还需消费的角度讲，一个仅仅是无害的人也还是亏欠于这个世界的，因而历来的教育都会设法使受教育的人有用。

　　我想一部分人不大喜欢人的"有用"一说，多是因为拒绝人的工具化，然而这样的拒绝乍一想似与崇高相连，在现实的意义上却是比较幼稚的。我们至少不能否定人的社会性吧？那么，作为社会群体的一员，一个人若是毫无用处，那岂不成了一个占据了数量的摆设？只有每一个人在社会分工的机制下贡献出自己的价值并参与交换，整个社会才能够正常运转。我其实也清楚，拒绝人的工具化并不意味着反对人的有用，而是反对使人成为纯粹的工具，对此我也深表赞同。

　　但是我有必要做一个说明，即在现代文明社会中，纯粹的工具人在制度设计的层面是不存在的。在这一前提下，个体成为有用的人，一方面必然有服从公义的成分，另一方面也是在服务于自我的实现。进一步讲，本就不存在纯属于个人的自我实现。一个人的个性和潜力必须最终转化为某种具体的产品或服务并被共同体中的他人接受和认可之后，他才算得上实现了自我，而他人接受和认可的前提必是一个人创造的产品或服务对他人有价值。

实际上，对人的工具化的警惕，并非拒绝人的有用性，其实质是拒绝个人成为没有自我和没有人格自主与尊严的空壳。2017 年，第四届世界互联网大会在乌镇举行，苹果公司 CEO 蒂姆·库克在开幕式上发表了主题演讲。在演讲中，他表示，"我们并不担心机器变得像人，而更担心的是人变得像机器"。人是不能成为机器的。人工智能的级别再高，也只是一个基于算法的思维机器。我想人类应不至于因羡慕思维机器的巨大力量而甘愿追随之并成为纯粹的思维人吧？人类也应不至于不明白纯粹的机器性存在正是自身工具化的一种表征吧？

人之为人，思维自然是决定性的依据，但形式上的至高依据则是人格，也因此，人的工具化还有一种奴隶化的情形。奴隶主把奴隶看作"会说话的工具"，或用亚里士多德的话说"奴隶是有生命的工具"，其中，奴隶的人格实际上已被剥夺。人的思维是无法被剥夺的，最多只是无法获得发展的有效条件，在此意义上，对人格的珍惜和塑造就显得格外重要。如果要求得严谨，我们可以补充说明，理想的人格塑造与思维的开发不无关系。换言之，未得到有效开发的思维必然无法支撑个人理想人格的产生和持续，由此亦可见人格的塑造不能够仅仅借助规训来完成。此乃机制问题，暂且不论。

仅就理想人格的内涵而言，理论上须以纯粹为第一要义。为什么说是"理论上"呢？当然是因为纯粹在现实的意义上是不可能存在的。即使我们真诚地肯赞一个人是纯粹的人，也自带着诗性的浪漫，从而也为解构神圣和崇高的爱好者留下余地。既然如此，我们所说的纯粹也只能是相对的纯粹，意指一个人纯粹的心性在他的精神世界中占据了压倒性的优势。犹如一张白纸好写最新最美的文字，相对纯粹的心性自然也利于教育者对受教育者人格的有目的、有计划塑造。

立足于服务我们社会的进步和发展，并更多地考虑社会成员积极的存在状态，教育者要塑造的理想人格在纯粹的底色上起码应有以下内容：一是平静，远离躁动；二是明朗，远离阴郁；三是圆融，远离固执；四是进取，远离怠惰。列出这几点时，我忽然没有了勇气，原因是脑子里浮现出《论语》的"子绝四：毋意，毋必，毋固，毋我"。这些是人格的品质，也是思维的品格，妙极，竟让我意识到人格的塑造与思维的开发之密不可分。

教育应以塑造人格、开发思维为要务

经过变革的洗礼，教育观念真的发生了历史性变化。这种变化无疑是积极的，而且有必要说明，它主要发生在基础教育领域，至于高等教育领域，仅就教育观念的状况而言，仍然具有保守和自在的特征。因此，我们随后的言说与高等教育虽不无关系，却没有基于其现实的存在，间或有适用于高等教育的思考，也只是因为只要是教育就总有相通之处。有了这样一个前提性说明，我们的言说就不再有过多的负担。

那么，在基础教育的范围内，如果有人要我回答教师教育学生最需要在哪里下功夫，我的答案会十分明确和坚定，那就是人格的塑造和思维的开发，具体社会文化背景下的现实教育追求均需要基于其上，否则，不管我们在人才培养方面有怎样美好的设想，最终都不能如愿实现。这并不是一种理论的和原则性的说辞，实际地分析，所谓德智体美全面发展的教育，若不建基于人格的塑造和思维的开发之上，每一个领域的目标应该都无法达成。

首先，德育在现代社会已经超越纯粹道德规范教育的初级阶段。学校要培育的学生的德，一方面必然与现实社会的文化生活联通，从而学生的应备之德不可能仅限于基本的日常生活范畴，还须具有对公共文化生活及各种专业生活的适应性；另一方面，还必须与学生个人的人格特质相融合，以最终促成作为社会人的健康精神系统。

要知道人格有明显障碍的个人，即便因遵从了所有的规范而能做到人畜无害，也不会有更多的建设性价值。同时，我们还应当意识到，个人德性的养成与个人思维的水平是无法脱开关系的。通常意义上的宵小之人，追究到根本之处，基本上是与愚蠢相依的。退一步说，这类个体的精神世界里多多少少存在未开化的蛮荒区域，其外在的表现则会是思维上的瑕疵。

其次，智育是要育智的，也应因此，历来就没有"知育"一说。知即广义的知识，可以通过自学或教学使个人获得，但简单和纯粹的获得其实并无意义。即使我们先不说基于知识掌握的思维发展，单从知识的实际应用来讲，民间也有对"读死书""死读书""读书死"的拒斥。其潜在的认识应是一个人必须通过读书而使头脑灵活起来方为正途。我们接着这种思路说，自然就触碰到了人的思维，这大概也是自古以来的教育家多主张学思结合的原因，而现代教育则把促进学生的思维发展设定为基本追求了。

但稍显不足的是人们在思考和实施思维教育的时候，往往将其作为较为纯粹的专业技术过程，却少意识到思维的发展从始至终都会受到个体人格状况的制约。一个智商（IQ）分值正常的个人，其思维很可能平淡无奇，这种情况除了缺乏必要的历练之外，多是人格的水平限制了他思维的高度。

有资料显示："在古老的佛教哲学当中，烦恼的定义是指：任何干扰一个人平静心境的情绪，你也可以称它为邪念。烦恼有成千上万种，但总体来说，有六种烦恼危害最大，它们就是贪、嗔、痴、慢、疑、恶见。"[1]仔细品味其中的六种烦恼，大致应归属于人格的范畴，而被这种种烦恼整日萦绕的个人，他的思维想起来不会好到什么地步。

再次，体育在于培育人的自然力量意识和保持以至增强这种力量的习惯和能力，表面看来好像与人格及思维较少牵连，实则不然。毛泽东在《体育之研究》中说："肢体纤小者举止轻浮，肤理缓弛者心意柔钝，身体之影响于心理也如是。体育之效，至于强筋骨，因而增知识，因而调感情，因而强意志。筋骨者，吾人之身；知识，感情，意志者，吾人之心。身心皆适，是谓俱泰。故夫体育非他，养乎吾生、乐乎吾心而已。"（《体育之研究》（中英文本），人民体育出版社，1996年版，第50页）如此关

---

[1]　https://www.jianshu.com/p/1ea02770ca1f

于体育之言论，古往今来，无出其右，其光耀之处在于阐发出了体育的全面价值。联系生活的实际，体力之运用亦须有人格和思维相助，没有上等的人格和思维，至少是做不了勇士和一流运动员的。

最后，美育在蔡元培看来是可以代替宗教的，宗旨指向人的精神品格和境界。美育在实践中容易被人们与艺术教育联系起来，实属主观上的想当然，的确可以理解，但需要从理性上加以修正。实际上，艺术不过是以美的创造为其核心，但这丝毫也不意味着艺术可以解决教育中美育的所有问题。甚至可以肯定，仅仅依靠强调技法的艺术教学，连同教育的大门也无法迈入，要知道生活中从来就不乏拥有艺术的技法却具有人格和思维缺陷的个人。

要说艺术，应是与哲学、科学、宗教并列的把握世界的一种方式，并不简单的是视觉的、听觉的以及视、听等各种感觉信息的组织策略。但也不知始于何时，人们总是把艺术基本上只与熟练、机巧联系起来，更加不可思议的是，对学习艺术门类的学生在选拔性的考试中竟然能毫无顾虑地降低文化知识上的要求，进而促生了人们对艺术的习惯性认识。如果我们认为真正的艺术能够净化人心灵，那么能够创造出这种艺术的真正艺术家就应当是具有纯净心灵的人，他们的人格和思维可以有类型上的个性，却一定是纯粹的和卓越的。

站在教育学的立场上，我们迟早要告诉人们，尤其要告诉从事教育的人们——客观的道德律令、反映事物真相的知识及其形成方略、运用和展现身体力量和品质的运动、艺术创作和欣赏的过程，就其性质而言都属于学校教师育人的资源；而这些资源被受教育的人消费，最终是要有益于他们健全的人格和优良的思维之养成的。反过来，也只有人格健全、思维优良的教师，才能够有效地挖掘和利用德智体美等各领域的优质资源，培养出被社会需要和受社会欢迎的个人。

教育的道理就在日常生活之中

教育难吗

教育难吗？放弃执念，教育就不难；要是不放弃执念，教育就难。若要问这执念是什么，其实就是作为教育者的我们非得要受教育者依从我们的意愿或符合我们的希望。在这样的执念支持下，如果有幸遇到"懂事"的对象，能够理解和体谅我们的心思，我们的教育意念能够畅行无阻，自会觉得教育的得心应手，何难之有？但如果不幸遇到"不懂事"的对象，我们的教育意念运动就会跌跌撞撞，自然会觉得阻障林立，又怎么能不难呢？

既然这样，那我们放下执念不就万事大吉了吗？问题在于，在我们真的放弃了这种执念之后，教育也就不复存在了。其原因是教育并不是在某个过程中呈现的具体行为样式，它的本体从来就是以某种意念的方式存在的。而那种意念的实质性内涵恰恰就是作为教育者的我们力求受教育者成为我们期望的某种人格。这一目标的实现显然不是任何认知性的信息被受教育者接受的结果，本质上是受教育者的意志服从了教育者的意志。

要知道教育的真义是人通过自身内在的或是外在的力量对受教育者实施的建设性引导。至于引导，它自然是一种干预，而当干预发生的时候，在一切现实形式的背后实际上存在着两个独立意志的相互作用。不管这种相互作用以何种风格运行，其方向一定是由教育者及其身后的共同体意志规定的，具有一定理性能力的受教育者或许不能立即明了此"规定"的目的，但他们通常可以明确地意会到来自教育者的或刚或柔却难以推辞的力量。

在此过程中，认同教育者的意志或是无意坚持自我意志的受教育者，对于教育者而言就只是对象而不构成问题；但不认同教育者的意志而且坚持自我意志的受教育者，便不仅是对象而且构成问题，从而成为教育者意识中的问题对象。毋庸置疑，在这种意义上进行教育，教育者遭遇困难只是一个时间问题，要想完全避免，根本没有可能。面对困难，几乎所有教育者都不会从一开始就主动退缩，最终的结局如何基本取决于他们与受教育者的意志互动状况。

可以肯定的是，他们中的一部分人会抱着不达目的誓不罢休的教育执念，想方设法用自己的意志征服对象的意志，另一部分人则在殚精竭虑之后，当然也可能在稍作努力之后，知难而退。在日常的意义上，前一种人可能是成功的教育者，后一种人谨慎一点说可能是平常的教育者。而在专业的意义上，即使是所谓成功的教育者，也算不上是真正优秀的教育者。

其中的奥妙是：教育的本质固然是教育者的意志与受教育者的意志的互动，但在现实中却不能简单地展演意志与意志的相互作用，否则两方的冲突多数情况下不可避免，间或有顺遂的体验，也只是教育者的幸运。这样的教育是比较朴素甚至是原始的，一则很直白，二则很粗糙，无疑表达了教育的本意，同时也极容易和盘托出教育的底线，一旦出现问题，几乎没有回旋的余地。

说到这里，我们是不是就很容易理解"教育的艺术"这一观念呢？不知有多少人会认为这一观念属于教育者的美学追求，但不管有多少人这样认为，我们都应该指出这种认识过于浪漫和未切中要害。换言之，讲究教育艺术的教育者，如果不是可爱的唯美主义者，而是对教育有深刻理解的人，那他们就应该承认自己可能具有的两种心境：一是不得已而为之，二是明修栈道暗度陈仓。

这里所说的不得已而为之，意味着不讲究艺术的教育基本无法达成目的；所谓明修栈道暗度陈仓，则是讲究教育艺术的具体做法。用专业的语言表达，教育的艺术在这里主要表现为教育者对教育意志的包装、修饰和分解，其目的无非是使教育者的教育意志在表达和传递上不至于让受教育者立即产生不适的感觉。

这样的做法，在一些老派的教育者那里兴许觉得多此一举，甚至认为这是对受教育者的示弱和迁就，果真如此的话，他们的教育就真的需要借助反思加以改良。实际上，仅从效果的追求上讲，讲究一点策略首先是符合经济原则的，再说借助教育的艺术避免了无谓的意志冲突，难道不会使作为教育者的我们更加相信教育吗？如果再认同一些现代性的立场，抑制一些非理性的任性，我们还会真正地体验到教育的社会性和专业性。

除了以上考虑，其实还有一个更重要的问题，即在社会文明不断进步的过程中，不讲艺术的教育不仅无法实现自身的目的，还会让教育者失去职业的尊严。其深层的原因是：曾经作为教育者力量来源的伦理原则和基于其上的人际风俗逐渐失效，再加上信息时代对教师知识和经验优势的挑战，历史留给教育者的可用手段已经不多。

如果再考虑到相关法律的规定，我们会发现教育者的教育权力边界越来越与仅需要专业知识和方法才能解决的问题相吻合。这就意味着支持教育者的可靠力量基本上只剩下了专业性的力量，各种传统伦理或习俗赋予的非专业力量越来越没有市场。在这种情势之下，教育者除了在教育的专业化和艺术化上下功夫，实际上也没有更好的办法。

然而，这并不是一件容易的事情，因为教育的专业化和艺术化都不是简单的某种知识应用，而是具有专业素养和能力的教育者才能实现的，其中的奥妙无穷。但要言其要害，无非情怀与天资，问题是这样的话题在今天即便只是务虚地思考一下，好像也有一定的技术难度。这样看来，还需要我们做各方面的积累和努力，同时也需要我们兼顾教育生态系统的变化情况。

如何看待今天教育的历史水平

今天的教育无疑已经发展到历史的最高水平，其显著的表征是有了明确而系统的专业性指导思想，有了可供选择的、多样的教育方法和技术，有了科学而严谨的评价体系，粗略地说已经走进专业化时代也不过分。但也许是发展的突飞猛进和类似外科手术式的改革操作，使得教育在呈现出更强的专业性和精细化的同时，又好像缺少了一点什么。而且，我们感觉中的那种缺少的东西应该是比较重要、绝非可有可无的。

我搜寻日常交流中的有关记忆，结合自己的思考，最终意识到今天的教育应该是在发展的快车道上跑丢了某种精神性的意蕴，以致从传统中走来的人们面对它时竟有了一定程度的陌生感。而正在从事教育劳动的人们，尽管无时无刻不在领受"立德树人"的规训，但一旦开启工作程序，连同他们自己也会意识到自己更像专业技术人员。我们当然不能说教育的元素全然无存，却也没有充分地把握判定教育的元素还占据着主导地位。如果不是这样，那么教育就不会受到专业的和非专业人士的各种怀疑与指责。

进一步讲，如果现实中的教育改革并不是以技术维度的精进为主要目标，而是要让现实的教育成为更好的教育，那就意味着现实的教育在改革者的意识中主要还是存在着教育性方面的不足。在这一方面也是有明确表征的，即几乎一切能够引领航向的改革者及其改革行动无不充满对个体的生命和共同体文化价值尊崇，进而在思想和行动中彰显个人的主体性与尊严，并设法增强教育环境的人文气息。

这种现象说明人们一方面在以热情的态度传承教育在历史过程中逐渐形成的基本精神，另一方面也是在运用辩证的理性平衡人文与技术的关系。不得不说，技术所带来的效率比起温润性的文化对人更具有冲击力和诱惑力，否则也不会在不过百年之间就能让教育发生革命性的变化。应是人本能中对当下利益更容易欣然接受，才使得技术能够快速地占据上风。技术自然也不是消极的事物，但仅当它作为人的辅助时，才能在产生效率的同时不损失精神性的传统。

今天教育的问题绝不是技术介入了教育的过程，而是技术在人的理性疏忽之际被人自己做了相对优先的选择，从而使原本较为纯粹的教育过程先是被挤压、紧接着被遮蔽。所以，我们在学校越来越感觉到教育好像变成了各种华丽的符号，实际运行的却是各种层级的技术程序。我们时常能听到和看到对教育的各种奇思妙想，既然被称为奇思妙想，就注定它对自古而来的教育精神传统有所偏离。其奇妙之处，在大多数情况下是可以从各种科学和技术那里寻找到源头的。

谁也没有权利和能力制止这样的思想，那就只能在现在和未来承受这种思想付诸实践之后带来的病症。有时候我会由此想到教育的命运，继而觉得如今教育的进步也罢、失落也罢，都是它自身命中该有的。也不知道我这样的感叹中是不是真的有类似宿命论的成分，至少在我目前看来还是具有客观性的，因为教育是由人发明并由人运作的。如果我们默认人的非理性和理性一样对思想和行动具有不相上下的影响力，那么，教育在某个具体的阶段出现了问题和它在某个具体的时期出现光华都一样合情合理。从这一角度看，教育的可喜或可悲根本上还是人自己的可喜和可悲。

进而言之，今日教育的技术精进，反映出人自己在技术的领域展现了创造的力量；而今日教育的人文失落，则反映出人自己在精神的领域暴露出肤浅与贫瘠。好在到目前为止，教育学的主流并未由技术主导，无论是解释的、分析的还是思辨的研究，也许各自带有先天的不足，但值得肯定的是这几类研究都连带着与技术不大相同的理性。那种写满了数据、充斥着数学符号和图表的教育学论文，因为有更多的教育相关者无力阅读，反倒使更具有教育性的精神文化得以传承。

我谨慎地预测，未来的教育一定会出现历史性的回归，它将回归到几千年的历史所塑造的基本文化精神之中。全称的技术必定基于科学的发展而不断进步，但它在教育中的应用已经快达至极限。即使人工智能技术能够实现在人脑中植入芯片的高度，明智的人类也不会莽撞地接纳，这是因为人只要没有疯癫，就不会拱手让出自然生长和发展的权利。永恒地自觉到自己是人，并在此基础上珍视自己的独特与唯一，这才是宇宙中最根本的人文。放弃了这一条根本性的信念，人就等于愚蠢地拒绝和否定了自身。

正是由于以上的思虑，我们许多人才有了对"慢教育""生命教育""农业式教育"的欣赏和想象。然而，在这种欣赏和想象中，我们的意识中是满含悲切的，原因是我们欣赏和想象的这种教育并不是什么新颖的东西，而是曾经绵延于时间大道上的现实存在。这种曾经真实存在的教育与我们的距离说遥远也不遥远，大致在半个世纪之前还是基本完整存在的。仅据我个人的记忆：我们的学校与"社区"是水乳交融的。给老人们念书，在田地里劳动，满村子追打，一假期玩耍，听起来有些荒废了正业，但揣着良心说，那是我们接受过的最好的教育。

这样的教育首先好在看似毫无雕琢，其实在它的背后是存在着伟大的筹划的，保守一点说也具有半设计、半自然的特征，因而也可以说它好就好在自然的一半自然是自然的，而设计的一半则因与日常生活的逻辑本质上并无二致也近于自然。唉！原来竟是自然呀！

何谓自然？这无须回答。只说教育中的自然，须是在以人为目的的前提下尽可能地依循人、物、事的天然，用哲学的话语表达就是依循人、物、事各自的内在运动规律。如此认为，倒也不简单地意味着天然与规律在今天的教育中没有功用，但切实地说来，物与事的天然与规律比起人的规律，其地位显然更胜一筹。也因此，物的价值越来越显要，事的运行侧重在功利性目标的达成，至于人，只能说是自己忘了自己。如果这是真的，我们能否继续自信地认为今天的教育无疑已经发展到历史的最高水平呢？

新教育理念为什么难以落地

中小学的教育理念一般情况下是略微滞后于社会先进理念的，但有的时候则不同于常态，糊里糊涂地走在了社会的前面。这种非常态，就有限的经验来说，大概有两种情形：一是在特定的条件下，中小学的教师成为先进理念的接受者和实践者；二是中小学教师借力于教育世界的相对独立，对社会运动的状态未能敏锐地反应，阴差阳错地持续践行了一定的理念。认真地琢磨这种现象，其实是比较有趣的。

21 世纪的二十多年来，伴随着基础教育课程改革的扩展与深入，许多被科学和历史检验的教育理念逐渐深入人心。具体而言，诸如要学生自主、探究、质疑、批判的倾向，在纯粹专业的意义上已经达成共识，而且，为了使这种共识得以落实，教育评价改革也朝着这一方向被倡导深化。值得高兴的是，这一切并非散存于民间的星星之火，而是国家为了民族的伟大复兴而有计划地为之。从而，我们可以期望教育在不久的未来可以成为国家所需的优质人力资源的生产场所。

但真的深入到学校教育之中，就会发现我们所期盼的理想的教育并不会自然而然地到来。对于学校来说，虽然可以自觉地选择或创造能体现新教育理念的教育模式，但从总体上来看，形式通常会大于实质。而对于具体的科任教师和负有综合教育责任的班主任来说，新的教育理念恐怕难以在形式的层面有效呈现。面对被动、呆板以及不可忽略的小比例顽劣者，他们首先要思考的是如何行使最原始的教学职责，至于所谓的自主、探究、批判、质疑等素养的培育，只能偶尔在局部进行，促进学生的发展通常落实在各种业务交流的文本之中。

当这种情况真实发生的时候，老师们最普遍的经验是被各种角色的明白人要求进行反思，有时候还会被要求接受技术上的培训。在各种角色的明白人看来，教育过程中大多数问题之所以积重难返，主要是因为教师的教育观念陈旧和教育实践能力不足。他们基本上想不到，即使教师更新了观念、掌握了技术，理想的教育也不必然如期而至。他们当然也不会意识到，类似"只有不会教的老师，没有教不好的学生"的说法，要么是极少数教育天才的个人经验，要么就是遇上了学习天才的少数幸运者所说的便宜话。

理性一点说，如果真的想解决普遍存在的新教育理念难以落地的问题，我们也许有必要果断地放弃只讲形式逻辑的书生之见，与此同时还必须放弃对一线教师教育观念和能力想当然的怀疑。哪怕这两种放弃有点绝对，也必须实施，因为只有这样，我们才可能有机会知道制约新教育理念落地的根本障碍。我们最终会发现，决定新教育理念命运的最主要因素，并不是教师能不能怎样想和会不会怎样做，而是他们自己和他们的学生有无践行新教育理念的心理条件。

也许我们首先需要重温一条客观的法则，即任何现实的个人都是结构化的存在者。由于这个法则的作用，现实的个人一方面可以在主观精神的世界里纵横驰骋、眉飞色舞，另一方面在日常生活的世界中则需要有意识地照顾共享着传统的他人的感受。但需要清楚，个人一旦能自觉照顾他人的感受，就会立即意识到：正确的不见得能立即实践，而不正确的也不见得能立即休止。在日常的生活世界中，起支配作用的从来就不是纯粹的理性逻辑，而主要是重要个人及众人的切身感受。

我们不妨以目前所倡导的、学生自主、探究、质疑、批判素养为例来说事。教师们一定也会想，这学生怎么就不自主、不探究、不质疑、不批判呢？其实，这样的疑惑绝对是浅层次的，不过是由一种感觉中的事实引发的自然惊异。教师们为何不能继续做如下的发问？①自主、探究、质疑、批判会使学生痛苦、不适吗？②在学生的生命历程中不曾有过自主、探究、质疑、批判的经验吗？以上两个问题的答案应该都是否定的。那么更艰难的问题就来了：究竟是什么原因使一定有经验却不一定有痛苦的学生无法自主、探究、质疑、批判？

就算是教师没有足够的智慧吧。但这绝不是唯一的原因，且不说是不是第一原因。本着理智诚实的原则，我们能否设想一下，如果学生均能够自主、探究、质疑、批判，大多数老师个人会有怎样的感受？应该有大部分教师不太适应。须知教师个人在现实的意义上同样是结构化的存在者；更须知存在的结构是可以延续复制的。未曾畅快地自主、探究、质疑、批判过的教师如何能适应畅快地自主、探究、质疑、批判的学生？

思考到这里，我似乎意识到了中小学教育改革深化的有效途径，但又一下子说不清楚。那它究竟是什么呢？

教育评价很影响教育质量吗

在谈及教育质量的时候，人们会迅速地想到必须首先提升教师的教育能力。然而，如果谈论者就是教师，他们会更进一步地认为学生的受教育能力更应当列在首位。与此关联的经验现象是许多学校和教师在感叹自己的生源质量比较差。做整体的考量，两方面的认识都是有道理的，也就是说，教师和学生双方均须具备相当的能力与水平，才能够通过他们合作的过程完成来自外部的教育事业任务。

除了对教育中人的问题的关注，在关于教育质量的谈论中，出现频次最高的就数评价了。无论在理论界还是在实践领域，人们从来就没有忘记指出评价作为指挥棒会直接影响教育的质量。理论和实践双边的人们都会一针见血地指出教育评价上的问题，比较集中的意见可以归纳为重结果、轻过程，重一致、轻差异，重一面、轻全面。乍一看来，可谓直击要害，但仔细分析，又有失严谨。至少还有一个角度是少有人涉及的：所轻的对象固然不该轻视，但所重的对象其实是应该重视的。

有了这一角度的思考，我们就可以踏实地认为，教育评价者对"结果""一致""一面"的重视不应当被视为问题，要说有问题，显然出在对"过程""差异""全面"的轻视上。但这一相对谨慎的判断仍然不具有彻底性，原因是人们所感觉到的教育评价者的所重和所轻很可能并不完全符合实际。我之所以这样认为的理由有三。

其一，教育评价者所表现出来的重和轻，很可能并不完全来自某种有偏失的教育质量观，而是因为他们在很大程度上只能这样做。试想具有总结和管理功能的教育评价，如何能够深入到日常的教育过程、学生的个别差异和全面的教育活动之中？如果不能够，或是不现实，那教育评价者不就基本上只能对结果、一致和一面的内容进行评价吗？我自然也不会漠视教育评价者意识中真的有只重其所重的观念，却不好说他们高度自觉地轻其所轻。

其二，教育评价这种手段本身并不具有与教育整体对应的全能特性。我的意思是，评价只能完成自身可以完成的任务，无论实际发生的教育处于何种水平，其整全性的存在是不可能被教育评价整全把握的。其更为基本的道理是教育评价必须基于相关的测量与描述，但问题是实际发生和存在于教育过程中的细节信息并不都是可以被测量和描述的。

其三，具体的教育评价总承担着具体的职能，几乎不可能出现可以承担衡量教育整体质量的评价方法。即便借用工业领域的全面质量管理思路，也断无可能达到与其同样的效果，皆因教育的过程和工业生产的过程从里到外、从形式到内容都截然不同。其中最需要注意的是，在工业生产过程中，工人至少可以控制自己的技术实践状态，而教育过程中的教师不具有工业工人的优势。

教师在教育过程中的实践状态无疑主要取决于自己的专业的技术和能力，但需要他们控制的却远不只是技术和能力的因素。具体言之，他们未做的，不见得是他们无力做的；而他们已做的，又不见得是他们愿意做的。两相比较就可以发现，教育过程中的教师劳动远比不上工业生产过程中的工人的劳动那么纯粹，因而就没有了工人劳动所自然具有的更多的自由。教育评价者面对这一人文事实，恐怕也很难完全以技术思维应对。

实际上，如果教师的教育工作是纯粹的专业技术性工作，一切就都变得格外简单，因为他们在工作过程中只需要遵循专业技术的标准和规则而无须考虑其余的因素。但问题恰恰就在于教育工作虽然具有专业技术的成分，却不可能成为完全的专业技术性工作。既然如此，我们又如何能用基于专业技术理性的评价手段来衡量教育呢？

客观地讲，迄今为止还不存在指向任何具体教师、课堂和学校的教育质量评价，已经存在的被称为教育质量评价的事实，多属于对教育质量的评价。至于它究竟属于什么样的评价，恐怕无须界定。要我说，教育质量是不可能成为评价对象的，评价者最多能借助可以进行的测量和描述对教师的、课堂的或学校的教育质量做出主观的推断，但需要知道的是这种推断的意义有限。

关于教育评价，我有一些初步的理解和思考：

到目前为止，人们可能尚未充分认识到，教育评价的真正价值所在。

在教育领域，存在两种性质不同的重要成果：一是我们熟知的，通过教育培养出的具有一定知识、能力和德性的学生；二是教育过程本身，尽管它通常不被视为可以量化的产品。

在评价这些教育成果时，我们需要明确评价的主体和对象。传统上，消费者对自己所消费的产品有着最直接的评价权。在教育领域，学生作为教育的直接受益者，其成长和发展是由国家、社会或教育机构等所关注的。然而，它们更多地关注的是教育成果的最终形态——具有一定知识、能力和德性的学生。相比之下，教育过程虽然不被直接视为产品，但它却是学生成长不可或缺的一部分，因此，学生对教育过程的体验和感受同样值得重视。

基于以上认识，我们可以发现，目前的教育评价所承载的期望过高。尽管它被视为教育活动的指挥棒，但它自身并不具备指挥棒的功能，而是需要由指挥者（如教育者、政策制定者等）来运用。如果指挥者不采纳或使用教育评价作为指挥的工具，那么评价就仅仅是一个工具，而非真正的

"指挥棒"。进一步说，指挥者可能存在问题或不足，但评价工具本身并无过错。就像体重计只能用来测量体重，我们可以质疑其精度，但不能指责它无法测量身高或人的成长过程。同样，教育评价也有其特定的功能和局限性，我们需要理性看待并正确使用它。

我们教育的问题表面上看是质量评价上的导向问题，在其深处隐蔽的实际上是很容易感染上却很难祛除的功利主义病毒。所谓的"重结果、轻过程""重一致、轻差异""重一面、轻全面"，再补充上"重形式、轻实质""重当下、轻长远""重局部、轻全局"，不一而足，均是功利主义病毒侵蚀教育机体后所导致的外部表征。病根找到了，教育评价能否可以少受些指责？

教育理论能使教育发生根本性的变化吗

教育领域对于教育理论的热情态度和应用尝试，虽然在相当长的时间内标明了教育活动的参与者具有进取心，但遗憾的是，这些努力并未能带来现实教育中的根本性变革。对于这一判断我们是不是会觉得有些保守和拘谨呢？不同的人会有不同的想法。大略地估计，对于这一问题做出肯定回答的人，应该会认为此判断小觑了教育者的事业境界。他们一方面能够列举出许多杰出的教育者，以说明能够无涉"宣示"地对教育理论抱有学习和应用热情的并不乏其人；另一方面更能摆出一系列材料，来说明教育理论所带来的真实的教育变化。

对于他们的努力说明，我们必须无条件地先接受下来，因为他们所列举的事实的确存在，而且那些事实也的确在不同程度上让人们感受到了一部分教育者的忠诚及教育理论的力量。但接受下这一回答之后，我们却需要以此为基础展开思考，目的当然不是设法解构这一种回答，而是要在尽可能广阔的视野中进一步思考教育者的普遍存在状况和教育理论的价值可能。因为这一种回答不只是在积极的一面提供了无须争辩的事实，同时也显现出了所提供事实的非整体和非全面性。

如果不指出这一点，我们就很容易在省去思考的情况下对教育、教育者和教育理论形成简单的、经不起推敲的乐观。反过来，基于这一种回答，并对此做真诚的理性审视，则能很自然地提出以下问题：乐观者意识中的教育及其与教育理论影响有关的改变意味着什么？那些真诚的教育者的"真诚"是一个怎样的概念？教育理论能使教育发生根本性的改变吗？通过对这几个问题的认真回答，相信我们对教育、教育者和教育理论的状况把握，尤其是对教育理论的价值可能，应能有一个比较客观的认识。

问题一：乐观者意识中的教育及其与教育理论影响有关的改变意味着什么？

直觉地看，首先，站在教育过程之外的人们能感受到的一定是制度化的学校教育。就此而言，其规模、结构以及物质现代化的水平无疑是今非昔比，即使用"翻天覆地"一词来形容也不算夸张。其次，他们能够感受到学校内部的课程与教学在行政推动和专业支持下，正在经历从理念到操作的迭代更新。这样的变化既是真实的，也是令人欣慰的，但是否达到了根本性变化的层面却需要做出谨慎的判断。

显而易见，教育的规模在常规性的社会发展过程中属于与时俱进的结果；教育的结构无疑越来越趋于合理，从其现实意义上讲超越了以往，但将这方面的变化置入历史之中，则能看出其强烈的地域性，在整体上至少不是新生事物；学校物质现代化的状况，主要取决于经济的进步和投资决策的理智，严格地讲不属于教育自身的变化。相对而言，学校课程与教学的迭代更新更符合教育根本性变化的领域范围，但因这一方面的变化正走在万里长征的初始阶段，即使趋向根本性变化，从目前的实际情况来看，还不足以让我们具有确定性的乐观。

形象地描述，目前学校的课程与教学，自然与曾经的凯洛夫教育学影响下的实践不能同日而语，但新的形式与实质在学校的完美统一绝对地有待时日。其原因主要是"画虎画皮难画骨"。实施一种新的课程与教学，外在的框架、模式容易表现，通俗而言，大不了照猫画虎，但要能体现新框架、新模式底层的思维和价值却非一朝一夕之功，类似"中体西用"的智慧在教育领域难以派上用场。即使在未来，课程与教学的新的形式与实质在学校实现了完美统一，也还不是在教育的意义上有所精进。需要承认，我们学校教师的教育意识是远逊于课程与教学意识的，这与教师头脑中的教育概念过于朴素和实际具有直接的关系。

问题二：真诚的教育者的"真诚"是一个怎样的概念？

在没有充分调查的前提下，我们对此做怎样的判断都有想当然之嫌，但服务于整体判断的主观，很多时候也是必要的。我们应先肯定地认为教育者的真诚是客观真实的存在，只是不能够满足于此，还得进一步探究他们的真诚是否具有持续性和整体性以及具体指向什么。

寻找一位真正具有教育家境界的教师，我们往往能够获得极满意的结果，在这一方面我是有幸感知过的。这样的教育者好像带着教育的使命来到这个世界，他们自己就是真诚的化身，很自然地就是一个始终持续的整体，并指向教育的整个系统，并被系统内的各个要素共享。只是这样的教育者少而又少，真可以用"多少年才能出一个"这样的语言来形容。以他们为楷模来衡量教育者的普遍存在状况，就会发现更多的教育者虽然也拥有真诚，但其真诚的可持续性和整体性就没有那么令人激动了。

这是因为他们的真诚也许不是出自上天而是外部文化强烈作用的结果，随着外部文化环境的变化，自然就像无根之草一样随风摇动，关键是真诚这种品质一旦摇动起来就再也不可能恢复到它原初的状态。从这个角度讲，真正的教育家就其核心素养来说很可能是天生的，至于那些技术意义上的教育行家所需的素养，那是任何身心健全的个人都可以通过学习和训练获得的。

还需要指出，平常教育者的真诚更多地与自己的兴趣联系在一起，这就注定了他们的真诚几乎不可能以教育整体为对象，也几乎不可能遵循一般的教育原则，因而他们中的优秀分子在教育专业发展上的最可能的归宿就是学校管理、课程与教学等领域的技术专家。但因纯粹的教育技术实际上并不存在，有"教育者"身份的人们在他们的专家实践中不可能不释放出教育的信息，因而他们专业发展的客观极限应在偏于技术的教育领域专家和真正的教育家之间。

问题三：教育理论能使教育发生根本性的改变吗？

学习教育理论的人在最初阶段是容易相信教育理论改变教育现实的威力的，这样的认识大概来自大学专业教育的影响，但随着他们对现实教育运行的逐渐熟悉，基本上是能够放弃原先那种理想主义观念的。这并不是因为教育理论与现实的教育系统互不相容，而是因为两者完全不是软件和硬件的关系。我们对"现实的教育"进行语言分析，就能立刻明晰其内在的构成为"现实"和"教育"。这就意味着"现实的教育"不是理论意义上的纯粹的教育。进而言之，"现实的教育"在逻辑上属于"教育"，但就像"白马非马"一样，我们也可以说"现实的教育并非教育"。

我在这里开了一个逻辑学的玩笑，意在引起更多人注意到"现实的教育"仅仅依靠教育理论是无法持续正常运行的，它既不能完全脱离教育的轨道，又不能完全依据教育的理性，与教育理性同样有力量的还有现实生活世界各种教育利益相关者的诉求。这是相当合理的"现实的教育"，正是教育原理中所讲的"教育只具有相对独立性"的实际写照。如果现实生活世界对教育没有利益诉求，恐怕教育至今仍然与人类的生产、生活融为一体，这才是教育存在的硬道理。在此意义上，对于来自教育利益相关者的各种诉求，教育理论家尽可以视其为干扰因素，但它们自身却是"现实的教育"之有机构成。

教育理论的命运在很大程度上取决于它对教育结构和过程的影响是否符合和在多大程度上符合各种利益相关者的需求。同一种教育理论在此时此地受人推崇，一点也不影响它在彼时彼地被人批驳，其中的奥妙正是具体的教育理论与教育利益相关者的价值关系问题。既然如此，我们就不必奢望仅靠教育理论就能带来教育的根本性变化。即便某一种教育理论好得不得了，也得通过教育利益相关者的认同作为中介，才能对教育的改变发挥实际作用。不过，这个中介在目前以至未来相当长的时间内还不会太理想，所以，教育理论家还有理由安心做一些纯粹的思考。为未来的教育立一些法、求一些真，也是很有价值的。

我们的教育还能怎样突破

我们的教育还能怎样突破？我越来越觉得会集中在两个方面：一是如何在人的人格健全上更有作为，二是如何在人的认知发展上更有计划。至于其他方面的突破自然是多多益善，但之于教育的意义总要相对边缘一些。因此，真正有志于教育或教育学研究的人们，无论站在教育世界还是教育学世界的什么位置，都可以把自己的努力朝向人的人格健全和认知发展。仅从研究者个人自我实现的角度讲，这也是一种明智的选择。毕竟生也有涯而知也无涯，为什么不把自己有限的创造力投入到最需要创造力的任务中呢？那种纯粹归从于附属的内驱力，进而挖空心思以图剑走偏锋的做法，一般来说难有理想的效果，且在人格成长上不占优势。

我们都知道教育的意义重大，但务实地说却一点也不复杂，无非应社会之需，使一代新人成长为于社会稳定和发展有益的、建设性的人才。这种人才的规格标准已被社会广泛认可，并被教育学者深入阐释，在人类文化高度发展的今天，虽培养这样的人才并非轻而易举，但也不能说太难。然而，有时人们可能感受到教育的艰难，这可能是由于某些教育者或研究者试图通过复杂化的表述来吸引注意，或是出于其他目的。为了验证这一点，我们可以回顾一下历来各种基金支持的教育或教育学研究课题，看看其中有多少成果真正产生了深远影响；同样，我们也可以审视一下各种刊物上发表的论文，评估它们对教育实践和教育理论的贡献程度。当然，这并不是说所有的教育研究都是无意义的，或者所有的论文都在浪费资源。相反，我们应该鼓励和支持那些真正有价值、有深度的教育研究，以促进教育的持续发展和进步。

说这话意味着我们目前的教育或教育学研究中，能够切中要害的，能够致力于人的人格健全和认知发展的，少而又少，以致不成大气候。就像那些卓越的教育思想及其实践，无不指向人的全面和谐发展和幸福人生，但其最终的结局也必将是教育之思"方志"中的一段记载，并不能表现为实践意义上的教育突破。按照自然的逻辑，我们就应该集中力量，直面人的人格健全和认知发展问题，但仅此是远远不够的。要知道这一类的努力，即使至今也未能形成阵势，但自古以来也不能说缺乏。这也许是在暗示我们：人的人格健全和认知发展，在教育方面并不存在认识上的困难，甚至也不存在技术上的障碍，难的是能够承担此教育大任的人可遇而不可求。

在新的结论出现之前，我们是不是觉得以上所述很有道理呢？的确很有道理。仔细去想，即使所有的探索立即停止，人类在教育学、心理学、认知科学等领域所取得的成就，也能在认识上支撑起一个前所未有的全新教育，但问题是能有多少人可以在教育过程中实践那些成就呢？一定有机灵的人会想到多发现和培养有能力实践新教育的人，但这又有什么意义呢？适合的人不见得选择教育，选择教育的人不见得是适合的人。那我们就着力培养那些选择了教育的人吧？当然要培养，而且会有效，但效果不一定能有多好，这是因为一个人如果不适合教育，那些与教育核心问题相关的思想和理论，也无法发挥其本有的作用。

而且，还有一个常常被我们忽略的事实，即教育所追求的，不见得是教育所能完成的。就说人格健全吧，无论教育者的素养有多好，也无法保证学生的人格一定能够健全。有文献说健全的人格有以下特征：有独立的人格；有一定的安全感；有很好的人际关系；情绪上应该有一定的稳定性；有多种生活技能，学习能力比较强，并且可以专注；有一定的人生追求的目标，对于自己的价值感有明确的认识。看到这些特征，谁还能说人的人格健全可以由教育领域独立承担呢？关于人的人格健全问题，我们应该到社会学中去寻找办法，而不应该为难彬彬有礼的教育学。

人的认知发展，这是教育可有作为的领域，但也是最为艰难的领域，关键就在于促进人认知发展的教育能力很像是某种天赋，从而这一领域的道理和方法虽然并不缺乏，但教师教育在这一方面显然无所作为。我们可以对未来充满期待，但同时也要具有超凡的耐心，谁也不知道我们所期待的什么时候能够变成现实。我忽然发现，人的人格健全需要从社会学中寻找办法；人的认知发展要靠有天赋的个人。果真如此，那教育或教育学研究还有什么用呢？这是额外的想象，不作数的。严肃地说，在期待未来新教育的过程中，教育或教育学研究者千万着急不得，可以把自己定位为教育实践者的陪伴者和对话者，目睹着他们和教育一起成长。

怎样理解对农业时代教育的怀念

与农业时代相联系的许多思想和行为的风格，在今天仍为许多人怀念，我觉得最直接的原因是那些怀念者要么具有、要么丝毫不具有农业时代的直接经验。具有这种直接经验的人，对那个时代会有感情，随着时间的推移，他们会把曾经的经验作为判断现实的标准，尤其是当与他们的经验背道而驰的存在令他们难以适应的时候。丝毫没有这种经验的人，也许获得了那个时代片面的信息，继而在主观世界里对那种片面的信息进行了美学加工，并由此猜测现有的存在是某种衰变的结果。

我相信以上的理解是具有一定解释力的，但同时也相信这样的理解多少有些肤浅，因为现实中怀念农业时代的人们，无论虚实，一方面的确不能排除情感的因素，显而易见，怀念本身就是一种情感行为；另一方面也的确不乏理性与深刻。这便让我不得不注意另一种可能性，即他们对农业时代的怀念，很可能是因为农业时代与后来的时代相比更接近原始的自然。所以，他们所怀念的，与其说是农业时代，还不如说是原始的自然，更彻底地说，他们怀念的，应是与原始自然水乳交融的自在、和缓、闲逸等存在的风格。

这一点我们至少能从主张教育更应像农业的思维里寻找到依据。比如，目睹今日中小学生为课业所累，他们就会兴奋地回忆自己当年做学生时的一身轻松；目睹今日一些教师急功近利，显然为名利所累，他们就会感情真挚地述说自己当年的老师如何循循善诱、谆谆教诲、鞠躬尽瘁。事实上，每个时代都有真诚付出的教师，也都有汲汲于名利的教师，只是各自的表象会打上自己时代的烙印。鉴于此，我们会发觉各种对农业时代的怀念，固然有对现实的批判作为前提，但共通的是对教育本性的执着。

也因此，教育领域凡批判与怀念的侧旁都必然有一句或显或潜的台词：现如今的教育严格地讲就算不上教育。我们知道教育界多年来存在着一种虽微弱却连续的"慢教育"主张，其中的"慢"实际上并不是纯粹的速度意象，更是对教育本性的委婉折射，其实是要表达教育的节奏与教育对象身心自然节奏的有机契合。若从这一角度讲，关于"慢教育"的主张以及对农业时代的怀念，可以归属于对现实教育的超现实思考，只不过是主张的和怀念的人们情感比较充沛且担心纯粹学理的探讨难以影响教育的现实。

毕竟，我们的教育现实无法摆脱它的环境，公共性的效率与结果导向如同血液中的时代元素，已经循环运动到了教育的所有细节。由此滋养了教育肌体客观上使教育的本性无法顺利成活，从而教育自身除了等候历史辩证法的下一个环节，对自己的性状变化也难有作为。面对这种情况，主张"慢教育"和怀念教育本性的人们显然不必悲观进而放弃，如果他们拥有足量的历史思维和辩证能力，就应能自觉到自身的价值，而且应能实践自己默认的自然节奏。批评教育现实中的"急切"十分必要，但执着于事物与行动规律更为重要。

的确，没有谁能在现实的世界从行动上超越现实，那就不妨用自己超越现实的思想影响现实。我们回不到农业时代了，事实上我们也没有全方位地厌弃工业时代和信息时代给我们带来的。我们的思想与现实的错位，一方面源自我们的完美主义情结和对所谓教育初心的情感，另一方面又何尝不是我们或多或少的保守主义思维的表现呢？客观上存在着一个现象，即一些生长于新时代的教育对象，并没有觉得我们的担心全有意义，也较少觉得自己的存在有严重问题，这使得他们对我们的担心不以为然，甚至对我们的合理干预产生抵触。不过，这也是教育对象需要自己建构对事物的经验，也是其成长的过程。

合理的结局必然是我们的担心被未来的成熟者理解，我们在理论上可以把这种理解视为教育本性的历史性回归。换一种说法，当教育的本性在未来得以实现历史性回归时，对于今日对农业时代怀念和类似"慢教育"这样的主张，实际上实现了某种意义上的本土化，这里的本土当然是指不同于农业时代的工业时代和信息时代。而当这种情况发生的时候，今天的怀念者和主张者会倍感欣慰，教育自身也在发展中合理承接了自己的历史。

教育从来就不是一件讨巧众人的事情

教育的不讨巧，一方面表现在它无论设定怎样的结构和程序，也只能在提高人的本体力量上有所作为；另一方面还表现在它对于一些能导致现实成功的力量持否定的立场。这样说吧，如果一个学生完全接受了教育的纯正影响，那他基本上是应该接受未来之平庸的。但有一个例外，即他从事了仅需发挥本体力量的工作便足以高质量生存和生活，否则他仅有的本体力量也会因缺乏其他各种现实的力量而逐渐萎缩，直至他成为无可争议的平庸之辈。

这种情况的真实性大概就是教育无力和神圣衰微的根本原因。对于渴求高效率现实成功的人们来说，谁会像书呆子一样，傻乎乎地提升自己的本体力量呢？这样的人多了，教育的影响力就小了，能写在教科书上的德智体美劳就或被悬置或被揶揄了。接踵而至的会有很多，比如，"成功学"就会兴盛；各种特异的、原先属于边缘生存本领的、古老且神秘的学问就会被少数精明的智者挖掘。追求高效率成功的人们很自然地会拜那些智者为师，以使自己的前程不被教科书上的条条框框耽搁。

当这一切都成为日常生活中司空见惯的存在时，教育者的无奈也就成为一种与时尚接近的普遍现象。这不是一种故弄玄虚，也不是一种杞人忧天。如果我们能正视社会文化积极引导和学校教育努力促进的目标之外所存在的各种异常的成功，就能反过来体会到原先属于中国文化的所谓"正统"与"美德"，在各种挤压和讥讽之下已经支离破碎。在这种情况下，承担"正统"和"美德"传承责任的学校教育岂不是脱离了现实生活？现实的生活者又怎么敢书生气十足地按照学校老师所教授的正经道理去生活呢？

如果"正统"和"美德"的受众越来越少，以及与之相连的市场越来越萧条，那作为供给方的学校教育还有什么理由不尴尬，教育者又有什么理由不无奈呢？但问题在于尴尬与无奈只是学校教育无力的表征，持续下去不仅于事无补，而且无异于自毁前程，必须在积极文化的引领下振作起来，这样才能重建起自己的尊严，并为社会精神文明的建设做出应有的贡献。

说到这里，我想到了那些乐于从人文经典中提炼美德与智慧的学术同行，并主观地猜测他们的学术兴趣多多少少与他们对现实中的异常成功事件以及各种异常人性事件的严肃态度有关。应是学问的渊博和人格的独立，把他们推到了古老的人文经典之中。在充分理解和欣赏的同时，我虽然不指望这样的同行越来越多，但真的希望他们在力所能及的范围之内，能以非学术的姿态向更多的受众宣扬那些具有永恒和普遍价值的东西，仅仅因为我们栖身于其中的社会生活太需要积极的美德与智慧。

说实话，我并不觉得我的希望有多么理直气壮，甚至不看好我所希望的宣扬有多好的功效，但这些都不足以打消我的希望。这是因为我知道今日之问题也是过往的和未来生活中的问题，现实的生活绝不会忠实地复演教科书中的道理。人类的文明和现实生活的品质，只会在"正—反—合"的辩证运动中螺旋上升，从而只有更好、没有最好。

教育从来就不是一件讨巧众人的事情，它总在依据最光明和最可靠的理性，对非建设性的自然过程实施干预。只要不放弃这种干预，教育就不可能与现实生活相安无事。而放弃了这种干预，教育也就自行消失了。如果真正的教育消失了，我们的生活注定变成一团乱麻，各种亚文化中的规则就会竞相出场，生活的品质应发生历史性的倒退。理论上讲，学校教育与社会是会互动的，所以学校教育者在简单的感叹和无奈之后，尽可能去尽自己的社会责任，同时也可以乐观地等候现实生活运行规则的日渐文明。

教育的道理就在日常生活之中

教育的道理就在日常生活之中，也因此，无论多么伟大的教育者，只要他不是有意识地耍弄概念，而是直言教育的道理，都不会让日常生活中的好思者感到惊异。把这一现象再延伸到承载各种教育道理的教育学，只要它未被刻意装饰为高深的样子，就是与日常生活世界相通的。认识到这一事实，也就很好理解苏霍姆林斯基和陶行知这样的教育家为什么能够深受教育实践者的欢迎。

其核心的秘密正是他们的思想及其表达方式，一方面具有文化的和思想的形式；另一方面又自然地释放出日常生活的温度和生动感，会让实践者觉得教育家所言说的，就是自己每天所从事的教育，反过来则会觉得那些擅长用艰涩的语言表达教育认识的研究者，不过是在借谈论教育的名义进行某种冠冕堂皇的游戏。

客观地说，实践者的这种感觉虽然具有相当的真实性，但其局限性也是显而易见的。我们也不能因为实践的重要和实践者的众多而过于肯定他们的感觉，在整体的和辩证的思维作用下，还需要认真地指出理论研究的必要，并阐明艰深的理论之于实践者专业发展的价值。可以看出在这样整体和辩证的思考中，我们实际上既希望理论研究者能够最大限度地贴近生活实践，也希望实践者能够对理论研究及其价值有更加全面和理性的态度。

相对而言，理论研究者的观念改变还是要容易一些，即使我们看到他们似乎一如既往地思考和表达，也多是研究的追求和理论的语言特征影响下的结果。不在乎实践和实践者需求的现象无疑存在，但大多数的理论研究者对实践还是有关心和关怀的。然而，要改变实践者对于理论的认知就比较困难了，最主要的原因是他们通常或无兴趣或无机会接触真正的理论。

像一线教育者喜欢的苏霍姆林斯基和陶行知这样的教育家，严肃地讲并不是教育理论家。陶行知虽然接受过规范的西式学术教育，但他个人的志趣在于教育实践的改造，并致力于救亡图存的时代使命，故而以大众喜闻乐见的方式传播教育的思想；苏霍姆林斯基更个性一些，他对理论教育学基本上没有兴趣，而是在一定的理论指导下，在创造性的实践中创造了辉煌的教育思想。

那么，真正的教育理论是不是天然地就与教育实践具有隔阂呢？答案当然是否定的。除非一种教育理论属于元教育学研究范畴，否则，它所表达的必然是研究者对教育自身的思考。实践者之所以明确地感受到那种隔阂，是因为教育理论所表达的教育思考被一种非日常语言（即专业学术的话语）包裹，从而就接受的效果来说，实践者所接收到的教育思考信息很难是研究者所表达的全部。

加上理论的思考合理地搁置了教育事实和细节，使得已成部分的教育思考信息还没有经验性的灵动，实践者当然就很难把理论中的教育与自己身在其中的教育对接起来。

实际上，实践者对教育理论的感觉不仅仅受到以上因素的影响，理论研究和实践工作的追求不同，更会让实践者觉得教育理论与教育实践看起来有关却算不上志同道合。教育理论追求一般意义上的教育之真与教育之好，这就注定了无论理论研究者怎样努力，他们关于教育的思考都难以抹去宏大叙事的色彩，这对更加关注日常、具体、细节、草根的实践者来说多少是有些隔靴搔痒的。

把目光投向现实生活，不难发现一线的教育实践者更相信他们自己阵营中的佼佼者，既爱听他们说的，也爱看他们写的。理智地分析，这种佼佼者很有望成为连接教育理论和教育实践的关键人物。尤其是他们中有理论和思想兴趣的个人，不仅具有对教育理论的理解能力，而且具有现实教育世界的群众基础。因而，借助"爱屋及乌"的心理学机制，实践者是可以通过那些佼佼者的中介作用受惠于真正的教育理论的。

有必要说明，对于理论和实践的互动来说，中介的力量及其作用越来越受到人们的关注，它不仅有利于各种理论价值的发挥，而且有利于理论研究者从经验世界中汲取营养。过去我们常说理论从实践中来，但当理论世界越来越具有独立的自运行能力的时候，谁又见过多少自己作为实践主体的理论研究者？退一步说，又有多少理论研究者能对自己意向的实践进行过真正沉浸式的体验和观察？

由于具有高效率感悟实践能力的理论研究者可遇而不可求，如今部分理论研究者不知不觉地已经自以为合理地远离了真实的实践。而他们上进的意志并不允许他们止步不前，因而只好在用文字构筑的意义世界里寻寻觅觅，最终也只好选择做一个自得其乐的学究或是自命清高的"传达神谕的祭司"。这种选择在选择者那里各有其情形，但在生活实践面前的形象基本趋同为似高似远的不可名状的远亲。

即使是这样，实践者也没有充分的理由否定自己远亲存在的合理性，最多也只能说他们的工作与自己的需求关系淡远，原因是学究式的工作和对广义神谕的传达在认识的王国里还是有其特殊功用的。实践者可以不急于改变自己的状态，暂时不妨让可作理论与实践互动中介的佼佼者替自己做一些事情，但在有余力和闲暇之时，不妨以轻松的心境直接面对真正有意义的教育理论。

从现在开始，就需要确立一个观念，即迄今为止的教育理论无一纯属个人的智能游戏。人类还没有奢侈到可以斥资雇员去做毫无意义的事情，何况教育虽具有神圣的意义却也是生活中的重大功利之事。如果承认这一说法，教育理论研究者就需要在纯粹的阅读和思考之外，有意识地深入到教育经验世界之中，并习惯像自己领域的先驱者那样从有自己参与的实践中抽象、创造出教育理论。只有这样的教育理论才能顺利地到教育实践中去，进而对教育实践起到引领和规范的作用。

教育的主要问题就在教育上

在教育的中西比较中，常常有人说我们中国的基础教育质量高，而西方国家的高等教育质量高。但对这一判断也有不同的认识，最有力的怀疑是：我们高质量的基础教育为什么未能支撑起高质量的高等教育？西方国家质量不高的基础教育为什么支撑起了高质量的高等教育？面对这样的疑问，还真没有好的应对办法，我们最多只能说基础教育和高等教育的质量标准不大一样，但做出这种说明的底气并不是很足。

近一段来我思来想去，好像有了一点眉目，大致的认识是：我们的教学并不落后，但我们的教育应该有些欠缺，而且这一认识是适应基础教育和高等教育全体的。更具体地说，在教学层面，中国和西方只存在着风格上的差异，并不存在严格意义上的高低之分。虽然在国际交流中，经常有域外专家觉得我们的学生在课堂学习中比较被动，少了一些自主，甚至觉得我们的学生一定感到不舒服，但细想起来，这不过是域外专家站在自己的立场，用自己的教育思维做出的判断。客观而言，我们的学生在学习过程中并不见得有他们所想象的各种不舒服。

记得在 20 世纪 90 年代，《参考消息》登载过英国教育考察团到我国西南某地深入到课堂，观察到小学生上课时先由老师领诵"一二三，要坐端，手背后，朝前看"。看到这种现象，专家们自然会觉得学生在课堂中受到了束缚从而不能自主也缺乏自由，甚至会产生消极的心理体验。但实际情况可能并非如此，已经习惯于本土文化生活的学生整体上不会有什么不舒服的感觉。这就像西方国家课堂上的学生看上去较散漫，难道他们会感觉格外快乐吗？所以，不同文化状态下的学校教学之间的差异更具有风格的而非水平的意义。

既然如此，为什么我们的大学培养出创造性人才的概率相对较低呢？如果主要问题不出在教学领域，那又出在哪里呢？答案显而易见，即出在教育领域。见到这一答案，一定有人会感到疑惑，此种疑惑通常会转换为一个问题：教学难道不是教育吗？对于这一疑惑，我们不拟做理论上的探讨，但可以负责任地说，教学可以是教育，也可以不是教育。即便教学自然带来教育的效益，那也不是因为纯粹的教者具有自为水平的教育初心。

进一步说具有教育性的教学，不同文化状态下的教育性教学存在水平差异。这种水平并不表现在方法和技术的层面，而是表现在教学的教育立意和思维上。简单地说，规制性的教育立意和思维与开发性的教育立意和思维，绝不仅仅是类型上的不同，更是一种境界上的差异。规制性的教育比较强调规范和规矩，比较重视标准和秩序，而开发性的教育则比较强调发展和个性。

两相比较，重视发展和个性的教育更有利于学生的自主性和创造性的形成，而重视标准和秩序的教育则更有利于学生谨慎品质和共性的形成。做一个不太周延的比喻，富有谨慎品质和共性的个人更关注自己怎样能和别人一样，因为他们唯恐与别人不一样；反过来看，富有自主性和创造性的个人往往会关注自己怎样能和别人不一样，因为他们唯恐自己与别人完全一样。把思维延伸到思想和研究的领域，当然是具有自主性和创造性的个人更容易开拓新域、探索新路、创造新知。

除此之外，教育的意义还涉及个人对公共的和绝对的精神的态度，这是一个更高层级的伦理道德问题。我们的教育在这一方面还有较大的提升空间，现实的情况是我们的学生随着受教育程度的提高，对于公共的和绝对的精神越来越不关心。很多年前钱理群教授说："我们的一些大学，包括北京大学，正在培养一些'精致的利己主义者'，他们高智商，世俗，老道，善于表演，懂得配合，更善于利用体制达到自己的目的。"（北大等大学正培养利己主义者，《中国青年报》，2012年5月3日，第3版）无法想象这样的青年人能够为神圣的科学研究和思想创造投入真诚。即使他们进入了这一行，也会设法把研究做成生意。

研究是求真的；研究者的理想是要通过掌握相对真理，不断向绝对真理逼近，但精致的利己主义者信奉的却是事在人为。这一个"事在人为"，就把绝对和神圣抛到了一边，并把一个个规矩熟练地戏弄。这样的人又怎能为任何与世俗利益无缘的神圣事业投入真诚？也许这一切令人烦恼的结果，并不能简单地更不能完全地归因于教育，毕竟我们的教育是坚持了正确方向的。

全面地审视存在于教育中的问题，可以发现其根源其实在社会生活之中，其直接的原因则是折射了社会生活逻辑的各种粗糙的人力资源管理方法。基于这种认识，要想让我们的教育不再落后，至少不至于继续落后，很有必要对社会生活文化价值进行系统改造，基本的方向是让社会生活多一些精神，多一些对公共利益和绝对精神的敬畏，以使我们的教育能和教学一样并不落后于西方国家。

教育中的"好"不能"打造"

一个好校长就是一所好学校。这句话到底是谁说的并不重要，重要的是它提醒了我们注意一个好校长对一所学校来说格外重要。对于这样的提醒不会有人反对，因为我们的确感知过好校长和好学校密切关联。不过，基于感知的说法通常仅具有部分的真理性，人们只要稍用点力气就能找出好校长在办学上的无力，也能找出在好学校里安享清福的平庸校长。这样的反例应能在逻辑上揭示一个结论的武断，但像"一个好校长就是一所好学校"这样的结论，并不会因为其实有的武断而失去力量。

听到这样的提醒，真正的好校长既可能为自己的好学校与自己的联结而感到自豪，也可能为自己尚未好起来的学校而压力倍增，不管属于哪一种情况，都能体现那个提醒的积极价值。说了这半天，总觉得有点虚飘，因为其中的一个关键问题，即什么样的校长算是好校长，并没有获得说明。如果这一关键的问题不能得到说明，那么，再有力量的提醒也只能是一种与责任和实质无关的修饰，容易成为人们一句轻飘飘的口头禅。

然而，当我们要认真面对这一问题的时候，又突然能够理解人们为什么习惯于不认真面对这一问题的心情，这主要是因为"好"实在是一个包容量极大同时又极具有相对性的概念。更值得思考的是，"好校长"的"好"具有多种可能性的意义，因而要获得一个能被所有人群认可的"好校长"几乎没有可能。

我突然想起来钱钟书在《围城》中调侃"老科学家"有两种，一种是"老的科学家"，另一种是"老科学的家"。将其迁移到"好校长"上面，是不是也存在"好的校长"和"好校的长"呢？再进一步说，"好的校长"既可能是说一个有"好"品质的人加上校长的角色，也可能是说一个在校长角色上表现良好的人。而"好校的长"则仅是在说一个人的角色是校长，同时他担任校长的学校是一所好学校，至于学校的好与他担任校长之间有没有因果联系又另当别论。

有时候我特别感兴趣于日常生活实践者的智慧，仅就"好校长"而言，它实际上已经被"名校长"替代。猜想相关主体一方面习惯性地认为"名校长"自然是"好校长"，另一方面很可能是他们觉察到把"名"变为现实比把"好"变为现实更加便利。依据效率原则，聪明人自然去选择相对省力又比较快速见效的方法和途径。在这种情况下，不约而同的"三名工程"纷纷启动，每当一项工程结束，名校、名校长和名师便如雨后春笋一般应运而生。

在此过程中，一部分好学校、好校长和好教师通过机制性的认可而名正言顺，却也有一部分不见得有多好的学校、校长和教师拥获了正式且有潜在效益的说法。应该说，为"名"的工程也是以"好"的标准为实质的，但工程主体习惯的"打造"思维客观上使得"好"的形成永远赶不上"名"的步伐。"名"的确是可以打造的，比如说，可以先有策略地搭起一个新异的架子，做出一种赢人的姿态，然后再活学活用传播学的原理广而告之，一所名校、一个名校长和一个名师便迅速诞生。

但问题是被加封名号的具体学校、校长和教师是否名副其实，显然不可一概而论。最好的情形无疑是"名"与"好"的内在一致；最糟的情形无疑是"名"而欠"好"；而最值得我们注意的则是"好"而欠"名"。其中的道理并不复杂，多种因素的影响完全可以使"名"与"好"在一定的条件下巧妙分离，进而使"名"可以成为独立的存在，甚至可以成为具有商品属性的一个特殊概念。

记得 20 世纪八九十年代，风行一种"世界名人辞典"，一夜之间，我们突然发现以往不太注意的熟人忽然被全世界都知道了。最初，我们只能怪怨自己孤陋寡闻，直至有人询问我们想不想当世界名人的时候才恍然大悟，原来有一种做名人的路子是花费不多不少的通货就可以实现。如果找寻出来当年正式出版的世界或中国名人辞典翻一翻，就会发现那是具有喜剧色彩的一类商业运作。

春秋战国时期的叔孙豹提出过"三不朽"亦即立德、立功、立言，这也是历来的上进之士所追求的理想。我在想叔孙豹为什么没有提出"立名"，想必是他知道功德与思想可以立人和传世，而"名"则是功德和思想传世的必然结果。若是反其道而行之，以"打造"的工程思维直接从"立名"出发，轻而言之，属于本末倒置；重而言之，则属于舍本逐末。

俗话说实至名归，这也是符合客观规律的。有名而无实，与无能而有位以及无德而有望，同属于怪异现象，既不会是普遍的，也不会是长久的。知悉了这一番道理，正在做校长的人们显然应该朝着"好校长"的目标努力。同时需要清楚，成为"好校长"虽然不能省去个人修养的功夫，但重心必在于深刻思谋和实际促进学校的发展。直截了当地说，一个校长的终极追求就是要办好一所学校，个人的素养修炼也必须服从这一终极的追求才有实际的意义。

什么样的学校就是一所好学校呢？不是谁说好就好。其内在的标准是：学校有秩序；师生有尊严；教师有理想；学生有进步；言行有规矩，工作有章法；团结紧张，严肃活泼。其余我们还向往的美好，应会在符合好学校"内在标准"的教育生活中自然形成。在这样的学校里做管理、做教学，校长和教师即便在社会学的意义上默默无闻，又怎能缺少了内心的充实和愉悦？

不能机械地评价教育家精神

教育家精神成为热点问题以来，研究者总算找到了一个可以发挥自己聪明才智的地方，一时间，蜂拥而至。我们从中既可以窥见热点问题的学术引领功能，也可以领略到研究者的卓越悟性和他们紧跟时代步伐的积极与主动。由此联想到，为了不使广大研究者的聪明才智闲置，有关方面有节奏地、周期性地推出一些热点问题是很有必要的。至少在目前及未来相当长的一段时间内，任何人都绝不能想当然地把教育学术研究的命运交给研究者。否则，像过去长时间内广大研究者不知该做什么的状况仍将复演，那耽搁的就不只是教育学术的发展，更重要是会耽搁教育强国和教育高质量发展的事业。

而广大的教育研究者也不能一窝蜂式地扑到一个热点问题上任意地展开研究，而是应当首先认真地审视一下问题本身，这就像面对试卷的学生必须首先认真审题一样，然后才能趁热打铁，做出一点有意义的事情来。我之所以要做这样的提醒，是因为无意中注意到有研究者独出心裁，已经开始研究教育家精神践行的评价问题，其核心的任务是建立教育家精神践行的评价指标体系。说实话，如果不太集中注意，这样的研究很容易被肯定，并会被一线的教育管理者期待。毕竟我们绝大多数人已经习惯了与评价相处，不管是评价别人还是被别人评价。

即便是这样，研究者也要具有一点学术的理性，先看一看自己设立的研究课题能否成立。就说教育家精神，它是具有双重含义的。第一重含义，它是一种精神。进一步说，它是一种魂魄，不仅与主体的心理品格有关，而且与主体的文化涵养有关。想一想，这里的"品格"和"涵养"哪是能够被鲁莽地分析和进行定量的评价的？第二重含义，这种精神是教育家的精神，牵涉教育的本质和理想。如果教育的本体真的是一种"善意干预"的意念，评价者即使无与伦比地热爱评价，恐怕也会像老虎吃天一样无法下口。

所以，我还是觉得像教育家精神这样的问题，大家可以做主题式的高谈阔论，但落到实处只能是教育者个人的实践修炼和品格修养问题。任何教育治理者和教师管理者，如果有闲，不妨休养生息以驱赶平日的劳累，只是千万不可生出对教育家精神践行的评价兴趣。须知我们的教育强国和教育高质量发展事业，固然需要广大的教育工作者有所作为，却也尤其需要大家能够有所不为。很多时候，不做什么要比做什么更为重要，因为历史的经验总在不断表明一个道理，即许多事情的落败并不主要是因为我们没做该做的事情，而主要是因为我们做了太多不该做的事情。

我估计研究教育家精神践行评价问题的那位研究者绝不会轻易放弃自己的选择，这在某种意义上也没有什么要紧，个别没有意义的甚至不恰当的研究，最终也会因为没有认识上的回应和实践上的市场而偃旗息鼓。我最担心的是，和他一样思维的研究者和实践者如果闻风而动、以讹传讹，万一再有一些教育治理和教师管理岗位上的人不甘寂寞和平庸，关键是不能以错为错，甚至自以为发现了推动践行教育家精神的"法宝"，那就不只是要苦了一线广大的教育工作者，还会把他们对教育的误识和对教育家精神的错觉推而广之。

因而，立足于为教育强国和教育高质量事业发展负责的立场，我们也应该及时提醒相关的教育研究者最好终止自以为有意义、实际上不恰当的研究，更应该通过相关渠道，要求教育治理者和教师管理者不可仅靠对事业的忠诚而行动，重要的是不能忽视教育的理性。如果大家真的希望优秀的教师和教育家不断涌现，那就各就各位、各显神通，努力为我们的教育者营造出积极的环境条件，以使他们能够心安理得地做真教育、做好教育。除了贯彻党和国家的教育方针，除了对教育者进行发展性的培训，除了为他们提供必要的服务，再不要用其他的事情增加他们的身体和心理负担，再也不要任性地征用他们的时间和空间。应该说只有这样，广大的一线教育者才有可能心里少有挂碍地走上使自己优秀和成长为教育家的道路。

　　需要所有的朋友记住：教育家不是培养出来的，也是培养不出来的；教育家精神是一个教育者在成为教育家的过程中逐渐具有的，而不是先有了某些精神品质然后才成为教育家的；教育家精神的具备，只能是教育者自己在教育过程中自然天成的结果，而无法借助外在的和他人的鞭策而具备；如果一个教育者个体必须有外在的评价鞭策才能够具备和践行教育家精神，那他一定成不了教育家，他在评价者眼中的教育家精神践行一定与教育家精神没有关系。教育这件事的意义是神圣的，怎样肯定它价值也不为过分，但教育这件事情真的不多么神秘和艰难。说到底，它就是一个应由聪明的好人或好的聪明人培养人的"好"和"聪明"的事情。只要能把同时具有"好"和"聪明"两种品质的人引进来，并让他们的心留得住，其余的事情做不做似乎无关紧要。

教育家得精神和本领兼备

　　教育家精神中的精神究竟是一个人成为教育家之后的结果，还是一个人成为教育家要具备的条件？这个问题听起来像思维游戏，其实是很有认识和实际意义的。如果这种精神是结果，那么，欲成为教育家的人便不必刻意依葫芦画瓢地培育自己的教育家精神，而只需把教育本身做到超越平常的境地，因为到了那种地步，他们的一言一行都会散发出教育家精神；

如果这种精神是条件，那么，欲成为教育家的人就会把教育家精神做支离破碎的理解，并将其与教育的过程分离开来加以培育，如此去做，一个人注定是不可能成为教育家的，因为谁也没有见到过没有教育家本领而徒有教育家精神的人。

道理的确浅显，但有违浅显道理的行为几乎每天都会发生，使得我们的事业总是运动在不恰当的路径上，甚至产生用力越猛失误越多的结果。在这里需要插入一个内容，即我们的文化中有一种格外强调落到实处的基因。具体而言，一种理念如果不能化为可以触摸的对象，人们就会很自信地判定其为空谈，从而使类似"精神""境界"等说法在我们的文化中真的就只成了一种说法。在这种情况下，想要把精神或境界落到实处的人一定会创造性地将其解析为可以触摸的东西，却不知解析得来的具体条目与精神或境界已毫无关联。

然而，解析者并不觉其行为的偏失，反倒会认认真真地津津乐道，并切实地实施被解析出的精神元素的培育，这虽不能说是南辕北辙，总归是比较离谱的。由此联想到拙文《再有闲也不要去评价教育家精神》倍受关注，猜想着应是说到了问题的关键处，更有可能说出了许多人意识中隐隐约约的直觉。设想一下有人用三级指标来衡量我们践行教育家精神的情况并给出量化的数据和质化的等级，我们大概会逐渐放弃成为教育家的理想的。

教育这件事情固然特殊，具有远高于其他行业的道德含量，且事关个人和社会及国家、民族的未来，在其中强调精神的价值一点也不为过。但需要搞清楚，一个人之所以成为教育家，不仅必须有特殊的精神，还必须有相当的本领与精神相辅相成。客观而言，真实的教育家精神必是由本领支持的精神，否则，所谓教育家精神就只是一个概念；而真实的教育家的本领则必是内含精神的本领，否则，所谓教育家的本领也只是被拔高的、具有中性意义的教学的和训练的技巧。

我们分明是在主张实践中的人们切不可把精神从教育家那里抽取出来做专门的对待，这与把本领从教育家那里抽取出来做专门的对待还不一样。要知道现实意义上的教育本就是教育意念与人类一般行为的有机结合，其中的行为训练在一定程度上是可以走技术主义路线进行专门训练的。这就如同微格教学对具体教学技能的训练可以存在和发展，又如同戏曲表演中的基本功训练已成常规。但是，没有教育意念的注入，某种经常出现在教育过程中的人类一般行为是没有教育意蕴的；没有艺术精神的注入，某种戏曲表演的基本功训练到极致也就是个杂技的样子。

所以，把精神和本领做分别的对待，在教育家追求的实践中是不科学进而也是不合理的。一个具体的教育者通常是可以借助训练而获得教育活动之基本功的，却很难借助任何手段以形成自己的教育家精神。教育家精神以至一切的精神的具备，在个体那里一方面离不开人文生活世界的相关共识影响，另一方面则离不开他与生俱来的性格特质。在此意义上，教育家是天生的教育家，他们与教育具有必然的缘分，一旦命运让他们能与教育相处，他们先天的与"好教育"相匹配的性格就能够大放光芒，而这光芒的内涵笼统而言就是教育家精神。

话又说回来，个人的性格是无所谓教育不教育的，因而，我们说这光芒的内涵笼统而言就是教育家精神，仅仅意味着个人性格与教育家精神的更紧密联系，并不意味着任何个人都能够具有天赋的教育性格。现实的情况只能是教育的本性与具体个人的性格具有内在的契合，从而使具体的个人能够不费力气地融入教育的要求，并把共同体对教育的精神性期望融入自己的性格。对于这样的个体来说，他可能只须把最好的时间和精力投入到教育本领的增强上，而不必专门对照某个指标体系修炼自己。

近日有问我爱与智在教育中是如何统一的，我回答道：不可一概而论。对于多数人而言，先须有爱有智，继而让两者统一起来。但又自觉得这样的回答过于原则，因为问询者绝不是要获得这样的答案，他们所想要的是我实际上不可能提供的可以按图索骥的方案。这也不是说爱智统一无法实际地实现，而是说这样两种极其内在的事项实在无法外在地程序化。如果允许我尽可能具体一点，那我只能说一个具体的个人要么须先是一个天生的爱者或天生的智者。若是一个天生的爱者，我们可以帮助他智慧地表达和使用自己的爱，以促成智爱；若是一个天生的智者，我们则可以引领他把自己的智慧投向爱的方向，以促成爱智。

超越了这一层面而谈爱智统一更具体的操作，原则上还不如不谈。内在的和精神的事件与人性的整体密不可分，圣人的爱智统一只在一念之间。只有这样，我们才能理解证严上人的静思之语，即"最清净的爱就是智慧；最彻底的智慧就是慈悲"。上人稀有。以教育工作者之众，还是要修身养性、锤炼本领。回到教育家这一问题上，一个人先要有成为教育家的心愿，以便无障碍地接受教育家精神的引领，同时修炼教育劳动的本领，对于两者的统一问题实际上是不必上心的，功到自然成。

教育的进步始终没有停歇

我对今天教育的变化在近年来有了一种更加切实的感觉，这种变化无疑是积极的，直白地说，比起过去的教育，今天的教育真的发生了质的变化。学校的老师和学生还在课堂里，教的和学的还是知识和技能，但教育的理念进而教育的方法却越来越具有了专业的味道，各种教育的思想和理论已经发挥的作用，恐怕是它们的创造者也难以预料的。教育认识和教育实践的关系也许还没有多么理想，但已经不像过去那样相安无事了。如果走进真实的实践领域去接触教育各个环节的工作者，不难发现他们中间不乏专业造诣极高的人。最为显著的表现是，他们不仅能够自觉并创造性地运用相关的知识，而且能够把自己行动中的经验转化为具有一定普遍性的初级理论。受教育的学生，在许多人眼里也许仍然充满各种问题，但我们又无法否认信息的丰富和人际伦理原则的变化带给他们的思维活跃和个性独立。把这些情况整合起来，就能够形成今天教育令人可期的局面。

但这也只是我的感觉，客观上还有不少的人会觉得今天教育的问题远远多于希望，甚至会认为有的教育问题已进入恶性循环，根本没有解决的办法。退一步说，即便技术上有可靠的办法，也不见得能够在现实中实现，他们的理由是教育的生态环境已被严重损伤。在这样的认识下，从过去走来的人们很自然会留恋他们曾经接受过的教育，通常会觉得过去的学校、老师和同学简直好得不得了。比如，我的同龄人是在 20 世纪 70—80 年代接受的教育，偶尔一起回忆，流动在交流中的信息几乎是清一色的快乐和有趣，时不时总有人会感叹那时的教育才是真正的素质教育。无论是乡里的还是城里的，都能如数家珍地讲述一个个学习生活中的故事，给人的强烈感觉是我们今天所拥有的一切好的品格和能力都来自过去那种真正的素质教育。至于以往教育是否存在问题，基本上不会出现在回忆者的记忆中，因而，今不如昔就成为我们固执的判断。

但问题是过去的教育真的就那么好吗？如果我们仍然十分肯定地回答了这个问题，也不意味着做出了某种承诺，很可能只是由不完美的现实引发的选择性记忆机制导致的结果。毕竟我们无法复原自己在过往受教育过程中的完全感受，不过是以一种局外人的轻松为前提，对当初的教育在当下进行了审美化的处理。我之所以这样说，至少有两方面的理由：一方面，今日有闲情在对比中回忆过去教育的人们是在社会生活中有玄谈条件的人们，整体上看，他们当然也具有发出自己声音的兴趣和条件。试想许多没有借助受教育改变生活方式和环境的人们，他们也许还在为基础性的需要满足而劳碌奔波，哪还有工夫对过去的教育做审美的功夫呢？实际地考察一下，谁敢保证他们的教育记忆中没有充满辛酸甚而屈辱呢？那么，他们记忆中的过去教育会不会比后来的应试训练更为痛苦的经验呢？另一方面，如果我们有意识地挖掘自己记忆中关于过往教育的消极经验，我敢说与此有关的故事一定远远多于我们经常重复的快乐和有趣的故事。

我真的注意到人们记忆中与过往教育有关的快乐和趣味总能被极少数的故事承载，同龄的老同学、老熟人在一同回忆过去的过程中，总是在重复一些几乎可称作经典的故事，这说明这些故事之外的记忆总体上实在是乏善可陈。谨慎而言，没有波澜的、短缺惊奇的平庸日子还是居多，再有剩余的信息，大概就属于尴尬、不快、失意以至苦痛了。我在思考教育问题的时候，也会偶尔调动过去的记忆，至今仍令我感动的人和事也不少，但从性质上讲基本上是人性的光辉所致，尽管这也是教育不可没有的资源和意蕴，但与教育过程与方法的高度却没有多少关系。应该说，能让我今天津津乐道的教学和教育的精妙故事还是屈指可数的。相反，在理性的支持下，因为已经远离了当时的情境，倒是意识到了许多教育中曾经存在且今天仍未完全退场的不足。其中最为要害的，当是那时老师的视野的有限和教学、训育中过于简单。我所说的简单，是指老师的教学和训育，说好一点是朴素的，说不好一点则是没有讲究，"讲""训""罚"，是他们最基本的劳动手段，什么教法、学法、认知、人格，在他们的劳动中虽不能说毫无痕迹，但的确可以忽略不计。

值得我们进一步思考的也许是：我们对同样充满问题的过去的教育为什么能够产生审美的体验呢？现在想来，很可能是我们把对作为教育土壤的社会生活的某种积极感受迁移到了教育记忆之中，这当然也是合理的，因为教育和社会生活本就是相互映衬的。就我的受教育阶段所在的时代来说，社会处于高度计划之下，一切社会成员均有生活意义上的着落，即使各自必然处于不同的位置，但基础性的需要是可以在社会的计划下得以满足的。具体来说，一个上不了大学或中专的农村学生是可以回家种地的，城里同样情形的学生也会以各种方式得到安排。当生存的压力不是问题的时候，教育的过程中是不可能充满紧张和焦虑的。反观今日教育，弊害集中于应试，而之所以举校应试，是因为今日的考试在很大程度上决定着学生的未来，从而有预见能力的人们自然会把未来的挑战转化为今天的压力。这样，教师和学生就辛苦了，教育也可能随之走样。

好在教育内在进化的步子始终没有停歇，从国家到学校在每一个历史时期都没有放弃接受先进教育理念的引领。改革者实际上是以理想的态度与现实进行博弈，艰难的程度众所周知，但进步的事实也不容置疑。正因此，尽管教育中的一些顽疾仍然没能得到根治，但专业化和大格局越来越成为学校教育实践的核心追求。课程方案在调整，教和学的方式在转变，传统的专重知识和技能的单维目标，正被扩张到过程与方法、情感态度价值观的领域。关注学生发展的核心素养已成共识，全面发展教育获得了越来越丰富和操作化的意义。面对教育的如此变化，我们还能说今不如昔吗？随着教育理性的提升，教育者的乐观自信也与时俱进、与日俱增，专业意义上的"好"必将替代我们非全面记忆中的原始意义上的"好"，向前眺望也必将替代回望过往，成为人们面对教育现实时的主要姿态。

基础教育有点过于着急了

我们现在的基础教育有点过于着急了。当然这种着急的源头并不在基础教育自身，至少在感觉上是由基础教育之外的革新者推动的。他们也是出于公心，着眼于创造性人才的培养，在改革的大背景下东奔西突，恨不能把一切与创造有关的方式、方法全都引进到中小学校，好像只有这样"从娃娃抓起"才能够最终解决问题。大思路应无错，但实际的效果并不见得符合革新者的初心，一旦他们的信心过于坚定，通常很快就走进死胡同，结果上的事与愿违也不是没有可能。

粗略地回顾一下十多年来中小学教育的忙乱，虽然不能简单地说是漏洞百出，但"捡芝麻丢西瓜"之类的事情可谓层出不穷。曾几何时，翻转课堂甚嚣尘上，杜郎口模式风靡一时，现如今又是跨学科、项目化、大概念、探究式。这样的场面一方面表达着革新者的急切，另一方面也使他们内心的善意躁动暴露无遗。依据以往的经验，再过个三五年，必定有更为高大上的理念涌入中小学校，但几乎可以肯定的是今日所倡导的、实际上的确有意义的东西，必将被新的浪潮拍打到滚滚河流的岸滩上。

对于这样的景象，我还是保持比较老套的看法，即任何革新都不能仅仅依靠动机上的无可挑剔，而必须无条件地遵循一般理性和教育理性的法则。否则，无论是教育实践者还是教育研究者，都可能对原本有价值的理念和方法产生厌倦，并进一步对必将不断出现的新革新行动冷眼旁观。其中的奇异之处或将被认定为不大成熟的教育实践者终于在某一时刻发现那些真诚推动他们进步的革新者竟然比他们还要幼稚。

莫要以为这是一种浮想联翩的主观臆测，要知道任何人只要对一般意义上的历史演进有所领悟，就有可能发现一个重要的事实，那就是在社会大系统中，凡时常处于革新之中的领域，必然无可争辩地处于不成熟状态。其中的核心理由是：革新的逻辑是否定的逻辑，而否定无疑意味着既有存在的明显不足。对于教育这样的人文事件来说，行动意义上的明显不足，只能来自思维意义上的明显不足，换言之，行动者的思维要么充满漏洞，要么充满错误。这种情况当然可能存在，但这种情况又怎么可能总那样严重地存在呢？

就基础教育来说，难道真的是由于过往未能引入跨学科、项目化、大概念、探究式而影响到了创造性人才的培养？至少不全是这样吧。且不说深入其中，即便站在高等教育的场域去逆推学生当年的处境，也会发现真正制约学生发展的，其实是一些非常基础性的因素。直截了当地说，基本上是学生的基础没有打好。具体地说，一是知识的基础，二是思维的基础。而这两方面的问题解决，恐怕也用不上系统地引进什么新的方法，只要教他们的老师具有知识上的高水平表现能力和思维上的基本示范能力，他们就不可能携带着一种懵懂的状态走进大学。

也许我们真的不能说中小学校在学生的知识教育上下少了功夫，因为历来的革新者无论有多少新的诉求，均会指批中小学教师过于重视知识的传授，而忽视了对学生各种重要能力的发展。要我看，这样的指批本身就带有想当然的成分，一些革新者想当然地认为现实教育问题的首要责任是教育实践者的教学价值观有偏差。殊不知对于实践者来说，他们平日努力作为的，并不一定是他们认为与其他作为相比更为重要的，而是他们意识中的天经地义的工作。从整体上讲，与其说他们忽视其他方面的教育，不如说他们只能在知识教学上有所作为，因为其他方面可能受到更多限制。

我甚至相信他们曾经接受的教师教育，充其量向他们传递了一些比较新潮的教育理念，而在教师教育的实训领域，恐怕至今也只能在知识教学上有那么一点作为。作为结果，现实中的部分教师实际上只能在专业化要求尚不到位的知识教学上发挥作用，至于让他们去发展学生的思维等等，大概是有些勉为其难的。即便是在知识教学领域，已有的教师教育也没有多么出彩，否则学生的综合素养提升理应更为显著。

经常听老一辈人说现在的学生抵不上他们当年，我们切不要以为这是一种不可靠的主观想象，如果真的经历过过去的教育，就会知道他们所言不虚。造成这种情况的原因，并不是过去的师生在智力和毅力上比今天的人有什么优势，而是今天的师生大多已经被"应试"的魔咒控制。在"应试"魔咒的控制下，师生本来就有限的智慧和精力根本就用不到真正的教育发展上，他们只能在看似无法摆脱的错误轨道上向前奔跑。

　　更多的难题，我们思考和实施教育的人们也没有能力去解决，仅限定在教育的范围内，我们能做的事情主要是把属于基础教育的基础做好。这里所谓的基础，就是把最好的知识用最好的方式传授给学生，以使他们不仅能够获得具有整体性和活性的知识，还能因这些知识的获得而在思维上发生积极的变化。我理解今天革新者所倡导的跨学科、项目化、大概念、探究式，其预设性的功用并不应完全指向什么创造力，而应从指向知识的高品质传授出发。这绝不是一种保守主义的看法，反倒是具有教育理性的表征。

　　王策三教授曾说："教学中'注重知识传授'根本、永远不存在'过于'的问题，而是根本、永远不够、要不断加强的问题。"革新者如果乐于革新，就需要把力气花在知识传授的品质提升上，这是基础教育永远不变的基础。创造力几乎是培养不出来的，只要把知识的和思维的基础打好，每个学生都能在自己的可能范围内根据环境的要求，适应性地调动起自己的创造力。可惜的是这一道理往往难以引起革新爱好者的注意，他们似乎更相信一切美好的愿望都可以是正确教育操作的直接结果。如果真如我所说，那他们也太可爱了。

教育艺术为何会淡出我们的视线

　　现在谈教育艺术的声音越来越少了，即使无人做专门的强调，在部分新生一代教师的意识中，教育艺术也像童话故事一样属于一种超现实的存在。为什么会这样呢？当事人无疑浑然不知，稍有经历者或会说时代在变化，专业人员很可能说教育艺术并没有消失，只不过是教育世界的话语转换稀释了教育艺术的观念。应该说这两种看法各有其理。具体言之，我们不能因为曾有一度诗与诗人流行且让人有享受的感觉，就觉得如今一切皆依循实用的原则是一种不堪；我们也不能因今日教育人物几乎不谈及启发教学就主观地认为启发教学过时或是不存在了。

对于教育艺术，如果我们也顺着这样的思路，则可以说：我们不能因为很享受曾经存在过的讲究教育艺术的阶段，就觉得今日越来越程序化和精细化的教育是一种不堪；我们也不能因为今日少有人关注教育艺术，就觉得教育艺术过时或是不存在了。如此严谨和漂亮的言辞颇有左右逢源的潜质，却是最没有实际价值的。

面对现实，我们固然不能用"一言以蔽之"的方式做出武断的结论，但教育艺术观念的淡出却是无须争辩的事实。只要对学校课程改革的指导性文本进行认真的研读，就会发现在文本的背后绝对站立着两位巨人，他们没有确切的名字，但就其灵魂而言，一位是科学主义的巨人，另一位是实用主义的巨人，而那种对教育艺术更有亲和力的人文主义的巨人可以说是毫无踪迹。

但需要认识到，这是一种很容易理解也最契合现时需要的事实。之所以很容易理解，是因为现实的教育变化几乎是人的精神世界变化的直接外显，一点多余的迂回和修饰也不存在。这才使得我们能够轻松地读出现实生活对科学、技术进而对真正的自然、工程、技术科学家的需求，其中的道理格外简明，那就是我们不能没有真正的科学家和技术专家，靠别人为我们培养不是长久之计；我们同时还能读出国家需要的是能够有效地为经济社会发展做出实质性贡献的人才，更重要的是这样的人才要多出和快出。

在这种情况下，不给教育采用西医的思维下点对症的猛药自然不行，所以我们就感受到了因对急需人才的急需而甘愿让教育接受科学、工程、技术主义主导的决心。但如此一来，类似教育艺术这样的观念就得受点委屈。但这并不意味着教育艺术没有了价值，只能说是因为艺术牵涉人性、德行和审美等问题，所以既难有充足的合格教育者，也难有充足的时间供我们等待。你想一想外国人正在许多领域卡我们的脖子，我们的教育哪还能按部就班、慢条斯理地进行呢？中医思维那一套独到的逻辑，的确有利于我们的教育经调理达至和谐，但无法立即消除我们的痛处。

我有意识地查找了教育艺术的有关理解，其中最为切中要害的是德国教育学家贝内克的说法，即"教育艺术的根本不在于依照外在的法则或一定的外表，而在于根据精神的类型造就应有的精神面貌"（陈桂生.历史的"教育学现象"透视，人民教育出版社，1998 年版，第 123 页）。这样的教育艺术想起来都是细腻的和深入人心理的，却怎么也遮掩不住过于理想和不大考虑效率的本性，这在快节奏、急需求的社会发展阶段显然不合时宜。关键是这种不合时宜是不是教育艺术观念淡出的真正原因呢？这一问题的答案是什么已经不那么重要，更重要的是在往后的教育思考和实践中我们究竟应当如何看待教育艺术。

针对这一更重要的问题，我们明确的立场是可以接受教育艺术暂时的隐去，却不能任由它被各种因素挤出教育的领地。此立场的根据只有一个，即教育的最高追求是对受教育者精神面貌的塑造，而受教育者的主体性和个性既需要被借用，也需要被善待。客观地说，精神的、主体的和个性的事情，除了选择艺术的方式对待，迄今为止尚未发现别的更好的方法。

所谓艺术的方式，必须是远离技艺的。因为真正的行家都能在教育现场发现，任何能让人感受到的教育的技艺，一定同时使教育者的笨拙暴露无遗，而事后能被人们判定为教育艺术的过程则多如润物无声的春雨。也许真的是时代变化了，以致学校的教师尽管无法摆脱特殊的工作场景引发出的教育情愫，但在普遍意义上，塑造学生精神面貌所需求的教育耐心似乎越来越少。

耳闻目睹学校教师的易怒易烦现象，我很多时候甚至会怀疑我的小学和初中阶段是不是一段真实的经历，其原因是在那一阶段我幸运地遇到了太多有耐心的老师。我遇到的那些老师大致是没有什么教育艺术观念的，作为现实的个人，他们同样有各式各样的缺点，但他们共有的是对我们做人的关注，而不是仅仅关注我们的学业成绩。我还要申明的是，我的幸运绝不只是我一个人的意外感受，而应该是我们一代人的自然的感受。

那些老师让我们敬畏、让我们喜欢，他们就是自己教育艺术的代表作，是世代流传下来的教育文化精神塑造出了他们的精神面貌。他们之所以能够以近乎自然的过程无意中使教育趋近艺术，显然不是因为他们信奉了什么原理，而是因为他们心无旁骛。的确如此！这就像今天我们无论做什么，心里总装着火热的什么之外的东西，结果只能是做什么都做不纯粹，都会被什么之外的东西左右和影响，又怎么能够达到艺术之境呢？我这样说，不是信奉"为艺术而艺术"的原则，这也不符合教育艺术的实际。

教育艺术作为一种效果现象，只能是教师在"为教育而教育"的过程中所产生的一种效果。因为处于这种过程和状态中的老师根本无暇顾及各种技艺的表现，所以教育艺术也就是能使人产生面对一般艺术时才能有的感受的教育活动自身。这中间能产生艺术感受的"人"可以分为两类：一类是偶然存在的教育观察者，另一类是必然存在的学校里的学生。前者的判断标准通常是理性的；后者通常不会做出判断，如果他们在受教育的过程中既达到了教育目标，又是在精神贯注的状态下达到的，他们的心灵就会被震撼。至于教育艺术，这并不是受教育过程中的学生所关心的。

好多次在课堂上观课时，我都会感叹今天的学生不如我们当年幸福，这与他们无效学习过多导致的课业负担过重有关，也与新技术、新文化带来的人际疏离有关，但我相信最为深刻的原因应是他们的老师没有我们当年的老师那么幸福。

我们的老师中有许多学历很低的人，他们读的书也不多，但他们聪明、淳朴、心不二用，即便从他们毫不考究的批评中，我们也能体味到殷切的期望。如果要从记忆中提取他们的教育艺术，很可能不会有结果，因为他们的教育之所以艺术，是因为他们领着我们把整个的教育生活都变成了艺术。今天的老师比我们当年的老师见多识广，而且有今天时代特有的活力，他们通常比我们当年的老师更为成熟，部分老师更像一个个教育"老戏骨"，而不像教育艺术家，因为他们很难心无旁骛。

旧传统和新理想的相处之道

教育将要发生一场革命性的改变吗？对于这一问题，思想和行动先进的人们一定会做出肯定的回答。他们可以列举出许多理由，而最为核心的当是现有教育所培养出来的人整体上难以适应未来社会发展的要求，次为核心的则是现有教育对受教育者个人发展的积极促进作用尚未发挥到理想的状态。我们的教育要做的也的确就是通过促进受教育者个人的发展进而助力社会发展，如果所期望的效果没有充分获得，按照自然的逻辑，回过头来理应审视既有的教育，并分析、判断其发生改变的可能性。

这样的思考所包含的是比较纯粹的理性逻辑，要知道教育的变化根底上是与教育相关的人的变化，而人的变化显然不会完全依照纯粹理性逻辑的指引，否则教育改革者的奔走呼号和殚精竭虑就变得毫无必要。在改革者那里，通常会在不理解中产生一种心理上的急切，这是值得我们研究的。具体而言，他们的不理解一般集中在普通教育者对教育规律和教育精神的相对主义及实用主义态度。将这种态度转换为语言，即他们明确地意识到普通教育者的明知其可为而不为和明知不可为而为之。

也因此，每一次的教育改革，总会把重锤落在教育者观念和行为的改变上，因而在改革者看来，只要教育者能够对教育规律和教育精神有所自觉并对教育事业不乏真诚，其余的问题几乎不是问题，但实际情况可能并不完全如此。虽然永远不能排除有天选的理性自觉者对教育的绝对真诚，但这样的个人永远是少数。也就是说，大多数教育工作者在现实情境中基本不可能只接受教育规律和教育精神的规约，作为现实的社会生活成员，他们还会兼顾各种相关主体的意志和利益。

在此过程中，教育规律和教育精神自然会被稀释，从而由他们运行的教育一方面的确还是教育，另一方面又表现出不同程度和不同风格的不纯粹。如果我没说错，教育改革者的改革对象甚至改革的动力源就是那种不纯粹，而他们的追求自然就是要在思想上否定、在行动上消除那种不纯粹。我们因此就能发现改革者所描绘的理想的教育之所以曲高和寡，最终就是因为他们无懈可击的纯粹理性和对教育的绝对真诚。

在此意义上，未能如愿的教育改革行动一般来说并不是其中的核心理念和技术有什么不足，问题一定出在改革者不习惯过多地考虑各种现实的制约，反过来还会不理解普通教育工作者的现实主义态度。然而，无论改革者抑或偏于认识者和思想者角色的研究者怎样强调教育是具有诗和远方性质的事业，普通教育工作者都无法忘却他们就那么现实地身处于生活的现实之中。这是因为，只有他们才能真切地感受到各种相关主体就像各种型号的锁子，只有与它们相匹配的钥匙才能够将它们打开。

更重要的是，教育规律和教育精神固然自带着特有的真和善，却很难利索地打开任何一种型号的锁子。换一种方式说，既有教育的不纯粹正是各种相关主体共同作用的结果，这是一个客观的事实。如果我们不怀疑一切职业的教育者的基本良知，那么他们对各种现实力量的妥协甚至认同，很可能是为了在现实中维持教育基本存在的一种策略。当然，普通教育者可能并不普遍具有与这种策略联系在一起的自觉，而这恰恰可以说明这样的策略实际上已经演化成为一种集体无意识。

叵以肯定地认为，这种集体无意识就是教育改革者在现实中能够触碰到的最为坚硬的阻障，此种阻障可以让改革的星星之火难以燎原。其实，这才是真实的和具有生态性的现实教育，我们需要的是面对已经融入传统的观念和行动程序与我们比较纯粹的理想教育相遇。这种相遇完全可能是不愉快的，但通过恰当的努力也可能实现竞争与合作并存的局面。从历史的经验看，新理想与旧传统只有在对话而非对抗的状态中，才能够相互融通、有机统一。

只是两者之间的对话状态实在难以达成，其缘由主要在于旧传统的实践者和新理想的追求者均为有局限性的人，而任何由人操作的事情都会因人的思维偏差和人格偏失而扭曲变形。比如，我们不难见到新理想的追求者对旧传统的过度批评，也不难见到旧传统的实践者认为新理想纯属于多此一举。只有经过很长时间，曾经的旧传统实践者才发现自己已经不是曾经的自己，而曾经的新理想追求者也会发现自己不再像过去那样激进。前一种情况意味着旧传统的实践者已经不知不觉地接受了许多新观念，后一种情况则意味着新理想的追求者在激进中一定向现实做过必要的妥协。

简单地说，历史过程中所谓的激进与保守两方，在本质上属于同一种人，即他们都是善与美的爱好者，他们的区别是各自认为的善与美不完全一样，但可以肯定他们在能够充分运用理性的情况下，都不会对对方做出全盘的否定。因为，旧传统的构成元素在激进的新人眼中或许老不中用，但它们却是不折不扣的历史选择结果，换言之就是经历过淘汰机制的。对于这样的共同体选择，再激进的人也不可能无视其中的精粹，否则同样经过传统洗礼的他们也可能一无是处。反过来看新的理想，谁会认为构成它的要素是从天而降的？只要我们能够在认知上理解新理想的意义，就说明它的要素均在我们的记忆和经验之中，换句话说就是在既有的传统之中。

既然如此，旧传统与新理想又怎么可能在本质上是对立的呢？既然如此，客观上存在的旧传统和新理想的对立岂不是人的局限性所致？明了其中的道理，我们就可以更新一个观念，那就是教育改革者从出发点上就不能把既有的教育现实置于自己的对立面，这样的偏差加上对改革的革命性的强调，既有的教育自然就逻辑地成为革命的对象。这便提醒教育改革者不能站在现实的教育之外，而需要与普通教育工作者站在同一个战壕，与他们做攻克教育难关的战友。

教育改革者可以是自己战友的领导者，却不可以做自己战友的简单批判者。身为改革者，不妨跨界学习其他行业的智慧，实质上是遵循事物运动的规律，但在现象上可以使自己的改革变得艺术。有一年我去碛口古镇游览，听当地的文化人讲当年的商人向人们推销西洋卷烟的故事。大意是：商人最初只是把卷烟放在醒目的位置供人们免费品尝。天长日久，抽烟成瘾的人越来越多。商人在这种情况下逐渐减少免费供应的数量。最终的结果自然是免费供应消失，西洋的卷烟在当地拥有了市场。我们的教育改革者虽然不是西洋卷烟的推销者，却可以学习商人的智慧，其中至少有循序渐进、因势利导的道理吧？

没有一个教育者喜欢被别人简单地否定，传统给予他们什么样的观念并不与他们协商，但改革者希望他们接受什么样的观念就需要与他们平等协商。相信在目标一致的前提下，普通教育工作者完全有力量意识到改革者之于他们并不是一种异己的存在。大家都是为了国家、社会、民族而努力的，只是各自的角色分工不同。即便教育真的需要一场革命，改革者也一定要清楚自己和普通教育工作者同属于革命者，革命的对象是寄宿在我们头脑和行动中的一种观念形态的教育。

正视一种学校教育文化现象

在中小学，一种有意义的文化现象逐渐形成，即对各种学校文化标识的在意。具体地说，学校会凝练和创作办学理念、办学目标、育人目标，以及校训、校风、教风、学风，后者常常被简称为"一训三风"。这种现象长期以来是具有民间性质的，因为教育行政部门虽乐见其成，却很少做统一的要求，当然也就谈不上统一的规范。

或因此，不仅不同学校的文化标识在内容上各有特色，而且学校对标识的理解也是五花八门。客观上的确存在着一些误识，以致训不为训，风不是风，理念和目标也常常相互僭越。

尽管如此，我仍然为学校对文化标识的重视深感欣慰，原因是教育文化意识在改革的推动下逐渐得以普遍确立，这无疑是具有历史进步意义的事情。其进步的意义，一方面体现在学校教育实践自身的进阶上，另一方面也体现在它催促教育理论工作者对那些学校文化标识做必要的理论界定。

只要我们愿意，目前能够搜寻到关于学校文化标识的许多文献，只是那些文献还不足以促成必要的共识，教育学研究即便在实践的取向上也尚未对学校文化的相关标识做正式的审视。

我有意无意间接触到现实中的学校文化思考者，也有机会与有思考的校长、老师进行过交流。从他们的思考中，我获得了许多启示，加上自己的学与思，对这些标识也有了初步的认识。现在谨慎地将其表达出来，一则可备忘，二则应能为往后的专门研究留下线索，简述如下。

办学理念是指办学者的核心教育价值表达，不仅表达一种追求，而且表达一种思路，概言之，实际上展现的是办学者的教育思维。因理念属于人对概念的价值化表达，故办学理念实际上呈现办学者的教育理想，既内含理想的教育过程，也内含理想的教育结果。

办学目标是指办学者在自己的办学理念支配下对自己心中理想的学校的描画，旨在回答"要把学校办成什么样子"，转化为精炼的语言，应是对理想学校的特征或功能的表达。目标与理念比较起来相对具体，因而办学目标的表达应比办学理念更为生动和形象。

育人目标是指学校要把自己的学生培养成为什么样的人，回答一定教育阶段"理想的学生具有什么特征"这一问题。或有人说，国家已经回答了这一问题，无需学校画蛇添足，其实并非如此。须知国家对学校教育培养目标的表达相对一般和普遍，不可能具体到某一个教育的阶段，更不可能反映具体学校的个性化追求。因此，学校自然有机会，也有权利对一定教育阶段的培养目标，在保证与国家要求具有内在一致性的前提下，进行创造性的挖掘和个性化的表达。

校训为学校各层级、各方位人员均可遵循的行为准则，对所有人员具有精神层面的规定性和引领性。其实质为教条，其表达出来，必须可被众人恪守和依循。

校风、教风和学风，我在此对这"三风"统而论之，主要是因为它们有共同的元素——风。何为风？在这里就是指风气、风尚与风貌，既可以是一种现实性存在，也可以是一种理想性存在。作为现实性的存在，风是"蔚然成风"之风；作为理想性的存在，风则是"赶潮追风"之风。不用说，作为学校文化标识的校风、教风和学风，只能是学校成员的可追之风。

学校的校风、教风和学风不会是一种写实性的表达，否则，相对薄弱和后进的学校，就只能把"士气不振""懒惰成习""人心不古"等消极的词汇写进学校文化标识。这当然是说笑，我意在说明"三风"的理想性质。切题一点，我需要补充说明，校风指向学校中所有人的风貌；教风只指向"传道授业、立德树人"的教师；学风只指向"敏思、好学""自主、乐群"的学生。

消化教育中的技术主义

只批评教育的技术主义倾向，虽然也切中了要害，却少有实际的意义，很可能引发实践者的逆反和抵触，原因在于没有为他们提供建设性意见。那我们就设法为实践者提出一些建设性意见吧。这个念头也不难出现，难的是批评者会突然发现自己只是有热情的批评者，心中并没有哪怕是零碎的有效方法。因此，自己也无法保证有机会身处实践中的自己能比自己批评的对象表现得更好。

既然这样，那我们就不妨沉下心来对有效的方法做一番探究。这种思路无疑是可取的，只是在这种探究开始以后，就会发现有效的方法的确存在，但更顶用的还是种种崇高的观念。在那些可能出场的观念中，人道主义一定是最为醒目的。它不仅直接表达一定的利于群体的信念，而且能够统摄一切对抗教育技术主义的观念。我们最终会明白，技术的诱惑力实在惊人，唯有消化了人道主义的人的身心整体才能够对有巨大魔力的技术有所驾驭。

是的，我说到了驾驭，这意味着技术以及技术理性并不是教育的敌人，当然也不是教育的累赘，同时意味着不能被驾驭的技术和技术理性具有奴役教育者的潜质。我突然想到了"不得其利，不受其害"，这是我对环境观察感悟的一个结果。进而，技术和技术理性之于教育目的的不足，是教育自身必须承受的，此种承受客观上只能由现实的教育者代劳。教育者的此种承受并不是事情的结束，他们的安然承受充其量只是显现了他们作为社会人的成熟，并没有因此消除技术主义对学生的伤害。

直言之，技术主义所带来的技术滥用，对学生最大的伤害是简单化了学生的精神，让学生身不由己地成为各种教学程序的附庸，从而失去对他们的发展来说无比重要的自由、想象和创造的趋势。学生不只是单纯的学习者，还是一切文明事物的享用者，他们受教育的本质在一定程度上更依赖这样的享用，因为精神的成长比起知识的掌握，在二择一的条件下更符合人作为存在者的需求。

人要靠高低不等的技术生存，但人要靠高低不同的精神使自己的生存具有深刻的意义。教育者自然需要明白这一点，即使自己限于主客观的条件还不能修炼到精神主导的状态，也必须明白教育的神圣正是取决于他们自身的精神丰厚和崇高。知而难为的教育者，还可以被他人理解；知而不为的教育者，就难以被人们理解；而浑然不知的教育者，就只能等待教育内外的人们哂笑了。

　　我有时候会想，在人道主义约束下的技术应用会带来什么样的学校教育生活，其结果的意象竟然不是完全温情脉脉的场景，而是具有恰如其分特质的精神主体聚会与对话。在这样的聚会与对话中，必要的知识与技能被传授和掌握，有效的过程与方法被释放和意会，积极的情感与价值被表达和体验。而这样的流程和结果不就是教育历史逐渐积淀下来的教育真谛吗？无论我们如何用理论的方式界定教育，作为实践的教育的成就都会直接和首先体现在受过教育的人身上。

　　因而，我们对教育的所有思虑和行动的尝试，必然指向我们所期望出现的理想人。如此，涉及教育的一切思考就变得简单明了。不过，我们意识到的简单明了绝不能滑向技术主义的方向，所谓的简单明了仅仅意味着再高明的教育在道理上既不神秘也不复杂。

　　简言之，教育与其说是一种服务外在目的的技术手段，不如说是一种为了人的积极变化而创造的生活方式。如果能够这样理解教育，教育者就不会被层出不穷的新技术牵着鼻子走。他们只需要像父母一样，像哥哥、姐姐、叔叔、阿姨、姑姑、舅舅一样，与学生共同交流和解决问题。如果必须附加一个条件，则是教育者必须谨记自己的社会角色，必须时时意识到自己认可的委托者的意愿。

儿童是教育者的参考书

　　任何成人都不要自信自己施于儿童的一切均是有益的。即使只说我们指向儿童的行为动机，谁又敢说自己没有对儿童发过无名火、做过莽撞的事？当然，绝大多数时候，当我们面对儿童的时候，油然而生的还是呵护、怜惜、感动、帮助以及成就他们的进步、着眼于他们的成长。作为教育者，我们会真诚地把人类的、连同我们自己的经验奉献给儿童，并能从儿童的快乐和发展中意识到自己的价值。为了让儿童在当下度过幸福的童年，在未来能拥有幸福的人生，我们很可能自觉修炼，从先辈的智慧中汲取营养，最不济也会尽最大的努力，把自己的教育作为做到最好，以使儿童能因我们而受惠。然而，却很少有人会想到，儿童自己，尤其是他们的存在状态，就是我们教育者最好的参考书。

我说儿童是教育者最好的参考书，并不是在现代文化背景下对儿童的一种近乎本能的尊重，而是真切意识到，在儿童的存在状态中，既有认知和人格两个维度上的最好品质，也有这两个维度上最不堪的倾向。我们可以发现，真诚与虚伪、自恋与无私、友善与好斗、好思与贪玩、灵活与固执、乖巧与放肆、温和与霸道、柔弱与勇敢，都能够在儿童那里毫无虚饰地表现出来。换句话说，儿童就像一幅逼真而完整的人性画卷，又像一本通俗而丰富的人性绘本。在其中，我们既可以发现人的希望和乐观的理由，也可以意会人的局限和悲观的依据。其实，儿童就是成人的镜鉴。一切原始的、鲜活的和未加修饰的人性要素，都能在儿童的存在中随时看到。然而，有一个事实无法否认，即曾经是儿童的成人，并不会因自己曾有儿童的经历而熟知儿童的本性，因而他们必须回过头来凝视当下的儿童，才能找寻到完全的自己。那么，同样是成人的教育者呢？当我们满怀自信和热诚走向儿童的时候，可曾想过我们的自信究竟来自哪里？

我猜测自信的教育者多半依托了文化赐给他们的权威，也许他们中间的一部分人会自认为从关于儿童的文学、哲学和科学文献中掌握了儿童的秘密。但我敢说极少有人能把儿童真的当作一本宝书去读，因而我们对于儿童的理解要么是片面的，要么就是一知半解，否则，就不会出现与儿童的疏离、对抗甚至冲突了。我真的时常听到一些学校老师和家长说他们无法理解现在的孩子，并创造性地把他们不理解的儿童现象归咎于家庭或者社会，唯独没有意识到根本的原因在于自己的健忘。他们也许以为自己的童年即使有瑕疵，整体上也是完美的，却不知他们不理解的一切，都曾经完整地发生在曾经是儿童的自己身上。所以，如果教育者还坚持教育儿童需要从了解儿童开始，那就先搁置自己的自信，放下手中正在阅读的儿童研究文献，只带着教育热诚走向儿童。一定要相信儿童自己是一切关于儿童论述的原始文献，从儿童那里我们会真切地反观到我们在教育中的机智与蹩脚。

我曾以理论的方式关注过儿童的命运，力图为关于儿童的知识有所贡献，但结局却是作为成人的自己的觉醒。走进历史，我分明看到不同时代、不同肤色的儿童被成人规训，看到他们懵懵懂懂地在某个历史阶段被成人解放。尽管我知道，无论是在让儿童委屈的规训中，还是在让儿童舒展的解放中，均饱含着来自成人世界的关怀、责任和理想，但仍然不能隐讳"被动"总是儿童存在状态的基调。理性地看，儿童在教育结构中只能是被动的，因为儿童毕竟是未成熟的、发展中的人，成人世界如果放任了他们，倒是一种野蛮与失责。正因此，我能充分地理解从古至今的教育章法，无论内含了权威，还是洋溢着理解，都应属于成人履行自己责任的不同风格。不管我们多么爱怜和尊重儿童，只要启动了教育，就必然对他们实施干预。即使作为干预的教育必然是善意的，也无法改变儿童在成长阶段的被动地位。未来漫长的人生只能由今天的儿童亦即未来的成人自己主宰，那当下的被动又何尝不是一个人完整人生的有机构成呢？

把儿童作为教育者的参考书，实质上是从儿童那里学习到教育儿童的方法。之所以这样说的理由有二：其一，儿童会毫无遮掩地表现出他们的喜、怒、哀、乐、惧等情绪，教育者有条件对儿童的情绪表现进行归因，进而可以思索和构想使儿童拥有必要的积极情绪、远离不必要的消极情绪的方略；其二，儿童的积极情绪可以自然激发出教育者的热诚，而他们的消极情绪在有教育情怀的教育者那里，也可以是引发同情、怜惜与扶助的诱因。这样的思考还多少有些功利的和技术主义的影子，但在此之外，如果教育者能够联想到许多优秀的认知和思维品质会随着儿童的成长而渐渐消失，即可意会到自己教育方法改良的基本方向。

"五育并举"才能促成完整的学校教育

"五育并举"，是说学校应把德育、智育、体育、美育、劳动教育这五种教育成分同时举起、不分先后。主张和期望学校能够"五育并举",说明现实的学校整体上讲尚未能如此,以致学校教育固然可以名为教育,却是严重失衡的,所谓"长于智,疏于德,弱于体美,缺于劳",说的就是这个现象。对这种现象再做深入的思考,就会发现我们的学校教育不仅仅是结构严重失衡,而且因此正在逐渐丢失教育的内涵,如果任其发展,真正意义上的教育很可能只成为一种说法。当然,我们所说的真正意义上的教育是立足于当代中国文化立场的,同时也是立足于当代人类文明立场的,毕竟教育的意义是在历史的演进过程中不断生成且丰富的。换言之,今天的学校教育在我们意识中的形象是超越以往任何历史阶段的,其重要的表征是德智体美劳五育并举、无有偏废,若非如此,我们的教育必然有程度不同的失衡、残疾,甚至有丧失本质的可能。

因而也可以说,"五育并举"后的学校教育应是平衡而和谐的,健康而有力的,本真而彻底的。平衡而和谐,意味着学校教育应先远离结构性的失衡,并追求五育之和谐。和谐者,整体各部分相互有机共存、相辅相成,从而使整体有形有品。对于学校来说,德智体美劳能够有机共存、相辅相成,必能得体而和谐。健康而有力,意味着学校教育应先全其形状、充其能量,在没有结构性残缺的基础上走向有力。有力者,既指机体有潜在的功能,又指机体有现实的效力,从而使机体畅朗通达。对于学校来说,须使智育由长到优,须使德育不再被疏忽,须使体育和美育由弱转强,须使劳动教育由无到有。本真而彻底,意味着学校须先确保自己做的是教育,进而使不失其真的教育成为彻底的教育。本真的教育当以立德树人为己任,利于此目的达成的则当为,不利于此目的达成的则不当为。彻底的教育是说教育应从细微处着手,去追求高远的境界,教育者须尽心竭力,融合情怀与智慧,以使教育对象获得最大限度的发展。

观念总归要容易构造一些,学校教育的现实并不因此而同步前行,这大概就是思想与行动、理论与实践关系的一种情形。回顾历史,类似"五育并举"的思维在蔡元培先生那里就已发端,他主张"军国民教育、实利主义教育、公民道德教育、世界观教育、美感教育皆近日之教育所不可偏废",但当时的学校教育并未因此而全面改观。今天我们强调"五育并举",如果只限于思想的层面而不在操作的层面做扎实的工作,现实的学校教育同样难以改观。所以，如果我们的学校教育工作者在认知和情感上均能认同"五育"并举的思想，就需要借助创造性的思维，把我们的学校转化为"五育并举"的学校。为此，学校教育工作者需要在以下两方面形成共识。

其一，只有"五育并举"才能促成完整的教育。亚里士多德的和谐教育涉及体育、德育和智育，斯宾塞的《教育论》涉及智育、德育和体育，两者对教育的构成理解一致，只是内在的次序不同，但均能使我们意识到教育是指向人的基本力量的。后来，在教育的构成中有了美育，我们基本上可以视之为人对诗性等精神境界的追求在教育领域的反映；再后来，劳动教育也成为教育的基本构成，我的理解是：现代教育彻底摆脱了历史的局限，人类自身获得了迄今为止最大限度的解放，教育因此要培养各行各业的劳动者。一个现代意义上的劳动者，不仅要在德行、智力、体质及审美素养上获得发展，而且需要形成对劳动的兴趣、情感、习惯以及具体领域的劳动能力。因而，五育之中的任何一个成分短缺或孱弱，都会使教育的整体功能受损，人的全面发展必然不可实现。

其二，只有坚定的教育主义者才能实现"五育并举"。教育主义者就是那些认同教育的价值、信仰教育的力量，并愿意为捍卫教育的尊严、维护教育意义的完整性而坚定、不懈努力的人。实事求是地讲，对于"五育并举"并不存在认知上的障碍，其艰难甚至也不是技术意义上的不足所致，而是部分学校教育工作者无力抵御来自各个方向的压力，没有勇气坚持教育的真理，以致他们总有更多的理由使学校教育"长于智，疏于德，弱于体美，缺于劳"，实质上是他们缺乏教育主义者的立场、思维和情怀。如果能首先解决这一问题，我们的学校就会按照追求学生全面发展的人才培养方案开齐课程并到位实施。在此基础上，我们再去研究"五育并举"的具体方法，岂不是锦上添花？

现在，我们既在讲"五育并举"，也在讲"五育融合"，两者相比较，前者是底线，是必须做到的，后者是境界，是应当努力追求的。对于必须做到的事情，显然不能仅仅依靠做事人的自觉，还必须依靠"依法治教"精神的真正落实。其中的"依法治教"具体包括学校教育计划的依法执行、教育人力资源的依法配置和学校教育权益的依法保护等，这些事情之于"五育并举"的意义不言而喻！如果真的实现了"五育并举"，学校教育的完整形象和尊严将被修复，类似"双减"这样的具体问题解决也会相对轻易。

最好的陪伴者

对于大多数人来说，童年时期无疑是快乐的。尽管父母及整个成人世界并不能完全随从我们的意愿，但意志柔弱的我们所受的那些委屈，必会随着自己的成长而如烟消云散。我们在成长中真正的苦闷是从青春期开始的，这一时期的我们抵挡不住自我观念的膨胀，并且会与环境发生越来越多的冲突。我们的心理开始长出被称为逆反的小苗，而并未发生变化的生活世界在我们眼里会突然变得陌生起来。曾经对我们倍加呵护的父母，似乎在一夜之间，商量好似的转变了对我们的态度。他们的态度由慈祥至严苛自不必说，关键是这种态度的变化在我们看来相当地不可理喻。代沟，这一文化心理现象就这样闯入了我们的生活。

在文学家的笔下，青春期多是诗意和浪漫的，但对于青春期的我们个人来说却是充满烦恼和忧郁的。一方面，逐日茁壮的自主与独立意识，让我们感觉到自己足够成熟；另一方面，父母却仍然视我们为长不大的儿童。成长中的我们因此有了突围的强烈欲望，在此过程中，时而在搁置自我的心境下融入同伴的世界，时而又让孤独与怅然伴随着跃动的自我。然而，我们很少去想象我们的父母，尤其很少去主动理解时常对我们实施干预并因此成为我们烦恼根源的父母。直至有一天我们自己也为人父母时，才对他们有了些许的同情。而戏剧性的是，我们在自己的孩子面前通常会重复我们父母的"错误"，最终像我们的父母一样成为自己孩子烦恼的根源。

有了孩子，我们自然就成为父母，获得这种身份显然是无须学习的，但成为好父母绝非一件易事。除了可能存在的个别天才，大多数父母实在没有理由对自己做父母的能力拥有过多的自信。因为孩子不仅仅需要我们为他们提供生存的基本资源，更需要我们高质量的陪伴。我想说的是，父母们切不可小觑这种陪伴，它不仅是爱的情感传递的媒介，而且是一切教育得以发生和进行的前提。婴幼儿时期的孩子会唤醒我们天然的慈爱，儿童时期的孩子会引发我们关于孩子和家庭未来的美好想象。但是，面对青春期的孩子时，作为父母的我们还能够轻易获得曾经与孩子相处的幸福感吗？这个问题当然不可一概而论，不过可以肯定的是，孩子的自主和独立的劲头以及他们逆反的神情，一定会给我们带来程度不同的烦恼。

　　我们会发现孩子突然发生了变化——不再对我们敞开心扉，开始把我们拒斥于他们自我世界的大门之外，失落和郁闷逐渐成为我们心理世界的常客。而这一切变化，都是因为我们的孩子就像我们当年一样，迈入了青春期。我们所面对的一切问题，实质上正是我们当年带给自己父母的问题。我们或许责怪过父母不理解我们，而现在我们又开始接受来自我们孩子的、和我们当年一样的责怪。如果有什么新的不同，那就是我们同时也会责怨自己的孩子不懂得我们自己。如果没有外在的有效力量作用，我相信这样的循环会无止境地持续下去，结果就是，面对青春期的孩子，一代一代的父母会不断复制自己前辈的束手无策。

　　好在我们的世界上存在着关注这一现象的人，他们是富有人文情怀的心理学家和教育家。他们深知天下的父母面对青春期孩子时的苦衷，也不忍青春期的孩子总处于近乎无解的忧郁和烦恼之中。如果是教育家，他们会侧重给父母们无数中肯的建议；如果是心理学家，他们则更愿意把父母们带进青春期孩子的心理世界。应该说，父母多数的无助与紧张来自对孩子青春期的一知半解甚或无知。因而，能为他们释解孩子青春期之惑的人，一定是他们内心最为渴望认识的人。而我要说的是，在这样的人中，有一位卓越者是劳伦斯·斯坦伯格，他是一位优秀的发展心理学家，长期致力于青少年发展及教育方面的关键问题研究，尤为可贵的是，他基于心理学的研究，为正在做父母的成人奉献了符合现时代特点和需求的真切建议，因而在美国社会颇受欢迎。从劳伦斯·斯坦伯格教授出版的众多著作中可以看出，他欲把心理学理论应用于青少年教育的炽热情怀。

摆在我们面前的《与青春期和解：理解青少年思想行为的心理学指南》，显然延续了劳伦斯·斯坦伯格一贯的学术兴趣和教育情怀。在这本书中，他使用贴近日常生活的灵动笔触，为我们展示了一个真实而生动的青春期图景，并准确地捕捉到了今天时代青少年的心理和行为特征，道出了青春期孩子的父母特有的心理感受，表达了整个成人世界对青春期孩子教育的忧虑、烦恼和无奈。此书所关涉的范围涵盖了教育的所有场域，父母们有关家庭教育、学校教育和社会教育诸方面的困惑，均可从中寻找到科学的答案和可操作性的方案。我相信读罢此书的读者，应和我一样可以意识到青春期对于每一个人来说是最能彰显生命和人性本色的特殊时期，进而会从作者的娓娓道来之中获得看待和对待青春期孩子的全新立场。

如果读者正与自己处于青春期的孩子遭遇，并想成为他们在成长关键期的最好陪伴者，打开劳伦斯·斯坦伯格的这本书，应是一种在未来值得自己骄傲的选择！

（本文为劳伦斯·斯坦伯格《与青春期和解》一书的推荐序言）

谨防教育的精神本质逐渐淡化

教育者是师和范的统一体

讲到为师的条件，很容易想到"学高为师，身正为范"，这个标准看来是永恒有效的。但我们很少想到，在这一标准的背后隐藏着两个完全可以分立的存在，即师和范。师是教授人道业的，在今天就是教授人知识和技术的；而范并不教给他人任何东西，他们只是自在于那里，如果有人愿意去模仿或跟随，他们是可以被作为楷模的。进一步说，师并不必然具有范的功能，除非他除了学高，身还是正的，至少在传统意义上是可以这样说的。而可供模仿跟随的个人，如果未能教授给他人道业，就仅仅是个范而不能成为师。

我们现在显然难以接受师与范的割裂，但客观事实并不以我们的意志为转移，是师而非范和是范而非师的个人就摆在那里。具体到自身，我可以尊鲁迅为范，却无缘以他为师；反过来，张三或可为我师，我却不见得以他为范。这种情况想必是具有普遍性的，应因此，一个人求学一路，老师固然众多，而能铭记在心、尊崇备至的往往不过几人。

从道理上说，应是多数的师并未能成为他们学生的范。这便令人心生疑惑，莫非众多的师，其身不正吗？非也。可既然其身并未不正，又为什么不能成为学生的模范呢？这一问题的最可靠的解释，应是许多为师者的朴素使得他们自己没能成为人的全面发展的核心素养的典型形象，故而成为强度不足的刺激，不能引起学生积极的模仿和跟随反应也在情理之中。当然还可以对此深入分析下去，比如借鉴双因素（激励–保健）理论，我们就可以分析出，在师生关系中也存在着生对师的四种可能性的态度：满意、没有满意、没有不满意、不满意。

根据正态分布的统计原理，许多师在学生的评价中大概是处在"没有满意也没有不满意"状态中的。学生从他们那里无疑能够学到知识和技能，但并不一定能情不自禁地以他们为范。能作为范的师，一定是让学生满意的，这自然只是一个必要的条件，因为令学生满意的，很可能是师的学识和教法。这样说来，让学生满意的师也不必然成为学生的模范，仅当他们在教学过程中散发出强度和质感均充分的人格魅力时，才能够成为学生心悦诚服的模范。

不过，这种人格魅力好像也不是与"身正"完全相等的，尽管其中必定少不了关键美德的因素，但最具有力量的可能还是为师者的认知或行动方面的卓越。因为认知的卓越彰显了人的特性，行动的卓越彰显了人的力量。为师者但凡具备人的特性和力量中的任何一个，都会成为学生无法躲避的模范。然而，这样的思路显然已经越界到了"身正"之外。但如果这种越界并不存在理性上的荒诞，那么我们就需要重新审视一下"身正为范"这一标准了。

结论倒也简单，那就是身正者自然可为人范，但志大者、智强者、体健者同样可为人范。反过来想，今日为人师者，仅仅以身作则虽为必要却远远不足。原则上，教师在德性、认知等方面均须做学生的模范，只有这样，才算得上作为教育者的师。教育者在本质上并不是知识和技能的教授者，而是善意的干预者。他们干预学生的资格何在？从一个角度说，就是因为他们在学高身正的前提下，或志大，或智强，或体健。这样的个人才能既是人师，又是人范。

教育家是类型和水准的统一

近来对于教育家的理论关心有逐渐上升的趋势，这种情况形成的原因主要是两个方面：一是现实中确实需要教育家，事实上也只有教育家才能救教育；二是关心教育的人们终于抓到了一个好话题，自然不能轻易放过。要知道在今天做教育学的研究，能找到一个有兴趣而无顾虑的课题并不是一件容易的事情。在这种背景下，忽然有一个颇有声望的学者谈到了教育家，对此话题本就有兴趣的人们也就陆续发声。

必须要说，"教育家"不仅具有先天的雅致性，同时也是一个重要的话题。说它重要，其实也只能限于真正深刻关注教育的人群，对于大多数教育相关者而言却没有多少吸引力。因为，现实的教育迄今还没有普遍地由教育家运行，它自然也就不会处在人们意识的中心。一般情况下，人们初次注意到"教育家"主要是在两种情形之下：一种是教育史上要介绍的历代的教育家；另一种是教师教育者经常提醒学校的教师要做教育家而不能满足于做一个"教书匠"。

相对而言，史书上的教育家属于"伟大"的范畴，他们有事功、有思想，但他们具体的教育行为，读者也不得而知，因而那些伟大的教育家通常勾不起人们对教育家实质的思索；而摆脱了"教书匠"境地并成为"教育家"这种情况，虽然也不好判断，但相比起来还是更容易激活我们对"教育家"的深度思考。我们至少直接感受过地道的教书匠和德艺双馨的教师，而大多数老师则是处于两者之间的。

地道的教书匠，他们的注意力几乎全在知识的传递上，捉襟见肘的视野和见识常常让他们在课堂上要么紧张、要么机械。记得我的一位高中英语老师，总习惯在课堂上自己背诵课文，但学生偶然的一声咳嗽都能摧毁他的自信。"同学们，我背错了吗？那我从头再来"是他在课堂上的习惯用语。对于他而言，能够从一个个 45 分钟里熬出来就是胜利，哪还谈得上立德树人？

那些德艺双馨的教师，在我们的眼里简直就是神通，至少在他们自己的课程领域似乎无所不能。再加上他们的才艺和能让我们感受到的长者风度，无论多乖张的学生在他们面前都能够服服帖帖。我的一位高中语文老师就是这样的，他的口才、文章、教学艺术自不必说，他还是一位书法家，而且有"恨铁不成钢"的真诚，让不懂教育的学生也能意识到自己接受的是教育。我觉得，像我的这位语文老师这样的，就属于今天所谓的教育家型教师。

在两个极端之间进行思维的辩证，分明可以意识到教育家与教书匠的区别主要在于前者是把教书和育人糅合在工作过程中的。进一步讲，他们并不必去想何时教书、何时育人，但他们的确既教了书又育了人。而处于两个极端之间的教师，应在教育者和教书匠之间来回地切换，皆因他们缺乏教育精神的坚定性，进而难以持续维持教育者的姿态，稍不留神就会回到教书匠的境地。

过去，我在理论上关注过教育家问题，现在我更关心实践领域能不能出现一大批教育家或者教育家型教师。这两者的意义还是有差异的。教育家是类型和水准的统一，而教育家型教师至少在语词的意义上并未强调水准，尽管人们也能心领神会到教育家的"型"潜含着"水准"的内容。当然，词语意义上的事情比起实践的实际毕竟属于小事情，只要我们能在实践领域自觉地把教育家视为类型和水准的统一，就不影响教育家的发现和培育。

这也不是说，有了这一认识教育家就会逐渐多起来，怎么想都不会很容易。理论家的努力最多可以为教师、校长等教育岗位上的人员绘制出教育家的理论形象；培训者最多可以向他们传授自认为是教育家所需要的必备知识、关键能力和正确的价值观。但一个教师或校长能否真的成为教育家，还得看他们的造化。为什么要引入"造化"一词呢？这是因为在成为教育家这件事情上，有一部分条件是人的努力可以实现的，还有一部分条件是与人的努力无关的先天禀赋。

直白地指出这一点的确不太策略，但如果不指出来，不仅会白白地征用许多人的努力，还会在关于教育家的认识上留下不客观、不严谨的遗憾。无论哪一行的从业者，要想出类拔萃、卓然成家，都不会很容易，而在教育行业最终成为教育家则尤其困难。若问其缘由，主要是教育不主要是一件技艺的事情，从而教育家即使不排斥可用于教育目的的具体技艺，也不能不以精神性的特质表征自身。

近一段，教育领域热议"教育家精神"，但在未来也不见得会有人热议"教育家技艺"。这里面可能还隐藏着一个重要的事实，即教育家的教育操作一定是润物而无声无形的。相反，如果一个教师擅长并极其在意技艺，他几乎无法避免成为教学能手的结局，此称谓固然也有价值，但在类型上与教书匠是具有家族相似性的。

教育家自然要有一些看家本领作为其基本功，然而其核心的或说本质性的构成要素只有两种：一是教育的情怀，二是教育的天赋。这两种构成要素，经受教育者的实践锤炼融合而达至"随心所欲而不逾矩"之境时，一个教育家就炼成了。那么，一个教育者怎样就算是有了教育情怀？怎样就算是有了教育的天赋？教育的情怀和天赋在教育者的实践中如何实现融合而达至"随心所欲而不逾矩"之境？这一系列问题的回答或解决，就得依靠专业的教育学研究者了。

"学科教员"只是一个人作为"教育者"的工作角色

"多数教师视自己为各自学科的教员或专家而非教育家，因为他们不清楚这门或那门学科的教学产生'受过教育的人'的途径，尽管他们确信其正是这样做的。"这段话来自尼日利亚学者杰·阿基比鲁所著的《教育哲学导论》，不属于观点性的陈述，只是对一种现象的描述，一般读者通常不会十分注意。

我能重视这一普通的描述，无疑受到了语言的结构和色彩的吸引，我相信这是一个不容忽视的因素，否则我们就无法理解很多人对表达艺术的痴迷。但是，更重要的因素一定在表达艺术之外，应与自己的视野、经验和兴趣等有很大关系。有了这样的认识，我便开始面对这一句话文本，并在意识中进行搜索，依次出现了以下内容：

现实中的学科教员的确更关心他的学科及其教学上的事情。尽管他们走进课堂，就会面对生动、真实的学生，无法不具有教育的冲动，但其间的"教育"基本上与学科的内容及其教学法没有实质性的关系。应因此，他们自己才不敢视自己为教育家。

他们相信自己正是通过学科教学使学生成为"受过教育的人"，只能说他们对教育的标准模糊不清，属于那种"不追问。心里明了；一追问，难以言表"的情况，因而索性谨慎一点，把自己定位为学科教员或专家；这样的学科教员普遍存在，这既是教育之幸，也是教育之不幸。言其为教育之幸，是因为较高级的教育离不开学科的教员；言其为教育之不幸，则是因为学科的教员很容易高度自信。关键是这种自信的基础并非完整的理性，因而他们虽然精熟于学科及其教学，却也难以摆脱其思维上的学科中心。

　　既然我们教育学具有服务教师教育的传统，为什么不能告诉学科教员们哪怕是仅具有暂时性的教育标准呢？难道我们会认为现实中的学科教员无力理解我们的教育学所提供的教育概念吗？

　　说真的，这并不是我事后的编创，而是对意识中相关信息的及时捕捉，我想这足以说明我能重视这看似普通的一句话文本的原因了。然而，这样的重视并不是什么收获，其意义的有无完全取决于由此出发有无认识上的新进，其意义的大小当然取决于这种认识上的新进能有多少。好在引起我重视的原因中已经内含了问题，因而，且不说那些问题能否得以解决，即使能对它们做较理性的分析，也是有意义的。

　　问题一：学科教员的学科中心思维。这是极为自然的结局，却是自损学科教学教育性的重要原因。站在他们的立场上，我会建议他们把自己在学科及其教学领域的自信扩展到教育的范围，不要等待教育学家把既确定又可操作的教育标准及时送来。他们要能送来，不早就送来了吗？学一学与自己同在一个阵营的苏霍姆林斯基，依靠自己的理性，为自己的学科教学确立教育的标准。

　　问题二：教育学家个体的含糊其词和群体的莫衷一是。对这种情况做积极的解释，可以说是一种理性的谨慎，若要做消极的解释，也可以说是他们的理性不足或者是未能有效运用。但站在他们的立场上，我会建议他们不妨以非理论的表达方式把自己对教育标准的认识淋漓尽致地表达出来，而不要等学科教员从晦涩的教育理论文本中去悟解，不要让学科教员因等不来理论上明确的教育标准而对理论失望。

　　我们经常听到相向而行，这对学科教员与教育学家来说也十分必要，但显然属于知易行难一类的事情。毕竟两者处在各自的世界，各有自己的追求，除非有超越的且有统摄权限的力量作用，否则所谓相向而行也只是一种说法。我的思路是，大家也不必刻意地相向而行，这种建议对任何一方都是可听可不听的，重要的是各自把自己的角色履行彻底。

　　分而述之：学科教员乃至学科教学专家，须记得自己的社会角色是"教育者"而非"学科教员"，"学科教员"只是"教育者"的具体工作角色。不同学科的教员给予学生不同的精神食粮，目的都是要让他们成人成才，正是在此意义上，不同学科的教员才能够同属于"教育者"集合。

学科教员固然是教学科的，但这只是可感觉的部分。追问一下我们为什么要教学科，就知道可感觉的学科教学是由教育的目的选择的，因而在制度化的教育中，学科教员的教育意识就其意义来说要大于学科及其教学意识。只要他们有意愿彻底实现自己教育者的社会角色，就会自觉地独立思考，或是主动地走向教育理论。

同样的道理，我们也不应该给教育学家增加过多的心理负担，不必让他们背负远离实践的愧疚。只要他们真的具有理论的理想，就一定会想方设法使自己的理论清楚明白，因为他们也会害怕教育一线的学科教员面对自己的理论时有不知所云之感。理论家从来就不是以制造麻烦为生的，恰恰相反，他们最想赋予复杂神秘的世界理性上简洁的方式。如果做不到这一点，至少教育的理论与教育者少有关系，务实的教育理论家也会对自己啰嗦的学究同行提出异议。

还是那位尼日利亚学者杰·阿基比鲁在他的《教育哲学导论》导论中说："哲学要求我们尽可能严谨地形成思想，尽可能清楚地表述它们，从而，使听众能够毫不困难地掌握我们所要表达的意思。"我相信，有此种意识的教育学家，我们根本没有必要劝导他们关怀实践并主动为一线的教育工作服务。学科教员和教育学家，各行其道，各尽其责，自然分工，自然合作，一切都会自然而然。

范梅南所说的"真正的学科教师"

在思考教师的专业成长中，我强调他们对所教授学科之本质的把握，并把它与教育家精神的具备并列起来，这并不完全来自某种既有的理念，更是内外观察和反思的结果。说白了，一个教育专业意义上的好教师，在我的反思中，最终在我意识中的剩余，的确就是他对学科本质的把握和对教育家精神的具备。联系实际，我想到了新的基础教育数学课程标准，它指出数学课程要培养的学生核心素养是"用数学的眼光观察现实世界，用数学的思维思考现实世界，用数学的语言表达现实世界"。这虽然是在讲基于数学学习的核心素养，却反映出数学课程标准的编制者对数学学科本质的把握比较到位。

要知道不同学科的课程标准，就其对具体学科本质的把握水平来说，真可谓参差不齐。而从数学课程标准，我又联想到了马克斯·范梅南所说的与数学教师有关的一段话："老师就是他所教授的知识。一个数学教师不仅仅是碰巧教授数学的某个人。一个真正的数学教师是一位体现了数学，生活在数学中，从一个很强意义上说它就是数学的某个人。"（《教学机智：教育智慧的意蕴》，教育科学出版社，2001 年版，第 104 页）这段话的主旨就相当于中国人所讲的"人剑合一"境界，具体地说，就是人与剑不分彼此，人即是剑，剑即是人，人的身心与剑达到了完全的融合。范梅南所说的"真正的数学教师"与数学之间的关系显然属于这种高度融合的境界。

对于范梅南的观点，我从一开始就是彻底认同的，至今也没有改变看法，但最近又多出了一些想法，其主要的意思是：我们如何能够让一个数学教师体现数学、生活在数学中，进而从一个很强意义上说他就是数学。如果要我给出一个答案，那就是分两步来实现：第一步是先让他把握数学的本质，即先让他自己能够"用数学的眼光观察现实世界，用数学的思维思考现实世界，用数学的语言表达现实世界"；第二步是让他对数学和教育有足够的热爱，以利于他能够在教育的空间情不自禁地把自己的数学境界传递给学生。同样的道理，"真正的其他学科的教师"也是可以如法炮制的，看来从今往后，我们的教师教育应是前途光明了。

话可以这样说，但实际的情况绝不会如此轻易，其中的最大困难在于一个人对于一个学科之本质的把握，并不能像学习知识那样从书本或老师那里直接获得。即便有书本作者或老师极其自信地陈述了学科的本质，学习者也无法仅仅通过识记并理解陈述本身而自然拥有一个学科的本质。这正如"人剑合一"的境界，绝不是一人的手中有剑即成，而是一人必须与剑建立深刻的联系，并能在一定的规范下与剑进行高强度地互动。问题的关键是什么样的教师能够与自己所教授的学科建立起这样的联系和进行这样的互动呢？

还真不好描画出这种教师的形象，但可以肯定的是，这样的教师一定不只是在认知的意义上掌握了学科知识的人，他们一定在所教授的学科领域有研究的和创造的体验。请注意我说的是"有研究的和创造的体验"，而不是必须有创造性的研究成果。形象地说，范梅南所说的一个"真正的数学教师"，不必须是一个数学家，却是必须有数学研究和创造体验的人。比如，他可以是一个尝试过数学问题研究但并无创造性成果的人，也可以是虽无创造却能经常复演数学家研究创造过程的人。如果没有相当数量和质量的此种体验，目前新的学科课程标准要求，一个学科教师是根本无法有效达成的。

这样看来，我们对教师教育的未来就无法那么乐观了。不过，教师教育者和教师教育机构倒不必为此而有任何的负担。因为，教育这件事情本来就不是传统意义上的专业技术事件；专门从事教育工作的教师也不是任何一种训练的模式和程序可以成就的。外部世界能够给予一个教师的，只能是已经具有确定性的知识、可以执行的规范和可以操作的方法，至于与精神、境界等有关的东西，原则上只能靠上天和自己。这里所谓的靠上天，也不是要靠那个天地的天，而是要靠一个学科和该学科学术教育的发展水平；而靠自己，也不简单的是靠个人的勤勉，更指依靠个人有章法的心智修养。

真正的教师之形成

师范生无论见习和实习多长时间，且无论在这个过程中的表现如何，其身份也无法改变，他们并不能因此成为教师。仅当他们成为学校的成员并实际独立承担了教学任务时，他们才有可能逐渐成为真正的教师。这就像一个入伍的士兵，无论他经历什么样的训练，且无论他的训练成绩如何，只要他未在真正的战场上出现过，就只是一个职业分类意义上的士兵，而不能算是真正的战士。换言之，只有上了战场，士兵才能成为战士。同样的道理，只有以劳动者的角色进入学校的课堂，一个曾经的师范生才能够逐渐成为真正的教师。我为什么要做这一番看似啰嗦的说明呢？诱因是有同行慨叹新入职的教师在教学和教育工作上少有感觉，进而埋怨师范院校也不知是如何进行教师教育的。而我的说明则是要告诉他，即使这样的情况为真，也不能简单地将责任归咎于师范院校，这就像不为士兵提供战场和怪怨部队训练不足，同样是没有找到问题的关键。

但问题并不会到此为止，紧接着的问题是最终走进学校的人，随着时间的推移是不是就自然成为真正的教师了呢？我想几乎无人会对这一问题做出否定性回答，然而问题的确没有那么简单。如果真正的教师就这样自然生成，那么真正的教育也就自然发生，真正的人才也就自然被培养出来。果真如此，谁能有理由动辄就批评和改革教育呢？

纵观历来的教育改革，无论出于怎样的意图，其着意用力之处总集中在教育的内容与过程的组织上。当不得不在教师那里用力的时候，也就是让他们掌握教育内容与过程组织的方法和策略，在某种意义上是在使他们成为新型的教育工艺操作者。与此相关的教育理念客观上与新的教育工艺如影随形，但通常又很容易被注重实际的教师轻松地过滤掉，因而教师最终还是没有摆脱成为新教育工艺操作者的结局。

多数人应是能认可他们的教师身份的，这在现实的意义上并没有任何不恰当，但要以教育本质主义者的眼光来审视，现实意义上的教师恐怕也不必然是真正意义上的教师。话说到这里，必须做必要的说明，即教育本质主义者眼里的真正的教师并不是仅仅能够传道授业解惑的人，而必须是教育的体现者和实现者，并因此成为教育者。

依照这样的观念，我们再从头说起，恐怕一个人即使成为学校的一员并实际独立承担了教学任务，也不见得成为真正的教师，原因是他对教学任务的承担，严格地讲也只能成就自身教者的身份，而成为教育者的前提则是他必须做了"教育"这件事情。之所以如此言说，自然是因为学校课堂里的教师很可能只是一个教者而算不上一个教育者，实际的情况很可能是他们还没有进入真正教育的"战场",只不过是在符号化的教育空间里做了与教育相关的一些事情而已。

听到这样的话,中小学教师兴许会觉得不符合实际,因为许多程式化的语言和行为的确能让他们在没有足够教育意识的条件下制造出教育的效果,但大学里的教师恐怕就不会那么理直气壮了。很多年前,我就直觉到了从小学到大学升级过程中的教育本质递减律,现在看来我的直觉很可能是幸运的,此种幸运的背后所跟随的,应是可与类似艾宾浩斯遗忘规律相媲美的真知。这话当然有玩笑的意味,却也不是信口雌黄。

大学课堂里的教师,重知识、轻学生,绝不仅是今日独特的景象,过去的大学大致也是这样,如果讲略胜于今日的部分,应是过去的老师在更接近传统的情况下自带的威严以及他们因有条件更为纯粹而产生的教育效益。这一种优势对今天的大学教师来说就只有羡慕的份了,毕竟环境已经发生变化,他们自己的存在状况和学生的存在状况均与过去年代的同类人不可同日而语。其中的细节自不必说,实际的结果是今日的大学教师大概更难以走进教育的"战场"。

反观中小学的教师,除了他们承接了成熟的、可发挥教育功能的程式化语言和行为,曾经存在过的一些优势也逐渐衰退了。为人所知的是中小学教师的教育勇气明显受挫,不用很多强势家长就足以让文弱、理性的教师们感受到对学生积极实施教育的障碍。有一种可能性令人深思,即消除这种障碍的难度不亚于逆水行舟,多种因素的影响使得教师若能够维持目前的教育状况便应受到赞扬。目前教育领域正热议教育家精神,实在必要,但需要格外清楚一个道理,即教育家精神的形成不易,坚持更难。

我总觉得教育是需要保护的,而不只是意识层面的重视;教育家精神是需要呵护的,而不只是价值哲学支持下的倡导。可以设想,学校有了纯粹进行教育的环境,教师就会有自信优雅的教育者姿态;教师有了自信优雅的教育者姿态,学校的教学及其他各种可用于教育的方式就会散发出教育的气息。

当教师可以心无旁骛地传道授业、立德树人时,学校浓厚的教育气息就一定能够滋养出只有教育者才会具有的精神。

德性是先天秉性和后天修炼的融合

平和当然可以被视为一种性格特征，因为有的人的确属于天生的平和者，但即使如此，平和也不纯粹是一种性格的特征，它必定与德性具有不同强度的联系，至于联系的具体强度如何，就得视情况而定了。比如一个相对远离社会生活的人，他的平和应该主要来自天性，而一个无法远离和热心参与社会生活的人，他的平和就会相对依赖于德性的修炼。其原因在于现实的社会生活是由现实的个人共同参与的，而人与人之间的各种差异，使得每一个人不可能在任何情况下都能仅仅依靠天性保持平和的心态，如果客观的情势又需求人的平和，那一个人就只能求助于自己修炼而来的德性了。

若要真追究起来，平和本身是算不上德性的，我们之所以直觉得它趋近于德性，只能是因为它能给人际生活中的他人带来心理上的安全和情绪上的稳定。相比之下，与平和相对立的焦躁和偏激，虽然其自身也只是内在心理的一种表征，但在人际交往中是容易给他人形成压力的。依据人性的一般逻辑，我们当然可以合情合理地把平和与使人舒服相连，同时可以把焦躁和偏激与使人不舒服相连。如果我们默认社会生活中的任何个人都无权使他人不舒服，那么反平和的焦躁和偏激是近似于失德的。

《论语·学而》载："子禽问于子贡曰：夫子至于是邦也，必闻其政，求之与？抑与之与？子贡曰：夫子温、良、恭、俭、让以得之。夫子之求之也，其诸异乎人之求之与？"这段记载提到夫子的"温、良、恭、俭、让"，其中的"温"即近于平和之意，具体指代适宜的温度，更像一种性格特征，而其他四者均内含某种人文的原则，更像一种德性，但我们的传统文化笼统称之为儒家"五德"。

仔细品味每一个德目，与夫子具体的形象结合起来，顿觉得无论就部分还是就整体而言，"温、良、恭、俭、让"既是德性，也是性格。言其为德性，是因为五德明显符合社会生活和谐的需求；言其为性格，则是因为五德之于夫子似浑然天成，没有外铄的痕迹。从这里，我们能否悟出一个道理：德性的实质就是人为的期望与天然秉性的有机融合？

对于夫子的五德，朱熹在《四书章句集注》的解释是："温，和厚也。良，易直也。恭，庄敬也。俭，节制也。让，谦逊也。"更通俗地说，温、良、恭、俭、让，分别为温和厚道、平和正直、端庄恭敬、节制有度、谦逊不争。反复咀嚼其中的意味，真的可以说真实的德性只能是作为规则的德与人天性的自然结合。有的天性更有利于德的生长，有的天性可能正好相反。因而，天性中前一种成分多的个人，更容易具备德性；而天性中后一种成分多的个人，具备德性的难度就要大一些。

如果有个体的天性中尽是前一种成分，那大概就是夫子那样的人了，应属于道德上的天才。这当然只是一种推测，现实中的个体总是复杂的。且不说人与人的生性各有不同，不同的后天处境和经验也在制造着相互的差异。所以，人的德性养成，无论在个人那里还是在社会一方，都不会是一件轻松的事情。这方面的具体情节不一定艰难却注定复杂，专门的研究人员可以深究，我仅凭经验印象，感觉到个人生活的风格和实际发挥作用的价值逻辑，是这一领域难题的来源。

在学校教育中，我们都知道德育是最难的，很多人在分析成因、寻求策略，但困难的局面改观不明显，这与个人生活的风格和实际发挥作用的价值逻辑难以改变必然有关，而学校教育者对此种困难好像也束手无策。如果这就是一种现实，那么面对现实我们也不应气馁，比较理智的选择应该是从基础及细节之处思考和行动。具体地讲，个人与学校都不妨从性格的重塑出发向德性的方向努力。既然秉性难移，就不必刻意移之，对其中不利于德性生长的部分加以修饰即可；既然苏格拉底早就说过"知识即美德"，那我们就按部就班地追求真知。

在德性的养成上，我们应该相信先哲的判断。借用物理科学上的"标准条件下"这一说法，那么，在"标准条件下"，认识到位了，德性会随之而来。从根本上讲，德性属于认识境界不断提升的自然结果，个人和学校有理由在知识和认识上下大功夫。只有这样，人的德性才能不求自得，逆而行之，通常情况下会求之不得。总结起来，修饰自己的性格，追求世界的真知，是成就德性的基本路径。而这两条路径的有效性有依赖于一个重要的前提，这就是个人和学校教育均须具有平和的精神状态，否则，再好的药也治不了病。

为师者是要有教育理智的

刘道玉先生著文说，真正的人才都是自学成才的。这样的表达很容易给人留下攻击的缺口，尤其是对那些诲人不倦、劝人不断的人来说，心里难免有些委屈。一般人也会心生疑惑，难道说老师的功劳就可以轻易被抹杀吗？如果真正的人才都是自学成才的，那"名师出高徒"岂不成了一句空话？所以，任何人，哪怕是一个小学生，只要是批评刘道玉先生的认识有些绝对，都是能站住脚的。

不过，任何人的批评也只能到此为止，这是因为刘先生话中所含的真理成分要远远大于它的绝对所带来的不足。我们至多可以建议刘道玉先生把他的说法修改为"在百分之九十几的水平上，真正的人才是自学成才的"。这样，就能让那些客观存在的，诲人不倦、劝人不断的"名师"心里稍微好受一点。何况实际地来说，高人的指点的确可以使人有醍醐灌顶之感。如果我们有幸遇到真正可被称为高人的老师，就会知道"听君一席话，胜读十年书"所言不虚。

这样一分析，就可知刘道玉先生的说法的确有失严谨，若要被大家普遍接受，先生需要为他的认识加上一个条件，即"在大多数情况下"。这个条件的设置无疑会损减一种认识在传播中的冲击力，但其真理性并无损失。只要不从学术的严谨性上去衡量，作为一个比较粗放的阅读者，完全可以理智地从刘先生的话中获得有效的收益，并知道先生说这样的话，首先是在陈述一个他认定的事实，其次也会具有教育的动机。

我理解他一方面是要提醒想成为真正人才的青年须知道自学的重要，不必天真地期盼什么灵丹妙药，另一方面也可能提醒那些"好为人师"的所谓"高人"在青年人的进步上不可贪功。今日教育具有公共性，教育中的师生与古代的师徒截然不同。莫说一般意义上的任课教师，即便是研究生导师，也不是学生的师父。老师的人生哲学和举止做派或能对学生发挥示范作用，至于专业性的"祖传秘方""制胜妙招"基本上属于无稽之谈。

会不会是我们的眼界不够开阔，只是我们自己没有见过高人，才轻易相信了刘道玉先生的观点呢？这种问题还真不好回答。谁也不可能见过古今中外的所有人才，自然不敢说没有一个真正的人才是他的老师培养出来的；同样的，谁也不可能见过古今中外的所有老师，自然也不敢说没有一个老师有培养真正人才的能力。尽管如此，我还是倾向于接受刘道玉先生的观点。

带着这种倾向，把思维转向历史，我首先想到了教师行业的祖师爷——孔子。据《史记·孔子世家》载："孔子以诗书礼乐教，弟子盖三千焉，身通六艺者七十有二人。"这简直就是活生生的名师高徒写照，但问题是那七十二贤人之外的学生，难道只是枉担了个"孔门弟子"的虚名吗？看来真的不能夸大了为师者的功劳。

不过，中国文化历来辩证，既有"名师出高徒"之言，也有"师父领进门，修行在个人"之声。仔细琢磨，个人的修行不就是刘道玉先生所说的自学吗？中国有尊师的文化传统，美誉师者的作用当在情理之中，但为师者自己应该是具有教育理智的。须知大多数的名师虽然不见得有点石成金之法，但他们自己的道德学问还是可圈可点的，但也不排除有的名师是借助名声或传说而得以成名的。

刘小枫在纪念罗念生先生的文章《这女孩子的眼睛为我看路》中写道："在大学执教，自然有学生辈，蒙恩的学生自然敬师，于是，这样的学人就成了传说中的大师……由于没有显赫的学生，罗念生先生也就没有成为传说中的大师。"扫察所见所闻，这样的情形又何止发生在罗念生先生一人身上呢？不过，即使罗念生先生拥有显赫的学生，最多也就是让他进入传说，恐怕连同罗先生自己也不会糊涂到把学生的显赫简单地归功于自己。

我重新阅读了刘道玉先生的《成才究竟决定于什么》，特意摘录了如下一段："经验表明，能否成才，基本上不决定于名校、名师，不决定于学历和学位之高低，不决定于是否出国留学，不决定于学习条件之优劣，也不决定家庭是否富有。一个人是否能够成才，只能决定于自己。具体地说，决定于自己的志趣、理想和执着的精神。"其核心的意思还是内因是根据，起决定作用，外因只是条件。这样的认识，不能深究。而在平常的层面，对这种认识的肯定也罢，否定也罢，其实都没有多大意义。

教师要警惕被教学驾驭

　　教学这件事，我说的是教学这件事，不是说教育，做不好，很简单，做好了，也不难。我这样说，并不是在表明自己有多大的教学能耐，而是对客观事实的如实描述，只是可能与常规表述多有不同，可能让人感觉到些许新奇。你想一想，不好的教学难道还需要教师奋力攻关才能获得吗？你再想一想，那些真正一流的教学，有哪一个是教师熬夜苦干才拥有的？我敢说，即便是现代意义上的"好教学"，仍然可以用"难者不会，会者不难"的俗语来进行说明。

　　如果不是一个教学理论的研究者，我一定会告诉天下的教师：一个有魅力、有脑子的人，因对知识和认识的本质有好的把握，因对学生或对教学情有独钟，继而从事了教学，然后世上就有了好的教学。照这样说，教师教育和教师培训是不是就没有意义了呢？这倒也不是。你想一想，世上能有几个人能同时符合"有魅力""有脑子""对知识和认识的本质有好的把握""对学生或对教学情有独钟""从事了教学"这五个条件？

　　如果现实的教育对教师数量的需求远远大于上述的少数人，那么教师教育和教师培训不仅有意义，而且意义重大。谁会指望天下所有的教师都能成为教育家？偶有的教育家存在，其最大的价值也应是能让教师大众不把教育家当作神话，进而可以将其设定为自己努力的目标。至于能不能达到，恐怕很难说，因为这种目标的达成，所需求的绝不是可以完全控制的简单条件。通常意义上的聪明和有理想，无疑有利于一个人走向教育家，但仅靠这些又是远远不够的。

知道这一点非常重要，起码能够让我们理性地对待教师专业成长这件事情。从此以后，如果有人承诺，说我们只要参加某种培训就能成为教育家，那我们不用调查就可以断定他是个骗子。今天的时代是很需要教育家的，话说回来，哪个时代都需要教育家，只是我们今天在这件事情上有了自觉，因为我们的孩子是受了没有教育家之苦的。这样的自觉终归是一种积极的现象，它既为做教师的人确立了发展的航向，同时也为做学生的人及其父母，以及全社会的明白人，确立了一个评价教师的标准。

在这种情况下，教师不仅有了方向，而且有了标准，还有了来自环境的压力，进步和发展的步伐说不定比历史上任何时期都要快得多。正是从这个角度讲，社会对教育家的呼唤和对教育家精神的倡导，对教师专业发展所发挥的作用可能超过任何一种高水平的教学理论和方法。倒是在只有教学理论和方法传习而无对教育家的呼唤及对教育家精神倡导的情况下，教师才容易忘却自己所从事的职业的本质，并最终只能成为处于他律状态的一个个熟练程度不等的教学工人。

这并不是对教师职业的浮浪调侃，一定程度上是对时下许多教师存在状态的简单描摹。不夸张地说，许多教师虽然谈不上积极、主动和自觉，但在某种潮流式的外部影响作用之下，实际上已经默默地接受了技术化的教学思维。加上我们教育理论领域不乏对域外教学理论囫囵吞枣、一知半解的半吊子专家，他们不懈的努力已经使广大教师云里雾里，并鬼使神差地成为一个个具有特异功能的教学模式或程序的实践者。

不必怀疑我的理性，我肯定对任何的教学模式本身没有偏见，只是不幸地发现掌握了模式的教师实际上是被模式掌握了。我的根据是：越是忠诚于模式的教师个人，越可能具有技术主义思维的偏执和呆板、机械的教学个性。古人所云的"教有法而无定法"之妙论在今天好像已经变得多余。这种情况虽然在具体的时代背景下实属正常，但将其置于整个教育历史运动之中，难道不是一种时代教育的病征吗？

理论和实践进而理论者和实践者是互相作用的，当我们说作为实践者的教师存在着许多问题的时候，粗放意义上的教育理论研究者也同样存在问题。良莠不齐，各自为政，少有共识，缺乏真诚，游戏学术，自然不能说是普遍的存在，但也绝不是一星半点。即使是其中真心追求真知、关怀实践的人们，除了少数的教育学家兼教育家，多数人还是没有实现对环境决定的超越。

把这些因素综合起来考虑，对于我们的教育，应该做出怎样的判断呢？这样的判断自然不好做出，但说今天的教育少了一些淡定和从容、丢了一些常识和精神，应该不算过分。我总觉得在教学这件事上，人们多少把简单的事情复杂化了，而教学一旦被复杂化，一定不容易被教师驾驭，而是反过来很容易驾驭教师。越是复杂的教学，教师的创造性在其中往往越难有发挥的空间，他们能做到中规中矩已经不易，又何谈自由地创造以及使自己的教学臻于艺术之境？

教师要让教学成为教育

德国教育学家赫尔巴特曾提出"教育性教学"这一概念，他自己的进一步阐释是，不存在没有教育性的教学，也不存在没有教学的教育性。照这样说，"让教学成为教育"就是一个伪命题，因为教学就是教育。实际上并非如此。且不说赫尔巴特自己已经意识到单纯教学的存在，即便从语言分析的角度看，"教育性"也仅仅是对教学的一种限定。进而，在"教育性教学"之外，完全可能存在"非教育性教学"或"无教育性教学"。质言之，教学并不必然是教育，否则也就没有"教书匠"和"教育家"的分别了。

当然，如此的言说并非出于对概念进行分析和思辨的兴趣，而是对现实教育进行审辨性思考的结果。具体而言，当我们面对学校教育生活的时候，就会发现教师的教学在技术的维度可谓日新月异，但其中的教育意蕴却在旁落和走向边缘。即使教育性客观上不可能没有，也不见得能归功于教师的自觉。再做延伸性的思考，素质教育的理想之所以难以普遍实现，恐怕是与此现状有关的。我相信没有教师会拒绝立德树人的立场，但连同他们自己也很难意识到的某种教育思维的惯性就足以让教育的立场被合理悬置。联想起课程改革中的三维教学目标，一线的老师们普遍感觉到知识与技能很容易落地，过程与方法、情感态度与价值观则有些许的飘忽，这实际上正是教学的教育立场旁落与边缘化的结果。要知道知识背后的过程与方法以及知识与人文生活的内在联系如果不能被有效地揭示出来，教学的教育性就只能是一种可能性，换言之，教学也就只能是它单纯的自身。

提到立德树人，我们很容易意识到其中的伦理和社会价值，同时也就放弃了对这一理念的更深入探查。立德，言简意赅，直指学生的思想道德修养，其伦理的和社会的价值取向显而易见。那么树人呢？难道它只是育成有德之人的意识凝练吗？在我看来，人类社会发展到今天，教育已不再局限于促进个体社会化的追求。无论立足于社会的进步，还是着眼于个体的发展，教育都会把自己的触角伸向学生的精神世界。在这个精神世界中，价值与思维必是其基本的元素，两者在生活情境中互动生成智慧，也就塑成了人的灵魂。要让学生顺利地建构起这样的精神世界，教师的教学显然不能限于知识与技能一维，而是必须借助知识形成的过程与方法以及知识与人文生活的内在联系，使学生与知识和生活的关系远离机械。

因而，让教学成为教育，对教师来说其实就是要下两方面功夫：一是挖掘知识背后的过程与方法。这一方面意味着教师需要把自己所传授的知识与技能置入历史的过程，以使学生明白任何的知识与技能既是一种独立存在，又是一种历史现象；另一方面意味着教师需要把具体知识与技能的创造过程在教学情境下高效率地揭示出来。二是建立知识、技能与人文价值的有机联系。知识与技能的创造本就是人的本质力量的体现，其应用则关联着人类的利益和幸福。教师只要明确地意识到这一点，无须刻意也能够让学生在知识、技能与人文价值之间建立起联系。一言以蔽之，一个教师只要能够做足以上两种功夫，那其教学自然也就成为教育。

谨防教育的精神本质逐渐淡化

关于教学方法的研究在理论领域越来越成为过去，替代它的是教学的模式和体系的探索，这大概与"工程"理念的广泛渗透不无关系。从这种变化的性质上看，既有能说得清楚的积极的一面，也有说不清进步或退步的模糊的一面。所谓积极的一面，主要是说不再聚焦于具体的方法，至少意味着研究者从局部的思维逐渐过渡到了对教学整体的思考；所谓模糊的一面，主要是说动辄模式或体系，虽然有高大上和近整体的倾向，却也存在着把简单问题复杂化的问题。

在这样的思考中，难免有个人的局限在发挥作用，但也流动着我对教师教育和教师个人专业成长的认识。应是受到专业化时代的无形影响，教育进步和教师个人的成长对于专业知识的需求和运用超过了以往任何时期。这无疑内含着进步的元素，不管怎样，基于专业认识的个人实践总体上会胜过仅仅把个人实践建基于本能和行业经验。但事情似乎又没有这么简单，从实际的情况看，主动痴迷或是被动陷入教学模式和体系探究的教师，并没有因此而实质性地超越他们卓越的先辈们。

即便只从教学效率和教育效益的角度讲，那些先辈们也不见得逊色于今日对教学颇有讲究的教学才俊。两者之间的最大差异，在于那些卓越的先辈们几乎是毋庸置疑的、有意蕴的教育者甚至教育家，而今天的教学才俊们则毋庸置疑地更接近于有活力、有机智的专业技术人员。做这样的区别，并不是要表达一种谨慎的态度，我可以保证不抱有保守主义的情怀，更不反对后来者的专业技术意识，但实事求是地说，是存有一种对未来教育之担忧的。

我所担忧的不是各种新技术对教育形成的压力，而是各种新技术耀眼的光辉可能让教育的精神本质在教育工作者的视野里逐渐淡化。或有人觉得我的担忧毫无必要，对此我也不去辩解，但真的觉察到了一种趋势，即人们越来越把教育在不费力的情况下转化为学生的学习问题。学生的学习当然是学校教育中最基础性的活动，而且不可否认，一切的学习都是有内容的学习，一切的内容均对学习者的认知与人格有一定的影响，但把教育转化为学习，在思维上注定有简单化的嫌疑。

教育这件事，是以学生为对象的，它的目的和效益也要最终落实到学生的身心系统，但须知教育这件事的主体却永远是教育者。教育者不只是教育活动中的一个工作角色，他们是社会的、文化的、历史的、传统的代言人。他们实施的教育之固有的任务，是借助经过选择的文化的传递来促进新一代人超越以往。更重要的是，在学校，作为教育者的教师个人具有任何课程的知识都无法替代的力量。想必这个道理无人不晓，哪怕是教育技术主义者也不会否认之，但他们恐怕也无法否认一个事实，即教育意识在学校的边缘化同时也会导致他们自身教育者身份的消极变异。

近来有两个重要的概念在教育领域的上空徘徊，一个是"新质生产力"，另一个是"教育家精神"。它们的性质不同，却一同指向高质量的教育。值得注意的是，这两个重要的概念分别被不同偏好的教育工作者优先使用，从而使科技的和人文的分野只是以新的方式继续在当下延续。我们知道，新质生产力具有高科技、高效能、高质量特征，在经济领域是符合新发展理念的先进生产力形态，而其中的高效能和高质量也是教育系统所欢迎的。但如果这一追求不能接受教育家精神的洗礼，便很难说教育会因新质生产力而一定能够进步。

这种担忧是具有经验基础的，最引人注意的莫过于目前在基础教育领域蓬勃兴起的大概念、项目化、探究性教学行动，多少存在着游离于教育精神之外的可能。此类探索自然是指向适应新时代发展要求之人才培养的，但谁也很难否认运行在其中的主导性逻辑是技术的而非人文的。我们对人文的强调，进而言之，对教育家精神制约作用的强调，既非对教育传统的惯性坚持，也非对教育技术逻辑的简单排斥，只不过是因为我们深切地意识到教育家精神对教育技术逻辑具有天然的容纳品格，而教育技术逻辑太容易天马行空、独来独往。

窃以为，在教学这件事上，前人传下来的基本道理已足够丰富，再重复类似"教育是属人的和为人的"等理念倒显得多余。然而，正是这些近乎常识的理念却是最容易被众人淡视的，否则也不会出现教育的精神本质日渐衰微的情况。很久以来，只要谈到基础教育的问题，人们总是不加思考地将各种不堪归咎于应试的教育工作理念。这种归因自有其道理，它反映了文化深层的急功近利倾向，但这也不过是一个原因，还有与此直接关联的轻视精神内涵的习惯也不可忽视。把这两种因素结合起来，还会促成普遍的、惯走捷径的行为心理偏好。

由于精神的事物总是要虚无一些，发挥起作用也要间接和缓慢一些，相对而言，技术的事物总是要实在一些，发挥起作用也要直接和快速一些，因而，人们通常很容易抛弃精神、迎接技术。现在的情况有微妙的变化，在教育领域表现为人们对局部的技术已经不大感兴趣，转而痴迷于体现工程思维的模式和体系。想必在尘埃落定之后，我们的教育会发生新的变化，但不知道为了这种新的变化究竟要付出什么样的代价。很多时候，我还是觉得人们对于教育本质的轻视是教育中最重要的不理性。看似繁花锦簇的教育世界，在透视镜下很可能只是虚浮的乱象。

像教育这样的人文的实践，无疑可以借力于技术以提高效能，但最本质的事情其实是比较简单的。对理想的教育虽然可以有不同的设想，但不变的基础永远是由有德才的教育者以及可雕之木、可圬之墙、可造之材构成的基本结构。有教育之德才者，举手投足均是教育方法；有可塑之性情者，平常的学习也长心智。一线的教师也罢，二线的理论研究者也罢，都无法摆脱自己所在的环境的熏染，但无论在什么情况下都不能忘却教育的宗旨，都不能被手段的高明迷乱了教育的理性。

理性思维和诗性境界比具体方法重要

在教育这件事上，具体的方法一定不是最重要的，如果教师把精力主要用在这一方面，且不说自己苦累，教育的效果和他们自己的状态都好不到哪里去。究其深层的原因，是教育过程中的事不仅数量多而且性质杂，若每遇一事均做方法上的考虑，很显然没完没了。更值得注意的是，事情会接踵而来，也不会给教师郑重其事决策的机会。因而，相对而言，比具体的方法更为重要的，应是具有基础性的理性思维和具有生产性的诗性心境。我这样武断认定的潜在理由是：理性思维和诗性心境能够确保教师在教育过程中做出不失理性的随机应变和不失诗性的因材施教。

应该说，对于具有理性思维和诗性心境的教师来说，做事情的具体方法实质上是他们在具体问题刺激下的自然又专业的反应。也正因此，那些名垂青史的教育家固然可以给我们留下具有标志性的具体方法，但更为重要的是他们对教育的卓越理解，换言之，也就是他们的教育思想。对于教育思想，我们整体上是熟悉的，但这并不妨碍我们把它操作性地定位为个人对教育有意义且具有独特性的理解。理解无疑是人认知和掌握对象的过程，却非人对对象的机械描摹，在其中是富含个人哲学和经验的。个人的世界观、人生观和价值观，再加上个人无法被他人复制的经验，可使人对教育产生与自己的生命实践过程无法分离的教育理解。

这样的教育理解在性质上近似于教育世界观和价值观的合体，因其与教师个人的生命实践高度统一，基本保证了教师的所为无论有意还是无意都能不失其教育的意义。如果再辅之以理性思维和诗性心境，那么教师就能达到随心所欲而不逾矩的境地。试想一个教师在教育过程中能够做到随心所欲而不逾矩，也就是怎么做都符合事情的本性和围绕着事情的规矩，哪还用得上专门思考具体思维方法问题？有了这样的认识，我在此基础上大胆想象了另类的、也可能是未来的教师教育，其本质的特征是应在教育理性思维和教育诗性境界上做文章。

首先说教育理性思维，它内含教育理性和理性思维两个要素，前者指代一定历史文化背景下教育的边界，具体指代教育者的行为范围和分寸。教育者拥有了教育理性，便知道自己必须做什么、应该做什么，以及遵循什么样的原则做事。这些东西既可以从绵延不断的教育历史中领略，也可以从生动抽象的教育著作中获得，教育者须学而时习之，方能化之为自我精神世界的有机构成。那么，理性思维呢？我想其要义应在于逻辑与证据，还应在于反思与批判，前者指向严谨，后者指向发展。对于教育者来说，须做到在教育过程中不妄言、不乱为、不轻信、不执迷。

其次说教育诗性境界，它不是一时的心态，也不是克制自己才能得到的心情，而是一个人先天的淡然与后天的超脱混合而成且长期持续的精神态度，当然是在教育实践过程中逐渐形成的。有此境界的教师，他们的思维具有极强的活性，被常人无视的细碎刺激，也能够让他们浮想联翩；他们的想象力极其丰富，这让他们总能把属于公共世界里的美好事物和观念恰如其分地引入教育。

不过有必要指出，诗性境界虽然在整体上令人神往，却也不是与教育的需要完全契合，这是因为诗性的特性是基于个人想象的浪漫和依附于主体自由的唯美，而教育从根本上讲是现实的。教育者赋予它诗性，只是在乎了教育对象的感受，并抑制不住自己的烂漫和唯美心结。到现在为止，我还不知道有什么办法可以让所有教师都有诗性的境界，也就只好把它与人的天性联系起来，这又使我进一步把教育视为需要天赋的事业。带着这样的认识面对传统，自然意识到学高身正其实只是一个人可以为师的必要条件。

具备此条件的人至多是合格的教师，若想要在教育家的境界进行教育，除去一些资源与环境条件，还需要一个人的思维是理性的，精神境界是诗性的。但这是多么复杂的一件事情呢？复杂是真的，但若是拥有了，再加上教育理性思维，一个人在教育这条路上就可以顺风顺水，而且不需要在做事的方法上多费周章。然而，也是因为其复杂，一般的人难有此幸运，因而还是要做具体方法的文章。我们永远不能否定具体教育方法探索的价值，但永远也不能隐晦一个事实，即具体的教育方法在价值上远远抵不上教师所能具有的理性思维和诗性境界。

实践智慧是怎么回事

什么是实践智慧呢？它首先不是可资利用的技术。技术可以是另外智慧的产物，但它一旦成形，连同产生它的另外的智慧也销声匿迹。依照日常的思维，技术是为人所用的，但十分诡异的是，在技术为人所用之后，人和技术是相互拥有的。人拥有技术至少感觉上是人自身的延伸和增益，而人被技术拥有，无论怎样思虑，都是人之完整性的亏损。被人搁置的技术仍不失它自身的完整，但人被技术拥有之后再与之分离，便不是原来的人自己。其中的奥妙竟在于人和技术的结合，实际上使人成为活动着的技术的构成。

没有了使用技术的人，技术立刻进入睡眠状态；没有了已经使用的技术，人则立刻转为残缺不全的存在。值得注意的是，这里所说的残缺不全，其所缺的并非可有可无的枝节因素，而是人的精神。直言之，从活动中的技术中分离出来的人，不仅失去了他曾有的、也许是低阶的全能，而且会因失能而变得精神木讷和恍惚。足见实践智慧不仅不是技术本身，而且会因技术的影响反倒出现原有实践智慧的减损。

其次，实践智慧也不是可以离身的知识之运用。其中的道理类似于上述技术与人的关系情形。之所以要专做说明，是因为知识地位历史性地提升以后，多数人已经倾向于把智慧视为知识在生活中的灵活运用了。也许应该说，无论技术还是知识的灵活运用，均与智慧有关，但实践智慧的确不是这种运用本身。至少在人类共通的信念中，智慧是以道德作为其先在基础的。换言之，未以道德为前提的任何聪明和机智，要么是与他人无关的利己的灵巧，要么就是与他人相关的邪恶力量。

这样的理解多少还是有些狭隘。如果进一步拓宽视野，那么实践智慧恐怕也不只是在中庸的灵巧之上附加道德的约束，还需要充分考虑到实践主体的精神世界状况。毕竟客观地存在着不见灵巧的智慧事实，最为典型的案例是组织生活中的"无为而治"和人际交往中的"以静制动"。其中的"无为"和"以静"显然是一种不显现为行动的精神现象，但他人延时反思之后，又能意会到那是一种实实在在的智慧。

我们由此可以推演出，实践智慧在中性的认知和价值性效果呈现之前，在实践主体那里其实就是一种自觉的自重。主体在自觉的自重之中克制了自己的情绪，维持了自我的尊严，顾及了他者的感受。简单地说，实践的智慧使得主体既能借助言行惠及他人，又能借助克制、自保和利他生成新的自我。

　　这里虽然在言说实践智慧的功用，但并不意味着它是实践主体追求各种积极效果的工具。一旦实践主体把智慧用作手段，所谓实践智慧便自行消逝，主体自己也随即成为他人心中的精明者。而被公认的精明者，从来就不可能被他人誉为智者，原因则是精明者必是目的性极强的个人，从而原本可以荣升为智慧的灵巧，立马沦落为无法掩饰其功利性的手段。

　　话说到这里，很有必要提及智慧并非实体的存在，只是一种效果现象，这就意味着它虽然可以用理论分析的方法析出一系列的特征，但只有人们真实地感觉到了，它才会真正存在。由此还可以知道，实践智慧只能出现在人们对个人实践的事后评价之中。因此，说实践智慧正在运行都是荒诞不经的。进而，任何人都无必要苛求自己必须智慧地言行，而只需要丰富自己的知识和技术，形成自己的价值理性，最关键的是要自觉建设自己的精神世界。要知道，对于有力量、有理想、有素养的人来说，智慧迟早会挤进他们的生活实践。

智慧集认知性和精神性于一体

　　在教育中形成教育的智慧的确更符合我们的认识习惯和共同经验。在此理解的基础上，做教育的人基本上不用指望自己在教育智慧上能够少年早成，指导者也只能告诉他们在教育过程中多思、深思和反思，而且可以给他们透漏一个秘密：教育的智慧总在自己的前方，可以去无限接近，却无法与它完全统一。如果听到有先进者被誉为有教育智慧的人，那么这个先进者应是阅历丰富的，而这种赞誉也只能被理解为一种赞誉，因为智慧在理性的想象中过于完美。难道我们不觉得哲人的经典内涵也只是在爱智慧的道路上走得足够远和足够精彩吗？

　　现在看来，对教育智慧做这样的理解一方面是符合部分实际的，另一方面又无形中使其模糊化和神秘化了。更需要注意的是，这种模糊化和神秘化，好像为教育者设置了不懈追求的目标，其实也让他们虽有了信念却难得要领。既然"智慧"一词是人造词语，它所内含的元素就不在人的经验之外。即使整全的智慧可能不是现实的存在，但构成这种整全智慧的观念元素必有其现实的对应。那么，智慧这种事情就有条件既不模糊也不神秘，哪怕是在极其诚敬的心态下说明智慧，大概也只能说它是一种技术上无可挑剔和道义上经得起追问的高明。

换句话说，我们需要把智慧拉回到现实的生活中，而不是谨慎地维持它仅可做谈资的超越者形象。这样的话，我们就可以认为人人均有可能拥有智慧、成为智者。不谈智慧，只说智者，我们好像就没有那种模糊和神秘的感觉，实际上这基本上属于语言形态变化的结果。想一想所谓的智者，他们从来就不在尘世之外。其特指的古希腊那些收徒取酬的职业教师和其泛指的做事有智谋的聪明人，其实就是我们平常生活中的一部分人，甚至也能包括我们自己。我们至少不会把智者神秘化，而是视其为以积极的心态有效发挥了自己智力作用的人。

古人云，"智者千虑，必有一失"，这说明智者并非无所不能。智者之为智者，是因其有智慧，但他们仍会有所失利，则说明他们的智慧并未分布于所有的事情上。而人们并未因此而否定智者的真实性，则说明智慧是具体性的存在，它是与具体的"想"和具体的"做"联系在一起的。从而，中常之人因总可以在一念或一事中高明于他人，理论上是可以拥有智慧、成为智者的。他们最终能否被人们认作智者，简单地说，首先得看他们的高明范围大小和频次多少了。岁月久长，一个人偶尔有上好的表现，虽然也不会容易，但不好算作智者。众人感觉中的智者，他们高明的范围会大一些，高明的频次会多一些。

至于这个量度，也没有过什么说法，全在众人的感觉之中。人们说诸葛亮是智者时，并不会无视他六出祁山的遗憾，而是更惊叹他无数次的出奇制胜，自然还会想到他不只能用兵，还能理政。从诸葛亮这里，我们可以推知，人们心目中的智者一定是有大能耐的人。进一步说，有大能耐是智者成立的基础性条件，世界上从来就没有过无大能耐的智者。

但是，只有大能耐的人肯定不会被人们认作智者，这是因为"智慧"一词看上去像是指代纯粹认知范畴的事情，但在人文社会生活中，它实际上已经明显超越了认知意义上的聪明才智。中医中的慧，指精神清爽、眼睛清明，细味其意，并反过来想人的智慧，我们能否认定它是认知的聪明与精神的爽朗、健康的复合呢？如果能够认定，那么就可以说，智慧既是认知的，也是精神的。这里的精神，意义丰富，最保守的概括也应该是道德的文明，至高的概括则完全可以是心灵的美好。回过头来再说教育的智慧，它第一不神秘，就在教育者"想"和"做"的高明中，第二不复杂，其形成的机制就是把聪明才智和美好的心灵在教育中糅合在一起。

德性与天性更有缘分。

"我就是个普通人，不想活那么累，什么高尚、无私，我可做不到。"这句话是我从路边捡到的，说话的人很自在，旁边听话的人一个劲儿地点着头，看起来是没有反对的，至少是可以接受说话人的观点。

这样的话，我们实际上已经听得很多了，照我的理解，它主要反映了许多人在社会生活中的不自在，当然也反映出他们不愿意让自己被一些高标准的德性束缚，为此他们甘愿做平平常常的人。

如果他们的想法和活法就控制在这个范围，我觉得是不应该受到任何批评的。当然，他们不应该受到批评，并不意味着他们的存在状态是正确的，仅仅是说他们对自己存在的选择因对他人没什么害处，是可以被社会接受的。

从现实的角度讲，正是这样的多数人，默默充当了各种不甘平常的人们个性化存在的背景和舞台，进而使不同性质的少数人获得了较高的显现度和表现力。所以，也可以从肯定的方向说，自愿平平常常的多数人，是一个社会的基石，他们自给自足，并以自己的剩余劳动价值为社会中的不平常积累了必要的资源。

尽管如此，社会文化和教育还是会鼓励人们不甘平庸，这是因为全体社会成员的自甘平常，必然导致整个社会生活的低水平重复，不仅奇迹难以出现，而且不足和局限都没有什么色彩。

如果平常人的生活主题只是基本的生存程序运动以及与之相随的喜怒哀乐，那么生活固然有其朴实无华的美学意义，但也有生活主体想象力的贫乏和思想局促的问题。这样的问题对于他们个人可能无知无觉，但由此导致的他们对高尚、无私之类的德性的无视和怀疑，则会成为社会的问题。

我偶尔会觉得，各种积极的价值之所以难有市场，并非它们自身没有价值，主要是因为没有市场；而没有市场的原因，则是平常的多数人对各种积极价值的无视和怀疑。其中，无视与具体个人的愚昧无知相关联，怀疑则与具体个人的经验不足相关联。

愚昧者不识得高尚和无私，怀疑者不相信高尚和无私的真实性。从此意义上来说，教育和宣传的确是社会生活发展所必需的项目。社会系统借助教育使人识得积极的价值，借助宣传使人放弃对积极价值的简单怀疑。

实际上，这样的努力自古以来就存在，而且在一定的历史阶段还会有较好的效果。但不可回避的是，随着历史的变迁，要想取得曾经的较好效果，其难度越来越大，甚至在越来越多的人那里逐渐失去了曾经有过的效力。

对此，我们一方面需要面对，另一方面则需要在新的历史阶段进行深思，以使教育和宣传尽可能远离劳而无功，更重要的是要使它们在新的历史阶段获得新生。这是一个毋庸置疑的难题，它既在挑战我们的思维，同时也为我们对相关问题的思考提供了机遇。

直觉告诉我，应对这一挑战的路径好像不是去寻觅什么奇思妙想和灵丹妙药。抱着塑造人的立场去思考教育和宣传，我们已经很难超越前人了。对于那些难以改变的、对积极价值的无视者来说，教育最多可提供记忆的材料；对于那些成熟的怀疑者来说，宣传很可能在为他们提供调侃的素材。

现在我越来越相信，在不具有高尚和无私体验的个人那里，高尚和无私真的就是个概念，在他们的意识里事实上真的只是两个词语及其意义。教育和宣传艰难的原因，在当下正是与这种情况有关的。

如果你高尚过，你就不会怀疑高尚；如果你无私过，你就不会怀疑无私。进而言之，如果你不怀疑高尚和无私，你就不会无视它们。要害的问题是，有的人为什么就高尚了？为什么就无私了？也许他们是在践行这些自己认可的德性，也许他们是接受了某种超验力量的启示，也许他们因某种特殊的经历而顿悟，这种种可能性都可以用现实的案例加以印证。

但我还注意到一个值得记下来的现象，那就是我们的生活中真的有一种人，他们极其稀缺，但真实存在。他们的高尚与无私近乎天性，在现实中表现出来时，只是接受了文明的修饰。

利益、任务和兴趣对人的驱动

利益驱动，没什么好，也没什么不好，它之所以能够有效激发人的主动性，至少是符合某种科学原理的。人要生存，就不能不取利，因而，以利诱人，人易趋之。利益驱动最大的问题，也恰恰是因为它顺应了人的自然本性，应用起来比较便捷，但同时就失去了管理系统的高阶理想。一旦使用有失，比如规则达不到相对的正义，结果上只能是惠及部分的个人。

对于多数人来说，他们只是被动跟从；而对于一部分个人来说，这可能是一种伤害。因而，利益驱动的总体效果通常不会长期积极。类似"重赏之下必有勇夫"，实际上只适用于秉性就是勇夫的个人。

何为勇夫？一般而言，就是勇敢的人。但依我有限的经验，敢于应答重赏的勇夫，虽也可享用"勇敢的人"这一称谓，但他们的勇敢却是离本能和功利较近的。这一点对于个人来说的确算不上什么瑕疵，但是，如果组织系统以此作为样例供其余成员效仿，那对于自身文明来说是具有破坏作用的。这大概也是利益驱动作为一种策略总被人们选择但在道义上从来不占据优势的主要原因。

进入工作过程，组织系统必然采用任务驱动作为主要策略，只有这样做，才是符合人类工作本性的。前述利益驱动，终究是一种外力，其效应也必须是把人的力量引向工作过程、导向工作任务的完成。而就利益驱动的机制来看，作为其要害的诱因，最开始只是一种有诱惑力的许诺。现实工作过程中的人，还是要接受现实的工作任务驱动。

　　然而，许多麻烦也因此出现，其中最值得注意的是工作任务性质的影响。简单地说，无论工作任务的内容如何，其来源无非两个，一为外派，二为自定。显而易见，凡组织系统意图以利益对人进行驱动的，当然是要给人指派任务的。至于个人自定的工作任务，如与组织利益的方向一致，或可获事后鼓励，否则，组织系统既可能对它置若罔闻，也可能对其效果的发挥实施干预。从这里也可以理解，钟情于自定任务的个体难获组织垂青的根由。

　　要说世上本就难有两全完美的事情。自定任务者客观上规避了被指派的约束，已经享用了自主的好处，便不该奢求必须接受约束方能获得的利益。如果他们懂得了这一点，尽可以自得其乐；如果不懂得这一点，大半会成为郁郁寡欢的怨夫和怨妇。

　　自定工作任务本质上是一个人心性自由的表现，在工作动力意义上属于兴趣驱动，是最具深刻性的。对一事物有兴趣者，为这一事物废寝忘食很是平常，不计功利、无需理由地坚持不懈也是常态。即便是组织系统，对此也应是求之不得。若一个组织的任务恰是其成员自己的兴趣所在，就断然不会采取利益驱动这种增加成本的策略。

　　实际的情形毕竟是组织的成员总是形形色色，会有少数的勇夫，也会有本分接受任务的多数，还会有看重自主、自由的另一种少数，因而组织系统的驱动策略一般会多元并举。真的能够如此，一个组织的工作运行状态基本上是可以维持平稳的。

　　若见闻有的组织工作运行状态不佳，很可能是运行者在驱动策略上偷工减料，把多元并举简单化为一元高举。这一方面最常见的就是单一采用和过度使用了利益驱动策略。这样做，的确简单，无疑也会产生相当的效果，但某种意义上近似于饮鸩止渴，组织的健康状况会因此每况愈下，到了一定的地步便病入膏肓，再想扭转也无从下手。

　　若问其中的道理，原理上很像中药的配方分寸。具体而言，有的药品，在合适的用量或与其他药品合适的组合下，就是治病的良方；相反，如果使用过量，或单一使用，或组合失误，便是致命的毒药。不知有多少人能够意识到，我们组织系统习惯采用的利益驱动就像这"有的药品"。

教育家的行为细节

　　我认识的一位中学校长，现在应该有 80 多岁了，虽然有 20 多年没有见面，但总会常常想起他的言行举止，他总体上符合我们意识中的教育家形象。要说到具体的情形，好像也没有多么耀眼，涌入我意识的基本上是一些朴素的细节，那些细节就很自然地融汇在他的日常生活和工作中。比如，我会远远地看到他不厌其烦地捡起校园里的纸片，相信他也不是简单地给师生做出示范，只是在无法抑制地实现着他的本心，我判断的依据是他从没有以此为例去提醒或建议过他人。

　　我由此推断他已经真的把学校视为自己的家园了，这当然也属于一种惯性思维产生的判断，因为生活中不在乎自己家园形象的也不乏其人。因而，超越"以校为家"的观念，我自然觉得他心中应该有一幅理想校园的图画，并在可能的情况下让自己也成为理想校园的实际建设者，而不仅仅是苦口婆心地呼吁和引导师生做校园的主人。但是，这也不意味着他忽略了上下齐心和协力共建的意义，毕竟那些校园文明的标准和规范也是他亲自参与制定的。

　　这样想来，正是他看似温和的姿态和身体力行的习惯，让我感觉到了教育家的真实和朴素。其真实是说没有丝毫的虚幻，可以让人仅仅因此就可以接受反映论的认识哲学；其朴素是说没有一点刻意的表征，就可以让人顿然觉得教育家可以不是时间或空间上离我们很远的那些人。把真实和朴素叠加起来，则让我们发现存在与意识至少在"教育家"这一问题上根本没有隔阂。

　　进一步把这种认识加以应用，便不难寻找到发现和扶持教育家的方略，并能意外地获得构建和修正教育理论的有效思路。具体地讲，教育家固然少，但他们就行走在我们的校园里，他们完全可以是我们熟悉的一位校长或一位教师。如果我们真的懂得教育的真谛，根本用不上熟记关于教育家的界定继而按图索骥，完全可以从他们真实而朴素的言行细节中读出教育家的形象。

就这一问题，我需要多说几句，主要是想说明教育家的特别，尤其是想说明教育家的特别所带来的教育家虚化现象。这是一种什么样的现象呢？简单地说，就是我们很难把一个教育者判定为教育家，这在一定程度上说明人们普遍地把教育家的形象诗化了。相比较起来，其他各种领域的"家"显然具有更强的确定性和现实性。比如一位数学家，可以凭借一项突出的贡献而成就，一位作家可以凭借一部作品而成就，一位企业家可以因一个企业的效益而成就。

但一位教育家能凭借一个什么样的具体成果而成就呢？这还不是问题的关键，使教育家容易虚化的主要原因很可能是文化传统把他们进行了圣化。其他领域的"家"可以是专家的意思，而教育家显然不只具有专家的内涵，人们通常会把代表人类自身文明和进步的优秀价值和德性赋予教育家。师表的形象、模范的力量，远比一个人的决策和操作能力更贴近教育家的标准。

所以，教育家在人们的潜意识中实际上已经成为一切卓越价值和德性的人格化存在，其余的各种"家"则更符合我们意识中的行家里手。一个教育者如果仅仅是行家里手，就很可能被定位为具体教育工作领域的匠技。那么，有一个问题就值得我们思考了，即教育家比起一个教学能手或一个学校管理的行家究竟具有了怎样的优势。现在看来，可能表现在我所认识的那位老校长所展开的行为细节上。

行为的细节的确很平常，但几乎成为本能的优良行为细节，实际上不只是呈现了具体行为的品质，重要的是折射出了一种世界观和人文情怀。我在这里并没有强调教育情怀，而是讲人文情怀，这是因为教育根本上是一种善意的干预，其核心在于干预。而干预，且不论其是否善意，均会导致意志与意志的互动，将其转换为某种情怀，到底是一种责任，若是强调干预的善意，便不如直讲人文情怀。

人文情怀是适用于一切人文生活实践的，它与人的教育意志相结合，自然生成教育情怀，即便教育意志暂时退场，它也能够在人的公共言行中得以体现。回头想我认识的那位老校长，撇开他在职业生涯中的辉煌故事，仅从他个人的素养上讲，使他超越了一般教育工作者的地方，应是他已然化为自然优良言行的人文情怀。我们中国传统比较重视个人德行的养成，并不是借助于外在的训练形成受人欢迎的言行方式，而是要通过人文精神的具备来涵养适于一切人文生活实践的情怀，这对于教育家的出现来说十分必要。

对事业的敬畏和真诚

一项事业经过十年、二十年仍然仍未能取得显著进展，持续重复设定相同目标时，探究其背后的原因显得尤为关键。人们或许能够分析和寻找出许多潜在原因，比如基础领域的研究可能经过多年的努力和反思才能有所产出。然而，从客观角度分析，一个核心且根本的原因可能在于我们从一开始就缺乏对这项事业抱有敬畏之心以及推动这项事业的发展的真诚态度。其表现在行为上，就是人的短视行为和投机心态的交织。通俗的说法就是急功近利。这反映了一种急于看到结果，过分追求眼前的成效和利益的心态，而缺乏对事业长远发展的深谋远虑。

急于求成，感觉上好像只是太着急的心理，实质上隐藏着个人英雄主义的贪功，它的主人必有"功成必须在我"的企图。这样的企图样子长得也许很像一个人的雄心大志，骨子里却八九成是自我膨胀和对名利的贪婪。这样的人，为了膨胀的自我和不靠谱的虚荣，可以破坏规矩、弄虚作假、丢弃尊严，似乎是为了事业把一切都豁出去了，却唯独不依循规律做扎实的事情。

他们一旦能侥幸成事，必是不可一世，并继续胡乱作为，所谓的事业在他们那里也不过是绣花的枕头；若是一无所获，则无非怨天尤人，以掩盖他们自己贪占、浪费的资源和对时间的野蛮践踏。更糟糕的结果是，一项事业的后来者还得重整旗鼓、从头开始。因时不待我，在更为紧迫甚至危急的时势之下，后来者有急功心理的概率通常会更高，如此恶性循环，一项事业也就永无希望了。

从此意义上来说，"功成不必在我，功成必定有我"的观念就显得极为宝贵。如果做事业的人，尤其是管理者，都能有静心栽树以使后人乘凉的胸襟，持续接力，便可无事不成。贪图眼前的事功，只想突出自己的狭隘心理，对任何事业的发展都是一种灾难。每一次思考事业发展的时候，我都在想，资源和意志固然重要，但最重要的还是我们能否对事业有敬畏和真诚之心。

所谓对事业的敬畏之心，其实质只能是对事业发展的规律之敬畏。讲规律了，就不会走歪路。所谓对事业的真诚，就是不糊弄事业，不利用事业。心诚了，实际上做事并不难。在做事之前，我们最好想两个问题：一是事业真正发展的内涵，二是事业真正发展的条件。显而易见，"真正"在这里是最为关键的，与此对应的是虚假与不正当。

追求虚假发展的人，一定会做虚假的事情；追求不正当发展的人，一定会做不正当的事情；追求真正发展的人，一定会做真正的努力。如果我们从一开始就能够理解什么是事业的真正发展，并能对此心存敬畏和真诚，那就不会崇信歪门邪道，就会一步一个脚印地向前走。以此为前提，再考虑资源和意志，才是发展事业的健康逻辑。

俗话说，快是慢，慢是快。这话虽有道理，但只是劝人不要性急，还没有涉及急功近利的病态心理。在一定的时期，我们更需要注意扫除这种病态心理。如果放任，甚至鼓励人们急功近利，最可怕的结果应是投机取巧的泛滥。由于投机的效率太高，一个人一旦投机一次，就会像吸食毒品那样立即成瘾。可又有多少人知道投机的这种害处呢？如果人们知道一次投机便可能终身投机的道理，还有多少人愿意投机？

在减少和消除投机心理和行为上，我不大相信人的理性，所以很渴望见到能够灭绝投机心理和行为的机制。这样的机制，对事业的发展无疑是一种福音，而对个人德性提升的作用，一定、必然、绝对、彻底、永远会胜过迄今为止人类所创造出来的任何一种道德教育的方法。

远离机械的思维

我们在方法论上远离机械的思维，当然不是因为机械的思维不具有美感或是简单地让人不好意思，而是因为机械的思维只适用于机械的事物，对于非机械的事物来说，人的机械思维因不适用而显得蹩脚，若是思维着的人还颇为自信，那就走向智慧的反面了。也可以说，如果机械的思维适用于所有的事物，便说明宇宙人生都不过是一种机械运动，世界显然简单明了，我们用机械的思维就可以轻松地应对一切，又何必苦思冥想什么复杂的东西以显示我们的不同一般呢？

其实我们总体上喜欢宇宙人生简明一些，至少我做梦都希望如此，而且有一种感觉，即宇宙人生可能就是简明的，只是我们对太多的东西还不得而知。对于有所了解的那一部分，我们也不敢轻易说自己真的就知道，以此避免被无关人等指批为狂躁。按照常理，难者不会，会者不难，但凡我们已知的事物，哪里还有什么神秘可言呢？认识领域的艰难，无疑首先分布在由不知到知的中途，但同样分布在让他人知我们所知的中途。

我实际上是想说，我们自己知道事物的实质固然不易，但让他人知我们的所知更为艰难。当然，在这里如果把这种艰难替换为特殊可能更为恰当，因为这种艰难基本上离开了求知的范围，进入到表达、阐释、说服的领域，制约这些过程质量和效果的，将不再是我们的纯粹理性能力，而是牵连到主体与主体关系性质，从而使这些过程成为人际心理的和社会学的事件。

在这些过程中，表达相对要简单一些，其机理不过是把我们的所知用通用的语言加以述说，只要我们的述说不存在语言学上的失误，不管接收者认可与否、愉悦与否，均不影响我们表达过程的顺利完成。阐释就要麻烦一点，因为阐释的意义并不指向我们自己，而是要他人更加明白，这就涉及他人的生活历史和认知经验。如果不能使阐释过程与他人的历史和经验对接，无论我们如何挖空心思也无济于事，技术上稍有不慎就会流于肤浅或者玄虚。

相对而言最为艰难的，还得说是说服，须知在说服的过程中，最为活跃的并不是表层的语言和逻辑，而是无形状、有感觉的意志碰撞。依循信息类型的特点，向他人传递我们的所知是用不上使用说服方法的，但实际的情况并非如此，只要我们梳理一下，就会发觉我们大多数时候并不是在价值的领域启动说服程序，正相反，我们更多的情况下是在说服他人接受一种知识。其中最值得我们注意的是，人们对一种知识的不接受，往往不是因为缺少接受的能力，而是用个人的意志力量拒绝接受。

在这种情况下，知识不再是纯粹中牲的存在者，皆因它总要被貝休的个人发现和拥有，便无形中被某种意志标注为价值性的存在。这样的事情从过去到现在一直没有消失，以致社会生活并没有因知识的增长而更加理性。我们不妨想一想历史为什么总在重演？为什么总那么具有戏剧性？答案大概就在于知识的增长并不会削减人的非理性程度，而这又从反面证明理性的可贵。

如果理性能够把非理性挤到人格结构的边缘，那么我们无论在认知领域还是在情感领域，都会减少不知多少的无奈。非理性的实质是情绪主导了思维，这是传统的和普遍的认识，却只具有部分的真理性，我们一定有机会发现机械的思维也是一种非理性的表现，其实质是高阶思维的不足。低阶思维能够制造出与高阶世界平行的低阶世界，进而让两个世界的主体虽然共享了物理的空间和时间，却只能是最熟悉的陌生人，相互的交流具有天然的障碍。

一旦在无法不进行的交流中失去平衡，相互作用的一定不是思维而是意志，在其间运行的也就只能是情绪心理机制了。因而，人文世界的和谐，一方面需要每一个世界的成员管理好自己的情绪和意志，另一方面还需要找机会、想办法，以使自己的思维远离机械。至于我们的思维离开机械之后奔赴何方，那得听听各种哲学家和教育家的意见，然后才能谨慎做出我们自己的选择。

教师的教育成功取决于什么

　　1986 年 7 月，美籍华裔物理学家杨振宁获悉他在西南联大的老师吴大猷教授正在台北进行学术访问，心情非常激动，心想着正好趁去参加台湾的一个会议为吴教授祝寿。到了台北以后，自然有许多新闻媒体关注。他向记者们说："吴老师是我一生研究领域中最早的领路人，没有吴老师在大学里对我的指导，就不可能有我的今天。"对于这件事，人们立即想到的是杨振宁先生的尊师重道，这当然没错，但却忽视了一个比较重要的问题，即吴大猷教授是杨振宁先生在最初研究上的领路人。领路人是什么意思？他至少意味着吴大猷教授因在物理学上闻道在先，已经知道什么样的路径可以把学生带到物理学的高明之处。

　　我查阅吴大猷先生的经历，他先后在中国的南开大学和美国的密歇根大学学习，先后在北京大学、西南联大、美国哥伦比亚大学和加拿大国家研究院等机构工作，我主要关心的是他并没有与教育学有关的学习经历。但除了杨振宁之外，李政道、黄昆、朱光亚等一大批著名物理学家也曾经直接受教于他，一批骨干物理学家，如马仕俊、郭永怀、虞福春，也曾从他那里受益。这从一个侧面说明，一个好的老师，一个在培养学生高级素养意义上的好的老师，并不见得接受过什么特殊的教学法训练，他在教学以至在教育上的成就应当另有原因。

　　结合长期的学习和观察，我以为他们的成功主要取决于两个方面的优势：一是与教育家精神相匹配的人格品质和道德素养优势，二是对所教授的学科具有学科本质理解和学科思考及研究实践上的优势。由此我想到，无论在教师教育者一方，还是在自主发展的教师一方，均无须故弄玄虚。尤其是自主发展的教师，只要照着教育家的精神修养自己，只要能幸运地理解了所授学科的本质，并积累了学科思考和研究的实践经验，就一定能够轻松地达到自己做一个好教师的目标。从表达方式上就可以看出，我的认识来自经验的启示，而非从某个前提中推演出来。

　　事实上这样的认识也只能来自经验的启示，如果真的存在某个特殊的前提，那就无异于说整个的人文世界来自某种无所不包的绝对理念。我相信多数人在自己的学习生涯中遇到过值得永远铭记的好老师，那就不妨分析一下，看一看在曾经的生活细节都模糊之后，最后支持我们铭记的基础究竟是什么。且不说这样的基础究竟是什么，可以肯定的是，一个老师当年的教法一定不是这个基础的主要成分。我回忆这样的好老师的本质特征，同时也想到了《中庸》中君子的形象，即"尊德性而道问学，致广大而尽精微，极高明而道中庸。温故而知新，敦厚以崇礼"。做一个不恰当的比喻，《中庸》中所说的君子形象与我所说的好教师的两个优势是具有内在一致性的。

《中庸》不是《学记》，并非在讲教学、教育的道理，但其对君子精神的建构又何尝不是对理想教师品质的建构呢？百余年来，得益于行为和认知科学的发展，教师的专业化越来越成为一个常规性的问题。这无疑属于能标志教育自身进步的事件，但这种能够凝聚人注意力的进步客观上也产生了一些副作用，而最值得我们重视的副作用，就是专业发展的技术主义倾向，要么使一部分教师心安理得地把自己定位为教育领域的专业技术人员，进而把教育家精神置于脑后；要么就是仅把教育家精神的个别要素视作服务于教育专业技术运作的辅助。这就使我们的教育在东边前进一步的同时又在西边后退了一步。

进一步看这种后退，基本上不能在教师个体的范围内讨论，因为它更像一种新时代的精神特征，或是说一种特别风格的精神，反倒是我们视其为退步显得格外的主观。理性地讲，我们的判断的确是以迄今为止的教育精神为基础的，从而在人们的意识中可以被不假思索地界定为保守，但保守并不必然意味着落后。真正具有完备理性的人们终将承认，对待经受了历史考验的人文法则，我们是需要使用力量来尽可能保全和守护的。

前面我们说到了西南联大，这是一所备受赞誉的临时大学，在当时真可谓大师云集，桃李芬芳。如果让我们对西南联大那些教师的成功进行归因，我们会得出什么样的结论呢？第一，那些成功教师，今天可被称为大先生的，无不具有教育家的精神品质；第二，只要能被称为大先生的，无论他们具体从事了什么样的学科，都应是把握住了自己学科本质的。想必第一条，若有大的文化氛围和个人足够的人文修养（不是人文学科的学养）共同支持，还是比较容易达到的；但第二条所涉的情况就比较复杂了，最为主要的是各个学科的成熟程度不太相同。

通常来说，越是成熟的学科，该学科的教师越容易把握住学科的本质，其教学、教育的力量也会越大。正如前所述吴大猷教授在西南联大培养了诸多的优秀人才，实际上像吴大猷这样的教授在西南联大的物理学科并不止一两位。以 1939 年为例，物理系的教授就有 15 位：饶毓泰、朱物华、郑华炽、吴大猷、吴有训、叶企孙、周培源、赵忠尧、霍秉权、王竹溪、张文裕、马仕俊、任之恭、孟昭英和许浈阳。这其中的许多人，恐怕连同物理学之外的人们也是耳熟能详的，这些教授在不同程度上是可以被称为物理学家的，皆因物理学在诸科学之中也算最为成熟的学科，从学者容易获得其实质。

再看看同一年西南联大的教育学系，该系共有教授 22 人，他们分别是黄钰生、邱椿、徐述、樊际昌、罗廷光、查良钊、冯文潜、陈友松、孟宪承、沈履、陈雪屏、齐泮林、陆志韦、胡毅、汪懋祖、田培林、王维诚、彭仲铎、凌达扬、倪中方、徐继祖和吴俊升，数量显然多于物理学系。然而，即使是对我这个一路学习教育学的人来说，熟悉的名字也仅有邱椿、罗廷光、陈友松、孟宪承、陆志韦、吴俊升。他们无疑是当时中国教育学界一流的人物，但若称他们为教育学家，至少与同时期可被称为物理学家的教授们相比，更接近于一种尊称。

仅凭感觉，教育学系的教授即使不是全部，整体上也会比其他学科的教授更容易具有教学法上的见闻优势，而且我们可以肯定，同样作为知识精英的他们并不比其他任何学科的教授少一点教育家的精神品质，但他们为什么没能取得像物理学系教授那样的育人成就呢？我只能说是教育学这个学科比较特殊，不大成熟，即便是一流的头脑，也无法超越学科的历史把握住学科的本质，更谈不上让他们的学生真正走进学科的堂奥了。工作在不成熟的学科里，一个从业者或能让其弟子铭记自己的名字，却很难让他们获得可传承的发现和发明。

我注意到有一位年轻的硕士生研究西南联大的教育学科，在谈到人才培养的时候说道："西南联大教育系前后毕业学生多达 140 人，但限于现有资料的匮乏，对学生的研究寥若晨星。"（李琳玉. 西南联大教育学学科发展研究. 云南师范大学，2018.）谁能说入了教育学系的学生一律都是不勤学、不好思的懒汉和愚痴呢？只能说教育学这个学科比较特殊、不大成熟，非有天启难得其要义。学生难成就，老师难为情，也是没有办法的事情。从这一角度思考，学科教育和学科教育者的进步，最终是要依赖于学科自身进步的，因而学科研究者的责任重大，来不得半点虚假，更不可得过且过。

为什么总有教育家钟爱自然的原则

我经常会想历史上和现实中的一些教育家为什么钟爱自然的原则，大致能推测出来他们对自己感觉范围内的一些人为的教育举措不大能接受。而他们所主张的自然原则，说到底也算是一种人为的选择，因而他们所不喜欢的并不是所有的人为，而是一部分在他们的衡量中既谈不上专业也谈不上文明的作为。我相信任何有反思和批判能力的个人都能够理解那些教育家，也许他们自己就是和那些教育家差不多一样的人。

相对于自然，人为的第一优势是能够体现人自己的意志，而且人为的效果在大多数情况下应是好于自然的。正因此，人类才能不间断地把自己的心力投入到非自然事物的创造上，并以此作为自身文明进步的重要标志。相对于人为，自然却无所谓优势，它的实际意义完全取决于与它相关的人的感觉。当人们对人为的事物感到烦躁时，那些始终保持不变的自然元素往往在价值上得到凸显和提升。

这就好比城里的人成天被工业化的物质和精神包围，在享受便利的同时也在承受着折磨，因而会想当然地把自己的田园梦想与田园的实际结合起来；又好比今日的教育家见到少年儿童被课业负担和升学竞争碾压得少了自然的情趣，便怅叹教育的节奏太快，并呼吁教育能够慢下来，其实质也是对某种自然的钟情。

当类似的情况屡屡发生的时候，我最为强烈的感觉是人为的份额在人类生活中的占比有点过高了，以至于生活中的人越来越成为某种人为程序的附庸。进一步看，当人与那些程序相结合的时候，因自身只成为程序运动的附件，因而无法呈现其作为自然人的特色；而当人依循劳动的规则与那些程序分离之后，因其身心力量的消耗，通常已经没有兴致和动机呈现其自然的一面了。

对于这样的人们来说，只要他们对自身存在的意义还有些许的关心，就会自觉地、发自内心地表达出对自然的追崇。纯粹的自然在今天已是一种稀缺资源，这话当然只能在人类活动的范围之内来说，无限宇宙中的纯粹自然永远是一种无限的存在。对于这一点，全人类都有了警觉，从而对自然环境的保护意识越来越强烈。一种具体的破坏自然的行为所引发的后果，连同人类自己也无法完全预料。

仅说近期日本向大海排放核废水事件，撇开我们对这国人的情绪，我们至少不会借此而损伤自己吧？然而，现实的连锁反应已经影响到我国沿海地区海产品的销售。我真的担心过自然界在感受到人类人为的声势浩大到无所顾忌的程度时，会把人类创造的一切通过纯自然的加工重新化归自然。到那时，山里幸存的珍稀动物会出来游走，这雨林，那草原，会重新活回自己的模样，世界应是别有一番魅力的，只是与人类再无关系。

我们的教育也是曾经自然过的。这种自然的记忆都不用追溯到原始人群阶段，对于我来说，完全可以与儿时天上打雷闪电时的自我心理体验联系起来。首先说打雷闪电对小孩子还是具有威慑力的，因为我们见到过被雷电击倒并燃烧的树木，也能感受到雷电交加对人精神的震撼；其次说父母总会告诉我们不听话的孩子在打雷闪电时会被天上的龙抓走，要知道再不听话的孩子在心理的自然权衡中也会更热爱哪怕是贫穷的自己的家庭。

我总是把类似这样的经验视为自然的教育，而且深知其效果不同凡响。由此还想到人之所以能够克制自己的本能、遵循外在的规矩，其中一个非常重要的影响因素应是其内心有可畏惧之事物。还需要指出，人心中的可畏惧之事物绝不能是感觉范围内的人为事物。换言之，它必须是纯粹自然的事物或是人为的却不在人的感觉范围内的事物，比较接近这个标准的就是自然神和人造神了。

对于"神"，我们不必过于敏感，它无非一种被我们认可的绝对的力量。这种力量固然会使人的一部分想象受到抑制，但应切记这种力量对于天然孤独的人来说属于随时可以回归的家园。智慧的人们最终会发现，现实中的一切可追求的目标，在这种绝对的力量面前都会显得拘谨和有限，不管具体的目标之于具体的个人多么重要，一旦被达成，就会渐渐沉入记忆的长河。可那种绝对的力量呢？它好像永远在高远的地方引领着我们，又好像永远在我们的身后悄悄地实施佑护。

我们的教育中显然是缺少这种绝对力量的，这肯定算不上一种优势，却也没有可能得到改变了，因为那种被符号化为"神"的绝对力量，将会越来越成为一种历史文化现象。也可以说，由于人类科学技术的急速发展，曾经只能活跃在想象中的绝对力量，正在被可以感知的各种技术功效显现，所谓的绝对力量在人们的意识中也就没有容身之所了。

再来说教育，记得 1998 年，有一本翻译过来的书《学习的革命》十分畅销，其副标题为"通向 21 世纪的个人护照"。"学习的革命"自然会促逼"教育的革命"，这个链条在今天已经完全在现实中完成了，但在"教育的革命"中，我们感知到了太多的人为创造。值得我们注意的是，那些人为的创造不过是人类认识精英的成功经验，当它们被转化为各种教学规则并要求教师群体普遍实行时，一定程度上的无序和机械几乎无法避免。

在这一过程中，一些敏锐的人已经感觉到教师群体正在成为某种程序的附庸。如果这种感觉比较接近真实，那么他们也必将具有一般工业化城市里的常人的感受。还有一个几乎是必然的结果是，他们在未来的某个时候一定会对自然主义教育原则产生普遍的崇尚。于伟教授主张"率性教育"，意在使儿童率性一些，那为了使儿童率性，我们的教育是不是需要在人为成灾的背景下尽可能地率性一点呢？

《教育的积极力量》序

作为理论研究者，我的直接追求无疑是思想的创造和知识的生产；表达我的追求的文字，积极地说，有规矩与深刻的倾向，消极地看，充其量是教育实践的远亲。在这种自我认知的引领下，每见到富有诗情和活力的教育言说，我多多少少会有些嫉妒，这是因为我知道那样的教育言说客观上让教育实践者愈加远离我这种角色的人。进而，系统的教育理论文本对大多数教育实践者来说越来越成为一种传说。当然，这只是事情的一面。在另一面，我则会对能书写快意文字的、有实践情怀的研究者和有思想情结的实践者心存感激，正是他们行云流水般的思索让孤独的教育理论和思想见到了阳光。

我是喜欢随笔这种形式的，最初是因为见诸书刊的随笔，多来自有品位的作者，从中可以读出文化的韵味，到了后来则是对随笔本性的欣赏。随笔原初就是随手一写的东西，写随笔自然也无须摆出做文章的架势。到了后来，随笔的书写，一则可自由运用修辞、笔法，艺术地表达思绪；二则也在明示一种立场，即不可把文中的所思当真。因而，我们从随笔中既能获得文化的信息，还能意会到作者某种程度的幽默和机智。倒推一下，便可知能写好随笔的人应是有文化的，估摸着大多也是幽默与机智的。

记得当年读张中行的、周国平的和余秋雨的散文时，我就想过，对于不涉及某种专门学术的普通读者来说，借助学者富含识见的文章是可以提升文化品位的。进而想到，教育领域未来也会出现类似的文笔，它对欲认识教育的非教育人士和不事教育学术的教育实践者应是一种最合胃口的精神食粮。创造这种精神食粮的人可以是富有实践情怀和浪漫精神的学者，也可以是钟爱理性的教育实践家。他们作品的风格自然会有差异，但揭示与呈现教育的本相、传达教育内在精神的旨趣应是一致的。我很欣慰自己的观念被后来陆续出现的教育随笔证实，而且明确地感觉到那些理性兼快意的文字如行云流水一般滋养和启迪着无数的教育实践者。这时候，我开始赞叹"存在决定思维"和"需求拉动生产"的客观法则。

在多年的专业交流中，我接触到一些用随笔表达教育情怀和价值的人。他们中有学养深厚的研究者，也有颇有实践智慧的行动者。他们的作品不仅没有让我自惭形秽，反而让我更加理解教育理论研究的作用。实际上，我自己尽管没有足够的能力写作教育随笔，却也不知不觉中开始习惯用这样的方式表达我在学术作品中无法尽兴抒写的情思。也正是这样的作为让我的认识不经意地跨越了教育学术的边界，进而结识了凌宗伟先生这样为教育的文明和专业奔走呼号的教育文化传播者。凌先生的确算得上一个快意的人，但快意的底色并没有遮蔽他思维的锐利和深刻。他应是博览群书的，但并没有深陷于认识领域的纠结，实践家的本色使他能快速、准确地攫取最能滋养和改良实践的知识精华，从而使我透过他的言谈与文字意会到了知识、思想与现实教育行动较为恰当的组合。在如此的组合中，我深刻领会到了教育思想和理论的生命所在以及教育行为和实践的可塑性。

他曾告诉教育现场的人们，"你也可以成为改变的力量"；现在，他又关心"教育者的自我重建"。要我看，凌宗伟先生必定意识到自己已经成为改变教育的力量，而他改变教育的力量无疑来自长期以来对作为教育者的自己的建构。我由此想到一个更为普遍的问题，即教育者究竟如何重建自己。如果让我给出一个参考答案，那么，我恐怕首先要提醒和我一样的教育者首先养成自我批判的勇气和自我坚持的信心。完成自我批判的前提之一是掌握批判的武器，那就是包括教育思想和理论在内的人类优秀的认识成果和思维方式，这种武器可以帮助我们超越捆绑着我们的日常思维，而掌握这种武器的策略只能是阅读、观察、思考、评论。完成自我坚持的信心，则需要我们逐步确立能够在自己的思想和行动中一以贯之的价值立场。有了一以贯之的价值立场，相当于我们有了自己的教育人文信仰，它可以让我们一旦遇到教育的真理便热情地追逐与传播。我想凌先生应会同情我的立场，或许他自己已经成为我这种立场的现实版本。

读了《教育的积极力量》，我对凌宗伟先生的所想有了一定的理解。他永远不会忘记教育是一种"做"，但他期望的"做"是想明白之后的做，只有这样的"做"才能从人的心理本能和日常经验的藩篱中突围出来。如果教育者真想把教育想明白，他就需要学一点教育理论及其他学科的知识。各种知识能够让一个教育者在知行互动、融合的实践中成长为一个专业的而非简单的职业人士，他们因此还能够自觉地在实践中进行有效的反思，并在寻觅中接近理想的教育。透过如上思虑，我也能意识到凌宗伟先生纯粹的人文主义倾向。他明示教育的善意，建议教育从不伤人开始，并倡导教育应为每一个孩子的最终幸福奠基。归结起来，与我一贯倡导的"爱智统一"不谋而合，实质上是承接了人类优秀的教育文明，并力求寻找教育文明的当代表达。

　　凌宗伟先生嘱我为序，一定有他自己的思虑，在我则诚惶诚恐。可为了教育的文明与专业，我内心也乐意为之。一番感想，难免不当，仅表白对教育精神的追求和对一位好思善行者的尊敬，也应有意义。权充为序。

问学之理

一

真正的研究一定不是手艺活

人文和社会研究的思想本性

　　"人文社会科学"这个词想必也是各种因素平衡的结果，因而也可以说是比较成熟和妥当的，但还是需要附加一个注解，以说明"科学"一词在这里不能完全等同于其在自然科学意义上的用法。这个加注的主要考虑是我们通过对人文和社会的认识，固然可以获得一些知识，但更为主要的获得应是思想性的内容。只有这样，我们才能理解和接受人文社会研究领域的学派和流派现象，这种情况在完全遵从自然科学标准的研究领域是很难发生的。

　　通俗地说，以知识为目的科学内容只有一定前提条件下的对与错，而不可能存在不同认识成果的既有道理又有偏失。从认识论的角度看，人文和社会不是物理运动的直接产物，所以它在人的意识中是一种人为的和人造的事物，从它作为人的认识对象开始就是内含了共同体意志和智慧的。

　　进而，人文和社会的研究者与其说是在研究人文和社会，还不如说就是在研究他们自己，只不过是这个自己并不是研究者的小自己，而是包括他们的共同体之大自己。如果说这中间有认识，也就是研究者对先辈整体所留下来的文本的理解；假如他们具有创造的动机，必然意味着对既有文本的超越，那么带着批判性的思维去改造旧文本、创作新文本就会成为他们工作的核心和最为本质的部分。

　　从我们可以学习和继承的改造方法来看，"在批判中重构"应是最基本的格式，需要补充的是其中的批判是从研究者对文本的理解开始的。这种具有批判性的理解即所谓的解释，因为作为认识方法的解释绝不是研究者对文本的语言学翻译，其实质是研究者用自己都很可能没有自觉到的标准对文本实施的个性化的转述。借助这种转述，理解文本的研究者便自动转换为新文本的创作者。他所做的工作就其性质而言是思想的，而非发现和发明的。

　　"思想的"这个说法无疑有些模糊，其要义是文本的研究者一方面并不必直面人文和社会的经验真实并从中寻找他所希望的东西，另一方面却也不是进行一切从零开始的思维和想象。既有的文本客观上成为研究者的引子，更精确地讲是成为启示源。从而，研究者的新思想，虽然可能在不同的程度上超越旧文本，但没有旧文本的先在，他是不可能生产出新思想的。

研究者的新思想可以与旧文本之思想相异，却绝无可能与旧文本中的思想没有关联。他的思想之新一般来说出自对旧文本思想的完善和对立，所以没有旧文本就没有新思想。当然还存在着另外一种不可忽略的现象，即研究者把自己的思想融入对旧文本的解释之中。统整起来，这就是人文和社会研究中的重要认识过程。

需要顺便说明，我们暂时搁置了人文和社会研究领域客观上存在的求知现象。这并不是完全出于某种论述策略上的考虑，主要是因为这一领域的求知与自然科学领域的求知迥然不同。如果说还存在着少量的策略性考虑，则是我们借助这样的搁置，更容易凸显人文和社会研究的思想性质。思想并不比其他任何一种思维的创造物更具有优势，其确定性比不上知识，其可用性比不上技术，它只是具有作为独立存在者的个性。所以，言说人文和社会研究的思想性，只是一种认识论意义上的揭示，而不是价值论意义上的强调。

一旦这种揭示被认识共同体认可，就可以发挥至少两方面的建设性作用：一是可以让人文和社会研究者对自己的研究对象及研究目的有一个重新的、恰当的认知，以免在研究过程中走弯路；二是可以知会其他领域的研究者不可主观地用自己领域的标准来衡量人文和社会研究。

对于人文和社会研究者来说，的确需要自觉到这一领域是思想者的乐园。不喜欢和不擅长思想的个人，在这一领域不仅经常感受到事倍功半，而且少有理性地怀疑自己和研究领域的价值。实际上，他们自己的和研究领域的价值均客观存在，问题只出在研究者的思维风格和取向与研究领域的本性不相匹配。

思想的和求知的机制大不相同，前者需要主体的价值引领，后者则需要主体的价值中立。依据此实际，思想者不仅借助有思想之文本的启示而发动和运行思考，而且需要以自己的思想为工具和标准走向文本。无法想象一个没有自己思想的人面对既有的文本能演绎出批判的行为。若是他照着求知的原则面对有思想的文本，那他的认真态度和规范运思也只能获得普通学习者的效益。

知识以真的确定性为其质量标识；思想则以善的深刻性为其追求。进一步论其发生的顺序，知识无疑是思想的基础，但思想对知识的意义则次要许多。相对的无知识者同样不会有思想，相对的无思想者却可以有知识，这是两者的不同。但两者在一定的条件下也是可以有共同之处的，这个条件是理论形式的出现。具体而言，一部分知识和一部分思想是能以理论的形式呈现的，从而这一部分知识和思想的品位相对就要高级许多。

由此出发再来看人文和社会研究，在现代学科体制下，必然是以形成有理论品相的思想为其最高追求的，这就把思想性的武断和随笔排除在人文和社会研究的学术之外。中国古代是不乏思想家的，但他们的思想很少以理论的方式形成和呈现，这种情况直至理学的出现才得以改观。宋明理学、心学虽然也未像西学理论一样获得思想实质和理论形式的统一，却是达到了理论状态的。

今日中国人文和社会研究领域，得益于近百年的现代学术实践，在基本方法和理论形式上几乎没有困难，唯思想的色彩轻淡且研究者大多缺乏思想的兴趣，以致研究者对世界通行的学术样式尚有感觉，但因缺少了思想上的创新，往往难以自信地参与国际交流，实在应该引起重视。这种重视大概也是这一领域的研究能够有所改观的唯一起点。知道了起点和终点，需要用心的就是走规范的认识道路。只有走上规范的认识道路，我们的人文和社会研究才能够走出只有时间而没有历史的懵懂状态。

做学问和做研究是一回事吗

要我说，做学问是可以独立存在和运行的一件事，而做研究，至少在今天做研究是要以做学问为基础的，否则有创造性意义的研究是不可能存在的。也正因此，今天的研究，无论哪一个领域，都属于学术研究。进一步讲，以纯粹意识面对纯新事物的研究在今天只能是一种说法，因为凡可被称为研究对象的事物，在不同程度上已经被人"格式化"。从而，研究者如果想对事物有更深入的了解和理解，必须先对踏足该事物的先行者及其所获进行考察，学术研究也由此产生。

从这里可以看出，后来的研究总是建立在先前研究基础上的，所谓"站在巨人的肩膀上"，说的就是这个意思。

在今日真正有创造意义的研究中，做学问实际上是研究过程整体的一个有机构成，更准确地说是一个有机的环节。如果要做机械的比附，那么研究过程整体中的做学问主要表现为非形式化和相对自由的日常专业阅读和形式化的、目的明确的文献综述。日常的专业阅读通常是积聚学养的朴素手段，虽然相对自由，但对具体的研究者来说，还是有一个基本的范围，因而严格地讲，也不能说是漫无目的；而为了具体的研究而进行的文献综述，就具有强烈的目的性了。

研究者通过文献综述是要明确"自己还能做什么"和"在哪里及如何能够超越前人"的。这样看来，文献综述至少用认识论的标准衡量要明显困难于传统意义上的做学问，要不然怎么会有巨量的人根本做不了研究中的文献综述呢？如果有阅读"文献综述"的经验，就知道很多研究者不仅有认真的态度，他们对文献也不乏专业和深入的理解，唯独无法从中引出有意义的新研究。这说明文献综述者从认知类型上说，应是更适合做传统的学问。我这样的认识很容易引起人们的批评，好像我在贬低纯粹做学问的价值，如果真有此效应，那应是一种误解。

而我需要做的解释是：一般意义上的做学问与为了做研究的做学问，两者的旨趣截然不同。如同面对为了健身的运动和为了竞技的运动，我们能否断然认为竞技的运动必然高级于健身的运动呢？显然不可以。原因也是它们两者的旨趣截然不同。健身的运动者追求的是个人生命的最佳状态，竞技的运动者追求的则是人类在各种运动项目上的最好成绩。若论科学性，竞技的运动对科学的成果，在一定规则的范围内可以运用到极致；但要论对个人健康的效用，健身的运动是竞技的运动根本无法赶超的。

回过头说一般意义上的做学问，我一贯认为其最重要的功能在于使人

类优秀的精神文化成果得以留存与延续。与此相联系，学问家的核心价值
就在于他们最有便利以身作则展示人类优秀的精神文化，并使有心人悟出
在现实生活中的努力方向。但也需要理智地指出，对于一般意义上的做学
问，我们就不必无原则地抬高其价值了。这就像孔雀以其尾屏鲜艳亮丽著
称，我们就不必因喜欢它的样子而主张它的性情凶猛。

具体到学问和研究上，陈寅恪、钱钟书和季羡林诸先生自有其卓越的
品质，但他们无论如何也不能替代金岳霖、冯友兰和李泽厚的贡献；同样
的道理，我们不能因为杂交水稻之父袁隆平先生未能成为中国科学院院士
就武断地认为有关的标准不合理。说到底，还是因为做学问和做研究两者
的旨趣不同，而在做研究的人中，尚有重科学发现和重技术发明之分。中
国科学院和中国工程院就无高低之分，两者的差异在于中国科学院更侧重
于理论研究，中国工程院则更加看重实践成果。因此，就像袁隆平先生不
符合中国科学院院士标准一样，很多中国科学院院士也不符合中国工程院
院士的标准。

我们中国有做学问的传统，以至到今天，人们还是习惯于把哲学人文
社会科学领域的研究笼统地称为"做学问"，这显然不是一种积极的现
象。要知道许多实际上的学问家始终认为自己在做研究，这种情况于己至
多算是一种思维上的模糊，于人则很可能成为一种误导。我还是那句话，
做学问和做研究的旨趣不同，并无高低之分。学问家既可以做研究，也可
以不做研究，这都不影响他们独立存在的合理性；反倒是研究者必须做学
问，否则就不可能成为真正的研究者。

怎样使自己进入审美的状态

只是感知事物，实际上就是与事物同处于一种笼统之中，那么人的所
有，就是他的身体和他偶然接触到的事物的集合。在这种状态中，人是没

有长远的，当然也没有历史；同时，人是无须承受规限的，但是也没有自由。从整个历史的角度看，这种状态在理论上应是人类整体和个体存在的初级状态。这种状态随着人的文明程度的提高，渐渐地就退缩了。比如在今天，除了生存问题尚未解决的、所在的空间也更贴近原始自然的少数人之外，人类几乎已经离开了笼统的初级存在状态。

但要说多数人的存在就有多么的理想，恐怕也没有多少根据，我们最多只能说今天的人不再需要把自己的冷暖与季节的变化捆绑在一起，然而他们周期不等会出现的焦虑甚至恐慌却是初级状态下的人类所没有的。虽然越来越精密的知识和越来越系统的道德，不断地提醒和支持着人们的人类及其尊严的意识，但在新的层次上所承受的存在压力显然借助于他们相当成熟的意识把他们拉回到了历史上的初级存在状态。

这种情况最典型的标志是不管一个人对自己可以对象化的世界喜欢与否，都很难与那个世界拉开距离，从而使制度化的和非制度化的焦虑根源从早到晚如影随形地盘踞在他的意识中。表面上看，他的确可以把自己的身体从对象化的世界中移出，进而蜷缩到自己买来或租来的空间里，但他的精神通常还是被无形或有形的力量设定为待传呼状态的。所以，今天的人就显得格外地劳累和烦忧，并会发现自己所在的城市虽然越来越大，但自己的精神却越来越少有容身之所。

各种各样的白领人实际上只是用不着在自然的田野上承受风吹日晒，但他们中的一些人，其精神可能又不知被另外什么神奇的力量调教得日渐干瘪。我们甚至会发现，人们受教育的程度明显超过了以往的历史阶段，但其中一些人对真理和道德失去了兴趣，具体表现为对张贴在广告板上或流动在空中的各种律令，不仅没有了怀疑的心愿，甚至失去了理解的兴趣。你说走进量子时代了，他问你量子比孔子更大还是更小；你问他怎么看特朗普，他说他不喜欢物理学。

更令人心碎的是，从他们的词不达意中，我们读到的并不是幽默或是犬儒主义的复活，而是明确地感受到了他们与这个时代的不般配。感觉上，他们与时代的一切都存在着距离，但这种距离不是因为他们动用了理性而使时代成为自己的对象，更像因时代把他们无情地遗弃而形成的。因而，流淌在他们血液中的主要元素就只是急切、惶恐、无奈以及困顿混杂而成的情绪。值得重视的是，清醒的头脑又让他们发现和自己一样的人就像被某些操盘手按下了复制、粘贴键后成倍地增加。

而当这种事件被作为认识的对象施以观照的时候，我们分明意识到历史的发展好像染上了什么病毒，以致让人虽然紧跟着历史前进的步伐，但与他们的前人相比，只不过是把笼统的初级存在状态从山下搬到了山腰，那种基本被外力决定的存在状态并没有发生实质性的变化。只有意识到这些，我们才能理解每一个时代的那些看重人生的哲学家存在的必要，才能理解他们在思想领域的声嘶力竭并不是如杞人忧天那样的多余。

那些哲学家是自带着使命意识的，他们对世界的变化拥有理性意义上的敏感，正因此，许多在一定时代背景下的个人那里没有当一回事的问题，在他们那里却成为无法忍受的存在。比如人格的分裂、对尊严的无知无识、精致的自私自利、精神空虚到脸色苍白等等，在相关的个人那里有时候不仅不是问题，很可能还属于自主的选择，甚至是一种存在的策略，但那些自带使命感的哲学家却会因此辗转反侧、气急败坏，还要做长篇大论警示世人。

基于教养，我们应当尊重这样的哲学家，但基于真实的焦虑和困顿，我们也想托人给他们递一句话：少发议论，多想办法。之所以要传这个话，第一位的原因是无论多么不堪的具体个人，都不愿意听取不切实际、不痛不痒的苦口婆心；第二位的原因是毕竟会有许多的个人欲从困境中突围，只是苦于没有出路，所以需要高明的哲学家为他们指明方向。实际上，传这种话并没有什么意义，在某种程度上也是对那些哲学家的为难。他们如果真的有什么灵丹妙药，也不至于面对问题只是辗转反侧、气急败坏。

我还是相信许多事情的改变就在人的一念之间，再普通的人也知道鱼和肉既可以生吃也可以熟吃，但两种吃法的感觉和效果是截然不同的。我们也许更应该知道：在一定的时间里，多数人所承受的自然的重负并不会有所减轻，但焦虑、烦躁、恐慌等消极的情绪却不能长期存在，否则生活的质量在原有的水平上会自然降低。而破解之法，从来就不在日常生活之外，许多来自经典人物的经典鸡汤，说起来高大上，要落实下去则难上加难。既然如此，我们便可以从身边的或以自己为主线的历史中寻求答案。

尽力搜寻记忆中可供借鉴的人物，大致可以梳理出以下两种：第一种人践行"我做故我在"的原则，他们热爱生活、痴迷事业，在别人眼里的形象是，总有使不完的劲，总有做不完的事，这使得他们根本抽不出时间焦虑、烦躁和恐慌；第二种人是颇懂得生活并讲究情调的人，他们通常具有一种主导性的爱好，有的是技术性的（比如运动、弹琴等），有的是消遣性的（比如喝茶、谈天等），有的是认知性的（比如读书、写作等）。依我的判断，这些有情调的事务实际上对冲了难以避免的消极情绪。

以上两种人看似有差别，却都是具有审美意蕴的。无论是在他们自己的意识中，还是在别人的眼里，他们的生活都内含着足量的、摆脱了世俗条规束缚和功利捆绑的成分。换一种说法，虽然现实的物理世界中几乎不可能有法外之地，但他们却能以一己之力自主建构起心灵的世外桃源。从而，他们虽然与他人同在世界之中，在心理的意义上又与现实的世界拉开了距离。这种距离一点也不意味着个人的离群索居，更不意味着个人与环境的对峙，它是一种个人与环境的缓冲地带，也可以说是形成审美状态所需要的必要空间。

这样的人一方面可以不用担心自己无意中被招安进乌合之众，另一方面也不用担心自己成为孤家寡人进而孤独一世。与环境所保持的恰当距离，使他们因不会成为他人的压力而更容易被他人欣赏，也使他们因容易远离任何外来的压力而自然成为他们日常生活的优异分子。应当说，这样的人在今天的大时代里很不容易有，但令人惊异的是，只要我们留心探究，又可以发现这样的人实际上并不少。我们之所以对他们的存在少有知觉，或许就是因为在他们与我们之间存在着他们创造的距离。

对于多数人来说，生活的重负并不会赋予他们超脱的机会。在不断循环的日升日落的一天中，各种事务会基本榨干人们的精气神，待到他们自觉可以超脱的时候，眼皮子也会开始上下打架。这其实也没有什么大不了的，要知道能使人的心灵进入审美状态的，不只是有形的审美活动一途，最为方便的途径莫过于以审美的态度面对消费着我们生命的各种事务本真。如果觉得这种方式还有点不接地气，那就不妨以认真的态度面对消费着我们生命的各种事务本真。我们需要努力的是，让自己相信作为劳动者的自己是最美的人。

创造性研究的非常规原则

　　读克雷格·勒尔的《策略性思维》，遇到了"不要做专家""不要阅读文献"的建议，我不由分说地会心一笑。这当然不是因为他的这两个建议有什么好笑的地方，而是自己又一次体验到了"英雄所见略同"。换言之，在"做专家"和"读文献"这两件事情上，我的一部分认识与勒尔的建议竟然如出一辙，甚至在前几日还与同事谈论过这些事情。

　　勒尔是在论述如何减少人的创造性障碍时提出这两个建议的，而我的同一种认识则是将自身研究的体会与新时代研究的趋势做互参之后逐渐确定下来的。虽然不能说两个毫无关联的个人具有同样的认识就意味着该认识就是客观的真理，但在各自可以保证真诚和具有深刻专业经验的前提下，这样的不谋而合应该更接近客观的真理。我们不妨认真关注一下勒尔的具体说法，看一看究竟能不能让我们心悦诚服。

　　关于"不要做专家"。勒尔说道："作为生活方式，成了专家倒会把创造性给约束了。……专家有养成作茧自缚的习惯。"从这段话中，我们首先可以想到的是，他的说法也属于经验之谈，可能有自己的经验成分，也可能有来自对他人的观察。无论属于哪一种情况，都意味着只有自己做过了专家或者深度观察过作为专家的他人，才会有如此锐利和深刻的认识。这同时也就意味着任何研究者都逃不过要做专家的命运，即使最博学的人也得从做专家开始，他们的幸运仅仅在于没有以专家作为自己的结局。

　　一定会有人感到疑惑，做专家难道不好吗？再说一个人也不是想做专家就能如愿的。事实的确如此，而且在现实生活中，真正为我们的工作和生活提供最直接和最有效专业服务的正是各个方面的专家，因而站在一般社会成员的日常工作和生活的立场上，几乎是没有理由对专家做出消极评价的。

　　问题是我们正在谈论的话题是人的创造性，尤其是在关注人的创造性障碍的消除，在这一问题上，专家及其连带的特性就不见得是完全积极性的存在。要知道一个人一旦走在成为专家的路上，就必然在某一特殊的领域花大量精力，因人的精力总归是有限的，故他必然牺牲对其他各领域的全面和深度认知。专家的造诣可以让一个人在某一领域具有充分的认识优势和发言权，但只是一个领域的专家则会使一个人在他自己专长之外的领域与常人无异。

在这种情况下，如果一个人具有足够的理性，通常会在自己非专业的领域保持日常的姿态和学习的态度，然而能够具有足够理性的个人又能有多少呢？在许多情况下，一个造诣较深的专家，在捍卫自己的专业尊严时，情感上更愿意相信"隔行如隔山"；而在表达自己的认识自信时，情感上则更愿意相信"隔行不隔理"。说白了，也就是一种专家的思维和专家的人格，其灵魂无疑是专业中心主义。

从阻碍创造性发挥的角度讲，天文学家钱德拉塞卡发现，从事一个领域时间太久会耗竭新思想。对于这一发现，我抱有深深的理解，因为我的确有幸接触过无勇气跨出自己专长领域的研究者，并有幸观瞻过他们学术生命的过早终结。所以，一个研究者假如不只是满足于一种舒适的专家感觉，在此基础上还有创新思想和探索方法的理想，就有必要以自己专长的领域为基地，有计划地拓展自己的新天地。

越多和越具有异质性的新天地，会给我们的创造性发挥带来越充足和越便利的条件。当一个人能以一己之身具备多个领域的专家身份之时，他自己实际上已经无法用专家来进行界定，客观上已经成为品质不同的通才。而必须指出的是，这种由专到通的通才远不只是一个百科全书式的人物，一般会成为一个时期和一个大领域中最可能做出较大创造性贡献的人。

关于"不要阅读文献"。克雷格·勒尔指出，从阅读文献入手，首先会过分地把研究者的思考引入俗套。其次，与已完成的研究相比较，思想萌芽很容易显得无关紧要。而且，阅读整卷材料可能迫使研究者放弃涉猎新领域的工作。对于勒尔以上的说法，我觉得至少应该补充一点，即"不阅读文献"的建议最好是提给那些对一个研究领域有较好整体认知的研究者，因为这样的研究者不从阅读文献入手只是暂时放弃了走进具体领域细节的机会，他们既有的关于该领域的整体认知足以支撑他们大致有意义的新思考和新想象。

常听研究者说独立而不顾及他人研究的思考更容易调动出自己的新意，反倒是广泛阅读之后的思考常常会降低甚至消除新思考的兴趣和锐气。毕竟在人文社会科学领域，经过千百年的发展，后人的确容易觉得前人并没有给他们留下多少创造的空间。但这样的感觉显然不是十分可靠的，对于真的走进研究轨道的个人来说，只要他没有在恍惚之间陷入纯粹的学究式的工作过程，只要他始终没有切断理性的思考与现实存在的联系，必然会与任何前人都无法触碰到的新现象和新问题面对，从而创造就成为他在新的时代背景下必须承担的责任。

对于文献阅读与创新性研究的关系，我觉得其中的关键在于研究者需要预先清楚阅读文献的原因，继而必须坚定一个信念。此信念是把阅读文献的目的明确定位于避免重复劳动、接受正反两方面的经验和确定自己还能怎样有所作为之上。在坚定了这种信念之后，研究者就有条件体验在不阅读文献的前提下，在一念之间完成对一个领域研究未来可能性的整体把握。

勒尔在《策略性思维》中模拟创作了达尔文和爱因斯坦的研究申请书：

（1）达尔文的申请书。本申请为项目负责人（PI）——训练有素的地质学家而提出，以解决专业问题。方法：收集每一个可能的细节并系统阐述一个无所不包的理论。期限：20 年。

（2）爱因斯坦的申请书。本申请是为进行时间和空间的特性的研究。方法：在扶手椅上进行思考试验，由抽象数学理论支持。期限：一生。

看到这样的申请书，如果我们是资助方的评审者，会给予顺利通过吗？当然不会。但如果我们预先知道申请书来自达尔文和爱因斯坦，会不会破例支持呢？我想会的。而我们的破例支持难道会完全是对科学权威的无原则信从吗？大概不全是。真实的情况应是我们相信达尔文和爱因斯坦虽然没有文献研究的环节，却能够大概率地对未来研究的意义做出正确的判断。

也许我们只能说，创造这件事本身就是非常规的，这当然也不是研究者为所欲为的领域，而是我们大致会认定创造更是具有创造者特质的个人自信的思维筹划和思考试验。今天的研究者受到各种条件的制约，其创造的动力越来越多地被各种习惯和形式挤压，以致他们很可能带着研究的立场启动了自己的研究，却必须花精力去从事许多对于研究来说纯属于非本质的劳动，最终的结果则是与研究的初心无法互认的东西。这样的事情听起来都让人无法理解，可普通的研究者个人又能怎样呢？

研究在其本质的层面无须规划

研究中有许多无法规划的东西，细节上的事情权且不说，最为核心的就是创造了。正是由于这种原因，从某一个时间点开始，我一方面不再规划自己的研究，另一方面也努力不被任何外部的力量规划，客观上走了一条积极进取但顺其自然的研究道路。这倒不是说规划这件事情与我毫无关系，只能说自己研究中比较核心的内容应无例外地属于自然生成。

如果两个或两个以上的有意义观念同时活跃在我的意识中，我还是要对随后的研究工作进行简单"规划"的。之所以说简单，是因为我的规划无须纸笔、不费时间，只是根据几个有意义观念当时在我意识中的活跃程度决定先处理哪一个，并无拿得上台面的深思熟虑。而且说实话，就算是这样简单的规划，对自己实际上也无多少约束力，随时可能出现的更新观念都可能使原先的规划就像没有发生过一样。

所以，要说我的研究毫无规划，肯定不符合实际，但要说我善于规划自己的研究，绝对是天方夜谭。我不会为自己的研究没有与规划完全绝缘而庆幸，更不会为自己基本上不规划自己的研究而惭愧。在研究这件事情上，我自知轻重缓急，并坚信可规划的研究本质上无需人的创造力。

至于这样的规划可以让其他的力量派上用场，我觉得应是符合实际的，但与真正的研究真的没有什么关系，在这一点上，任何人都不用去做注定漏洞百出的辩解。对研究规划的刻意辩解，最容易暴露出一个人对研究的一知半解，而且最容易流露出很可能还想秘而不宣的功利和机巧，因而相对比较智慧的做法是规划而不张扬，与"闷声发大财"有异曲同工之妙。

即使这样，有一点也必须清楚，那就是凡可规划的事情，其目标在人的意识中一定是现成的，用不着动用创造的机制。整个事情对创造的需求主要限于达成目标的手段，最好的结果也就是比较高明地达成了既定的目标，这还不排除手段思考中的道德风险。

所以，越是宏大的事情越能够让规划有用武之地，像研究这样的认识活动，在其本质的层面是不可能接受规划的。最有效的证据，莫过于从一时的顿悟出发形成新思想的过程，在一定意义上是可遇而不可求的，谁能先知先觉地预先规划出顿悟的时间和地点，否则也就无所谓灵感了。而谁又能否认顿悟在人类认识发展中的重要作用呢？

认识领域的一些成果，很可能是必然要出现的，张三不做，李四也会做，李四做不成，王五也会做成。但是，认识领域中也存在着一种情况，即有些事情，如果无人去做，就真的没人去做了，进而，我们只能把有些成果与有些研究者之间的关系视作天缘。这样的情况不论数量多少，其价值自不必说，其现实的发生岂是我们能够规划的？

有趣的是规划使人精明，规划便成为人精明的一个标识。今天，如果一个人不把规划挂在嘴边，就会显得不成熟。问题在于，可规划和需要规划的事情自然可以规划，也必须规划，但对于无法规划或无须规划的事情，还要去煞有介事地规划，这就不仅仅是一种多余，实际上也是一种滑稽。

根据对研究领域的观察发现，可分析的，进而可分割的事情，一般可以规划，恕不能举例说明；显而易见，那些不可分析的，进而不可分割的事情，一般不可以规划。我为什么要使用"一般"这个字眼呢？主要是考虑到天下之大无奇不有，古今中外总有那么一些事情属于例外，总有那么一些人物属于奇葩。

那些事情与人物，提醒我们任何时候都不能把话说死，如此这般，即便我们遇到了例外和奇葩，也不至于尴尬。你刚说煮熟的鸭子飞不了，回过头愣是看见熟鸭子插上了翅膀。不过，这只是一通玩笑话。心智健全的人，万万不能以守株待兔之态，等候自己蜕变为奇葩继而制造什么例外。那条路虽然不是死胡同，甚至还能超乎平常地水陆两通，但成本和风险都太大，一般人是无法承受的。

所以，对于大多数走上研究道路的人来说，最好还是不要妄想去做奇葩的人物和例外的事情。永远不能忘记研究是为了认识的进步和实践的发展而存在的，它本身固然不神秘，但在人自己的存在过程中也不应失其神圣。你如果经历过真正的创造，就不会觉得谈论研究的神圣有丝毫的做作。

研究不能是具有专业色彩的经济和文化游戏

做研究原本是很专业的一件事，这才让不做研究的人对研究有一种莫名的尊敬。在这种情况下，不管做研究如何不经济，研究者也不会贸然离开研究。他们心中怀有对未知探究的冲动，也可能难以容忍困扰人们的技术难题迟迟不能消失。总之，作为研究者的他们总体上是真诚的。至于他们各自有怎样的收获，均有内外条件限定，无论如何都不会影响研究本身在社会认知中的形象。现在的情况就大不一样了，莫说真做研究的越来越少见，就是真懂研究的也越来越稀少。

顺便做必要的说明，即这一切的变化，并非因为研究者自身的退化。换言之，今天研究者不缺勤奋，也不乏聪慧，而是缺乏研究者必须具有的真诚。这也不是说今天的研究者比他们的先辈多了些虚伪，根本上是因为"研究"在今天已经不只具有探究性认识活动的意义，它在很大程度上还被普遍默认为一种具有一定专业色彩的经济和文化游戏。

对于基本没有认识论真诚的人们来说，所谓的"研究"，与知识、思想和方法的创造基本上没有了关系。从而，一个"研究者"的成功，并不完全以其实际的认识贡献为标志，而是在有意无意之间通过各种形式大于内容的符号运算求得。于是就出现了拥有白脸证书的李逵和获得关公奖杯的公关人士。这样的事情一旦在学术研究领域使人麻木，那我们的研究还有什么条件获得历史上曾经有过的尊重呢？

当然也不能一竿子打翻一船人，即使在今天，仍然有真诚探究、一心向学的人。这就如同鲁迅先生在《中国人失掉自信力了吗》中所说的：

"我们从古以来，就有埋头苦干的人，有拼命硬干的人，有为民请命的人，有舍身求法的人……虽是等于为帝王将相作家谱的所谓'正史'，也往往掩不住他们的光耀，这就是中国的脊梁。"现在的问题是这样的人客观上还是少数，因而还不足以让研究者群体在社会生活中挺直腰杆。

如果有一点积极的希望，那就是在"破五唯"的影响下，一部分人开始思考真正的研究和真正的研究者究竟是什么。但这也只是如风中烛火，随时都可能被似乎积重难返的"重形式、轻实质"的世俗之风吹灭。必须指出，这绝不是夸大其词。正因为"重形式、轻实质"难以退场，我们的研究领域仍然存在着以下三种令人侧目的现象：

一是虚张声势。其显著的特征是贪大求全，研究不深入，但声势骇人。一时或有舆论效应，很快没入时间的推移。

二是故弄玄虚。正符合"为赋新词强说愁"，与知识的增长和实践的改进几乎没有关系，其成效首先在于自我陶醉，好一点的也不过是同好者间的相互鼓励与安慰。

三是盲人瞎马。当事人基本上未踏进研究的门槛，只是以"研究"的名义，敷衍一篇篇的学术"作文"。

这三种现象虽各有不同，但其共同之处是缺乏认识的真诚，这便容易让本为神圣的人类认识活动沦落为庸俗不堪的文化或经济游戏，必将贻害许多许多事情。回过头来想那些游戏中人，实际上也无须对他们做凌厉的批评，正好相反，倒应该向他们投去充分的理解。这是因为具体个人的任何选择，只要没有违背"常理"，就应被视为对存在结构的合理应对。既然这三种现象已经不是个例，就说明具体的个人即便不属于顺乎潮流，也属于识时务。

如果研究者的虚张声势、故弄玄虚和盲人瞎马，既明显失范又无法获利，谁又愿意去做不明不白的事情呢？这就不能不说到研究者所处的真实环境，总归是具体环境中的判断原则无意中支持了研究的失范，最起码无意中使失范的研究竟能获利。基于趋利避害的简单逻辑，愿做专业但获利缓慢研究的人自然会越来越少。记得老师们经常教导我们说"板凳要坐十年冷，文章不写半句空"。其真义为：要做好学问，就需要坐十年冷板凳，可是坐十年冷板凳并不必然带来学问的成功。

在这种情况下，研究者如果又恰好碰上了缺乏耐心和不在乎研究实质的环境，那他们只要稍有一些明智，岂不会去选做一些既能在当下避害又能高速获利的事情？道理虽然如此，但研究者还是有必要改良自己的精神世界。做研究，不容易，可做什么又容易呢？既然选择了研究，就该有些精神的境界。现实的利益自然需要考虑，神圣的价值也需要我们捍卫。往大处讲，这也算是知识分子应当承担的责任和使命吧！

走出对"理论"和"实践"的模糊认知

听到"脱离实际""空疏无用"之类的评论，理论家多半会心灰意冷。即便不会因此停下自己的脚步，在内心也会用"无用之大用"来安慰自己，心情平静的时候兴许还会释放出无奈的情绪。不管出现了以上哪一种情况，都说明理论家不仅在意了他人的眼光，而且在意了自己的功能。如果能坚定地认同理论及自身的价值，理论家便无须过多考虑他人的评论和自己的功能性。我的意思很明显，一是说无须过多考虑，但可以考虑；二是说千万不能因他人的评论而怀疑自己当初的选择。

伴随着走进理论世界的程度提升，理论家必然可以发现局外人对理论的感觉是比较日常的。换言之，他们的感觉是比较笼统和模糊的，他们对理论世界的具体情形、细节知之甚少甚至一无所知。这种情况总体来讲是一种自然的现象。理论家在某种意义上还应当为此感到欣慰，毕竟众人的平常见解正可以作为理论家存在的现实基础。如果局外人对理论的理解并不亚于理论的行家，那就不能鲁莽地视其为局外人。正因为存在着局外人，理论家才有条件说他们不懂理论。

理论家对局外人的理论常见一般并不会有强烈的消极情绪，令他们最为苦恼的是局外人的自信。关于这一种情况，我有一个小小的建议是，不妨琢磨一下人们常说的一句话，即知识不一定使人自信，但无知的人一定很自信。其实这句话也是武断和有偏失的，但也能够反映一定范围内的真实。也许更谨慎的说法应当是：理智的人不容易偏执。

说了这些关于局外人对理论的认识情况，这只是事情的一个方面，在其对面则是理论家群体的情况。我们能不能说理论家对理论的元认知一定就没有问题呢？显然不能一概而论。习惯于元理论思考的理论家通常会拥有理论的形而上学；而不习惯于元理论思考的理论家，除了对自己关于某认识对象的理论创造了如指掌之外，对理论的形而上学也可能缺少见识。否则，每一个有自己理论建树的人都应当胜任理论研究方法论的教育，但事实是多数的理论家属于"事物"的理论家，而非"理论"的理论家。

在文章的开头，我们提到"脱离实际"和"空疏无用"，其中内含理论与实践的关系。我揣测许多理论家面对这样的指批常常释放出无奈的情绪，其中必有一种可能的原因是他们自己对理论世界也没有完全清晰的认知，如果有，就会有能力进而有意愿向局外人讲明理论与实践的道理。

"理论"是一个抽象的概念，是一切具体理论的总称，是一个大家族。在这个大家族中，有不同品种的理论，它们的来源不同、功用各异，外在的形式也不完全一样。它们之所以共享了"理论"的名号，只是因为均"有理""有论"。其中的"理"可以做两种规定：一是"理性的"，二是"道理"；其中的"论"也可以做两种规定，一是"言论"，二是"论证"。从而，理论也就有了两种可能性的意义：一是理性的言论，二是附带了论证的道理。

具体而言，理性的言论是说一种言论，当然是内含思想的言论，并非仅仅基于直觉和经验的武断，而是能够向他人呈现理性过程的言论，言论中的思想因此成为理论。在此意义上，如果中国古代的思想家能为自己的思想附加上理性的过程，那他们就不仅是思想家，同时还是理论家。这个道理言明了，那么"附带了论证的道理"也就不言自明。进而，理论实际上只有一种基本的意义，即是"附带了论证的道理"。

归结起来，凡可被称为理论的认识成果，必须是"有理有论"的。如此，一种道理不仅在创造者那里具有自明性，还可以让他人心悦诚服。他人无须借助对道理创造者的崇信而接受道理，只要他们认同了创造者对道理的论证，自然就能无障碍地接受之。

　　与实践联系起来谈理论，则需要说明众人熟知的"理论从实践中来，又要回到实践中去指导实践"是需要悬置起来的。这是因为人类认识发展到今天，已经出现了新的情况。我们起码需要承认三种情形的真实性：一是并非所有的理论都来自于实践，二是并非所有的理论都能和都要回到实践中去，三是一部分理论可以指导认识却不能指导实践。

　　关于理论的更丰富的信息存在于相关的文献之中，不再赘言。仅凭我们有限的言说也足以说明对于"理论"这一存在，理论家和局外人客观上都存在着认知上的缺失，因而在涉及理论与实践关系的思考和行动中，相关主体均需要具有谨慎的态度。

　　反过来说，对于实践，人们是不是拥有比对于理论更为清晰的认识呢？也不尽然。首先说理论家因注意力集中在理论的思考中，对实践的认识同样容易是笼统和模糊的，实践在他们的意识中通常只是一种大背景。而且，越是具有基础性的理论，其创造者意识中的实践越是笼统与模糊的，这在很大程度上影响到了他们对具体实践领域的发言权。

　　以教育学的研究为例，人们一般不会怀疑教育哲学和教育基本理论的深刻性，但学校教育实践者通常不会把教育哲学家和教育基本理论家视为他们的同路人。当学校教育实践遇到问题时，他们直接联想到的通常是各学科的教学研究专家，连同课程与教学的理论家也很难进入他们的视野。即便如此，我们也不能简单地认为这是教育实践工作者的功利心所致。须知教育理论家对教育实践的模糊认知，实际上使得自己的理论仅仅成为教育实践的远亲，而他们自己也因此无法拥有对教育实践之充分的发言权。

　　那我们能不能说教育实践工作者对实践的认知要更胜一筹呢？不能。客观地说，实践者意识中的实践就是他们的工作本身。在集体默认了教育精神的前提下，他们的工作本身必然凸显其技术的侧面，这也就是实践者更感兴趣于方法、策略、技术、技艺、模式、程序等的根本原因。值得思考的是，多数的理论家对实践的认知并不比实践工作者高明多少，他们意识中的实践也多是与"想"对应的"做"、与"知"对应的"行"。多数理论家和实践者共同的不足是忘却了或者本来就不清楚人类的实践所具有的超越纯粹的"做"和"行"的意义。

　　哲学家康德认为人的活动可以分为两类：一类是依据因果律的行为，

这不属于实践；另一类是依据道德律的、体现人的自由意志的行动，这是实践。整合起来，我们可以认为，人的实践活动是兼具有道义性和技术性的。道义性保证了人的行动通向至善即幸福，技术性显现了人在行动过程中的能动性和创造性。我以为这一认识至关重要，它一方面可以作为判断一种行动是不是实践的标准，另一方面也可以启示我们重新理解理论与实践之间的关系。且不论一种具体的理论是否来自实践，只要它回到实践中去指导实践，相关的主体就必须清楚理论能够如何指导实践。

显而易见，理论可以在道义、价值上引导实践；理论又可以为实践的操作提供技术上的支持。由此可以联想到冯契先生的"化理论为德性，化理论为方法"，恰是分别与实践的道义性和技术性相联系的。关于实践的道理在哲学中同样是丰富和深刻的，都是我们走出笼统、模糊认知的有效资源。所以，只要我们有条件静下心来做事情，应该不愁没有充足的资源供我们改善对理论和实践的认识，在这一点上，我们已经有理由乐观。只是这种乐观不能局限于信念的水平，介于理论与实践之间的创造性工作也是必要的。

不同类型的研究不应存在隔阂

学科学术研究一般可分为基础研究和应用研究，这两个方面的取向不同，但都有自己的独特价值。在学科分化和学术分工的大背景下，相关的研究者只要在其中的一个方面有所建树，都是值得我们学习和肯定的。而在研究领域内部，两类研究者的相互理解与支持，则应是必要的也是应当的选择。但是，人总是有局限性的，这是一个很麻烦的事情。

尽管基本的理智容易被不同的研究者具有，但长期从事一种类型的研究，研究者还是容易形成本位主义的立场和思维，具体表现为对于自己从事的研究类型情有独钟，这应是很自然的现象，问题是与此同时却对其他类型的研究不能充分地理解，继而产生价值判断上的偏差，这一现象也具有一定的自然性，却比第一种自然性多了一些消极的作用。

如果各自坚守在自己的领域，无兴趣或无机会涉足其他领域，这种价值认识上的偏差很可能伴随他们整个研究生涯。说实话，这样的偏差固然是一种遗憾，却也不至于影响研究者在自己的领域不断取得成绩。可如果以整体的视野统观整个的学科研究，就会发现这种偏差可以汇合为一种消极的力量，最主要的后果是由学科研究者自己亲自破坏了学科的整体性，进而巩固了一种不必要的隔阂。

应该可以推知，如果不能幸运地出现一些有助于在学科整体立场上组织知识的学者，一个学科必会因研究领域内部的狭隘分离而难以进阶发展。关于这一点，几乎所有真正走进一个学科的研究者，都会有程度不同的切身体验。比如，我们眼看着不同类型的个体研究成果汗牛充栋且接踵而来，却无法感受到整个学科的明显进步，究其原因，难道不是学科知识组织工作的薄弱吗？

而这种工作的薄弱，除了一般研究者因有自己的研究追求没有从事的动力之外，不同类型研究之间的难以通约恐怕才是最主要的原因。由于各自的研究立场和价值观不同，相互之间的交互作用实际上很难发生，以致原本各有其意义的成果虽然具有亲缘关系，但事实上却形同陌路。这个问题迟早需要认真对待，否则学科发展的高原期将不知所终，学科发展的瓶颈不仅会越来越多，而且会越来越难突破。

遵从习惯性的思维，我们会觉得学科发展的瓶颈问题一定在基础研究领域，尤其是学科中的基本理论研究领域，进而会觉得瓶颈问题的解决与应用研究无关，这实际上属于认识的误区。要知道基本理论上的瓶颈问题解决，固然最终还是要通过理论的方式，但只有深入到应用研究的深处才能了解问题的源头状况，才能获得源头上的启示。

正像实践中的瓶颈问题解决仅在实践的领域无法突破一样，理论上的瓶颈问题仅在理论领域也无法获得彻底的解决。再深入分析理论上的瓶颈问题，除非是逻辑和语言上的困难，根本上还是实践中的、人们依靠已有经验和理论无法解决的难题。

这一判断至少在人文社会科学研究领域是能够成立的，这是因为人文社会科学研究的追求并不是在逻辑和语言的范围内进行纯粹的思维游戏，而是为既有实践范式下的难题解决提供知识的和方法的基础，或是在现实实践批判基础上重构一种新的实践，从而人文社会科学领域的理论研究根底上不可能与实践没有关系。

我们通常所说的"理论从实践中来又要回到实践中去"，正是在以上判断成立的前提下才能成立。其中，理论从实践中来，并不是说实践中有理论，而是说理论上要解决的问题来自最高明实践者的困惑，同时不排除实践者的智慧对理论问题解决的可能性作用；理论又要回到实践中去，并不是说理论仅仅需要实践者掌握，而是说没有理论上进展，仅靠实践者的智慧无法解决实践中的问题。

弄懂了这一原理，理论研究和应用研究在研究者的意识中也就不应该存在什么分离与隔阂，实际存在的两者分离和隔阂只能是研究者本位主义思想局限造成的遗憾。实际上，包括我们没有提及的、属于基础研究范围的历史研究，严格来讲与理论研究和应用研究也不应有隔阂，其中的道理更值得我们深思。

谨慎对待寻找本质的认识活动

就唯实论和唯名论来说，我是追随唯名论的。换言之，所谓共相就是一个类概念，它只能形成于具体的事物之后，且只能存在于我们的思维之中，因而共相就是一个观念。

延伸下去，所谓本质，即便是在一物一本质的前提下，仍然是一个观念，从而透过现象我们是"看"不到本质的，我们只能"想"到本质。但无论如何，类似共相和本质，对于我们的认识来说，是具有特殊意义的。

没有了共相和本质的观念，我们的思维就无法从具体的事物那里脱离出来，复合的、复杂的观念和思想便没有条件形成，而理论的建构则更无可能。

虽然如此，历来却总有远离、摒弃和拒绝共相和本质思考的人。如果他们远离、摒弃和拒绝的对象是本质主义思维，我倒是可以做有条件的理解，这个条件就是本质主义者轻视和无视现象的真实性。

如果祛除"主义"的特别局限，单就共相和本质这种观念而言，人们对它的远离、摒弃和拒绝，我是持保留态度的。之所以持保留态度而非不理解和反对，是因为不讲共相和本质的人，仍然可以从对具体事物的感知中，获得有意义的认识结果。

只是有一点是他们难以意识到的，即他们的认识不仅容易表面，而且容易零碎，客观上只能充作有效运用共相和本质观念的人进一步形成思想和理论的原始材料。

从某种意义上说，拒斥共相和本质的观念，必然限制拒斥者的想象力，并会进一步限制他们认识世界的潜力。依我主观的猜测，共相和本质的拒斥者应该不可能彻底屏蔽共相和本质的实际作用，否则，他们也无法取得自己已经取得的认识结果。

须知共相和本质的观念，并非仅仅满足着人在认识中求得恒定的欲求，它最大的功能是服务于人对事物的分门别类。意识到这一点，我们就更能理解唯名论所主张的"共相只是一个类概念"这一观点。

实际上，哪怕我们在具体的思考中以找到事物的共相和本质为直接目的，当把自己的思考纳入人类整个认识的时候，也不会满足于到此为止。因为寻找和发现事物的本质，在整体的人类视野中，只能是一个阶段、一种手段和一种策略。

作为认识者的个人，我们可以指出本质主义思维的偏失，但最好不要因这种偏失而否定共相和本质的认识论价值。好在人类认识的基本偏失，在逻辑上已经呈现在几千年的历史中，这就使我们有条件认识到：任何有意义的观念，一旦演化成为"主义"就难免变形，就难免在认识上滑入不同程度的不完全理性。

在今天，整体的、复杂的、深刻的思维，才能构成完全的理性内涵。而且，如果能够相信历史上每一个时期的辉煌思想，也许在今天明显地捉襟见肘，但在每一个时期，那些思想都是当时最强大脑的创造，那我们至少应该慎对每一种曾经辉煌的具体思想。

顺理成章，对待共相和本质，进而对待目前存在且未来也不会消失的寻找共相和本质的认识活动，我们也需要理性对待。当我们开始理性起来的时候，应该能够逐渐地发现，正被我们拒斥的，也许是我们误解的，很可能是我们的认识继续提升所急需的。

超越原则性建议的学术指导极为必要

对于做研究的人来说，如果对学问的真诚不是问题，且不存在学养和方法上的障碍，最让人挠头的问题当是难以确定研究什么。原则上讲，研究者当然应该去研究真的问题，最好是有较大意义的真问题。然而，在没有更具体说明的情况下，这仍然只是一个原则，挠头的研究者并不会因对此原则的谙熟而感到得心应手。也应是因此，学习做研究的人常常让他们的老师感到无所适从，殊不知真正紧张并无所适从的是学习做研究的人自己。

要知道老师慷慨给予他们的原则性建议最多只能够启迪他们的方向和理念，并不能成为他们可直接使用的工具，结局往往是相关的道理还算明白，但有效的研究却无法产生。所以，老师发现学习研究的人一窍不开又油盐不进的时候，实际上应该反思自己对他们的指导是否彻底和是否顶用。作为老师，这一方面的失误我也是存在的，自以为和其他同行一样并不是教育态度上的问题，至少在我这里客观上存在着难以超越原则性的建议进而对学习者进行更具体指导的困难。

今日又想到这一问题，更觉得学术教育者应当对此做认真的思虑，以便为学习研究的人提供既接地气又不损失学术研究本质的帮助。我们的确需要对此问题的认真思虑，这中间还有一个原因是从任何的文献中也无法获得可直接搬用的成果。我不知道那些据说能出高徒的名师是否有传内不传外的独门绝活，仅凭经验，我揣度他们比起常人固然更富有教育的智慧，并不见得真有什么独家秘方。

而那些高徒之所以高卓，主要还是因为他们自己天赋的优异，以致老师只需要把他们领进研究的大门。"师父领进门，修行在个人"这样的说法，恰恰是名师的经验之谈，这同样的话若是由平常的老师说出，迟早会背上掩饰自己无能和推卸教育责任的批评。这种情况让我更加坚定地相信思考超越原则性建议的学术指导方法极为必要，要知道对于教师来说，天赋优异、悟性出众的学生永远是可遇而不可求的。

带着这样的立场，我回顾了自己学习研究的过程，无疑也从老师那里获得过高屋建瓴的耳提面命，但真正成为经验的方法还是来自不断试误中的零星顿悟。在此愿不揣简陋地汇报两条：

其一，我尤其关注那些虽然流动在日常表达和交流中但在理论上却付之阙如或语焉不详的概念。

经过长期的尝试，现在我可以负责任地说，这样的概念往往可以成为专业知识的增长点。搜罗这样的概念，在我的研究中曾有过教学质量、教育思维、教育情感、教育智慧、教育精神、教育家等。客观而言，对这些概念的学术性关注不仅让我在学术热点之外获得了研究的自信，而且也为专业知识的增长提供了某种可能。我琢磨研究这一类问题的深层逻辑，完全可以表述如下：这些概念之所以流动在人们的表达和交流之中，说明它们在教育实践中是重要的；而教育理论之所以对客观上重要的概念付之阙如或语焉不详，只能说明搞清楚这些概念具有较大的难度。那么，重要且有难度的问题，难道不是研究者的优良选项吗？

其二，我尤其关注道理上不难说清楚但在操作层面难以解决的问题。

在我的研究中，最具有代表性的应是教育理论与教育实践的关系问题。"理论从实践中来又回到实践中去指导实践"的道理，对于接受过中等以上教育的人来说可谓众所周知，可是为什么教育理论和教育实践却长期存在着"两张皮"的现象呢？道理和实际的反差足以说明，无论是"理论从实践中来"还是"理论又回到实践中去"，都是仅用原则性的道理无法解决的。为了实际解决这一难题，我确立了"教育思维"这一范畴，并挖掘了其可消除教育理论与教育实践隔阂的潜力；我还为此提出了"教育工学"的理论构想。

两条经验本身也许算不了什么，但还是勉强可作为超越原则性建议的学术尝试案例。我实际在意的是学术教育者能从中获得一些学术教育方略的启示，进一步希望包括我自己在内的学术教育者不能只停留在"师父领进门，修行在个人"的阶段。坦诚而言，也只有向前走出这一阶段，我们做教师的人才能真正把学生领进学术研究的大门。从哲学上讲，内因当然起决定作用，外因只是条件。这应是颠扑不破的真理，但问题是作为教师的我们，在学习者学术成长的外因创造上应做而未做的事情实在太多。

认识领域的制造者稀缺

很多时候遇到困惑，我会本能地责怪自己的脑子不灵光，但不会持续很久，为了能释解困惑，还是去读了相关的书。而每一次的读书一旦开始，又很快与作为原初动力源的困惑脱开了关系，间断沉浸于书作者的论述，一般情况下是能够意识到阅读的游戏性的。在这个过程中，读的人虽会被书中精彩的文字牵引，但总体上是自主的，且因原先作为动力源的困惑不翼而飞，阅读的过程呈现出自由的特征。

好的书是真的好。不同类型的书是不同类型的好。单说理论类的好书，其语言的流畅和思维的彻底可说是最突出的特征，读的人因此能有神清气爽的感觉。从书中走出来，重新审视原先的困惑，我更觉当初的自己不大灵光，又觉得读好书比起探究性的思考才是更令人愉悦的。常常因此而暂时放下欲研究的对象，只是一本一本地读，渐渐地，竟然对探究有了一种疏离，甚至会在一念之间觉得写些读后感的意义也会比独立探究的价值更大。

尤其在领略那些思想的巨著时，很容易信仰述而不作的原则，实际的心理是自感任何的探究设想在巨著面前都显得没有什么必要。与此同时，也理解了解释之风盛于探究的重要原因，原来是那些思想的巨著影响了我们的信心，进而促进我们改变了曾经的选择。这样的改变对于具体的个人来说纯属于自己的事情，只要他在解释之中心情愉快，起码是有利于个人精神建设的。

如果借助解释还能产生超越书本的有意义思想，对整个的认识领域也是一种贡献。尽管如此，我还是想到了一个问题：假如太多的读书人以读书为业，即使他们在解释的过程中不时有奇思妙想，我也仍然会担心各个认识领域的未来会是什么样子。

对于未来暂且不做主观的预测，再回头品味改变了我们选择的那些思想的巨著，我不禁疑惑：为什么那些思想的巨著均是探究的精品而非基于历史遗产的浮想联翩呢？这中间的道理想必不会复杂。仅从效果上看，如果那些巨著的作者如我们一样更愿做真诚的阅读感言，那我们是无缘于那些思想巨著的。

客观地说，广义的认识劳动领域也应有必要的分工，既需要制造者，也需要解释者，还需要传播者。现在的问题是，制造者少了点，更因其少而不成气候、难成风气。相比之下，解释者就多了一些，更因本土时下的制造者少、产品少，他们只好从时间上离我们很远的过去和空间上离我们很远的异域寻找解释的对象，结果是我们的认识领域基本无法形成"制造—解释—传播"的本土自运行系统。

在这种情况下，不管各角色的认识劳动者如何卖力，由于相互之间没有有机的联系，所以我们感觉到的生气和繁荣很可能只是一种错觉。这种生气和繁荣很像没有坚实制造业做基础的商业的生气和繁荣，虽然不无意义，却很少创造新的价值，在认识领域就属于认识的泡沫。因而，各个认识领域都应该鼓励更多的人从事制造，毕竟确定的知识、严格的理论和深刻的思想才是我们最为稀缺的。

前人的和外人的宝贵资源固然不能轻视，但我们在本土、在当代，也应该努力为历史的延续完成本土的和当代的作业。值得注意的是，这个作业没有人负责布置，需要我们自己去寻找。因而，我们今天有没有作业意识、能不能完成作业，以及完成的质量如何，不仅影响我们在未来人们心目中的历史形象，而且直接决定着我们今天的认识在人类认识共同体中的地位。

学术实践方式变化中的问题

　　一位学者在谈到社会学学术实践方式的变化时说道："代之而起的学术活动，是在正式机构中立项，以争取资金、争取认可为主要目的的职业化操作，民间半民间的专业知识生产不复存在。"这段描述比较符合实际。把这句话接着说下去，可以有两个方向：一是学术活动以争取资金、争取认可为主要目的有什么问题，二是民间半民间的专业知识生产不复存在有什么不好。

　　相对来说，第一个方向的问题容易入手一些，因为只要受过一点正规学术教育的人，都知道学术活动当以求知、求真为目的，这也就是人们常说的学术内在标准。相应地，以争取资金、争取认可为主要目的，显然就属于学术的外在标准。所以我想这位学者所唏嘘的要义应是：对用学术的外在标准掩蔽其内在标准是一种不利于学术发展的问题。

　　第二个方向的问题，首先是比较有趣的，其次又隐藏着学术活动高度职业化的历史变化。言其有趣，主要是说民间和半民间的专业知识生产无疑自由，应该说符合知识生产所需求的生产者内心自由，从道理上讲利于个人的创造性和个性的发挥；而专业知识生产的高度职业化，固然会有形式大于内容的极大可能性，却也不是一无是处，至少折射出知识生产的计划性增强，同时可最大限度地承载社会发展和现实问题解决的急需。

　　如此辩证地思考，两种知识生产的方式若是处于极端状态，各有利弊，那么合适的选择就只能是两种方式的共在并存，这样既能使知识生产应社会发展和现实问题解决之需，又能使知识生产者整体中的局部创造性和个性在合理的范围内正常释放。如果真的如此，事实上长期以来也的确是这样的，那么知识生产与学科发展及社会需要之间的关系一般是能保持一种和谐的。

　　现在的问题是学术活动的计划性越来越强，而且越来越处于绝对的优势地位，这种情况进一步迁移到了学术评价和学术研究者的人员功能测评和管理激励之中，这便使民间和半民间的专业知识生产方式不仅处境尴尬，而且使研究者自己的现实利益和专业发展受到严重挤压，并无法挽回地左右为难。作为结果，大多数民间和半民间的知识生产者，在各种压力之下基本上忍痛放弃了原有的生产方式，继而也走向以争取资金、争取认可为主要目的的职业化操作。

对这种结果做一个理性的判断，它对学科知识自身的发展究竟起着积极的还是消极的作用呢？从现实的情况来看，积极的作用自然不可能没有，毕竟任何的研究，无论其生产方式和追求如何，总会贡献出有意义的结果，但生产方式和追求不同，其结果的性质还是迥然有异的。为什么新的研究成果不断推出而新的思想和知识却很难出现？平心而论，并非研究者群体缺乏创造的能力，而是他们的创造力凝聚在了新知识和新思想之外。

当然有人会说，学术研究就应该为现实的社会发展服务，我们中国本来就有经世致用的传统，这话当然没错，但并不能因此轻视了为求知进行的探究。严格地讲，一切应用研究或实践研究，其所应用的和实践的，不正是求知研究产生的成果吗？回到学术实践方式的变化上，目前的课题学术，尤其是哲学、人文社会科学领域的课题学术，有点偏离知识增长和思想创造了。这其实也没有什么关系，只要还有一种机制可以保护为求知进行的自由的探索也就足够了。

做研究也有"地段"问题

李嘉诚说过一句话："决定房地产价值的因素，第一是地段，第二是地段，第三还是地段。"这是经验之谈，也是掩藏不住的行业秘诀，所以被房地产界奉为金科玉律。

从我们普通人的感知来说，好像也是这样。就说在同一个城市盖房子，用于建筑的钢筋水泥、砖头瓦块，其市场价格应是一样的，但房子的位置不同，价格就相差甚远，说到底还是地段在起作用。

我由此联想到做研究，如果有人问我们，决定具体研究价值的因素究竟是什么，我们能不能找到相当于"地段"这样的因素呢？我思来想去，也没有个好答案，偶尔意识到某个因素，随即也在周延性原则的作用下自动放弃，以至于终了也没有得到结果。

今日允许自己懒惰，索性不思考，只重新捉摸李嘉诚的那段话，混沌的脑子忽然有了亮光。具体的情形是，我把一个研究领域或一个学科简单地比喻为一个城市，继而把我们要做的研究比作要盖的房子。我就这样糊里糊涂地发现，竟然也是"地段"决定着我们研究的价值。

如果真的是这样，在一个研究领域或一个学科中做研究，选"地段"就成为至关重要的事情。但问题是所谓的"地段"，在研究领域中究竟意味着什么？如果我们真的能清楚了它的操作性内涵，对研究者和研究是利大于弊呢，还是弊大于利？

想到这里，我立即失去了继续思考的兴趣和勇气，心想着很多时候糊涂一点可能比清醒许多更接近智慧。尤其是当我们无法改变我们能意识到却无力改变的消极真实时，从精神安泰的角度讲，的确不如保持真实的糊涂。因为真实的清醒在这种情况下，必定摧毁我们的心安理得。

可是，如果我们已经清醒了，只是在狡黠的作用下佯装糊涂，是不是更无法心安理得呢？好难呀好难！这种纠结竟一点也不亚于研究本身的艰深带给我们的压力，无形中印证了"做人比做事难"的本土经验。

离开这一纠结，我回忆起导师胡德海先生问过我如何理解教育哲学研究，当时我给先生的答案是：对教育实践和教育认识领域中基本问题做根本回答。换言之，我们可以用问题得是否基本和回答得是否根本，来判断一项具体的研究是否属于教育哲学研究。

现在提到这件事，是因为我隐隐约约觉得教育哲学其实就是教育学这座城市里的一个地段，至于这个地段在整个城市里的位置则另当别论。继续做系统论式的思考，教育哲学其实也可以被比作一个小城市，在这个小城市里，同样有研究者的地段选择问题。

研究者对研究地段的选择，将直接影响他们自己研究的实际价值，其重要性不言而喻。究竟如何选择研究领域中的地段，我觉得还得回到房地产市场的思维中。

试想我们购房时的思路：首先是看我们自己的购买力。如果力量强大，就会直接选择地段。其次是看我们自己的兴趣。别人追捧的地段，不一定是我们自己中意的。有时候，个人兴趣与大众判断的反差，很可能让我们用买麻雀的价钱买来一只我们意识中的凤凰。

别的话我就不多说了。比如，一个研究领域或一个学科中，有没有像一个城市里那种公认的好地段？也许有。但即使知道这种好地段在哪里，也意义不大。什么地段的房子也有人买，所以，什么地段的房子都卖得出去。同理，什么地段的研究都需要有人做，所以，什么地段的研究最终都会有人做。

只有不同地段的研究者各司其职、各尽其才，和城市一样的一个研究领域或一个学科，才能处处充满生机和活力，整个城市也才能繁荣昌盛、蓬勃发展。

学术失范与研究无力

在全民学术的背景下，学术失范甚至失德已成恶疾，此恶疾的危害并不仅仅局限于失范、失德者个人的堕落，同时浪费着本就有限的学术媒体资源，并越来越严重地恶化着学术风气、破坏着学术生态。针对这种状况，学术媒体和学术教育机构均采取了应对措施，在规则和技术两个维度设置了"防火墙"。现实地看，学术论文的查重已经成为学术媒体审查论文和学术教育评价的必要过程。但值得注意的是，人们从一开始就把它定位于对学术不端行为的检测，这的确没有什么问题，对于论文作者为什么会制造出较高的"复制比"却少有细致的思考。我相信就结果判断的学术不端，无疑来自研究者学术道德的欠缺，但研究者的失德是主动的还是被动的，的确需要思考。

应该说，除了打心底就没有把学术当回事的人，基本不存在积极主动并自认为抄袭无错的作者。大多数抄袭或变相抄袭者，只是不得已而为之，而他们的不得已则是因为对研究和论文写作手足无措。或可说，他们基本不具备独立思考和自主表达的能力，而其根源则在于他们学习"研究"的过程中，未被要求做循序渐进的独立思考和自主表达。由于没有必要的思考和表达训练，他们既欠缺了本领，更无缘形成习惯，最终的结局就是面对问题时的无助与退缩。以此姿态承担独立思考和自主表达，不可能不手忙脚乱。这种情况下，他们又不能不完成论文写作，除了有策略的抄袭、编制，似乎也别无他法。如果他们还值得同情，那说明我们的学术教育，尤其是哲学、人文社会科学的学术教育，普遍不得要领。

以研究生教育为例，教育者究竟教给了学生什么？以我的观察，无论他们教了什么，必定很少教给学生各种类型的研究原理。研究原理的缺位又使得许多客观存在的研究训练，要么沦为研究方法的表演，要么只是低级认知活动的重复。所谓各种类型的研究原理，是指各种类型的研究方法背后所隐藏的认识论原理。我很遗憾地注意到，许多学术论文的作者几乎没有"认识"的意识，而只是把做研究简单化为"写文章"，以致他们制造的所谓论文与知识的进步、问题的解决完全没有关系。殊不知"写文章"只是对已有思考结论及其实证或论证的表达。如果没有新进的结论，或是尚无完备的证明过程，所谓文章是不需写作的。每个领域的研究者都知悉一些研究方法，那些具体的研究方法如同实用的技术，其基础是如同支撑技术的科学一样的哲学认识论原理。实证哲学、现象学、解释学等，就是这样的认识论原理。现在看来，我们的学术教育的确没有在这一方面着意用力，更重要的是，对于研究的基本追求——求真知，造新物——缺乏有力的申明，客观上使学术教育失去了灵魂。

有缺陷的学术教育造成研究者的研究无力，他们的研究无力又使学术道德的实现失去了坚实的基础，如此，在外力的诱惑或胁迫下，他们便有意或无意地模糊了学术道德意识。思考至此，一个新的问题，即种种外力的诱惑和胁迫，出现在了我们面前。对于这一问题，我无力问津，只能留给不断进步的历史过程。回过头来，我仍然把思维聚焦于我们的学术教育，至少要客观地指出其中的问题。或许有人说，现在的学术教育不也培养出了许多人才吗？我的回答是：即使不是全部，也可以说绝大多数卓越的研究者是自己的天赋和勤奋的产物。我这样说，并不是完全否定现有的学术教育，只是认为它需要脱胎换骨。

真正的研究一定不是手艺活

古代的文人多以诗文彰显才华，其中有佼佼者，不仅能风流于当时，在后世也能随其作品受人景仰。王杨卢骆、李白、杜甫，以及不计其数的古代才俊，就享受了这种荣华。他们的作品中，有情怀也有境界，有郁闷也有自由，让阅读的人既感受了美，又理解了善，正因此，作者及其作品才得以代代流传。

但有一个事实不能忽略，即古代作诗作文的人，不只是为众人熟知的那些佼佼者，还有无数名不见经传的普通文人和未能以诗文著称的大小官宦。应该说，后者所下的功夫不见得就小，但因种种原因而未有大成。思考这里的"种种原因"，从资源上看，可能是思维类型的问题；从思想上看，应是对作诗作文的理解问题。

对于资源方面的原因，我觉得属于天性范畴，人力难以改变，索性不论；对于思想方面的原因，我则觉得，大多数在诗与文上未有大成者，是把诗文创作理解成了一门手艺。有了这样的理解，他们就会做形式的和规范的考究，淡化了诗与文的意是其一，还可能因形而坏了难得一见的意，自然是难有胜算的。

令人遗憾的是，这种现象也存在于我们的学术研究领域，这也就意味着，在这个领域内，客观上存在着对学术研究有理解问题的人。具体地说，名为研究者的个人，并不真的懂得研究的意味，然后在某种风气的影响下，在某个同样不谙研究本质的师傅教导下，把研究当成了一门手艺，同时也就把自己打造成了一个手艺人。

这样的"研究者"显然不可能不动脑筋，但他们的脑筋主要动在作文的手艺上，至于研究所要追求的发现或发明，他们即便不是一无所知，也不会视其为脑筋活动的重心。实际上，这样的"研究者"过去也有，只是质量上可能没有今天的高，数量少也没有今天的多，更关键的是其危害还远远不如今天的大。

如果有机会深入到当代人文社会科学研究领域，就会知道一部分新老贵族真的属于与研究基本无关的论文收割机。说实话，这种被调侃为"收割机"的人还不是最糟糕的，他们至少下了文章的功夫，纵然没有发现和发明，起码组织和整理了一些有意义的信息。他们的问题并不在于自身劳作的没有意义，而在于自身的劳作远离了研究的本质。

远离了研究的本质，如果没有条件限定，也不是什么问题，毕竟世界上有意义的事情不只是研究这一种。但如果存在着一种人，他们所做的并非研究，却以研究者自居，就绝对是一个问题。究其后果来说，不仅耽搁或者欺骗了自己，而且有可能误导了来不及具有判断力的其他人。

现在值得注意的是，许多学术研究领域的人，不明不白地自叹不如他人会做文章，却很少反思自己对研究的理解。当这种现象较为普遍的时候，当这种情况变得较为严重的时候，整个学术研究领域就会失去魂魄。作为其自然的结果，发现和发明只是少数真正研究者的事情，其余的人则在玩一种手艺、做一种游戏。

或许是真做研究的人都比较认真，所以总能找到自己领域的不足。平心而论，学术研究领域虽然不怎么纯粹，但也不会混杂到什么程度。把有规矩的事情变成手艺甚至做成生意，差不多已经是我们这个时期比较潮流的选择。与此相比，只做文章，不做研究，却也不伤天害理，已经相当不错了。既然如此，我们的研究还有什么希望呢？

学术判断与研究创新

今天的研究好像越来越难做了，其难，主要在于创新，创新难了，研究不仅难以进行，而且难以开始，研究者只好回到经典或非经典的文献中，以寻找与创新的不期而遇。然而，这是一个被动等待的过程，在等待中，研究者无疑会获得越来越丰富的信息，也可能因创新的无望而消磨了意志，渐渐地便习惯于可以让心里踏实的学习，同时对研究创新敬而远之。这是说今天的研究，话说回来，什么时候的研究能是轻易的呢？事物呈现给我们的只是表层的变化，要想获得变化背后的道理，研究者是需要有透视和洞察力的。

这一点对于新事物的研究和较早历史阶段的研究者来说应是恰如其分的，但是，对于已被人们反复咀嚼的人文事物和处于历史末端的研究者来说，似乎有点隔靴搔痒。这倒不是因为研究自身的道理发生了改变，而是研究的生态不同于以往。具体而言，人文社会科学研究领域，几乎没有未开垦的地带，由此，研究者视野里的人文世界，处处都有前人的足迹，事物的原始状貌不复存在，在事物的旁边则是林林总总的文献。如果没有足够的学术判断能力，莫说研究创新，研究者很可能因为即便皓首穷经也可能无法取得预期成果而失去研究的信心。

有一个事实，我们无法回避，即今天人文社会科学领域的研究者，已经无缘未经染指的研究对象。文献的不断积累，使得走进这一领域的人们必先接受学者的角色，进而面对系统而丰富的研究文献。他们中的多数基本上终生走不出学者的边界，梳理一些头绪，阐明一些事实，尽一些教喻之功，只有一部分能用思维穿越文献、直抵事物本身的学者，才有机会成为研究者，并进一步为他们的后学者创造新的文献。这一部分幸运的学者所依赖的就是一种被我们称为学术判断的力量。

学术判断，换言之，就是要判断学术，判断学术运动的方向和趋势，判断既有学术文献与人文事物的关系，判断自己的认识与既有学术文献的关系。借助这一系列的判断，一个学者就能够把既有的学术文献当作资源，从中汲取认识的营养，增益认识的能力，进而带着新的视野和能力直面研究对象，最终使事物本身说出未曾告知前人的秘密，一个学者也因此跃变为研究者。

学者需要判断自己所在领域的学术方向和趋势。要清楚学术的方向和趋势虽然未被研究者规划，却隐伏在已有的研究和研究者的意向中。我们也许应该回顾一个领域的开拓者最初有过怎样的理想，他们理想中未成为现实的部分很可能就是当下学术研究的方向和趋势。我们也许应该观察一个领域的前卫者正在焦虑什么，他们的焦虑很可能就是学术研究的方向和趋势。也许，我们更应该反思自己在一个领域的最大困惑，然后再开始解除困惑的学习，以判断自己的困惑是否是一个领域公共性的困惑。如果是，我们自己的学术方向和趋势也就自然明了。

学者需要判断既有学术文献与人文事物的关系。有的文献是对事物现象的描摹，可以给人以事物的感觉形象；有的文献是对事物结构的分析，能够不同程度地表现事物的内在本质；有的文献是对事物的价值判断，可以给予人价值上的启示。学术文献与人文事物的关系不同，其认识论的内涵也不同，其学术的价值当然也不同。学者通过此类关系的判断，既可以确定自己的核心研究类型，也可以在较为薄弱的关系类型方向展开自己的研究。

学者还需要判断自己与既有学术文献的关系，其目的是要唤醒自己利用文献进行研究的自觉。学者首先要学习文献，但学习之后的进路则多元并存。有的拘泥于咀嚼回味，谈些感想，用各种风格的文字阐述一些公理；有的无力与文献对话，真诚地做了一些编辑、排列工作；然而，只有少数学者能够从既有文献中发现进步的台阶和巨人的肩膀。有幸如此的学者，在自己学术判断的基础上，必能毫无悬念地走向研究创新的未来。

理解有组织的和有用的研究

现在我们讲有组织的科研和有用的学术，虽然是从需要出发的，但其后续的意义却不仅是能够满足我们所意识到的需要，而且能够对长期以来存在于学术研究中的问题起到纠偏和矫正的作用。但任何事情落到实处都需要理性地参与，否则，一些良好的动机则会因简单化的思维和行动而无法实现。从实际的情况来看，虽然此种观念的实行者也可以讲出一些辩证的道理，但在涉及行动的时候还是有点走偏，以致所谓的辩证意识实际上成为一种与行动无关的装饰。

首先说有组织的科研。我们至少可以做出以下阐释：从解决大问题、获得大成果的需要出发，排除那些划时代的理论创造，一般情况下，是不可能由任何一个个体完成的，这就需要以某一个人为核心组成研究小组或团队，实施攻关。现实中许多成功的经验能说明这一点。对此如果不做更深入的分析，倡导普遍的有组织的科研就会成为一种观念的潮流，任何的怀疑都能够被俯拾皆是的成功经验击退。

但很少有人想过有组织的科研就其实质来说属于不同研究者个人为了一个共同目的的合作，而合作的前提是由目的转化来的研究任务是能够由团队成员分工完成的。也就是说，有组织的科研之所以能够成功，是因为科研的总任务可以分解为可由团队成员承担的子任务。

那问题就来了，对那些无法解析为子任务的科研，有组织的科研又如何实现呢？这当然是一个不能回避的问题。我们知道真正探索性的理论研究和思想创造就很难由不同的个人共同完成，从而像马克思和恩格斯那样的合作，在整个人类认识的历史上都是非常珍贵的。

这么多年指导研究生，我总觉得对他们有太多的亏欠。每当他们表现出羡慕同学能够参与老师的研究，进而表达出愿意帮忙我的研究时，我总是看起来很无情地告诉他们帮不上我的忙，紧接着到来的就是他们内心的失望。记得有一位学生说："我们总可以替你查一些研究所需的文献资料吧？"我说，还真不可以，因为他们并不知道我需要什么样的资料。

我这样的认识，且不说是否正确，经过一届一届学生的信息传递，逐渐地也就没有学生有参与我的研究的想法了。

实事求是地说，我所从事的研究的性质，使得我对自己的研究生都无法进行为了科研的组织，又怎么可能去组织和我一样的专门研究者呢？但我并不会因此而轻视有组织的科研，而是更加坚定地认为，科研是否需要组织团队进行，根本上取决于研究的性质和研究任务能否由团队成员分工完成。

如果研究本身对有组织的科研具有内在的需求，即使有外力禁止有组织的科研，真诚的研究者也会采取各种手段进行；反过来，如果研究本身几乎只能由单个的研究者完成，即使有外力做现场的监督，研究者也只能做出有组织研究的样子。

我的这一番道理听起来也算顺理成章，但有更高明的头脑会指出：即便存在着无法分工合作的研究，有组织的科研也可以实现，原因是研究者个人必然归属于具体的组织，并不是一个纯粹自由的研究者，因而他的研究不能完全依从个人的兴趣，而是应该服从所在组织的理想和利益。对于这种高明的思想，我就没有异议了。

其次说做有用的学术。这个倡议的提出应有一个重要的前提基础，即客观上存在无用的学术。如果真的存在无用的学术，研究者就必须无条件地放弃。我的理由是，人类还没有奢侈到出资让一部分人做一些无用的事情。但问题的关键在于真的存在无用的学术吗？对于这一问题实际上不必较真，理性地说，即使做有用的学术的倡导者，也是在相对的思维原则下思考问题的。

从世界性的人文学科的衰退来看，至少在有更多关涉实际利益的研究需要优先进行的情况下，暂时搁置或压缩人文学科的研究也是合情合理之举。相对无用的学术研究即便被允许小规模地存在，研究者也需要把自己的研究与有急需用场的学术研究联系起来，毕竟无论多么基础性的研究，总归是有其价值意向和指向的。

所以，有用学术的倡导者和相对无用学术的研究者还是应该相互理解和体谅。前者需要想到，即便当下无用的学术研究也有必要保留其火种，以避免未来需要时还得从头开始；而后者则有必要重温"家有三件事，先从紧处来"的朴素古训，同时要确立在研究的利益上自觉与有用的需求对接起来。整体地思考如上的问题，就可以发现表面上存在的两种研究价值哲学的差异，其实并不是原则性的差异，而是在各种资源短缺情况下的现实主义和理想主义的差异。

现实主义的思维少了浪漫却更有效率，理想主义的思维少了现实却更有美学意蕴，我们相信随着社会力量的进一步发展，目前存在的差异一定会逐渐趋于和谐。明白了这一道理，从事基础研究的人们也不必为自己的研究做什么辩护，更不必自惭形秽。这是因为，在某一种潮流之中，任何有异的辩护都会既显得苍白无力，又容易遭遇轻视之外的压力，最重要的是这样的辩护基本上没有意义。

为了"创造"的等待

对于从事认识劳动的人来说，大多数时候是没有高强度劳动的，原因当然是"创造"是一种无法预先规划的事情。如果一个人真的坚持"无创造，不动手"的原则，那么他大多数时候是有条件闲极无聊的。当然，如果一个人在一次"创造"之后，真的选择了可以闲极无聊的状态，下一次的"创造"通常是不会光临的。所以，在两次真正的"创造"之间，认识劳动者还是需要做一些事情的。至于具体应该做些什么，原则上，在不丢弃问题意识和创造欲望的前提下，个人是可以随性而为的。

说是随性而为，我相信相关个人的实际所为一般来说也不会远离自己所关心的问题。只要能保证这种状态，个人尽可以顺其自然，随着各种因素日趋成熟，下一次的"创造"必然会不期而至。那么，在两次真正的"创造"之间，一个人都会做些什么呢？这个问题要想有答案，最可靠的方式就是去问询符合条件的具体个人，但实在没有这个必要。在不计较答案精确度的情况下，我们是能猜测出大致情形的。想必一个认识劳动者，除了他作为日常生活主体必须做的俗务之外，指向问题和"创造"的作为也不外乎阅读、游历、切磋和写作。

假如一个人后来的"创造"与他之前的这些作为不无关联，那么我们就可以反过来建议后来者，一方面需要做这样一些事情，另一方面还需要把这些事情做好，而"好"的标准理论上应是以具体的作为与后来"创造"的关联程度为依据来判断。不过,落实到实际之中就有些麻烦,恐怕没有人能说清楚他后来的"创造"究竟得益于以往的什么作为和怎样的作为。从这个角度讲,对于来自任何人的任何信誓旦旦的经验宣讲,我们都不必过分地当真,就当是听了一段文学故事。

我记忆中的一位熟人的孩子考上了国内非常好的大学。许多人心生羡慕,并有许多孩子的父母向他取经。据说他最终传送给求教者的妙方竟是让孩子多吃排骨,自然就有许多人真诚地效法,后来的效果如何我就不得而知了。仅说吃排骨与考高分之间的关系,最多也就是"营养—体质—精力—成绩"的简单链条,至少到现在为止,国内外的各种科学家都没有研究成果能够支撑吃排骨和考大学的关联。然而,一些望子成龙心切的父母并没有足够的理性,既然有规可循,他们是不会轻易错过的,以至于还有人向我的那位熟人进一步咨询排骨的材料、做法、吃法等,足见他们是极为认真的。

实际上,这样的事情在认识劳动中也不是一点都没有,一部分上进的年轻人会向有经验的先进请教,一部分善良的年长者也会积极地对年轻人耳提面命。应该说,这是一种可喜的情景,所谓薪火相传就是在这样的互动中实现的。但在今天,我们是不能简单地局限于这一种互动的,尤其对于现代学科的研究者来说,仅靠谦虚的态度和对先进经验的使用是远远不够的。特别需要注意这里所说的现代学科研究,其中的"创造"显然不只是一个功底、规矩和功夫可以应对的。所以,如果有善良的先进愿做研究经验方面的无私奉献,年轻人无疑应该认真地倾听以示敬意,但的确不必把来自先进的任何经验奉为圭臬。

根据多年的观察,即便有先进真的拥有什么制胜的法器,若不出意外,应是与认识、研究和创造没有丝毫关系的。站在批判现实的立场上,我们当然可以略带调侃地说做研究是有捷径的,小孩子也知道这种话是对靠虚假研究猎取真实名利这种现象的讽刺,但就真正的认识、研究和创造而言,是没有什么捷径可走的。理性一点讲,对于不可规划的"创造",认识劳动者实际上只能做一些看似常规的有意义的事情。只要方向正确、意志坚定,"创造"的时刻在它该来的时候就一定能来。而所谓的看似常规的有意义的事情并不是别的什么新事情,正是不远离问题和"创造"的阅读、游历、切磋和写作。

阅读什么呢？最好是有难度的内容。在有难度的阅读中，人的思维会受到挑战，知识和信息会得到充实，无法预料的新内容可能会对我们产生难以预期的启示。比如有一日，我读到使动词所指代的行为作用可引起"变化"、"拥有"和"发生"，自然意识到具体的行为是否有意义，就在于它能否导致"变化"、"拥有"和"发生"。把这一启示用在行为的设计上，即要预判一种行为究竟能够产生以上三种结果中的哪一种，进而判定一种行为可能产生的结果是否与我们的利益一致。实际阅读中的启示情形是多种多样的，只要有难度的阅读在进行，什么样可能的奇迹就都可能发生。

游历是对个人所关心的问题之相关经验世界进行自由的考察。只要一个人长期潜心于一个问题领域，就有希望从相关的经验世界中发现他人难以发现的东西。俗语说，内行看门道、外行看热闹。同样的现象实际在不同个人那里的意义和价值截然不同。现在的研究者也不是厌弃游历，但各种条件的限制，客观上使他们与经验世界的关系越来越淡。特别是网络媒体的发达，更使得他们自觉得"秀才不出门，全知天下事"，殊不知网络世界和真实世界早已不是初级阶段的原型和投影的关系。埋在书本里不可以，埋在网络里也不可以，什么样的阅读和网游也替代不了研究者对真实经验世界的游历。

切磋在这里主要是指就自己所关心的问题和所指向的"创造"与他人进行有意义的交流，这本是人类认识推进的重要方式，但其真实的发生概率却越来越小。在今天从事研究工作的人群中，或许已很少有人单纯地认为学术会议是实现真正的深度交流的途径。即便是私下的专业交流，其难度也不容小觑。更不用说公开的学术场合展开辩争了。当然，如果学术辩争能够发生，我们倒也不必回避，因为真诚的专业性辩争是有利于问题思考之深入的。只是辩争具有先天的不足，它通常是两个或两个以上自以为掌握了真理的个体或群体之间的意见交锋。

由于辩争的局面一旦形成，各方的强力意志自然会出场，从而很难通过辩争解决问题。想起电影中有一武师找到另一武师，言明要切磋武艺。对方机警地说道："什么切磋？不就是来挑战吗？"事殊理同呀。既然难以发生真正有意义的切磋，那就不妨各自亮出自己的绝活。旨在交流的学术会议也不妨转型为学术成果的博览会，各自只需展示，相互用心体味即可。对于真心要释解疑难、解决问题和追求创造的认识劳动者来说，无论怎样的环境变化，都不会从根本上影响他们的进步和发展。

学术文明和学科发展

一

在各种社会性实践中，学术最容易也最应该具有文明的品质。我这里说的文明并不是与文化纠缠不清的那个人类学概念，而是普通百姓常说的"文明、礼貌"中的那个文明。但让人能惊掉下巴的是，学术领域以其高密度的智慧聚集，几乎能使一切人类不文明的现象在它那里扎根落户，而且在贡献原创性的不文明现象方面也没有落后。

任何人都可以说，这种现象无疑存在，但并不是一种普遍现象，但切不要以为这是一种谨慎和理智的态度。因为，在这种蕴含着谨小慎微的态度里，已经富含了各种学术不文明力量的影响，否则，即便是一个初出茅庐的青年学人也不必忌惮某种无形的存在。完全可以相信，许多谨小慎微的学人，并不见得是要通过亮明自己的明智态度而获得什么好处，却大致会通过不表达与不文明对立的立场而规避某种未知的风险。

在学术领域，无论是已练达的还是想练达的，无论归了队的还是惯于独行的，似乎都有理由对各种不文明现象在关键的时候保持沉默。这样的状态日积月累，我们的学术界就自然而然地变成了今天这个模样。在其中，一方面不乏真诚求知的个体学者，也存在着一些尽管少得可怜却也可圈可点的区域和地段；另一方面，则更不乏与学术真诚若即若离的个人和以真学术的标准来衡量明显乏善可陈的区域和地段。

如果我们对这一描述保留怀疑，那就解释不了目前存在的各种不该存在的普遍存在；反过来，如果我们对这一描述基本接受，那目前存在的所有不文明现象就都能得到解释，我们还能意识到任何显示练达的乐观态度实际上属于彻头彻尾的市侩。恰恰是这种市侩的集合，高效率地生产了平庸之恶，其最终的结果便是：无数的人既可能因学术不文明而受害，也可能因学术不文明而受益。

如此一来，不管对学术文明的呼唤声如何不绝于耳，学术的不文明依然会积重难返。现在看来，这种局面是很难改变的，这倒不是因为改变这种状况的技术被什么人卡了脖子，而是因为有条件改变这种局面的个人可能很享受这种局面，事情因此就变得非常麻烦。力量单薄的学者个人自然无法与既成的形状较劲，但他们也不是在这件事情上无可作为。

每一个人都可以不学习堂吉诃德，但每一个人都可以为学术不文明的减退做出自己的贡献。想做出这个贡献，说来也难，因为确定具体的工作对象就是一个难题。对象太具体了，需要下决心，毕竟成败难料；而如果对象不具体，就像我这样的空发议论，也没什么效果，毕竟那些不文明现象的表演者多具有穿山甲一样的装备，哪是一通振振有词的议论能够撼动的？

虽然如此，要抵制学术不文明的现象，却也不是没有比较容易的办法。简单地说，其实就是要我们每一个人都能保持对学术的真诚，莫想着在这种严肃的事业上投机钻营，尤其不要羡慕那些通过投机钻营获益的个人，那样的个人仅可当作反面教材。当绝大多数的学人能洁身自好、自尊自贵的时候，情况就会发生革命性的变化。

二

一个学科如果在最需要回答和解决的问题上不能形成共识，那这个学科真的就只不过是一个尊称。在其中的人，只要不至于说出过多过于明显的错话，基本上就能够平稳地度日。工作在这样的学科领域，只要一个人自己不张扬，其他学科的人是不会有所注意的。而在自己的学科领域内部，因在一些基本问题上尚处于争论不休的历史阶段，学问的真假高低有时候并不容易做出判断。这种情况对于学科自身无疑是一种尴尬，但对于缺乏学术真诚的人来说却是一种庇护。然而，一个学科要想发展，终归需要人们用学术道德标准和认识论的标准来对本领域的研究进行衡量。

只要大家无力或无暇或无意认真，一个学科领域就能不断产生职业的名人，至于学科的发展，谁还不知道那只是一种说法？说到这里，忽然意识到语言的局限，要说事物的一面，就得放下另一面，这就是所谓的"花开两朵，各表一枝"吧。我们所揶揄的那些混混，只是一个学科领域的一面，在另一面，还有一心追求真知、造福世界的真学者。

只是在一些学科中，混混们好像更容易得风得水，这就是具体学科发展的悲剧了。很多成长中的人会因此感到迷惘，他们甚至有可能放弃对学科和学者而言极为重要的操守。这样一来，一学科在众学科之林中就更难有出头之日了。辩证地看，如此也好。

既然许多精明人把脑子用在非本质的事情上了，那么有学术操守的人正好天马行空地做自己认定的、不负良知、不负职责的真正的研究，而不必羡慕那些聒噪的制造者。尼采于 1883 年 3 月 14 日写给作曲家奥古斯特·邦格特（August Bungert）的生日贺信中有一首赠诗，其中有言如下："谁终将声震人间，必长久深自缄默；谁终将点燃闪电，必长久如云漂泊。"反之亦然。

三

历史走到今天，教育学的可能性基本上就有眉目了。这一领域的研究者，如果不是为了纯粹满足个人的某种兴趣，至少在建设和创造什么样的教育学上，是不需要付出辛苦和消费想象力的。之所以做出这样的判断，当然必须归功于迄今为止的教育和教育认识。它们已经为我们贡献出了一个事实，那就是我们头脑中的教育实际上有两种可能性的理解：一是把教育理解为旨在实现自身以外目的的手段，二是把教育理解为既有自身目的又有接受此目的规定的手段的统一体。

如果遵从第一种理解，那么教育学就只是一个说法，或可说只一个方便表达一类领域认识的不严谨称谓；如果遵从第二种理解，那么教育学就是一个内含教育目的之学和教育手段之学的结构性的整体。这个结构性的整体在现实的工作领域是可以分化的，从而使一部分人可以专注于教育目的的思辨，使另外一部分人可以专注于教育手段革新。

除非在具有整体思维兴趣和能力的研究者那里，一般情况下，具体的研究者会通过努力成为热爱价值辩论的学者，或是努力成为乐于设计各种手段（内容和方法）的专家。这大概也是研究者的能指对象在日常话语中不出于专家、学者之外的重要原因。实际的情况是研究者个人并不刻意表明自己的身份，但从他们的所做与所想中，我们是极容易分辨的。最顶用的分辨方法是：一看他们平日里做些什么，二看他们关键时刻说些什么。

平日里读各种难啃的著作的，关键时刻惯说宏大、长远、崇高的，通常是学者；平日里读各种课标和操作类著作的，关键时刻愿讲细微、当下和效益的，通常是专家。不用说，如果有兼具两种特征的人，那他们自然既是学者又是专家，但这样的个人是比较难得的。

需要说明的是，兼为学者和专家的个人并不是前述那种具有整体思维兴趣和能力的研究者，那种研究者当然也可以是学者和专家，但也可以不是。他们的优势主要在于不会把教育做部分地对待，进而能让自身不陷于思维方法上的任何偏执。至于他们的局限，其最大的可能应是基于研究目的的认识而形成的整体认识风格。

不必疑惑我对局限的说明，我的说明虽然有违常见，大致还是可靠的。直诚而言，风格即是局限，而局限完全只对形成风格的个人有作用，可使他失去自身存在的更多可能。因而，做学者和做专家累了，就从原地出发，走向整体思维的兴趣和能力。我们需要知道，只有远离偏执和庸俗的思想者和行动者，才是新的时代教育学最为需要的。

学问不见得非得高深

我经常会想到蔡元培先生所说的"大学者，研究高深学问者也"，并由此经常琢磨所谓的"高深学问",最终凝结出的问题是何为高深和如何能高深。在这一问题的牵引下,每当阅读学习公认的高深文献时,我就会有意识地去体会其高深的表现,再把很多次的体会进行归纳,大致悟到所谓高深首先是阅读者的感觉,其次是文本所含的认识超越了作为阅读者的自己的接受能力。

如果我们自信自己还算勤奋,那么在操作的意义上,自感高深的文献中一定存在着我们记忆和经验中没有的及模糊的元素。在这种情况下,阅读的实际通常是似懂非懂或是读过了竟与未读时没有明显的区别。顺着这一思路,先审视作为阅读者的自己,第一位的感觉无疑是缺乏有效接受文献内容的必要的知识和经验准备。

其中,知识的准备,俗而言之,是知识范围的问题,雅致地说,则是知识结构的问题。如果自己与文献作者的知识范围和结构不相匹配,自然就会对在作者那里得心应手的知识感到陌生,从而出现因知识的短缺和结构的局限而造成的障碍。而其中的经验准备同样重要,却极易被我们忽略,皆因此处的经验并非文献中的抽象表达所对应的事实,而是作者所运行的思维过程。

也就是说,阅读中的障碍绝不只是知识一种因素,比它更重要的是阅读者与作者在思维上的差距。对这种差距的承认是需要勇气的,仅当我们面对哲学和科学巨匠的作品时才不需要做勇气上的努力。我回想起阅读《存在与时间》时,到了约三分之一处方有感觉,隐隐约约地觉得融入作者的意识流中。但即使这样,也无法条理地述说其中的内涵,进而深感天才的哲学家通常不是在知识和经验事实上与读者较量,他们的卓越几乎完全体现在超常的思维之上。

这当然也就意味着作为阅读者的自己本质上的不足其实是在思维方面。再说高深的文献,除却我们已经注意到的知识和思维因素之外,还有一个表达方面的因素,至少在阅读者那里是能明确感觉到高深文献的艰涩和复杂的。文字表达的艰涩如果不是作者的刻意为之,一般来讲会有两种可能:一是表达能力的问题,二是所表达的内容本身超越了日常的经验。

对于第一种情况,作为阅读者只能有点耐心和毅力,就算是为了获得有意义的内容需要我们付出的代价;对于第二种情况,就比较难办了,若是作为阅读者对超越经验的内容缺乏领悟的兴趣和基础，暂时放弃也是可以理解的。

以上主要是从接收者的角度思考的，现在换一个角度，假设我们是创造文献的人，即我们是研究学问的人，怎样能使自己的研究达至高深的地步呢？对于这一问题的回答可以从要研究的问题和研究者的准备两个方面来回答。

首先说要研究的问题。这是决定研究本身是否高深的前提。原则上，所要研究的问题必须为真。最起码问题不能虚假。类似"一个针尖上能容下几个天使跳舞"的神学问题，听起来很邪乎，实际上属于毫无意义的虚假问题。在更多的情况下，问题并不虚假，却也不见得是真问题，最为典型的情形是一个问题对研究者个人属于真问题，但对研究共同体来说已经不成问题，那么在共同体的意义上，这样的问题也不是真问题。

必须知道，处于探索状态的研究者永远不能指望有什么招标悬赏解决的真问题，而只能是自己先将具体领域的已有成就烂熟于心，同时以眼观六路、耳听八方的姿态，敏锐洞察该领域的新动向、新疑难和新成果。说白了，研究者必须在不同的范围和程度上处于领域的前沿，才有可能面对使大大小小的共同体感到困惑的真问题。

这样的问题之所以存在，说明它对研究者群体的智力仍是一种挑战，其最终的解决显然需要更高明和更深刻的思虑，此问题解决的过程必是高深的，使问题得以消失的答案或方案当然也就具有高深的特征。

其次说研究者的准备。这是一个需要谨慎和理性对待的问题，主要是因为研究者的准备既涉及后天的知识和技能的掌握，也涉及具体个人的禀赋。对于前者，有经验的研究者尽可以提出有价值的建议；而对于后者，在一定的文化传统中是难以言说的。

就知识和技能的掌握来说，一个研究者最好能够对自己研究领域的历史和最终积淀下来的理论体系有较为全面、通透的把握，这一点在今天尤其需要强调。众所周知，学科的分化已使同一学科不同方向的研究者之间很难畅快地交流，能够站在一级学科的高度思考自己方向问题的人越来越少。

可以想象，在没有学科全局意识的情况下，众多的研究者个人只能成为专家。他们具有专门领域的知识和思维，并在价值偏执的影响下逐渐形成专家人格，最常见的结局是既走不出也不想走出自己狭窄的研究范围。没有了广阔的认识视野，便失去了博大的机会，最后也没有了精深的可能。

就研究者个人的禀赋来说，这也不是什么不能谈论的问题。学习一点心理学知识，就会知道人的认知风格和思维类型是各种各样的，最起码知道多元智能这样的理论猜想吧？不管我们是否愿意承认，客观的事实是不同的个人是有不同的认知优势的。研究者在研究上的成败，固然取决于个人意志的努力，但更具有决定性的影响因素是个人的认知优势是否与实际研究的领域相匹配。

不擅长抽象思维的研究者就不要去招惹哲学、数学和物理学；不擅长发散思维的研究者则不必设定做爱迪生第二的人生理想。李白诗曰：天生我材必有用。只有在自己擅长的领域做研究，才能够事半功倍，也才能够最大限度地实现自我。

不同的认识对象和目的需求不同的认知风格和思维类型，不同的研究者也会依此有不同的分工。学问其实也是有类型的，有的以高深为好，有的以精细为佳，还有的以系统为上，研究者找准自己的用武之地就能够各得其所。至于蔡元培先生所说的高深，我们不妨将其理解为"好"的代名词。运用代数的思维，也可以把蔡先生的话改造为"大学者，研究好学问者也"！

学问和研究也是人生的样式

做学问，这是老的说法，现在的人称之为做研究，这两者到底不是一回事。做学问是面对和针对已有文献信息的细致工作，需要学问家有必要的积累和工夫。文献中的缄默信息经学问家的细究能在人意识里活泛起来，借助学习者的领会、传播，文化得以广扬。做研究，原则上是直面自然或人文的各种事物的，需要的是研究者的求知兴趣和钻研方法。原本自在的各种事物经研究者的探究，坦白其真相和奥秘，人类的见识由此日渐丰富。

应该说，学问家和研究者这两种人自从出现就始终存在，各自以不同的方式最终创造了整个社会精神文明的精华。言及"最终创造"和"精神文明的精华"，有两个意思：

其一，精神文明并非由学问家和研究者专门创造，他们的功绩在于把众人在生产、生活中的疑难及其消解的智慧做了形式化的处理，从而使运动在生产、生活中的想法和做法文本化和优雅化，其中的善教者又把优雅的文本反馈给大众，反过来让提供文明原材料的众人在原有的文明之上更有进步。

其二，学问家和研究者的创造虽不能全然归功于自身，但经他们能动的劳作而获得的结果却是众人所不能及者，整体上是精神文明的精华。在这一意义上，学问家和研究者无愧为知识的和思想的精英，是一个时代社会文化的编织者和代言人，进一步说没有知识的和思想的精英就没有高品质的文化也毫不为过。

想必古代及近代的那些学问家和研究者是具有这种意识自觉的，他们身上的那种洋溢着自足和自贵的气质，很难说不是这种意识自觉的外在表现。以此为据再体会横渠四句，即"为天地立心，为生民立命，为往圣继绝学，为万世开太平"，所能悟到的就不只是思想家个人的抱负，更是文化人群体的身份自觉。后来的人们也喜欢偶尔将这豪言壮语引来说话，但估计能够得其神韵并具为信念的就寥寥无几了。这大概也就是现时代少有文化自觉的思想家之根本的缘由。

常听到有评论家慨叹当今时代没有思想的巨人，这种局面固然与精神生产的日益专业化有关，但更为基础性的影响因素则是精神生产者的自我意义矮化。若去问平均意义上的学问家和研究者的所为为何，暂且做乐观的判断，一方面，他们不可能没有对知识和思想的兴趣；另一方面，他们也很难没有世俗维度的功利考虑，否则就不应当出现无新意的作品和虚张声势的劳作。

可以设想，在没有阶梯式进阶引领和悬赏式名利激励的情况下，恐怕少有人能够继续伏案敲字和悬梁刺股。而行走在这种轨道上的人们，其中接近于学问家角色的人还应有与前辈们性质相近的收获，至于接近于研究者角色的另一些人，十有八九是与研究者的本质不相匹配的。当人们季节性地盘点论文的数量、档次以及课题的资金规模、等级时，诸如"天地""生民""往圣""万世"这样的宏大理想，似乎变得遥不可及。

由此深入到现代学问和研究的世界，自然可见到终日劬劳的身影，只可惜他们的辛勤少有遵循自己心灵的节奏，反过来多是在不知哪里的作者谱就的乐曲下戴着镣铐跳舞。看着他们无神的双眼和憔悴的面容，谁还好意思让他们"立心""立命""继绝学""开太平"？

说到这里，我想到了"杀君马者道旁儿"。此句出自《风俗通》，是说一匹好马跑得很快，结果围观的人，也就是"道旁儿"喝彩不止，骑马的人鞭策不已，使马力竭而死。今日的学问家和研究者，少有那匹好马的幸运，无人喝彩应是常态，替代"道旁儿"喝彩的是骑马人的鞭策，因而学问和研究也是难以遵循他们自己的心理节奏的。这里的难不在于技术的开发，而在于价值的抉择。对于生存已不易、发展难上难的个人来说，不接受鞭策而怜惜自己的心灵节奏，无异于选择了被边缘的未来。

我记得有年轻人问道：怎么办呢？放弃任何的正念，办法就俯拾皆是；执着于精神的纯粹，就趁早离开精神的世界。如果觉得这种话略显极端，那就学一些智慧的古人在极端之间相机而行。通俗言之，今日之学问家和研究者，暂且不必践行横渠四句，应知自古时势造英雄，还应知识时务者为俊杰。想成才而难成才时，不妨接受赫伯特·西蒙的决策满意化而非最优化原则。

当然，比西蒙更为高明也更早高明的是庄周。《庄子外篇·山木第二十》曰："庄子行于山中，见大木，枝叶盛茂，伐木者止其旁而不取也。问其故，曰：'无所可用。'庄子曰：'此木以不材得终其天年。'夫子出于山，舍于故人之家。故人喜，命竖子杀雁而烹之。竖子请曰：'其一能鸣，其一不能鸣，请奚杀？'主人曰：'杀不能鸣者。'

明日，弟子问于庄子曰：'昨日山中之木，以不材得终其天年，今主人之雁，以不材死，先生将何处？'庄子笑曰：'周将处乎材与不材之间。材与不材之间，似之而非也，故未免乎累。若夫乘道德而浮游则不然，无誉无訾，一龙一蛇，与时俱化，而无肯专为；一上一下，以和为量，浮游乎万物之祖，物物而不物于物，则胡可得而累邪！'"

　　庄周神人也！平常的学问家和研究者只要在心里有横渠四句，即使终身不可及之，也不枉为一世的学问和研究。当感觉到学问难为、研究难做时，其实也不必惯性地将其归因于环境，也不必用个人的艰难处境而为自己宽心，也可以内省一番自己的材质，看一看能否断出个阶层。窃以为，自知自己材质的风格和极值，对自我的设计和实现不无益处。

　　孔子说："生而知之者，上也；学而知之者，次也；困而学之，又其次也；困而不学，民斯为下矣。"（《论语》）这是客观的分类语气。孔子还说道："我非生而知之者，好古，敏以求之者也。"（《论语》）这是主观的内省的语气。圣人都在内省，何况我们平常之人呢？

　　我说这一段话，实际上是要比较自然地表达一个私人的见解，此即：珍惜自我材质的个人，再辅之以"朝闻道夕死可矣"的情怀，是不会被自己心灵之外的任何力量左右的。他们也不会厌弃世俗的名誉和利益，但不会为它们而如何，也就是不会被它们奴役。不可重来和无人能替代的个人心灵运动及具有自我享用价值的求真至善行为，足以让他们在拥有自足与自在的基础上体会到人生的宝贵和崇高。这样的精神体验反过来又会让他们更加在乎自我心灵运动的节奏，进而比较自然地规避掉外力的宰制。

　　对学问家和研究者来说，自足和自在的心境最为难得，功利心因此可以被基本抑制，只有他们自己与学问和研究对象相对的状态可以轻易形成。对象在冥冥之中遇到了可以倾诉的知音人，作了知音人的学问家和研究者则顺理成章地成为对象的代言人。有此幸运的学问家和研究者如果比较聪慧，就应该选择低沉的姿态，莫要再觊觎独特幸运之外的利惠。这样的姿态不只能被环境誉为美德之态，同时也是暗合了自然之智慧的。凡人皆难获得完美和整全，有一隅之地便须采取主动的周全之策。试问谁人能够超越人世间阴阳得失的辩证法则？

　　若将精神视为房舍，所获须止于日常起居的便利与舒适。进一步说，家私可以高档，却不能充盈房舍，否则，房舍即转成为仓储之所，人将因贪得而无立锥之地。实与虚相济方为自然。拥实需要人有才，留虚则需要人有不才，真人恰处于才与不才之间。做学问、搞研究，看似局限于认识的和思想的天地，实为人生的一种样式，当然要接受人生哲学的节制。

理论研究面貌的改变任重而道远

一定有许多研究者在学习阶段就对理论研究这一领域心怀梦想，但最终走进这一领域的人少而又少，而勇敢地走进这一领域的人们能够实现自己当初梦想的又是极其少数的，这就不禁使人追究其中的缘由。有人觉得这一切都是因为既有的理论已汗牛充栋，作为后来者很难做出具有足够创造性的工作；也有人觉得，正是因为既有的理论足可汗牛充栋，因而仅是要学习它们就得花很多时间，待到有创造条件的时候，学术的生涯已经走过大半，因而怎样的努力也带不来多少收获。

应该说这两种解释都有其道理，但很可能并未切中要害，原因是每一个时期事实上都存在着大有作为的理论家，我们总不能说他们所处的环境和必须接受的前提性条件与其余的人不同吧？首先应该承认理论研究虽然在价值上并不具有先天的优势地位，但其特殊的困难也的确不是只是类型上的不同。无论我们如何谨慎、平和地谈论这一问题，都无法否认这一领域的实质性工作对于研究者的认知品格要求所具有高阶性质。这一方面最为显著的事实是理论研究对于研究者纯粹理性能力具有较高程度的要求，而更糟糕的是纯粹理性的能力固然可以外化为抽象与概括、归纳与演绎、分析与综合等相对可操作的方法，但这些看似具有技术特征的方法又很难加以程序化。如果这种程序化已经被令人满意地完成，那理论研究人才的培养就会有章可循，正在从事理论研究的人们也不至于在不得已的情况下仅仅依靠自己的聪明才智。现实的情况恰恰是该领域的研究者在步履艰难之时很容易归因于自己的天赋有限，与此性质相同的说法是，那些在理论研究上总有收获的人们主要得益于他们的天赋。

还真的不能简单地认为这种说法是一种退缩性的合理化策略，因为任何超越日常难度的工作的确是需要较好天赋的，而且在我们的视野内无疑存在着各种禀赋优异的个人。所以，对于包括理论研究在内的任何领域的工作，我们都不必讳谈天赋问题，只是不能把天赋视为导致具体工作领域之卓越与不卓越表现的唯一原因，除了天赋问题，一定还会有其他并非次要的因素的影响。一些敏锐的人就已经意识到，研究者所接受的教育和所处的认识传统在研究者个人的发展上同样发挥着重要作用。

这的确是一个有意义的思维角度，尤其是对于我们中国研究者而言，进行西方式的理论研究的确不具有先天的优势。关于这一点，我们只需回顾本土的认识历史就可以获得明确的感觉。就认识的样式和表达的方式来说，即使高明如程朱、陆王、颜元、戴震，他们虽然已经具备了相当抽象的思维能力，但其思维的严谨与浩荡仍然无法与西哲中的诸贤达相提并论。这种结果显然不是由那些卓越的思想者个人的禀赋带来的，相互间的差异根本上还是各自认识传统作用的效果。

至于我们应当怎样界定各自的认识传统，那是一个需要谨慎从事的领域，还是交给专门的研究者回答比较妥当。仅从表层的现象上看，我们本土的古老认识传统中起码存在着以下两种倾向：

一是更钟情于现实人文实践的善的追求，同时也就意味着对超越现实的、很可能存在的本体世界缺乏足够的兴趣。尽管一流的思想家也不乏对"道"的重视，但由于没有坚实的形而上学思维作为基础，使得"道"在他们的意识和表达中多少是有些难以言明的，从而使"道"只好苟存于众人容易拒斥的玄虚之中。

二是本土的认识更为欣赏类似点到为止的境界，似乎再多的言说纯属于多余，与此相联系的一些积极的追求是看待问题上的一针见血和一语中的。所谓要言不烦、言简意赅、罕譬而喻等，分明就是在肯赞一种高明的智慧。然而，在这样的肯赞中，思想者实际上既光明正大又顺理成章地远离了对事实上的确高明的认识的论证。

我的一位研究哲学的朋友曾经感叹西方哲人能够就一个简单的观念作长篇大论，他显然对那些西哲的论证能力真诚崇敬，在这一点上我也如此。但我想继续表达一点心得，即论证这件事情不仅仅能够彰显论证者的思维功夫，换一个角度，也可以把它理解为思想家对一切可能的读者的体恤。我的意思是，能够不厌其烦地进行看起来翻来覆去论证工作的思想家，一定是不忍那些读者不彻底地接受自己的思想。

与此相对应的是，我们本土历史上的思想家很可能在他们的意识中预先已经注入了"师傅领进门，修行靠个人"的观念，否则就不会出现类似孔夫子"始可与言诗已矣"的说法。在教学的过程中，作为一种策略，希望学习者去自悟自有其价值，但作为思想文本的作者，最负责任的选择还应是对自己的主张进行彻底的论证。其实，我们本土历史上的思想家并非刻意地想给与读者自悟的空间，他们的欲言又止也罢，简明扼要也罢，根底上还是遵循了自己所在的认识的传统，追随了先于他们而在的卓越的楷模。

回看现实的理论研究领域，我们本土研究者整体上是可敬可佩的，这主要是因为他们所从事的工作相对于本土的认识传统来说是一种新的工作。具体而言，除去地道的国学研究，其余各现代学科均可归属于西学，而西学在本土的存在迄今为止也不过百十来年。自近代西学东渐以来，我们固然通过各种方式获得了西学中的认识论信息，但主要的收获仍然是西学中的研究的结论，对形成结论的过程与方法在普遍的意义上可以说是一知半解。

从而，充斥于学术媒体的、占据绝对优势的内容，仍然是各种各样的研究结论。过程与方法的内容客观上也被众人重视，并有辛勤者在尽传播、倡导之功，然而却少有人设法让这些有意义的信息转换为本土研究者的思想生产力。这也许是一个必经的阶段，要知道西方人能顺利地经验他们的过程与方法，也不是他们的头脑具有体质人类学上的什么特质，而是他们的认识传统使然，更为关键的是那种认识传统早已经自然转化为他们自己的教育传统。在此意义上，改变目前本土理论研究现状的根本之处必然在教育。

说到这里，我们完全有资格喜忧参半。忧的是，大学里的教学和学术教育要想发生深刻的变化实在是任重而道远；喜的是，我们的基础教育已经走在了大学教育的前面，更加接近研究和思想创造规律的教育、教学理念正在中小学的课堂生活中生根发芽。可以乐观地预计，逐日习惯于研究与思想创造教学的今日中小学生，在未来会倒逼他们在大学里的老师们发生应有的改变。如果这一预测还算合理，我们本土的理论研究以及相关的学术教育一定会实现对今日状况的超越。

学术研究的中国特色、风格和气派从何而来

2016 年 5 月 17 日，习近平总书记主持召开哲学社会科学工作座谈会，首次提出"加快构建中国特色哲学社会科学"的重要论断，并强调要"按照立足中国、借鉴国外，挖掘历史、把握当代，关怀人类、面向未来的思路，着力构建中国特色哲学社会科学，在指导思想、学科体系、学术体系、话语体系等方面充分体现中国特色、中国风格、中国气派"。①2017年 5 月，中共中央印发了《关于加快构建中国特色哲学社会科学的意见》，强调坚持和发展中国特色社会主义，必须加快构建中国特色哲学社会科学。自此以后，哲学社会科学各领域的"中国意识"被迅速唤醒，学者也对此问题进行着力所能及的学术工作，但因这项任务重大而艰巨，在价值肯定和基本建议基本表达之后，这一方面的进展就相对缓慢了。

论其深层的缘由，应是构建中国特色的哲学社会科学，根本上要依靠各领域的研究者做出具有中国特色的研究，而这一点对于接受了已有学术教育的他们来说，不仅需要思维上的转换，还需要有必要的情感上的认同，因而是具有一定难度的。不过，真正的艰难也许并不只是与构建中国特色的哲学社会科学有关，而是各领域研究者对研究本身的认知本身的问题。换句话说，只要研究者能够认识到研究的探索性、独立性价值，并能从理论和实践中的真问题出发，哲学社会科学的中国特色就会自然形成。

为什么要强调研究的探索性和独立性呢？这并不是因为研究者不懂得这样的常识，而是因为除了广义"国学"之外的其他学科学术基本上是从欧美世界引进而来的。这种引进不只是发生在知识的层面，也发生在支配知识生产的研究范式层面。在这种情况下，研究者要想在研究上有所进展，不论他个人的个性如何，都不能不把自己的研究建立在原有的认识基础上，而这种作为研究基础的认识显然不可能丢失话语的、学术的和学科的域外特色。因而，即使研究者的研究的确是创新的，也基本上与原创没

---

① 习近平主持召开哲学社会科学工作座谈会. https://jhsjk.people.cn/article/28358058.（2016-05-17）.

有多少关系。对于很宝贵的少数原创研究来说，如果属于自然科学另当别论，如果属于哲学社会科学，必然是具有域外特征的。值得我们注意的是，哲学社会科学的研究原则上无法脱离包裹着它的、具有一定特性的文化，这中间难免会夹杂着某种意识形态的意涵，与中国文化尤其是与中国新文化就自然有了距离。

现在的问题是，在哲学社会科学领域，客观上存在着研究者习惯甚至崇尚西方式话语和学术样式的现象。它具体表现为研究者有意无意之间模仿那种话语和学术的方式，并在潜意识中以能够用那样的方式呈现认识为自豪，也就进一步放弃了自己个性化的姿态。这样的放弃换一种角度看实际上是对独立性的放弃，类似于"言必称希腊"的现象也就逐日固化。其自然的结局之一则是具有域外特色的学者工作越来越多，与此同时，独立的思考和表达则越来越少。当然不能说这样的学术工作没有意义，但实事求是地讲意义有限，最大的问题是这样的工作在一定意义上浪费了学者潜在的创造力。

深入到那种学者的学术工作细微之处，会发现他们的问题出在没有面对理论和实践中的真问题。正因此，在构建中国特色哲学社会科学的过程中，今天很有必要不断申明一种常识般的立场，即研究应该从理论和实践中的真问题出发。可以想象到我的这种申明一定会受到部分学者质疑，可能的原因大概是认为我对研究的理解有些狭隘。我对此不准备做预先的辩护，只是想补充以下说明：一是我不会否认他们的学术工作一定包含研究的成分；二是我不会隐藏真正的研究在认识上是探索未知和修正已知、在实践中是创造技术以解决实际难题的立场。或许还有必要说明，那些学者的学术自有其独特的价值，但也不能因此否认那样的学术在中国特色哲学社会科学的构建中不属于核心的工作。

那我的认识是不是有些保守？是不是具有囿于纯粹中国思维的倾向呢？非也。要知道《关于加快构建中国特色哲学社会科学的意见》中，明确了一个内容丰富的原则，即"坚持百花齐放、百家争鸣，立足中国、借鉴国外，挖掘历史、把握当代，关怀人类、面向未来，充分体现继承性、民族性、原创性、时代性、系统性、专业性，创新发展哲学社会科学"。我是认同这一大原则的，尤其欣赏其中的"立足中国、借鉴国外"和"关怀人类、面向未来"，这中间既有坚实的中国基础，又有积极的国际视野，既有面向未来的长远眼光，也有立足当下的人类情怀，毫无自说自话和故步自封的痕迹。中国社会发展迅速，发展中的新问题层出不穷，只要研究者有回答和解决真问题的愿望和勇气，那么，我们的哲学社会科学不具有中国特色反倒是不可能的事情。

至于中国风格和中国气派，我以为研究只要有了探索性和独立性这一前提，并能从真正的理论问题和实践问题出发进行，是无须刻意为之的。一个中国人，浸染于中国的文化，怎么可能在自己的研究及其表达中不显现出中国的风格和气派呢？若是有例外，很可能是一个研究者从内心深处就对域外的方式佩服得五体投地，自愿学着人家的样子，同时对中国人自己的方式不屑一顾。

他们的选择充其量只是表明了一种态度，那种蹩脚的思维和表达的方式在认识论的意义上意义甚微。他们的问题主要在于从根本上讲还是对研究本身认知模糊或是一知半解，误以为照着域外人们的样子思维和表达才是地道的，却不知一种研究的气派和风格其实只是具体的文化在研究领域最为自然而典型的展开。这里的关键在于研究者对自己的母体文化是否拥有自信，如果没有了对自己母体文化的自信，那他就等于自主选择了思想的流浪，匍匐于母体文化之外的任何一种方式都会有较大的概率。在历史发展的具体阶段，模仿甚至崇拜域外的方式应该获得理解，但随着中国社会的发展，研究者应该对自己的文化拥有充分的自信，在此基础上面对真问题，就能够以自然的姿态展现出研究的中国风格和气派。

二

思想不是与世隔绝的个人游戏

思想和艺术要向历史学习

　　曾经就"历史学家能不能创造历史"请教过一位历史研究者，他说不能，其实我也知道不能，而我之所以提出这个问题，完全是为我的下一个问题打基础。我紧接着提出的问题是："既然历史学家不能创造历史，那历史学家的创造性又表现在什么地方？"对方没有回答，无奈地笑了笑。一次简短的交流就这样结束了。我们知道历史研究是极具特殊性的。若是相信了历史研究者"论从史出"的原则，我们就会无原则地认同历史研究的科学性；若看过了同一人物、事件的不同历史叙事，我们很可能忽然发觉没有哪一个领域的研究可以在自由度上与历史叙事比肩。

　　这样两种颇具对比性的经验，至少让我不仅喜欢上了历史这一特殊的存在和认识领域，而且开始羡慕和嫉妒那些可以名正言顺、心安理得地从事历史研究的个人。我甚至认为，除了那些基本无涉灵性的大脑，所有与历史研究有缘的人们都是以低调的方式走进了一个特别的艺术世界，从而有条件成为背靠着历史的自由思想者。进而言之，如果有机会修正现有的辞书，我一定从中删除"历史学家"这一条，然后在"思想家"和"艺术家"的分类中增添一项内容，所增添的内容自然是与历史研究者有关的。

　　读者切莫以为我是在调侃什么，那可就委屈和冤枉了我的思虑。真诚地说，我是真诚的，因为我不仅间接地，而且也曾直接地体验过那种只有在思想和艺术创造中才有的自由，而这种实际上属于专业性范畴的体验，在所谓以思想和艺术为名义的领域反倒难以体验到。反过来根据"没有自由就没有创造力"这一说法，我好像开始有理由同情那些名义上以思想和艺术为业的人们，当然也就不再关心那些认为当下没有真正的思想家和艺术家的观点，并越来越强烈地感觉到那种观点的背后所站立的不过是一些站着说话的人。

　　但这也不是为思想和艺术领域的人们寻找平庸的合理性依据，从立意上说，只是想说明，不从事思想和艺术的人们虽然不一定有机会实际地体验思想和艺术，却也应当基于善意和起码的理性去理解思想及艺术从业者的难处。只有这样，思想和艺术领域以外的人们才不至于不懂装懂地对烦躁、苦闷以至手足无措的思想和艺术从业者说三道四。

那么，对从事思想和艺术的人们又该说些什么呢？仅说我自己的烦躁、苦闷以至手足无措，到现在为止我也没有发现自身之外的任何消极因素影响。比如，我从没有感觉到有什么力量阻止我进行思想的创造，倒是许多朋友通过对我思想的表扬不断激励着我从不停歇地思想。我常常感觉到的真实的消极因素，主要是我的经验、知识和精力远远不能适应我思想的需要，而这样的不足很显然是外在的力量无法消除的，最终还得靠我自己的不断实践、学习和锻炼。

不过，我也清楚学无止境的道理，进而有意识地去追随那些历史上的经典人物，坚持至今，一则很有见识上的进步，二则仍然少有创造上的成绩，终于意识到成就任何一个经典思想者的，从来都不是某种独家绝技或祖传秘方。具体地说，在不排除与时俱进而有的具体时代的新工具之外，所有在思想领域有所成就的经典人物，无不选择了思想作为自己存在的方式。这就意味着思想既不是真正思想家的目的，更不是他们达到思想之外目的的手段，而是正存在着的他们自己。这个道理同样适用于从事艺术的人们。谁能说今日本土的艺术家在纯粹技法的范围内逊色于异域的他人？

如果是纯粹技法上的问题，本土的选手就不可能在全球范围的各种艺术类比赛中获得好的名次。但我们确实没有自己的毕加索和贝多芬，这又能怪怨谁人呢？从史料中，我们还找不到毕加索和贝多芬获得过什么基金的资助，更找不到他们获得过什么人才的称号，能找到同时又有意义的信息只是：毕加索唯一永远忠于的只是自由。他在热衷自由中重塑世界，不断地通过作品释放随心所欲的创造力；而贝多芬从 1796 年开始便已感到听觉日渐衰弱，但是他对艺术的爱和对生活的爱战胜了他个人的苦痛与绝望，苦难变成了他的创作力量的源泉。

试问那些总是把缺少真正艺术家的原因归咎于环境的人们，现实中有谁会阻止真正的艺术创造呢？这一发问难道不适用于思想的领域吗？对于思想家和艺术家来说，思想和艺术绝对不首先是一个方法论的问题，而首先是一个存在论的问题。只要不是冒牌货，那么平庸对于任何的思想家和艺术家个人，就只是意味着它尚未成立或已经过时。用一个时髦的词"心流"来说，处于最佳状态的思想家和艺术家并不存在时间和空间所致的差异。可以设想亚里士多德苏醒过来了，我以为他都用不着去做什么知识上的准备，就可以和维特根斯坦或海德格尔一边抽烟一边讨论；同样的道理，荷马（如果真有其人）也是可以和泰戈尔"把酒酹滔滔"的。

对于我这样的说法，思想的和艺术的从业者当然可以不认同，这也不重要。重要的是我可能知道他们不认同我的主要理由，排在第一位的应该是难有思想和艺术创造的状态。对于这一点，我是可以理解甚至认同的，因为我虽然不喜欢思想和艺术的从业者在名利的诱惑面前两眼放光，却也能理解具体个人的具体处境。我们既不能再接受斯宾诺莎的"生前寂寞孤独，死后方得到承认"，也不能再接受毕加索的"生前穷困潦倒，逝后身价百亿"，但还是需要从他们那里接受成就思想和艺术的必要纯粹。

哪怕这种纯粹在今天的思想和艺术从业者那里只是偶尔显现，也能让新时代的天空中飞来更多动人的云彩。大自然都会知道这并不是一件容易的事情，但大自然也同样知道这并不是一件不可能的事情。可知历史学家就是大自然造就的奇迹呢？现在我就需要说明，之所以从历史研究说起，就是因为我真切地发现历史学家是迄今为止最值得思想和艺术从业者学习的群体。

就像当下没有最可思虑者的时候我们可以回忆和思念过去有价值和有韵味的人和事一样，在当下没有思想和艺术灵感的情况下，我们也可以走进足够悠久的历史之中。在历史的天空中，由于我们是后来者，所以我们可以成为居上者。那些常常被我们提起的人物，只张嘴，不出声，而且能够对我们关于他们的品评具有无条件的包容。唐宗宋祖竟然也能走下九层玉阶，满脸堆笑地告诉周边的人说：老刘来了，炒菜！这当然是学习了曲艺的风格，而我要着重表达的是思想和艺术的创造是可以回到历史的世界中进行的。列宁说过："退一步，进两步。"

讲故事和做思想

看上几本上乘的小说，再从其中的人物和情节中走出来，作为读者的我们就容易对会讲故事的人有肃然起敬的心理。小说家能够让我们踩着像砖石一样的语词，毫无顾虑地向前奔跑，只有暂时停歇下来的时候，才能意识到已经烂熟于心的他人的世界和故事原来只是一页页文字散发出来的信息。有一点点知识的人甚至在阅读了上乘的小说之后会有写小说的愿望，因为他们自己也说不清楚是什么原因让他们觉得写小说一点也不困难。我就在阅读中好多次有过这样的感觉。我把这种感觉告诉懂文学的人，得到的回答是：这说明上乘的小说语言近乎自然，能让读者在阅读中完全忘却语言本身，从而产生出语言就是世界和故事本身的错觉。

对于这样的回答，我都没有过脑立即就表示心悦诚服。因为上中学和大学的时候，我就满怀信心地铺开过每页三百字、一本一元钱的稿纸，但除了在写了撕、撕了写的循环中浪费纸张之外，并无丝毫的收获。这也就罢了，让人灰心的是，同学中却有能在普通的纸张上像模像样写故事的人。尽管他们的作品只是在"民间"流传而未变成铅字，但还是让我意识到了讲故事也是需要天赋的，绝非简单的早起和先飞就可以成就的。所以，我早早地就知趣地不做小说家的梦，也就省下了买小说的钱和看小说的时间。倒也没有替代性地去做另外的美梦，只是依从自然的影响，做了什么就在什么上面用些心，虽不是糊里糊涂但绝非清清楚楚地走到今天。

我说不是糊里糊涂，主要是说我不只是脑子不太糊涂，而且基本上能够对自己做的事情有必要的认知；我说绝非清清楚楚，则主要是说我打小就不善于对未来做预先的规划，这便使我至今没有多少实现目的意义上的成功体验，实则有的多是无涉规划的意外惊喜。我说这话，很少有人相信，甚至会觉得我在演绎所谓的凡尔赛，但天地良心，我的确就是这样一个跟着感觉走的人。当然也要说一句实话，即我所跟随的感觉确实是我在意的、让我心动的感觉。我就举两个例子吧。

　　一是上大学。这对我来说其实应归功于偶然。20 世纪 80 年代初，并不是所有的高中毕业生都有权利参加高考。后来知道了是从 1981 年开始，国家把高考预选正式列入高校招生的政策。具体而言，想参加当年高考的考生，必须先报名参加预选考试，要是不幸落选，将不具备参加高考的资格。预选的方法是由各省、自治区、直辖市根据当年计划招生人数的三至五倍，参照应届毕业生和往年录取的情况，把预选名额下达给中学。

　　简而言之，我就属于那部分不幸落选的人，因而只是荣获高中毕业证，并没有应届参加高考的资格。虽然心里不自在，但也没有多么难受的体验，无须论证和计划，就跟着父亲下地干活了。好在 1981 年的大夏天，一个重要的偶然光临了。我的一位幸运地参加了应届高考却不幸落榜的同学到地里问我是否复读。我抬头看了看父亲，父亲说你要想复读就去吧，明年考不上了安心回家种地。后来的事情就不用说了，我幸运地考上了，就没有再回到家里种地。

　　二是上研究生。我最初并没有这方面的理想和打算，因而 1985 年大三的暑假，想都没想就预先订购了火车票回老家休息。回去大约一周，我仍然跟父亲在地里干活。忽然间脑子里冒出了一个想法：班里那么多同学都留在学校上外语培训班准备考研，我为什么就没有这打算呢？我紧接着想到了一个有趣的问题是现在不考研将来会不会后悔，万一参加了就考上了呢？有了这样的纠结，我便向父亲说想考研究生。父亲问研究生是干啥的，我只说毕业后比本科毕业领的工资多，父亲就同意了，然后就是借钱让我返校参加了外语培训班，再然后，我就上了研究生。

　　现在回顾这两次关键的升学考试，结果是好的，但这并不是问题的关键，问题的关键是这两件事的发生皆来自一种偶然的感觉而非预先的规划。

　　读了研究生，就觉得应该搞研究，这也是那个年代大环境影响下的必然结果。毕竟那时候的研究生、本科生都还是分配工作的，并没有就业上的顾虑，因而凡是自觉考研的基本上是对学科研究有理想的人。至于是不是所有的研究生都能在未来成为好的研究者，那谁也说不清楚。站在今天来说，能够说清楚的是，后来在各个学科研究领域有较好成绩的，基本上属于自己的特长和研究的学科性质比较契合的人。从而，当我们去欣赏那些研究者的成果或作品时，大概也会有自然天成的感受。

往深再想一层，就像优秀的小说家更擅长讲故事一样，优秀的研究者也一定得擅长点什么。可惜的是研究的领域各种各样，还真难用类似"讲故事"这样的关键词加以概括，最多也就只能用"思想"来勉强说明。但实际的情况是科学的和哲学的思想风格迥异。用海德格尔的话说，"科学并不思。科学并不在思想家意义上的思想上思"，而他们所要探究的东西也截然不同。不管怎样，研究者总是要探究的，在探究中他们总是要思想的。因而，我们如果面对研究者的作品也会产生肃然起敬的感觉，基本上就可以肯定地认为那些优秀的研究者是擅长思想的。

那么，我们又该如何理解一个研究者的擅长思想呢？对思想的擅长，其最日常的意义一定是说一个人具有超越常人的思想、探究能力。但问题是，思想能力又是一种什么样的能力呢？它是心理学意义上的思维能力和想象能力吗？肯定与此有关，但思想一定不等于思维。那它是哲学意义上的思辨和阐释能力吗？肯定也与此有关，但思想也一定不能被等同于思辨和阐释。我们只能极其主观地说思想的能力必然建基于思维的、想象的能力，而其外在的显现也必然离不开思辨与阐释，但仅到此为止，是无法彻底言明思想能力的。

我们必须引入两种非行为的内容，才能够让"思想"的意蕴部分地流出，并使探究的本质逐渐外显。一是研究者向尚未被思想却必须被思想的对象冲锋的心理趋势，二是研究者凝视前述那种对象的功夫和能够进入冥思状态的幸运。其中的凝视工夫是以被对象俘获为前提的，而非以研究者对对象的执着为其前提，前后两种情形的本质之区别在于被对象俘获才可能进一步对对象有创造性的浮想联翩，而对对象的执着所引致的只能是无须借用思想的天赋举措。其中的冥思的幸运，则只是要说明这样的状态实属可遇而不可求。若要说冥思这种状态本身，最恰当的说法莫过于思想者与思想对象的融通。要知道作为过程的思想虽然必须由思想者承担，但作为结果的思想却只能来自思想的对象。

我们的思想是怎么来的

　　一个人的思想内容结构是怎样的？一个人对事物的认识是如何雷同一些人又有别于另一些人的？像这样的问题，哲学认识论是没有兴趣的，而普通的个人也没必要对此做专门的思考，所以也就没有多少答案，换言之，我们在这些问题上是缺乏充分认知的。按照平常的说法，一些问题不为人关注，很可能是因为它们不足够重要。如果那些问题重要，为什么人们不去关注呢？尤其是这样的反问听起来很有力量，其实根本站不住脚。若少有人关注就说明一些问题不重要，那人类文化精华中的绝大多数成分是根本不可能产生的。

　　最具有典型性的是，像"我是谁；我从哪里来；我要到哪里去"这种人生哲学的终极问题，不仅不会有人提出，即便有人提出了，也不会引起人们的注意，因为这样的问题对于一个普通的人来说纯属多余甚至有些无聊。更不用说人类登上月球和在 400 公里之外的外太空建立空间站，这对于一个普通人来说几乎无异于神话故事。所以，对于一些少有人关注的问题，只要我们忽然意识到回答它们的意义，即使先抱着认知游戏的态度也不无价值。

　　我之所以提出这两个问题，主观上是想搞清楚一个有思想的个人借助了怎样的机制而使自己虽处在一定的共同体中却又与众不同，正是这个意图驱使我首先想到了追究一个人的思想内容结构。这个问题的解答难度并不算大，因为人的社会性决定了他的思想之中必然含有与他人相同和相似的成分，一个人成为思想意义上的孤岛根本就不具有现实性。对于个体而言，除非它被人为地隔离，否则就真的被抛入一定的结构或共同体，生活的细节会像空气一样浸入他的心灵，使他不得不以一己之躯承载共同体的信念，同时也就拥有了他个人思想的底色。

　　但个人毕竟是他自己，即便他想和别人一模一样，也会因身心的个别特点而与他人有量和质的差别，从而使得与他人相似而不同。当然，最终能够标识个人思想个性的，并不是一个人与他人在共同体信念拥有上的相似和相同之间的差额，而是他个人思想整体中独特的成分。这种独特的成分足以把他与共同体中的其他成员区别开来，更不用说使他有别于其他共同体的成员。说到这里，自然带出了一个重要的信息，即不同共同体之间在整体上就是有差异的，但它们在更大的共同体中，又会与原来共同体内各成员之间的同异原理相同。

谈到同异原理，必然涉及"一个人对事物的认识是如何雷同一些人又有别于另一些人的"这一问题。我相信弄清楚这一问题，不仅有益于促生普通个人的人生机智，而且能够对思想家及其思想进行心理学解释的学术研究有启发作用。不过，对于后一种可能的好处也不必过分当真，原因是我们的回答尝试所包含的初心更在于帮助个人的自我认知。这里面存有我个人的一点执念，那就是我始终看重自我认知之于个人的价值。这种价值一方面与自我人格和精神的建设有关，另一方面也会影响个人在群体生活中的姿态。

据说受人欢迎的个人都有较好的自我认知，而不受人欢迎的个人大多数情况下存在着个人认知障碍。以往总听到民间类似"不自知""不自量力""不知道自己能吃几碗干饭""不知道自己姓什么"等有趣的说法，今天想来，这些说法的实质，就是在用一种批评的口气揭示一定个体的自我认知障碍。顺便赘言，自我认识的障碍在朴素的意义上，并不是说一个人毫无自我认知的能力，而是他要么缩小了自己，要么夸张了自己。这两种障碍对个人的精神卫生均有害处，但相对来说，表现为夸张自己的障碍害处要更大一些。

每个人本就不可能与他人一样，如莱布尼茨所说，"凡物莫不相异，天地间没有两个彼此完全相同的东西"。习惯于夸张自己的个人，他们的偏差源于对优越感的过分迷恋，在错觉和幻觉中主观地优化了自己。关于这一点，我不再啰嗦，还是在帮助个人自我精神建设的意义上回答问题才更为稳妥。我们现在把一个人的思想作为整体来对待，看一看其形成的机制究竟如何。通过这样的思考，一定能够让我们更好地理解自己、理解他人，进而更好地理解社会生活。

凡能有效运用自己理性的个人都具备有思想的基本条件，但为了方便说明问题，我们还是选择明显有思想的个人作为分析的对象。这里所谓的明显有思想，是说一个人不仅能明晰地表达自己的思想，而且具有意志上的坚定性，应该说这种坚定性与个人的自信相随。至于他们为什么能够对自己思想的表现具有坚定和自信，情况就比较复杂了，我们只有在阐明他们拥有思想的机制中去仔细品味。结合经验和相关的知识，可知他们拥有思想的机制至少有如下三种：

一是依附机制。从字面上就能猜想到依附者所依附的并不是一种思想本身，而是一种思想的符号价值。就像以往的青年男子多愿意吸烟，他们最初很少是因为喜好香烟的味道，不过是因为吸烟是以往时代一个男人成熟的重要外在特征。留心那些执着于某种想法的人，他们最初也不见得是真的以为某种想法有多么深刻和正确，而是因为持那种想法的人群正是他想融入的。

我们知道吸烟的人吸的时间久了，对香烟就会有生理和心理上的依赖，到了那种程度，他们便不只是迷恋香烟的味道，还会为吸烟做合理性论证。因想依附某种群体而接受一定思想的人，随着岁月的延续，也一样会觉得自己接受的思想本身就具有优越性，当然也会进一步用各种方式来证明其合理。

二是保护机制。心理学上讲自我保护机制，相当于心理系统的免疫反应，是说当人将要或已经陷入焦虑紧张状态时，会采取一些自我保护性的措施。根据这一理论，我们会发现在社会生活中，我们很可能为了预防和消除某种焦虑、紧张的状态而接受某种思想。

比如，在教育改革的大潮中，接受并实践一种教育思想就意味着先进和与时俱进，经过有策略的努力很可能成为弄潮儿；反过来，如果一个校长或教师明确不接受一种教育思想，他不仅会被贴上思想保守的标签，还可能损失许多现实的利益，特别的时候，还可能有人告诉他"不换思想就换岗"。

这时候他们能够怎么办呢？自然会有保守到底的人，但也一定有为了保护自己现实的利益，更为了自己不被糊里糊涂地"换岗"，继而策略性地接受并实践一种思。也许在初期。他们只是逢场作戏，但渐渐地就成了一种习惯，这种情形很符合社会学习的基本原理。当一种思想被一个人化为一种习惯后，谁能说那不是他自己的思想呢？恐怕连同他自己也不会否认。

三是自珍机制。既然是自珍，就说明作为自我珍惜对象的一种思想一定属于一个人自己的思想。即使这种思想在整体认识的意义上并非原创，也不见得能被他人普遍认可，仅因它出自一个人亲身的经验和思考，就足以让他倍加珍惜和坚守。一般来说，这种思想应给他带来过积极的收获，至少凝结了他真诚的付出，所谓的敝帚自珍，说明的就是这种情况。

我们显然并未列出通过一般性的学习而拥有思想的机制，这也不是一种理智上的疏忽，而是因为我们潜在的立意就是要从社会心理学的角度说明个人整体思想的个性化构成。学术研究者在阐释一个人物的思想构成时，常常让我们觉得那些有思想的人物简直就是各种必然性过程的展现者。这种情况对于一个比较纯粹的思想家来说也许有更多的真实性，但对于社会生活中的普通人来说就不见得符合实际。普通人在某种意义上要比那些书本上的思想家更真实也更现实，正因此，人们才会时不时地提醒那些象牙塔里的个人不可离现实太远。

以上的分析显然是以社会生活中的普通个人为对象的，所以其结论并不符合象牙塔里的个人的实际。客观而言，日常生活中的个人更为复杂，进而日常生活也更需要个人有智慧。就说形成个人思想的依附、保护和自珍机制，从一个角度看是对相关事实的理性解释，换一个角度看，难道不是人在现实生活中的现实智慧？其实，对日常的社会生活现象做这样的分析本身就是一种莽撞行为，因为日常生活及其中的人的状态最经不起分析。何况生活的美就在于它在我们意识中的模糊和朦胧呢？把什么也说清楚了，无异于对生活进行了一次超声波的检查，并不见得好。

新时代欢迎思想家

学习历史上的伟大的思想，渐渐地就会发现，不论思想的对象是什么，都有一些共同的特征，即超越平常、超越自我、超越功利和超越时空。继续探究这一系列超越中的精神，则可发现创造了伟大思想的思想家是同时具有创造性、公共心、审美力和历史感的卓越个人。这当然只是一种基于经验的归纳和总结，但如果这个结果能在较大程度上反映伟大思想和伟大思想家的共性，那么我们反过来对这四种超越及其背后的精神内涵加以阐释，进而引发思想者的追求，就等于为有远大理想的思想者指出了未来的道路和努力的方向。

（一）超越平常

思想上的超越平常，第一位凸显的并不是与众不同，而是明显高于众人，而且这个高并不是数量意义上的，而是质量意义上的，说具体了，既可以是思想的水平高，也可以是思想的境界高。这里的水平主要是指思想所牵涉的思维的层次和规范水平。只要有机会阅读伟大的思想文本，我们就能体会到伟大思想家思维的抽象和系统程度。一般而言，抽象的程度所反映的是思想的深刻程度，而系统的程度所反映的则是思想的成熟程度。

所谓思维的规范，主要是说思想者因能把自己的思想与思想的历史联系起来，进而能够像他的前辈和同行一样，使用思想共同体认可的话语系统。假如偶尔遇到自认为有思想却不能把自己的思想与思想共同体的历史和规范联系起来的人，无论他自认为有多么深刻和独特，其水平也不可能获得思想共同体的认可。客观而言，这样的思想者个人，就其思维的规范程度来说，是没有什么可值得称道的。

这里的境界主要是说思想者及其思想不会仅仅局限于对传统的继承，更不会在共时的意义上人云亦云。或许正因此，每一个时代的那些思想的先锋，一方面会受到传统势力的惩治，另一方面普通大众对他们也没有足够的同情。就像戊戌六君子，一则是被传统势力杀害的，二则是被普通大众围观的。伟大的思想在当时和当地通常是具有创造性的，也正是其鲜明的创造性，才使得它自身超越了平常。

（二）超越自我

平常人想问题通常很难走出自己的一亩三分地。这当然具有自然的一面，毕竟在最基础的层面人类个体都是个人中心主义者。以此为基础，平常人如果没有外部因素的制约，日常思考的内容一定是以自我为中心的生存和生活，他人的、他乡的、他时的、他界的事情是不入他们大脑的。"想这个问题对你、对我们有什么好处？""别人的事情犯得着你操心吗？""何必替古人担忧呢？""这岂不是杞人忧天吗？"这一系列的问句，对于我们中国人来说实在太熟悉了。

而在西方，古希腊思想家泰勒斯曾因夜观星辰不慎跌入土坑，遭人嗤笑："你自称能够认识天上的东西，却不知脚下面的是什么。你研究学问得益真大啊，跌进坑里就是你的学问给你带来的好处吧！"泰勒斯爬出土坑答道："只有站得高的人，才有从高处跌进坑里去的权利和自由。像你这样不学无术的人，是享受不到这种权利和自由的。"泰勒斯的故事是比较典型的。

实际上，任何时代和地域的伟大思想家都和泰勒斯有相似之处。他们固然也有衣食住行的基本需求，但他们之所以能成为伟大的思想家，是因为他们所思想的内容与基本生存需要无关。在他们看来，生存层面的俗事是不能够占用思想的能力和各种资源的，只有群体的、世界的事情，简而言之，只有宇宙和人生才有资格作为思想的对象。中国学人熟悉的"学术乃天下公器，人皆不可得而私之"中，也是有这个潜在的意思的。

（三）超越功利

思想一旦超越了自我，也就容易远离功利，但这也不是完全必然的事情。一个人可能走出了自己的小功利，却也可能没走出亚群体的大功利，因而其思想的层次或许有一定的高度，但其内在狭隘并不会彻底地消除。分析一下美西方的"卡脖子"行为，在其背后无疑就是亚群体功利主义的思想，这与"人类命运共同体"的构想相比，高下立见。

学习那些伟大的思想，总有机会欣赏到伟大的思想家不愧为"人类之子"的风采。虽然说具体的思想家总活动在具体的时空中，但伟大的思想家只不过是就地取材，借用了身边手边的资源，他们所思所想的内容却是适用于全体人类的。如果不是这样，孔孟老庄再伟大，也不会为外国人重视；黑格尔、马克思再深刻，也与我们中国人没有关系。

今日重读到席勒的《美育书简》，其中说道："然而在现时代，欲求占了统治地位，把堕落了的人性置于它的专制桎梏之下。利益成了时代的伟大偶像，一切力量都要服侍它，一切天才都要拜倒在它的脚下。"（《美育书简》，社会科学文献出版社，徐恒醇译，2016 年版，第 70 页）一时把目光洒向窗外，真的以为席勒就在窗外。他这话说在 1795 年的德国，但在作为读者的我的意识里，时间和地点统统失去了意义，因为在我窗外的世界里，每天都在上演着主题完全一致的活报剧。

据说当年的席勒内心充满了矛盾，既不喜欢封建社会的腐朽，又从心里抵触资产阶级的暴力革命。这大概也是他把社会的改善寄希望于审美教育的原因。

席勒毕竟还是一位诗人、作家、哲学家、历史学家，总之是一介书生，难免会希望品格完善、境界崇高的人来改造社会，几乎相当于中国近世主张"教育救国"的教育家。像席勒这样的思想家，骨子里是浪漫的，对众人的幸福和个人的自由发展是真诚投入的，其思想是超越了个人和亚群体之功利的，在某种意义上具有美学的价值。

（四）超越时空

这并不是说伟大思想家的思想是虚无缥缈的，而是说他们的思想即使源于具体的事端，但其思想的内涵是具有普遍意义的。其实也只有这样的思想才真的属于整个人类，而不只是属于一个民族或一个国家。这对于思想这种东西来说并不是一件容易的事情，毕竟思想既不是经得起检验的科学知识，也不是堪称人类共同语言的各种艺术。要知道科学和艺术这两种东西，世间的任何人也拿它们没有办法。

席勒说："他可以驱逐真理之友，但真理却永在。他可以侮辱艺术家，却无法伪造艺术，没有什么东西比科学和艺术更忠于时代精神的了。"（《美育书简》，社会科学文献出版社，徐恒醇译，2016 年版，第 70页）然而，思想就没有科学和艺术那样不能被消灭和伪造，更没有科学和艺术那样能够获得人们最大限度的接纳。想一想科学家、艺术家和思想家在现实生活中的处境，便可以间接地体会到科学、艺术和思想性质的不同。

从历史的角度说，颠覆传统的科学的确在中世纪末期曾被视为异端，布鲁诺还因此为科学殉道，但自工业革命以来，科学的春天似乎就没有结束过。特别是在社会经济高度依赖科学和技术，生产力由经典的内涵发展到新时代的新质生产力情况下，无论风云如何变幻，科学家还是可以专心求索的。艺术呢，也许其中高雅的部分没有理想的市场，但只要艺术家的脑子活泛一点，能够迎合大众娱乐至死的需要，即使百业凋零，也不影响他们成为大大小小的印钞机。

思想就比较特殊了，与此相连的思想家必须花大力气优先解决自己的吃饭问题，做梦都不要想着还能伟大一次。他们的思想肤浅了，人们是瞧不上的；他们的思想要是深刻了，一般情况下是不招人喜欢的；如果他们的思想在深刻的基础上还有那么一点点锋芒，那就得养成早睡早起的好习惯。

思想和思想家是很珍贵的，也是很艰难的，原因是它和他对生态环境的要求都比较严格，用通俗的话说就是有那么一点娇气。除此之外，思想和思想家对个人的思维类型、情感意志和价值哲学也有特殊的要求。就思维类型来说，冲动型的、场依存型的个人是不适宜做思想家的；就情感意志而言，容易激动、没有恒心和缺少勇气的个人是不适宜做思想家的；就价值哲学而言，未解决或太在意生计的人是不适宜做思想家的。我们的新时代是需要思想家的，也是欢迎思想家的。

思想与表达

要表达思想，前提是要有思想。如果没有思想，对于学术研究者来说，就没有文章。而且这里的思想，不是我们通过学习掌握了别人的思想。比如我们通过学习，知道了杜威的教育思想，知道了卢梭的教育思想，然后我们把他们的思想用我们自己的语言复述一遍，也可以成文章。因为实际上有很多非学术刊物，也需要这样的文章。毕竟，我们需要给年轻人或教育实践工作者介绍许多教育家的教育思想。但这些思想很显然并不是我们个人创造的，只是我们表达的。它是我们表达的，所以它也是文章。但这样的文章不是学术写作意义上的文章。学术写作是学术研究者对自己研究过程及其成果的表达。如果没有思想，就没有文章了；如果没有新的思想，也就没有学术论文。

思想从哪里来呢？思想当然是从思考中来，是从我们的研究中来。所以我们讲没有思想就没有文章，也可以转换为：没有真实的研究，也就没有学术文章。今天中国学者与国外的交流越来越频繁，越来越深刻。作者也可以在国外发表自己的研究成果。在国内我们还可以批评国内学术界，包括学术媒体这个领域，还有很多不正之风存在。如果要在国外比较高水平的学术期刊上发表论文，没有自己真实的研究，没有真正的研究，怎么可能发表论文呢？从直接意义上来讲，没有新的学术发现，没有新的学术的感悟和结论，就没有文章或者说就不应该写成文章。如果有志于某个学科的研究，那么就要立志做真实的研究。只有真实的研究，才是产生真实的思想、产生新的思想和新的结论的前提。

可见学术写作绝对不是遵循写作的规范那么简单，它是与学术研究直接联系在一起的。那么有了思想以后，是不是就有文章呢？那也不见得。我记得当年读研究生的时候，我和我的导师说："先生，我看这个刊物上发表的有一些论文并没有什么新的观点，为什么也能发表？"我的老师就跟我说："年轻人就是眼高手低。你觉得发表的那些论文好像没有什么新的观点，但你要知道，他们的文章是一笔写就的。"我们经常说做事情不可能一蹴而就，他说他们的文章就是这样下笔成文。当时我也大致知道他说的意思，但个人没这种体验，心里是半服气半不服气的。逐渐地，自己也在这样一个过程中慢慢地走向成熟了，终于发现当年老师说的是正确的。

年轻人很容易生出一种新的观点，但能不能把新的观点表达出来，那又是一件事。过去我有一个学生，现在这个学生表现得也很好。当年在课堂上，他也是经常有自己的新想法，每到课余时间就会找我来谈他的想法。每一次我都告诉他，把要想讲的东西写下来，下一次带给我。到第二次，我就问他说写出来了没有。他脸红，他没写出来。那为什么没写出来呢？这是因为，一种新的观点，至少是他认为是新的、有意义的观点的产生，可能就在一念之间。它可以发生在苦思冥想之后，也可以发生在读书的过程中。但要把这样一个思想用规范的、学术共同体认可的方式来进行表达，并且这个表达须是有规模的，并不是说写上两三百字就可以，还要进行一个证明，这就很难了。

所以说，没有思想，就没有文章。当然，有了思想也不见得就有好的文章，因为写文章需要表达，而表达绝对不是简单地把内在的言语转换成为外在的文字。如果是那样，那就可以只把内在的言语文字化。比如，我们可以将内在的言语有声化，再将录音转换成文字。那就不是文章吗？但实际上，又有多少人可以做到出口成章呢？即便是我们肯定的那些出口成章的人，你把他的录音转换成文字以后，也会有很多不规范、不严谨的地方，这是肯定的。

思想者不可忘却生活世界

人文社会科学领域的创新就其凸显的那一刻来说，给人的感觉就是所谓的奇思妙想，但这只是在说这种思与想的结果迥异于平常，却不意味着它的原子性内涵是从天而降的。也许我们从已有的语言文本中找不到像新的奇思妙想那样的完整判断，但那种新的判断必定是与已有的文化血脉相连的。新思想的创造者肯定是有理由自豪的，那么自豪之后呢？是不是要等待再一次的奇迹呢？

可以等待，而且必须等待，这是因为能够引发惊异的思想不是我们想有就能如期而至的。不过在另一面，我们也能注意到每一个新思想的出现，也是由不得我们自己的，换句话说，也不是我们不想有便不会有的。

根底上是因为我们的思绪早已经扎根于文化共同体的土壤，各种精神的营养素把我们滋养到某种程度的时候，总会有好的东西萌生出来。

没有人否认一点，即无论多么新颖的思想，一旦被它的代言人表达出来，接受者在感到惊讶的同时常常也会恍然大悟。这说明新思想的原材料就在接受者的经验和记忆之中。想到这些，我们在认识论和方法论上的最大启示则是：必须让我们的思考与生活世界始终保持亲切的关系。

然后我们再来理解思想的来源，即使首先认定大脑机能的意义，也得感念无数的具有共通感的他人群体对新思想的支持。这里说的支持，既包括当下的他人对于新思想的心领神会，也包括非当下的他人为新思想所做的无意识准备。这样的思考其实并没有轻视新思想代言人的价值，只是给与了他们较为客观和理性的定位，同时也是对人的认识的历史性的面对。

历史在哪里？感觉上在过去，实际上总以精神的形态活跃于当前并奔突于未来，因而完全可以说，人在时间的维度只有历史，也只是历史的，人类的文化当然也是一样的。在此意义上讲，新思想的创造本身就是一种历史性的事件，甚至可以将其比喻为传统的流动在某一时刻与新问题的碰撞从而激起的、令人惊奇的浪花。新思想的代言人在其中所发挥的作用极像幸运地意识到新问题的存在，并辛勤而机智地组织完成了这种碰撞。

首先说他们对新问题的意识，这是一件功不可没的认识论事件。须知没有机敏、睿智的品质和批判、反思的精神，一个人就不可能意识到有意义的新问题，那么传统的浩气也只能平庸地从我们身边流散，无论多么高品质的元素也只能默默无闻，这大概也是历来就有人重视问题的发现和提出的原因。

我们甚至可以断言问题并不是认识者遭遇的对象，而是由他们创造出来的。如果没有新问题，也就没有新的研究，更不会有新的思想；而如果没有具有机敏、睿智品质和批判、反思精神的个人，也就不会有新的问题。继续说下去，新的问题给予认识者机会，随之展开的认识过程则不过是一定认识范式作用下的功夫。

其次说他们对传统与新问题碰撞的组织完成，它既是某种认识共同体规范的实践操作，也是他们组织认识的天赋展演。在这里提到天赋，主要是要表达对新思想代言人的敬重，顺便要说明认识者个人在人类认识历史演化中独特的地位。他们在一定的意义上类似于运动竞技场上的优秀选手，实际上是以个人的卓越表现拉动了整个领域的前行。

在运动领域，金牌必定属于冠军个人，但他们创造的纪录却属于整个人类。同样的道理，思想在众人的意识里一定是属于全人类的，但它的创造者只能是具体的思想者个人。然而，卓越的思想者个人也是众人中的幸运儿，更重要的是他们的创造从来就不只是他们个人的事情。

我们不妨审视任何一种表达思想的文本，作者在其中必有独到的贡献，但文本所包含的思想绝不只是作者独到的那一部分。也就是说，整个思想文本中，必有比例不同的他人的思想。可是为什么文本的署名者却只是作者自己呢？我们从中不难悟出一个道理，即任何的思想表达者个人都不仅仅是他个人，而是以共同体的代表身份存在的。因此就可以说，所有个人的思想过程都是以认识共同体乃至整个人类的名义展开的。

共同体是个体思想者的靠山。共同体的文化是个体思想的土壤。而这种土壤，则是认识论意义上生活世界。新的问题只能从既有的土壤中出现。新的思想只能因新的问题而生。新思想的代言人，只能身带泥土并以探究者的姿态存在。既然如此，想与思想创造有关的认识者个人，是不是需要从纯粹的文字文本中时而抽身出来，去尝一尝生活世界泥土的味道呢？

思想不是与世隔绝的个人游戏

思想家的典型状态当然是在思想，同时可以肯定他们的思想过程虽然可以发生在任何场所，但最典型的场所应是他们的书房或类似书房的地方，就空间特征而言，是具有封闭性的。这种封闭性可以形象化为可感觉的围墙，也可以是不能看觉但可以想象的精神警戒线。不过，这并不意味着思想家的思想行为是完全与世隔绝的，这当然在现实的意义上也不会发生。

但是现实中又的确存在着实质上与世隔绝的思想者。这样的思想者怀着自己对思想及其过程的坚定误解，极尽专注和真诚，感觉上也极尽勤奋地进行思想并不懈地生产着他们所认定的思想，但就客观的效果来说，几近于隔绝式的荒诞思维游戏。理性地思考，人类有思想的文明史已有三千年以上，尤其在人文社会生活领域，历来的最强大脑虽然不可能穷尽人类的智慧，但在基本问题和重要问题领域，思想的理解可能性差不多接近穷尽。

从而，当代的思想者无疑可在思想整体的局部有所造诣和创造，若要想像亚里士多德、康德、黑格尔、马克思那样构造出庞大而高深的理论体系，大概只能等待天降奇才了。只是这样的等待只是一种说法，能不能等来只能依靠奇迹。或许存在着有志者，自信能成为甚至自认为已经是历史上的大哲那样的人，那只能说明他要么低估了那些大哲，要么吃了什么灵丹妙药，进而着魔一样地高估了自己。

要说起来，他们有热情和有理想是值得我们肯定的，毕竟思想的兴趣在任何时候都是一种稀缺的社会资源。他们的不足事实上仅仅在于选择性地忘却了沙上建塔的不科学和不现实，而他们之所以有这样的选择性遗忘，则是因为他们很难承认自己实际上已经陷入好高骛远的困境。

不只是思想的领域，应该说在任何领域，想一步登天都是一种理性不足的表现。如果说一个人尚处于青春年少的时候有这样的倾向还可以理解，原因是年少者未经历艰难又缺乏思想的深层经验，即使有些轻狂也与他的生命季节毫不违和，但过了这样的季节仍然表现出那样的急切就另当别论了。

我们年轻的时候，师长们告诫说不要着急，心急吃不了热豆腐；现在我们又告诫新一代人凡事均须循序渐进，万丈高楼平地起。前后不变的道理是任何个人都无幸运一蹴而就。对思想有兴趣的人，必先用阅读的方式领略思想的历史，在此过程中，一方面品味伟大的思想本身，另一方面顺便可以领略伟大思想者的风采。

如果能够阅读出思想和思想者伟大背后的艰辛，能够发现他们与人类历史和现实生活的血脉相连，那么一个人是有望站到巨人肩膀上的。反过来，一个人如果只是被伟大思想文本的形式诱惑，并简单地以为每一个伟大的思想家都是在隔绝的状态下拔地而起的，那他注定与思想领域的成功没有关联，这与他具有多么宏伟的理想毫无关系。

务实一点说，一个人，尤其是一个年轻的人，如果真的对思想情有独钟并立志走上思想者的道路，就不能够忽视先辈们的经验，不必想着找什么捷径能一夜走红、一鸣惊人。正确的选择是：把自己的思绪与历史上的思想衔接起来，让自己的感觉器官向真实、生动的现实打开，一定要习得思想历史选择的用于思维的规范和用于表达的语言。只有走在正确的道路上，我们的努力才有意义，我们的能力才不会浪费。

大学与研究高深学问

1917 年，蔡元培先生就任北京大学校长，在就任演说中说："今人肄业专门学校，学成任事，此固势所必然。而在大学则不然，大学者，研究高深学问者也。"后来，当人们说起大学的性质时便常常引用，尤其是"研究高深学问"一说，几乎成了捍卫大学象牙塔形象的重要依据。然而时过境迁，今日大学之数量激增，种类繁杂，若再言"研究高深学问"，即使不能说过时，也可以说是偏颇的。因为实际的情况是，从"大学"一词的泛化开始，"高深学问"越来越成为相对数量越来越少的存在。

不只是帮助学生"学成任事"的大学难见高深学问，就是在所谓勠力同心于学科建设的大学，高深学问所占据的比例也越来越小。与此相应，与高深学问相关的人员也就日益衰减，师生虽然也能够有学问的理想，但表征大学所必需的大家与大作基本上已成往事，进而也使得"大家"与"大作"比以往任何时候都更具有修辞意义。这种情况在大学教育领域的保守主义者看来一定是一种倒退，但站在我们自己的时代，实际上应该对高深学问的逐日陌生与边缘给予充分的理解。

不管怎么说，让大学维持它在最纯粹时期和最卓越空间里的高深，不仅存在着人力资源的极大短缺，而且不能满足经济社会发展对大学的需求。当然，在理解的同时，坚守大学与高深学问的关联无疑还是很有价值，至少借助于这样的坚守可以使大学像火种一样的精神原型得以保护和延续，以便大学有朝一日可以不再需要背负过重的环境诉求时，仍然有条件恢复到它曾经纯粹和卓越的状态。

这也许只是一种天真的想法，好像时下的大学中本就存在着足量的与高深学问有关的人才，好像他们只是不得不因应环境的需求而暂时告别高深。其实，即使真的天真了也没有关系，一种想法只要还能够存活，我们就应当想到环境的博大。实际地看，社会生活纷繁复杂，从来就不只有高深学问这一件事情。大学寄身于社会生活，在自身成熟的情况下也理应承担一部分责任，谨慎而言，是应该基于高深学问求索社会生活文明进路的。

现在我们亟须作为的一定不是面对环境的喟叹与清议，而应是对自己看重的高深学问做一做梳理，先弄清楚高深学问究竟指代着什么。毕竟，当我们欣赏并愿意宣扬蔡元培先生的大学宏论时，并不见得对高深学问有清晰到位的把握。不改变这一状态，我们的欣赏和宣扬最终也只是脱离生活实际和大学本质的一种貌似有理的喧嚣。

何为高深学问呢？它自然也还是学问，只是高深了一些，因而也只能是一个相对的概念。今天的初中生学习的浮力定律，大学物理系的学生也不会认为它高深，但它在古希腊时期绝对属于高深知识，阿基米德也可以因此成为大师。所以，在一般意义上谈论高深学问，它之于学习者必是已有知识序列中最高端的那一部分，之于研究者则应在由已知通向未知的途中。但这只是一种"位置"性的说明，探究高深学问的实质是需要我们走进它内部的。

沿着这一思路，我们可以发现，虽然不同时期的高深学问内容不同，但就对其进行学习掌握和研究探索来说，都一样关涉人的高阶认知活动，具体而言就是关涉理论的和创造性的思维和想象。不需要或是没有这样的认知活动作为基础，相关的学问一定与高深没什么关联。当然也不能说那些学问毫无意义，但不是记问之学，就是主观、机械的臆断，或有装饰性的价值，却断然无可能启迪人的思维，更不可能对人的智力具有挑战性。

所以所谓高深学问，其操作性的意义应是它内含具体时空中最精华的精神财富，对它的掌握和探究需要人高水平的认知参与。由此推演开，高深学问对于学生的学习和教师的研究来说都具有一定时空中的较高难度。可轻易掌握和发现的东西，至少从认知水平这一维度讲算不得高深，因而其价值是较为有限的。但也需要指出，仅仅说掌握和发现之难还有些笼统，因为有的难也绝对真实，但不属于高阶认知中的难，那么与这种难相联系的学问同样算不上高深学问。

话又说回来，对任何事情都不宜采取绝对主义和理想主义的态度，否则世界上就很少有值得我们肯定的事物了。相对于帮助学生"学成任事"的专门学校，大学的确重在研究高深学问，但我们难道会拒绝专门学校的某些个人研究高深学问？难道大学里的教员都必须清一色地研究高深学问吗？答案应该是否定的。从蔡元培先生的观点中，我们也不难意识到他所说的学问更在指哲学及自然科学、人文社会科学的基础性学术，并未强调应用类的研究。

或许在他看来高深学问只与求真知的为学术而学术相联系。但在今天，高深的内涵可以不变，但学问的范围应该适当扩大。这是一个有意义的大问题，我们可以寄希望于有识之士，希望我们的大学不会因学问的经典意义而显得不那么得体。无论高深学问的意义在未来有何变化，与此相关的一些基本元素也不会变化，其中必有问学者高尚的品德、高阶的思维、深邃的目光、深刻的思想。

我们也可以把问学者的两高、两深用于描述学问，那就是说高深的学问中，必然闪现着学问家的高尚、高阶、深邃和深刻。进一步讲，凡欲研究高深学问者，均须做德性、思维、眼光和思想的准备。这样的人历来就是大学所短缺的，却也永远是真正的大学求知若渴的。所以，潜心问学的人任何时候都不必做无谓的喟叹，只需遵循问学的理想和规律，诚意正心，修身养性，不断增强自己的德性和认知，不必为其余的事情多花心思。

深刻究竟意味着什么

越是深刻的思想，越指向常见的事物，原因是它明显高于常识、常见，因而在常人那里就显出深刻。这当然只是最直观的说法，实际上常人所感受到的深刻还有一个特点，即深刻只会引发常人认知上的惊异，最关键的是深刻的思想内涵与作为感受者的常人之常见并不冲突。如果一种深刻让常人自惭形秽，甚至给他们带来心理上的危机，那客观上存在的深刻很可能被常人转译为怪异，他们紧接着就会站到深刻思想的对立面。我们这样说，就很好理解有的深刻令人惊叹，有的深刻令人敬畏，而有的深刻则令人恐惧和焦虑，还有的深刻是令人厌恨的。

爱思想的人同样会爱深刻，但我想只有会思想的人才会懂深刻。而在以上两者之外的人们，对深刻的理解，我就不好判断了。粗略地猜测，他们对深刻的理解，在认知上应不会超越自己的最近发展区，在价值上应不会超越自己的偏好。那么，在会思想的人们那里，深刻究竟意味着什么呢？照理说，获得答案的最佳办法是直接问询我们公认的当代思想者，但这个看似便易的方法并不好实际操作。因而，我们通常还是要绕一个弯子，从思想者的思想文本中领会深刻的意涵。这必定是一件费力的事情，但这样做的效果却不见得不好。我至少能意识到，不同思想者的文本所分有的深刻共相在理论上是同一个东西。

如果我们真的有机会就什么是深刻这一问题直接问询不同的思想者，想必他们的回答一定多姿多彩，但答案的个性又会使我们对深刻的理解在新的水平上飘忽不定。我相信职业的读书人多少读过一些深刻的书，那就不妨追忆一下自己感受到深刻时的具体情节，看看能否捕捉到一些深刻的意义。如果有人说他发现不同文本中的深刻共性是作者对事情的判断直击要害、直达本质，我一定会随声附和。因为未及要害的言说必然在事情的枝节处用力，而未及本质的言说自然只在现象的层面游走，难免让感受者或难解事情的灵魂，或如坠云里雾里。

记得我的一位忘年交说过，好的文章能让人觉得解恨，通俗地讲就是句句都能说到点子上。我现在理解，他所说的"解恨"，相当于直达本质所产生的效果，而他所说的"句句都能说到点子上"，即直击要害，综合起来不就是深刻吗？我直觉上述关于深刻的议论大致是切题的，但没有涉及围绕着深刻的一个重要现象，即时常有人为了深刻而做语言的功课，好像深刻是语言表达艺术的结果。在这种观念的驱使下，一些人会说一些在形式上很像思想的话，或是变着花样地把明白的道理说糊涂，这中间就充满了对深刻的误解。

语言的高水平应用的确会产生奇特的效果，但一般来讲这种效果更具有美学的意义。须知，浅显的想法无论用怎样的语言表达，都不可能改变其思维的深度，倒是可以改变感受者知觉效果。正像白开水，无论装到酒瓶子里还是装在醋瓶子里，都无法改变它自身的性质。不过，有时候我们也能真切地感受到思想的深刻与语言表达的晦涩更容易结合，这便让我们觉得语言表达与思想的深刻似乎有一定的关系，这实际上近似于一种错觉。要说这种错觉的根源，依据我粗浅的阅读经验和思维体验，应与思想和现实的关系相关。

现实是可以描述的，也是可以分析和批判的，显而易见，描述无关深刻，换言之，深刻总是与我们对事情的分析和批判联系在一起的。但是，分析和批判还是有差别的，前者关联事情的逻辑，后者关联事情的价值，深刻也会因这种差别分化为两种，分别触动我们的思维和情感。

如果我们恰是事情的分析者和批判者，会如何表达自己的分析和批判呢？我大约是要尽可能委婉一些的。为了能获得委婉的效果，我势必审慎地操作语言，一不留神就可能说出不敞亮的话语或写下不直白的文字。这在他人的感受中算不算一种做作或狡黠呢？我只能说在我的内心既无做作也无狡黠，他人的真实感受应该归因于思想面对现实时表现在语言世界的挣扎。我从中悟到思想是对现实曲折的反映，此曲折本为表达的策略，却成就了思想的深刻与语言之间的特殊关系。

冲破语言的屏障与世界真实面对

语言无疑是使人心灵运动及其产品外化和固化的工具，它一旦成为事实，实际上就顺便自证了人之为人的身份。进而，不同个人的心灵外化和固化在交往的场域相遇，就形成了具体群落的观念，并悬浮在人与人的交往意识中。若有幸运的个人以其心力为他的群落代言，那么他所创作的文本就有机会成为未来的经典。当后人面对这样的经典时，一则可从其中发现自己的心灵存在，二则可以从其中觉察到自我的局限。

但这一切都发生在他们与被视为经典的文本之间，这个文本其实只是语言的复杂形式，它虽然复杂却内含着我们的心灵，所以不至于让我们感到完全陌生，由此使我们觉得它与我们有关，与此同时，也基于我们自觉到的自我局限而与经典文本产生了某种距离感。应该说在任何一种距离感中，都包含有两种心灵的倾向：一是我们将经典文本神秘化或神圣化的倾向，二是挣扎在我们内心的自我否定及对经典文本的放弃倾向。

分析这两种倾向，其缘由均在于出自人心灵的文本借助语言获得了形式上的独立。更关键的是此类文本的持续出现，最终促成了一个没有终结的特殊世界，横亘或竖立在我们与他人以及我们与可以作为认识对象的环境之间。由此开始，文本的数量越大，我们与他人及环境的关系就越疏离，发展到一定的限度，他人和环境便在我们的意识中变得模糊，从而导致我们与真实的他人及环境的关系被所谓的集体无意识偷换为我们与文本的关系。

如果把如上的体验向通俗的方向转化，最终得到的就是我们面对各种经典文本时的主观心理：既有伴随疏离的敬畏，也有渴望吸收和融入的艰难。也因此，我们发现经典的文本是人人都觉其重要，但很少人有毅力持续咀嚼，结果是那些经典文本在我们心灵中沦为叶公所好之龙，实际上就是被我们悬置了。那经典文本赐予我们的艰难感究竟意味着什么呢？首要的意味一定不是创作者所呈示的、我们经验中没有进而记忆中空无的信息，因为我们完全可以将这一类信息作为新异的故事去聆听。只要它们本质上是一种我们一有机会就可以感知和经历的东西，对它们的接受基本不应存在认知能力上的障碍。

因而，那种艰难感应是关涉思维领域的。具体而言，我们阅读得不顺畅，并不是构成文本的语词为创作者生造，如果真是那样，某个具体的文本也不会成为经典，因为但凡成为经典的文本在语言的运用上必然不失规范。即便创造者出于无奈而制造了新词，也会对其做规定性的界定，这样做最多只是增加了我们注意和记忆的负担，并不会增强我们理解的难度。要说实质性的艰难，基本源自相对深刻的判断和相对曲折的推理，这些说到底是思维领域的问题。

按说无论什么样的判断和推理，只要符合群体认可的逻辑规则，理论上讲也不能成为我们接受的障碍，但问题是作为接收者的我们不见得和创造者一样谙熟于逻辑的规则，更不见得能够像创作者一样基于逻辑规则进行自由的思考。客观地讲，没有任何一个思想者和理论家是依据外在的逻辑规则进行思考和表达的，文本的逻辑性不过是自由而不逾矩的思考暗合了被人整理或发明出的逻辑原则。

如此看来，个人的思维能否处于自由状态很可能才是我们能否与经典文本创作者产生心灵共鸣和共振的根本原因。很多时候我们的确能感觉到自己并不愚笨，但同时又能感觉到自己的思维被无形的存在者控制，所以我们的思考才那么无力、拘谨和平庸。也许可以说，凡是能够被我们理解的文本，我们便有创作出它的潜质，之所以创作者并不是我们自己，不过是因为我们的潜质未能得以发挥。

这并不是一种自我安慰，试想一个能被我们理解的文本，其中的信息及其组织和运行的法则不就在我们的经验和记忆中吗？否则，我们又如何实现了对文本的理解？对于那些不能被我们完全理解的文本，当然就可以解释为它所包含的一部分信息超越了我们的经验和记忆。假如事实上不存在这种问题，我们就得思考一下，究竟是我们的心智能力不足，还是别的什么我们不知道的原因。

哪一种可能性都会有，但我觉得一个人能够面对经典文本，必是有相当的认识基础，他的心智能力总不会低于平常，也就没必要做退缩性的自我怀疑。有一个问题是值得我们注意的，那就是我们一开始所说的语言。语言自证了人之为人的身份，却在历史的演进中借助经典文本站在了人的对立面。它不只是以转述的方式让我们对世界有所了解和领悟，而且也逐渐成长为我们与世界之间的遮蔽物，正因此解蔽与反思才成为认识活动中的必要。

还必须知道，语言作为世界的反映，已不是世界本身，而语言自身的有限性和语言被文本创作者艺术地运用，其实也自然生成了悬浮在我们与世界之间的云雾。雾蒙蒙的语言使经典文本一方面具有了额外的诱惑力，另一方面也使经典文本平添了一种神秘感。那么，我们是不是有必要冲破语言的迷雾呢？当然有必要，而且不能满足于这种冲破，因为这也只是初步驱除了我们与文本之间的屏障。

更进一步的作为是冲破文本、直抵世界本身，这对既幸运又不幸的后世认识者更加重要。只有完成了这一次冲破，我们才能最终与世界面对。正在做研究的人们，还有准备做研究的人们，当然必须首先接受已有的经典文本，这大致相当于获取走向世界本身的通行证。没有这种意识，研究者就不能成为事实，说好听一点，我们是一个个学者，说不好听点，我们其实是被经典文本奴役的。只能说被经典文本奴役是我们成为研究者需要付出的代价，真正要成为研究者，我们必须汲取经典文本的营养，然后以心智强壮的姿态站在世界的面前。

在这样的情况下，我们才有机会把经典文本中的观念与世界本身进行对照，也才有机会进行真正的研究。我们所说的真正的研究是要揭示世界真相的，在此基础上，我们使用主观的创造力，运用世界中现成的材料进一步创造出新的观念，然后将其转化为新的事实。这种新的事实是新世界的一部分，它会在我们的认识中促生新的文本，作为新文本的创作者，我们也因此加入人类认识和世界演进的过程。

从概念转向事物本身

纠结于概念，只能说一个人还处于学习阶段，既有对概念的困惑，又有对概念的兴趣。若是对概念有困惑，不妨就一个概念做一做正本清源的工作，之后再审视与该概念有关的各种方言土语。若是对概念有兴趣，一方面当然可以保持下去，但不可陷得太深，以免走不出来；另一方面，在适当的时候把思维转向与概念有关的事物本身。

　　具有研究者身份的人一定要明白，只有面向事物本身，真正有意义的研究才可能开始。我猜想一定有人会指出我的这一说法有些绝对，对于这样的批评，我也不完全反对，但至少在统计学的意义上，更多真正有意义的研究还是发生在人对事物本身的直面之中。

　　我之所以要说得有些绝对，主要是因为当下有太多的人文社会学科的研究发生在人与文献之间，以至于成为普遍的程式。在此程式的作用下，身份意义上的研究者越来越多也越来越心安理得地成为水准各异的文人。写论文这件事，与研究的关系日渐淡远，写作者时常思虑的是文章的题目、结构和材料的使用，而非事物的真相。

　　更令人担忧的是，一部分写作者竟然能一本正经地寻找顺利通过查重软件检测的技巧，这便不仅仅是远离了研究，而且远离了道德。目睹这样的现象在我们的研究领域大面积地存在并层出不穷，明白一点的人对我们的研究事业不可能没有担心，他们中间性子稍急一点的，难免有对这种现象温婉或尖锐的批评。

　　我梳理他们批评的思路，发现基本上指向研究者的功利思想和学术失范。我觉得他们的批评很有道理，但也为后来人留下了补充的空间。仅依我有限的经验来看，造成研究者远离研究进而走向文人化的原因，除了功利思想和学术失范之外，还有一个更重要的因素是研究者真的不完全理解研究的本质，说白了就是不会研究。

　　就说面向事物本身，这话说起来也通俗易懂，但问题是研究者真的不知道事物本身究竟在什么地方。我这样说，绝不是夸大其词。要知道人文学科以至社会科学研究的对象，远不像自然科学的对象那样具体和容易把握，这应是人文社会学科的研究者多不在田野而惯在书房的根本原因。

　　我们实际上能够想象到，这种领域的研究者即使愿意离开文献，可当他们把目光投向对象世界的时候，极可能两眼煤黑，他们感觉中的对象世界也似乎无法与文献中的概念存在操作意义上的对应。

　　比如，我是研究教育的人，我很愿意走向教育的田野。但当我真想迈开步子的时候，突然发现抬起的脚不知该落在哪里，因为我无法把教育从人文世界中机械地剥离出来。这时或有人会建议我去学校这样的专门教育场所，我可以接受此建议，但我走进学校之后，也许发现自己仍然无法与教育直面。

我在学校所感觉到的，很可能只是许多人类的普通行为被按照一定的原则编辑的结果。我可以相信我要研究的教育就在其中，但就是无法进行感觉的把握，对它的研究又从何谈起呢？其实问题的关键就在这里，原来像教育这样的事物，仅依靠感觉是把握不住的，在很大程度上，必须主要借助思维才能够真切地捕捉到。

那么，我们如何用思维真切地捕捉教育呢？显而易见，这是一个难题，应该说迄今为止仍没有什么好办法，即使有，也难对其做出到位的表达。这就难怪教育学领域的研究者大多没有面向教育本身进行自己的研究了。他们在田野中无感觉，就只好回到书房钻研文献，纠结于概念也实在没什么奇怪的。

这样的纠结中，既有困惑，也有兴趣；在这样的困惑和兴趣引领下，研究者用研读文献和写作文章的方式有序地展开对自己存在合理性的证明，也算是一种文明的生活方式和状态了。然而，从认识的追求来说，研究者还是要直面事物本身，否则人文社会领域的研究者将很难真正地体验到真正研究者的状态，这怎么讲都是一种遗憾。

研究与构图

历史学家要给对象的历史过程构图，结果是动态的对象存在整体图像；分科学家要给对象的现状结构构图，结果是静态的对象存在整体图像。以上两种图像对我们意识和理解对象是缺一不可的，缺少了任何一种图像，我们对对象的意识和理解都会失全从而失真。

若是没有了过程的图像，我们关于对象的意识和理解是单薄、枯燥和静死的，好像一切都从来如此，而且在未来也不会有什么变化，用哲学的话说就是没有运动的和发展的眼光。从这个意义上讲，分科学家是最容易陷入形而上学的，他们对对象的意识和理解也许不失精细，但很可能失于孤立、静止和片面。

若是没有了结构的图像，我们关于对象的意识和理解是模糊、凌乱和无机的，好像一切都处于混沌状态，想搞清楚也没什么可能，用哲学的话说就是没有理性的和科学的思维。在此意义上，历史学家最容易拘泥于事实和细节，他们对对象的意识也许不失于真实，但很可能失于琐碎、肤浅和平庸。

既然如此，历史学家如果有余力，就可以接触一些科学和哲学。这里的科学包括自然科学与社会科学，这里的哲学，尤其指其中的认识论和知识论，应该相信这些东西可以改善人的思维品质和水平。相应地，分科学家如果有余力，则可以接触一下历史，这里的历史尤其指具有综合性的通史，中国的和中国以外的通史对形成人的历史理性均有助益。

我们今天所讲的通识教育，从最初的立意看，应该就是要弥补分科学家和历史学家以往容易具有的缺憾，直言之，就是要在研究者的意识中统一理论理性和历史理性。但凡是发现式的研究，虽然我们习惯上称之为发现真相，研究者其实是在运用能动的思维和想象为对象构图。而发明式的研究，无论它最终的结果是什么事物，其过程的核心几乎可以用拼图来说明。

总之，已存事物或未有事物的图像，均是研究者要想获得的，只有获得了图像，人才能对事物的底细胸有成竹。由此想到人们常常要画出事物的结构图和事件的流程图，还想到对许多事物或事件的图示，这些也许能够说明所有的研究很有可能都是在寻找或构想某种图景。

如果真的如此，那么研究者一定需要谙熟关于结构和过程的哲学理论，还需要对美学和艺术有浓厚的兴趣，因为只有这样，研究者的思维和研究对象才可能情投意合。只使用眼睛，人只能感受到光；只使用耳朵，人只能感受到声……所以，必须五官并用再加上直觉，人才能勉强应对与把握环境。

这个道理基本也适用于研究领域，具体地说，研究者只有具有较为完整的思维，才可能获得对象的基本图像。反之，如果思维不能完整，便像人只使用部分感官感觉环境，研究者必不能获得对象的完整信息。其实这倒也无妨，毕竟人非万能。管窥蠡测，固然狭隘、片面，但研究者只要能自觉到自己的局限，仅言其所获而不及其余，还是有益无害的。

怕的是研究者被一叶障目进而以偏概全，并伴有莫名的自信，恨不能把胃都吐出来，那就有点悲剧了。研究者是为世界灵魂绘图的人，需要有灵性，需要有洞见，需要有耐心，综合起来是需要有内在的精神力量。实在点说，这种精神力量的核心永远是比较完整的思维能力。

需要唤醒人文学科研究的认识功能

做人文学科研究的人什么时候能把自己定位为与实践工作者相对应的认识工作者，那这个领域的研究应该能够发生前所未有的变化。这样的说法既不是空穴来风，也不是个人的偏好，最主要的来由是对历来人文学科研究的观察和思考。

具体地说，所谓人文学科的研究，因其基本的旨趣既不在于揭示或发现事物表层或深层的真相，也不在于改变人类物质或精神生产的能力，故似乎顺理成章地逐渐固化为人文学者展现其理解和想象天赋的园地。从而，我们从人文学科的研究成果中，即使没有获得有情节支持的人文思想，也一定能获得学者们对某种价值理想的宣扬。

那些人文思想的深刻或无可争辩，但其原型通常已经存在于既有的人文世界；那些价值理想的魅力或不失引领功效，但其内涵无不在现实生活主体的追求之中。也正因此，不管人文学科的研究者怎样强调自己学科研究的价值，整个认识领域的研究者并没有看好他们的贡献，而一切可被称为实践工作者的人们，至少没有从他们的研究中获取知识和能力的意图。

虽然很少有人理直气壮地否定人文学科的价值，但每当大学欲调整它的专业和学科结构的时候，优先拿来调整的一定是人文类的专业和学科，值得注意的是，这是一种普遍的、世界性的现象，并不只发生在急功近利的我们的大学。

什么事情都有它发生和存在的缘由。人文学科如此的遭遇，一方面的确与时代性的精神衰弱现象有关，另一方面也与人文学科研究领域的存在状况紧密相连。借用"价值乃客体功能与主体需要的契合"这一基本法则来说明，人文学科令人遗憾的遭遇，实际上是其价值未能被人们充分认可。也就是说，人文学科研究成果的功能虽然客观存在，甚至绝对优异于它自身的以往，但我们这个时代的人们且不论因为什么，作为结果似乎不太需要。

我们尽可以指摘人们心灵的空心化，同时用各种创造性的方式渲染人文研究的意义，却无法避免被时代中人置之不理的尴尬。面对这种现实，人文学科的研究者自然不必在环境的裹挟下急于改头换面，但也不宜采取自认为讲气节的以静制动的策略。最可选择的道路应是在不放弃自己创造人文思想和渲染价值理想的固有职责的基础上，启动人文学科研究的认识功能。

这一功能在过去也未曾荒废，集中体现为人文思想的创造，但实事求是地说，人文思想的创造在人文学科研究领域已被严重边缘化，占据此领域主导地位的实际上是催生地道学者的文本考究和庇护才人才情的文人写作。不排除在这样的研究工作中也能偶尔产生一些值得称道的思想零碎，但从整体上来看，学术和文章在这一领域是远远胜过思想的。

假如某一具体的人文学科恰好以思想性为其本性，那在以学术和文章为重的风气中，基本上是无出头之日的。基于这种现实的情况，启动人文学科研究的认识功能，其第一要义就是唤醒研究者对思想创造的上心，提醒研究者重温一个事实：历来人们对人文学科研究的价值肯定，本就是因为该领域的研究者能够为他们创造出有意义存在所需要的思想。

如果到此为止，人文学科研究的面貌也会立即发生改变，但其改变的最佳结局也不过是历史上曾经有过的辉煌局面。我的意思是说，在历史上存在过以思想创造为主导的人文学科研究的辉煌，那是今天的人们通过读史书可以知道的，却是他们既无兴趣也无能力做到的事情。所以，我们还得懂得启动人文学科研究的认识功能的第二要义：通过面向人文事物本身，用适宜的方式揭示人文事物的真相，提供关于人文事物的知识。

关于人文事物的知识在品格上不同于关于自然事物的知识，但它却不会因此不成为知识。我们会意识到深层的人文事物真相终归是人的思想创造，因而关于人文事物的知识天生就具有思想的品格，但它还是知识，是一种具有思想品格的知识。这种知识的获得仍需要研究发现，只是研究者发现的结果在某种意义上属于已知，自在于历史的运动之中。

对纯粹思辨的恰当态度

纯粹的思辨对学习理论研究的人来说十分具有吸引力，这种吸引力的实质很可能是人对日常思维的局限性基本认知之后所产生的摆脱日常思维的欲望所致。如果学习者因此开始专注于思辨习惯的养成，应该说是一件有意义的事情，只是需要从一开始就提醒自己对纯粹的思辨不可有过度的迷恋。如果所思的对象迫使人想摆脱纯粹的思辨也不可能，那也就是说你不想做纯粹的思辨也不行；反过来，如果我们的所思对象属于抽象化了的经验或半经验的事物，也就不必苛求自己的思维不沾染经验的色彩。

在这种情况下，苛求反倒成为不符合对象特性和思维规律的行为，最终表达出的关于所思对象的内容信息当然或遮蔽或歪曲了对象的本相，这显然是背离了思维和表达目标的。对于思辨，我主观的认识是思想者不得已而做的一种选择。面对那些必需经验和只需要经验过程就能够辨明的事物，我们没有必要进行纯粹的思辨。说到底，思辨是作为一种认识事物的方法和途径而存在的，并不是个人展示自己特殊能力的一种方式。我曾经总结了思辨合理存在的三种情况：

一是所思的对象具有超验性质。比如造物主、本体、本质、规律等，本就是一种有价值的假设，我们可以去意会却不能去感知。假如在表达我们整体认识的时候有必要呈现，那就需要通过纯粹的思辨生产出感知过程无法提供的信息。

二是所思的对象属于经验世界的存在者，但依靠感知及其技术延伸也无法直接经验，就只能在可以感知到的经验信息基础上进行符合逻辑的推理和想象。这样做的结果可能使我们关于所思对象的认识成为一种夹生饭，但不如此又无法满足我们无限的求知欲，因而只好让思辨发挥自己的作用。这一方面的实例在宇观和极微观科学的研究中是屡见不鲜的。波普尔的证伪理论就是对这种科学认识事实的明智应对。

举一个例子，银河系之外的真相，在我们有能力直接经验的情况下是可以去亲自感知的，但人类的技术即使达到极限，恐怕也无法使其成为现实。但人类对宇宙的好奇总会不断驱动研究者把思维伸向银河系外，借助既有的宇宙经验和数学的方法，他们还是要进行不懈探索，思辨的方法即在其中。

三是我们所思的对象就在经验世界里，而且不存在任何技术上的障碍，但思辨仍然有用武之地。其原因通常是我们对一些文化的文明习惯需要有必要的尊重。

我经常举出的例子是，家里来了客人，需要购买水果。但面对超市里的各色水果，我们又会担心里面有虫子或者是味道不佳。这种情况下，即使售货员特别友好地鼓励我们亲口品尝和检查，我们也不可能将水果一一品尝。我们一般的做法是通过问询水果的品种和产地做出决定。在此过程中难道没有思辨方法的应用吗？

把以上的情形与理论研究加以类比，就可以想通一件事情，即在我们真诚欣赏纯粹思辨魅力的同时，也不可将思辨过度地美化，时时记得思辨在认识过程中的主要功能是它作为经验认识的补充。认识到这一点，就等于认识到了对于想全面、彻底把握所思对象的研究者来说，经验的或思辨的方法都很难甚至都不可能是全能的。从而，经验的方法不应该成为认识者唯一的选择，而思辨的方法并不具有一丝一毫的高明和高贵，它只是我们不得不借助的一种还有些用处的方法。

打开经典的理论著作，就会发现深刻如康德、黑格尔、海德格尔、胡塞尔这样的哲学家，也乐意把他们的思考与经验世界结合起来。他们的论述中令我们头疼的段落和篇章，我相信同样让他们自己头疼，因为我不相信一个欲把世界简明化的智者会沉醉于让许多他人百思不得其解的表达。

根据认识的实际，他们极其晦涩的思维和思想表达，基本上可以说明他们所思的对象要么完全属于超验范畴，要么就是与日常经验世界的联系极其微弱。

也因此，大半个大脑还滞留在日常世界的研究者，在对纯粹思辨的不解上与普通人也没有太大的区别。他们两者的区别主要在于普通人对思辨的不解带来的只是与思辨的继续没有关系，而研究者的不解却很可能带来对思辨的价值否定。最为常见的莫过于一部分真诚却有些偏狭的实证主义者，常常视纯粹的思辨为纯粹的游戏，甚至视之为完全的智力浪费。他们很难意识到自己对思辨的简单否定，无形中暴露了目光上的短近和认知上的肤浅，更谈不上能够自觉他们在认识上的得与失均与他人思辨的成果不无联系。

有时候我们会疑惑中国的自然科学家为什么很难有推动人类认识的重大发现，这个问题与中国社会科学家为什么很难有引领人类文明的重大创造具有同样的性质。我隐隐约约地意识到，这一类问题的正确答案应该是我们的两类科学家对超验的、非现实的对象缺乏深刻的兴趣，并由此导致他们在看似很辛苦的实证研究过程中荒废了自己也具有的思辨的潜力。他们的选择和长期形成的认识风格，也进一步使得他们逐渐与纯粹的思辨远离乃至对立，"深沉""高远""基本"等认识的性质只好与他们形同陌路。

这样的现实，在一定的条件下，本来也没有什么值得我们揪心的。如果人类命运共同体真正形成，各个国家的科学家、思想家只需发挥各自文化传统赋予的优势，在认识领域实现自然合理的分工，那么整体上不习惯和不喜欢思辨的人们就完全可以沉在文献中、醉在实验室、走在田野中。但现实总是那么不如人愿，社会进化论影响下的人们就是那么咄咄逼人。他们不仅主观地对待他们之外的认识和实践风格，而且对"和而不同"的思维天生就缺乏同情的能力。而我们明知道他们的病症所在却无计可施，这是不是也是一种缺欠呢？

反观纯粹的思辨，哪怕是在研究的领域也用不上人人为之，但对于思辨的实质和价值还是应该有些许认知的。仅在人文社会科学的范围内说，如果删除了孔孟老庄、希腊三哲、程朱理学、陆王心学……究竟还能剩下多少内容？进一步讲，能够剩余下来的内容，又有多少可以在无涉那些经典作者的前提下自立？任何文化系统的根基和高度都会体现在作为自身有机构成的形而上学之中，而值得注意的是，任何文化系统中的形而上学都是自身系统中的少数圣哲思辨得来的。

为什么在今天要特别说起纯粹的思辨呢？在我这里，最重要的原因是目睹了人们在探索构建自主学科体系、学术体系和话语体系中的手忙脚乱及鱼龙混杂，部分积极投入此项事业的个人似乎有好大喜功的癖好却无思辨建构的工夫，充其量只是说些空话、敲些边鼓，真正实质性的工作很难做成，学术的风气还会被搞坏。

像构建三大体系这样的事情，绝不是一般人可以承担的，"重赏之下必有勇夫"的招标思维在这一问题上很难奏效。解决问题的根本办法，很可能让不做纯粹思辨的研究者也能善待纯粹的思辨，这将促使他们成为认识劳动者整体的有机成分。当每一个认识劳动者都成为这种有机成分时，包括构建三大体系在内的许多认识领域的事情就不那么难办了。道理虽然简明，但让简明的道理转变成研究者的座右铭一点也不容易。这中间除了人们对纯粹思辨的固有立场作用外，还有相关研究者健康的自我认知、真诚的研究态度以及到位的思辨能力滞后的问题。

"自主知识体系建构"随想

自主知识体系建构是近来各学科研究领域的热门话题，与此相关的会议、文章等构成的信息冲击波此起彼伏，一道风景高效率地出现，只是不知道究竟能够吸引人们多少和多久的注意。如果我的判断不至于太离谱，估计这样的情况会持续好多年，但实际的用处应该不是很大，其最大的意义应是对各学科研究者的提醒。而这种提醒，认真地讲，也没什么实际的作用和价值。

没有杂念影响下的纯粹和只有求真作用下的纯正，会让一个研究者在研究过程中只听从研究对象与他自己商谈的结果，从而他的认识过程无须刻意努力便是自主的，哪里还需要什么额外的提醒？而对于不纯粹和不纯正的研究者来说，因他们或是心思的问题或是力气的问题，只是把研究当作工具甚至只是把研究当作幌子，自主或不自主并非他们所关心的，那提醒对他们又有什么意义呢？

实际上，这还不是问题的要害。如果我们继续认真地讲，各学科自主知识体系的建构，恐怕并不能够依靠研究者"我要自主"的信念。如果在此之前少有自主的个别知识生产过程及其结果，换言之，如果没有以往的研究者为一个学科领域贡献的一砖一瓦，那么，所谓的"自主知识体系建构"要么会成为喜好大话空谈者的虚拟空间，要么会成为对人类认识一知半解者自我陶醉的文本游戏。

我们当然愿意以上的估计完全离谱，但迄今为止好像还没有什么东西能让我们轻易放弃这样的估计。更让人忧虑的是，在"自主知识体系建构"这件事上，最热心的人们最为关心的是"体系的建构"，与此同时，我们基本上听不到各学科个别知识的自主创造，也不知道这是因为他们的思考还没有走到那一步，还是他们压根就没有触及这一问题。

当然，对于这一方面的实际，我们也没有必要上心，因为不管属于哪一种情况，都不会影响我们的基本判断。要知道更为重要的问题，并不是要不要自主和能不能自主，而是在以往未能自主的时候各学科的研究和知识体系建构究竟是什么状况。

就各学科的研究来说，目前存在的最大问题是较大比例的论文和著作近似于学者型文人之作。这样的作品不无意义，但其意义主要是以一种较为雅致的方式传播着学术的信息，一般来说不具有创造新知的价值。既然是一种尽传播之功的作品，因在国学之外皆为西学，所以就具有了鲜明的非自主特征，作品的价值基本取决于所提供信息的新颖性、准确性和完整性。作者做什么和做得如何显然无法完全自主，根本上是由西学的进展决定的。

还有一种学术作品是具有相当研究色彩的，只是研究者的研究并未直面研究的对象，而是从西学的文献出发，也许文本在丰富性和规范性上没有瑕疵，但总与真实的研究对象隔了一层，恐怕连同研究者自己也不好判断自己工作的创新意义究竟如何。

　　说到这里就不得不提及研究者的存在状态，他们一方面受学术教育和学术共同体文化的影响而很难具有求真理的理想，从而在忙忙碌碌中使自己成为学术型作家，另一方面又在无厘头的学术评价和管理激励下很难把自己的工作与知识和思想的创造联系起来。我们做这样的考虑自然包含对研究者存在状态的同情，但也不能把一切过失都归因于外在的客观，毕竟还是有许多处在同一客观环境中的研究者能够在真诚的态度支持下面对真问题、做着真研究。如果没有这一部分研究者更有意义的工作，那说起我们的各学科研究就真的难以启齿了。

　　这样说来，关于各学科自主知识体系的建构，我们真的不可以像赶集一样直扑到体系的建构上，而需要搞清楚一点，即在缺乏自主研究所获得的个别知识创造成果的情况下便去热心地张罗什么知识体系建构，说好听点是急于求成，说不好听点其实就是凑热闹。而知识的创造和知识体系的建构显然不是混热闹的人可以承担和实现的。本着辩证的方法论思考问题，谁也不能一竿子打沉一船人，但绝不能否认混热闹的现象的确存在于我们的学术世界之中。如果不承认这一点，就很难解释规模巨大的研究者队伍却很少做出创造性成果这一现象。

　　回到最基本的层面，我们知道与自主相对应的是他主，那么我们不妨追问一个问题，即"他主"中的那个"他"究竟是什么？难道仅仅是本土之外的人物和思想吗？肯定有这方面的因素，但绝不仅仅是这方面的因素。带着诚实的心态，我们最终会意识到那个"他"实际上是"他们"，其中既有本土之外的人物和思想，还有各种结构和过程催生的潜藏在许多研究者精神世界里的心瘾。此心瘾的内涵是被各种刺激和诱惑左右的无根的欲求，它夺去了一些研究者的初心和正念，并给他们的精神植入了生意人的程序，最终使他们成为潜伏于研究领域的伪研究者。

　　说是潜伏，倒也不是常态，在各种条件适宜的情况下，他们实际上不用遮掩自己的心瘾，运气好的时候甚至还能够引以为豪。我们是不是可以认为，主宰研究者的这个"他"比本土之外的人物和思想更有力量也更有害处呢？假设我们的猜想是符合实际的，也就很好接受一个事实，即我们各个学科研究的问题还不主要是习惯性地追随本土之外人物和思想，那样至少有可能在不太理想的道路上取得一些进步，更值得注意的问题是那种潜藏于部分研究者精神世界里的心瘾，事实上已经把他们带到了研究领域之外，且顺便遗留下了类似于病毒的各种碎片。

站在建设性的立场上，对于各学科自主知识体系建构这件事情，当务之急应该不是带着赶时髦的心态虚张声势，而是充分理解这件事情之于确立文化自信的意义，同时应趁此机会想方设法祛除困扰部分研究者精神世界的心瘾。须知我们中国人从来就不乏勤劳的品格与智慧的基因，只要我们愿意做好一件事情，只要我们没有了各种私心杂念，就没有我们做不好的事情。先秦散文、诸子思想、唐诗宋词，等等，好像都是我们中国人自主创造的。且不说能力，可以肯定的是，那些文章、思想的创造者是持守了初心和正念的，而这样的人正是自主的人。

愿意和能够自主的人就不会陷于他主，就不会轻易尾随他人，更不会受制于名缰利锁，他们精神世界里的每一个角落都会散发出阳光的味道。在必须重视各学科自主知识体系建构的今天，研究者需要做很多的事情，其中之一应是重视精神世界的建设。在这一问题上，也有很多事情要做，其中之一可以是重温张载所说的"为天地立心，为生民立命，为往圣继绝学，为万世开太平"，因为它可转化为当代研究者的认识理想。

关于独特的学术话语体系的形成

独特的学术话语体系，根本上来源于独特的文化传统，也因此，在不同文化区域之间缺乏交流的情况下，各方通常不会提出强调自己话语体系的问题。这种情况随着相互间的交流频繁就会发生改变，一般情况下，交流中较为急切的一方容易抱着学习的态度去系统地学习另一方。在此过程中，更重视学习的一方越是要系统地把握对方的学术，就越容易悬置自己原有的话语体系，渐渐地，原有的话语体系便从重心迁移到了边缘。

如果重视学习的一方潜意识中认为实际上只是具有个性的其他话语体系具有先进性质，那么相关主体不仅逐渐不习惯于以往自己的话语表达，甚至会认为只有使用了学习来的话语表达才算跟上了潮流，最终的结局很可能类似邯郸学步——既对他人的话语体系不能融会贯通，而且无勇气和不习惯使用原本属于自己的、同样具有个性的话语。

我们的哲学人文社会科学，就目前来看，除了地道的国学研究领域，其余几乎都是域外的学科，其话语、逻辑、价值自然而然地也具有域外的特征。自 20 世纪 80 年代中后期以来，在所谓现代化的思潮影响下，我们的哲学人文社会科学自觉地努力与国际接轨，客观上的确促进了国内哲学人文社会科学的发展。可以说这本来并无瑕疵，但问题是我们并没有深究接轨的实质，也没有把我们自己的学术轨道建设好，只是一头扎进域外的逻辑和价值，以致在名为接轨的过程中基本融入域外话语体系之中，从而把接轨变成了并轨。

深入思考就会注意到，由于悬置了自己悠久的文化传统，又很难把思维深深地植根于异质的文化土壤，最终就生成了一种似 A 似 B 又非 A 非 B 的特殊话语。更麻烦的是，所谓的研究者，他们中的大多数是具有学术真诚的，而且坚信自己真的在做研究，却不知有时候自己从头忙到尾没能彻底搞清楚究竟在研究什么。很多时候，他们实际上只是在学习着用一种相当于外国语的陌生话语进行语言表达，并误以为自己正在做着高深的学问。

应该说，这种现象在一定的历史时期也属正常，其积极的意义在于用一代人的代价实现下一代人对陌生话语体系的熟悉。遗憾的是这种效果并没有如期出现，因为直到现在，年龄上的新一代人中仍然有不少陶醉于某种陌生话语的表达练习，并执着地相信自己真的在做研究，实在是遗憾且特别可惜。目睹一个个聪明的大脑殚精竭虑却远离研究的本质，于他们自己是一种理智的悲哀，对于社会来说难道不是一种资源浪费吗？

从这个角度讲，我们的确需要形成中国自己的学术话语体系，且不说多么宏大的意义，起码不会让一些真诚想做研究的人误入歧途进而陶醉于无意义的游戏之中。当然，在自觉形成自己的话语体系之前，我们必须拥有预先清醒的认识。

首先要明白，形成自己的话语体系，既不意味着在民族文化的框架内提倡复古，也不意味着简单地拒绝域外的学术。

如果我们自己的传统能够包治百病，当年的前辈们也不会远渡重洋去学习域外学术；如果域外的学术普遍适用，当下的我们也不会有许多的困惑与纠结。这样看来，我们自己的传统和域外的学术需要做有机融合，其中最为关键的是，对我们自己的传统需要做时代化处理，对域外的学术需要做中国化处理。前者的核心是要把传统和时代精神结合起来，后者的核心是要把域外的学术与中国的思维结合起来。

相比较而言，把域外的学术与中国的思维结合起来更具有难度，必然牵涉学术翻译问题。从技术上来讲，在翻译过程中，如果能把域外学术中的思维转换为汉语中同质的思维，应能避免中国人接受中不必要承受的艰涩与陌生之感。有识者或许觉得这很难实现，毕竟域外的学术整体与我们的传统相距甚远，这也是客观的事实。不过同时也须注意到，域外的与我们的体系化的学术固然相距甚远，但零散的元素似乎也共同具有。

我们知道钱钟书先生中西兼知，有人说他的学问只是辞章之学，他自己也认为自己的学术使命是"不做调人，善通骑驿"。钱先生的言外之意是，中国有什么，其实西方也有……西方人有什么，其实中国人也有……我们倒不必简单地认同他的观点，但这种认识对西方学术的中国化努力还是有参考价值的。从理论上来讲，凡我们读得懂的内容，其组成部分必在我们的经验和理解范围之内。如果域外学术中存在着我们完全读不懂的东西，翻译又如何可能呢？

其次，要形成我们自己独特的学术话语体系，还要明白理论思维的功用。

既然不能简单地复古，就一定避免不了话语的创造，我以为此种创造本质上是基因层面的工作。具体地讲，在形式上先得从概念的创造开始，至少有两种基础性的工作要做：一是在自己的文化范围内做概念的基因改造；二是在自己的文化和域外的学术之间做基因的组合。对于更细节的东西，尚有待深入思考，想必是既艰难又有趣的事情。乐观地判断，如果以上两种基因层面的工作有实际的进展，那么形成我们自己独特的学术话语体系就不再只是一种愿望。

历史认识的当代组织

个人研究成果向社会认知转化的过程是一个值得思考的问题。弄清其中的机制，必然有利于个人认知的理性自觉，并最终使认知者理解个人认识劳动对社会认知的贡献过程，反过来指引个人研究的方向和策略。也可以说，在没有弄清楚这一过程之前，研究者个人最多只能在当下维持一定程度的自信。如果不具备对具体领域的历史把握和未来展望的能力，他们对自己研究成果的最终命运基本上无法做出判断。

由于具备这种能力的个人在一个时期屈指可数，这便意味着大多数研究者实际充任了具体认识领域螺丝钉的角色，他们在功能上与影视剧中的群众演员和舞台剧中跑龙套的大致相当。没有他们的功能发挥，主角的表现效果会有所减损，但只论作为个体的群演和龙套，其价值和意义又微乎其微。

意识到了这一点，对于甘做铺路石的人来说，应该能安分守己；而对于志向远大的人来说，极有可能因此投笔从戎或从事其他的事业。还好，这种意识到目前为止整体上尚未萌动，因而在认识领域做群众演员的人们能够兢兢业业并自得其乐。这在某种意义上也不是一种坏现象，但对于具体的群众演员个人来说，又算不上一种好现象，总之是令人纠结的。

鉴于此，作为研究者群体中的一员，我们可以不提醒任何同类，只遵从自然对认识生产角色的安排，以防有任何的人员流失和不切实际的积极上进；但作为朋友的朋友或是学生的老师，我们恐怕做不到大公无私地让他们错过清醒的机会。因而，我们会悄悄地提醒他们在百忙之中能够关注一下个人研究成果向社会认知转化的过程。

对此过程关注之后，他们至少会知道把自己的研究成果公之于众（正式发表）仅仅是必要的第一步，此后还有更多的关隘需要冲破，否则自己的研究成果即使没有胎死腹中，也难逃中途夭折的命运。

我们可以想象，历史上每一个时期，从事某一领域研究的，绝不是被供奉在史书上的个别人；我们也可以理解，某个具体的研究者，其在认识上的贡献，在其百年之后许久才被后人认可。面对当下的现实，目睹耳闻新文新著层出不穷，却很少能感觉到一个领域的认识明显增益，即可推知有不计其数的个人研究成果，其出生即意味着消亡。

我究竟要表达什么呢？要言之，只能说此问题关涉个人认识成果的社会性整合和历史中认识成果的当下组织。这是一种可被称为盘点的工作，其中有认识传承和认识竞争过程中的收支与损耗计算问题。这种工作的对象，笼统地讲，是迄今为止的所有历史性认识成果；细致地说，则是要对每个历史时期幸运的个人认识成果进行真与善的判定，并在此基础上人为地整合和呈现出具体认识领域在我们时代的"年轮"截面。

从这一截面中，我们能意识到其背后认识筛淘过程的存在，更能把握住社会性对话和历史性协商的结果。一个认识领域的历史创造，在当代被做了逻辑处理。此处理者通过捕捉隐伏在现实交往和历史流动中的认识线索，客观上承担了具体认识领域"教科书"的主编，而参编者则是每个历史时期的认识劳动者代表。

主编，一方面要寻找众参编者之同，以获得具体领域确定性的认识；另一方面还要考察各参编者之异，以获得具体领域辩证性的认识。在此过程中，主编必然遇到很多具有不确定性的和难以被辩证的个别认识，那就需要对它们做出历史的、理论的和社会心理的分析。这样的分析很可能使主编在行使认识历史总结者职责的同时，幸运地成为具体认识领域的未来展望者和启蒙者。

毋庸置疑，这是一项怎么说也不过分的艰巨任务，它会挑战主编的理性的和非理性的极限。多少聪明才智在这里都会有用武之地，多少聪明才智在这里又都可能被埋没。如果真的是这样，作为当代认识劳动者我们该何去何从呢？

形而上学的兴趣

对于表面的和暂时的现象，形而上学家总体上是不感兴趣的，因为他们的旨趣在于寻找深刻的和永恒的本质。对于他们这种姿态，我是完全能够理解的。我揣度他们一定是喜欢宁静的，而终日飞舞的声色和转瞬即逝的事物，根本无法满足他们的内心需求。不习惯宁静的人无论怎样喜欢进而追逐热闹都是自然的现象，但对于习惯了甚至可以享受宁静的人来说，八成的热闹对他们来说可能是煎熬。

因而，这两种人在精神的世界中几乎不可能有共同的语言，他们之间的交流与对话原则上不会发生。即使有一方有交流与对话的欲望，再进一步，即使双方均有交流与对话的欲望，也会因为语言不同，最多只会有物理学意义上碰撞，好的结局是没有意义，差的结局应是不欢而散。这便是我懂事以后不喜欢热闹的可靠原因。后来，这种不喜欢热闹又发展为不喜欢一切可能导致热闹的事端，以致像很有积极意义的学术上的辩论，我也很不愿意参加。

教学的时候，我属于典型的一言堂、满堂灌，基本上不会使用提问的技术，更不用说让学生讨论，说白了还是因为我不喜欢热闹。如果非得交个底，很可能是我受到了形而上学的毒害。

我的大多数学生无法不接受我的教学方式，但也有学生曾经问我为什么不喜欢争论，我当时的回答是说大多数争论没有什么意义。那位学生颇为不解，问：真理不是越辩越明吗？我只是很理解地对着他微笑，没有告诉他真理不可能因辩而明。我更愿意他在自己成长的过程中去认识辩争的无意义本质，因为我知道，等到那一天到来的时候，他将真正懂得真理的性格。

多少年来，我渐渐地发现，对于自然的真相通常不存在争论的，若有争论，往往不是针对真相本身，很可能是针对探寻真相的出发点和路径而进行的。从事自然科学研究的人们在自己的专业范围内通常少言寡语，这大概也是他们在自己的专业领域之外的人文社会问题上格外喜欢辩争的真正原因。

而有趣的是，那些人文社会科学研究者，对作为自己研究对象的人文社会问题反倒容易默不作声。这其中或许有他们通晓世故的原因，但更符合实际的解释应是他们真的觉得没什么好辩争的。社会生活中时不时就会发生一些引人注目的事情，其中与重大价值关联的事情常常会引发众人的议论。一旦公开的议论出现了价值上的分庭抗礼，有强度的争论局面就会自然形成。

　　然而到目前为止，我还没有见过此类争论有令人愉快的结局，永远不变的格式是：以对抗开始，也以对抗结束。待对抗结束后，人们会发现所有的一切仍然回落到了原地，人们的认识并未因卖力气的争论而有所提高。尽管如此，我坚信没有意义的争论必将永久存在，这一方面是因为不断出现的价值事端总在诱发，另一方面则是因为形而上学永远不可能成为绝大多数人的兴趣。

先读书再去著述与传道

闲话阅读"天书"

读了一小时的"天书",就是那种被称为名著,同时能让有相当理解力的读者感觉到不知所云的书,就像远行之前先打点行李一样,对我来说也可以算得上一种习惯。其效果,很像吃了一小时的苹果,其特有的香甜和充足的水分是能够切实感觉到的,但那香甜和水分的背后究竟有什么维生素或矿物质,我是不得而知的。即便拥有了这方面的信息,也是来自他人的说法,只是自己满怀善意地相信了而已。如此类比,自然谈不上有多么贴切,但对我读书的心境优化是发挥过重要作用的。

完全可以说,在未有这种类比之前,每遇到不知所云的"天书",我心中总会有冲突与纠结。一方面,不去打开则不能知其就里;另一方面,在打开之后才发现不忍卒读。通常情况下,这种冲突和纠结会促生两种均无建设性价值的怀疑:一是对自己悟性的怀疑。这很容易使自己在往后的阅读中主动回避此类"天书",并由此形成知识和思维上的缺陷。二是对"天书"价值的怀疑。不用说,这样的怀疑是没有什么意义的,它最直接的效用是能够暂时安抚一下自己阅读理解挫败的心情。

进一步说,"天书"的价值事实上已经接受了专业性的历史检验,并不会因为我一个普通读者的怀疑而有半点减损。但客观上,自己的没有意义的怀疑还是能平复一时的阅读挫败感,尽管它很可能让自己从此之后拒斥"天书"。不过,我算是幸运的,这主要是因为我拥有前述朴素的类比并不是很晚,从而,即便真切地感受到了"天书"的佶屈聱牙甚而语无伦次,自己也能打心里冲着它内在的、看不见的营养成分而硬读下去。在此过程中,一知半解、囫囵吞枣在所难免,但我的心情却不会因此左右摇摆、上下波动。

天长日久,像苹果一样的"天书"的营养在我的无知无觉中滋养了我的见识和思维,这又使我再遇到"天书"时能够欣然接受且偶有如饥似渴之感。反思相关的阅读体验,我发觉自己的这种与"天书"的模糊互动,实实在在地利惠了自己,在一定意义上是可以推而广之的。我有这样的念头，与这种模糊互动的彻底性和科学性没有关系，主要是从效用上觉知到与我有相同阅读体验的人却没有和我相同的阅读幸运。我太知道不少原本学习动力强劲的个人，就是被那种属于名著的"天书"吓退到了学术殿堂之外，以致他们个人的潜力无法淋漓尽致地体现，相关的学术领域也极可能失去可能的贡献者。

我最多听到的阅读挫败话语集中在两个方面：一是读过之后，了无记忆，就像没读过一样；二是读过之后，虽有些收获，却难以应用到自己的学术之上。认真地回味这两种情况，竟无一未在我的阅读中缺席过，但幸运的我实际上做到了不求再认、再现和不求立竿见影。再说我也相信，即使阅读之后少有记忆，那与从未阅读还是两样；即使所获的见识未能立即生效，"技多不压身"的古训也不会改变。也因为有了这样的想法，在读书这件事情上，很久以来几无纠结，我除了时间上的安排之外，其余的事情均无需费力考虑。

只要书上的字能够认得，只要书中的内容不至于因为自己无法补足的知识无法阅读，都可以根据需要被纳入阅读的范围；只要自己当下对一本书有感觉和阅读的欲望，无论其与自己正在进行的学术工作有没有关系，都可以立即被列入阅读的计划。我整体上坚持了"无目的阅读"的原则，尤其是对所谓"天书"的阅读，全凭一时的感觉和心情，而不是像写作一篇论文时对急需文献的临时征用。

这样的阅读理念已被我的实践证明是有意义的，其最可说道的应是在较为自由的阅读中，借助大脑的自组织运动，可以把各种未经计划获得的见识和方法进行整合，并逐渐形成所谓的知识结构和认识的视野。我揣摩着应是因为每一次的阅读均与当时的感觉和心情联系在一起，所以，所获得的知识更具有色彩和活性，从而当它们在我的大脑中相遇的时候能够更为积极和敏锐地相互结合。但话又说回来，这样的阅读也有其局限性，主要表现在它使我基本上不可能成为一个传统意义上的好学者。

具体而言，我基本上不会执着于具体的文本的细节，攫取要旨和精神才是我的习惯，以至于虽然也勉强说得上博览群书，却无力就任何的具体文本做海阔天空式的闲谈，这就与专事于文本阐释和分析的学者有了明显的差距。从学术研究的价值上讲，不同类型的学术应是各司其职的，因而也不能说哪一个更为高级，只能在功能匹配的意义上说，我的阅读原则与自己所从事的理论的和思想的学术工作具有内在的和谐。我是能猜测到执着于文本的学者之快乐的，他们看起来在字里行间做着烦琐的考据、梳理与辩证，实际上却具有一丝收获便能增强自信力的天赐机制。反过来说自己的"无目的阅读"，不仅使我丧失了做一个好学者的机会，而且使我做不成实践领域的任何专家。

但是我并无悔意，自知任何的选择首先是最适合自己心性的，其次也能给自己带来其他任何选择所不能带来的益处。仅举一例来说。我发现哲学学科的个体研究者对于哲学的理解，紧紧地与他们自己的知识性领域联系在一起，从而很难对哲学拥有整体的理解和把握。工作的体制和学科规训也让他们在视野上越来越接近科学研究者，在方法上越来越与文史研究者难以区别，而像我们这种没有条件陷入某个领域、某个主义的哲学学习者，就只好把哲学作为一个整体来理解和拥有。的确有点辛苦，却是另一番景致。

看不懂哲学书是有原因的

读理论的书，特别是读那些艰深的哲学书，难免有看不懂的地方。很多时候，这个看不懂的地方地域辽阔，会让人有身处异邦、举目无亲的感觉，其中的星星点点几乎都是陌生的无关物，而我们最终的感觉一定是读了和没读没什么两样。遇到这种情况，我们不必心里着急，更不必急于认定自己与艰深的哲学没有缘分；相反，倒是应该庆幸自己走进一片厚重且肥沃的田野，要知道我们的理性思维很可能因这一片陌生的土地而茁壮成长。这里面当然有一个前提是我们的思维必须在这片辽阔的土地上扎下根来，至于如何能够扎下根来，原则上是需要在整体坚硬而陌生的文本上寻找到哪怕十分狭窄的缝隙。

依据常理，这种缝隙有没有和有多大，是取决于我们过往的知识积累和思维习惯的。一般来说，能够拿起一本哲学书阅读的个人，绝不至于对书中的信息一无所知，而他自觉能够理解的部分一般来说是能与自己既有的知识联系起来的。如果书中的信息与自己既有的知识确有联系，但还是有阅读上的不顺畅，基本上是自己和书作者的思维习惯不一致导致的。除非我们与书作者处于同等的思维高度，若只是一个慕名而去的阅读者，那一定是我们的思维风格与书作者的思维风格截然不同。

若真的是这样，我们也不必沮丧，因为艰深的哲学固然有其特殊的价值，却也不是人人需要掌握的，观念的世界中同时有百花齐放，谁说我们必须要读懂那些特别艰深的哲学呢？即便是从哲学的艰深中一无所获，也不会影响我们在其他的田野里获得丰收的喜悦。但毕竟有痴迷于哲学的个人，他更为珍惜深刻思维的快乐，以下的只言片语就是我愿意与他们交流和分享的。

在最笼统的意义上，我想说读艰深的哲学书是需要有所准备的，作为一个有效的读者，最起码先得阅读包含书作者的思维主题和风格在内的哲学史，这将使我们在阅读之前预先知道一类哲学在历史整体中的相对位置和基本信息。哲学比不得科学所具有的知识属性，它只是原则上基于知识，却与任何一种具体知识不具有直接的联系。越是伟大的哲学家，他的哲学越是系统的和完整的，就像一座城，城里的人讲着地方话，而且思维和表达的方式也有异于城外的世界，此即所谓一个哲学家就是一种哲学。

但令人烦恼的是，作为全称概念的哲学却不指代任何一种具体的哲学。举例来说，一个人可能读了尼采，他完全可以因此说他读了哲学。但如果他只是读了尼采，却绝不可认为自己因此就懂得了哲学，因为同样可以享用哲学名称的还会有维特根斯坦那种与尼采毫无关联的哲学。我想这一方面应是一般人谈起哲学就头疼的原因，另一方面也应是哲学研究者们几乎清一色地陷于某一种或某一类哲学的原因。

说到这里，我们事实上已经使与哲学相联系的三种人——显影，他们分别是学习哲学的哲学学习者、研究哲学的哲学（学者）专家和创造哲学的哲学家。从量上来看，这三种人是一种比一种少。哲学学习者无疑是最多的，其中有对哲学感兴趣的，有对哲学有所求的，也有以哲学为研究对象的；哲学研究者就比较少了，他们的主力就是大学的哲学教师及研究机构中专门的哲学研究者；哲学家自然就是最少的了，在他们中间，有自己系统、完整哲学的更是微乎其微。

在这三种人中，最需要琢磨阅读问题的是哲学的学习者，原因是他们的阅读属于一般意义上的阅读。与哲学研究者从字里行间刨食式的阅读不同，哲学学习者的阅读旨趣重在理解进而应用，也就犯不着在一片艰涩的土地上深耕细作。须知为了应用的哲学阅读，重在从哲学文本中获取见识和方法，阅读者只要在阅读中遇见了自己心仪的见识和方法，目的已然实现，至于那些见识和方法的前世今生、亲朋好友，阅读者是可以置之不理的。从这个角度讲，读艰深的哲学书最终还是存在着不知所云的部分，虽然有些欠缺、遗憾和不足，却不会影响阅读者从中受益。

话虽如此说，真的要取得这样的读书效果，阅读者的准备也是不可省略的。根据经验的观察，哲学学习者最为困惑和烦恼的问题是他们搞不清楚一部分哲学书为什么那么难懂，在这种困惑和烦恼中常常隐藏着学习者的自我怀疑和否定，他们多会因此失去走进哲学的勇气和信心，进而影响他们对哲学见识和方法的有效应用。这种情况下，我们就需要比较正式地对这种现象加以说明。略去过程，窃以为哲学书之所以让阅读者感到艰深并觉得云里雾里，主要有以下几个可能性原因：

文本中对我们在语词意义上熟悉的概念多进行了规定性的界定。换句话说，文本中的每个词我们都是认识的，但就是无法弄清楚作者的意思。

文本之言无法尽作者之义。这是因为哲学家所思考的和围绕着思考所发生的有意义过程并不能完全用语言表达出来，从而使哲学文本无论怎样完美都天然地和无法规避地存在着信息不完整的情况。可以想象出作者看到自己的文本一定会觉得自己写得非常清楚，那是因为文本之言和未尽之义均在他的意识之中，但他之外的阅读者就没有这种条件。因而也可以说，我们读到的就是一个信息不完整的文本，而且作者无法表达的那一部分还会影响我们对文本的理解。既然如此，哲学书的阅读者就没有必要无原则地怀疑自己的阅读理解能力。

文本跨语言翻译中会遇到一种情况，即无法在本土语言中寻找到能与原语言文本完全对应的表达单位和方式，翻译者只好尽力做到最好，但即使这样，也无法完全填平不同文化和思维之间的鸿沟。

或因阅读者缺少哲学思辨的个人经验，或因优势智力不在理论思辨领域，或因认知风格与哲学阅读不相匹配，总之这多种原因客观上会让阅读者在阅读中产生消化不良现象。原因找到了，问题却不见得能够得到解决。这是因为许多原因对于许多个体来说是无法消除的，进而决定了一部分人与哲学没有缘分。虽然这是一种客观的存在，但任何人也不必就此远离哲学。要知道我们的优势智力不在某一方面，并不是说在这一方面没有能力，仅仅意味着在这一方面不占据优势。

真正的哲学家不必说，他们是上天赐予人间近乎完整的存在。最需要在乎优势智力是否适配于哲学的应当是哲学研究者，如果他们中间有非自主选择而进入该领域的、并不具有理性思辨优势的，我相信他们从头至尾、从始至终都不会享受到轻松和快意。对于我们只是理解和应用哲学的人来说，遇到阅读上的困难甚至心理上有受挫的感觉，这都不是什么事情，因而也不该成为心理上的负担和远离哲学的理由。哲学的见识和方法给我们生活和工作带来的好处，将能够抵消我们在哲学阅读中承受过的所有困苦。

怎样看待读不懂的论文

为什么一些论述教育的论文我们看不大懂呢？学生时不时就会提出这样的问题。我许多时候几乎不假思考地说，那就多看几遍。学生很可能也不好意思再问，只能回头再看上几遍。大多数情况下，他们不会再来找我谈论他们看不懂的那篇论文，但我心里清楚，这并不意味着他们多看了几遍以后真的就看懂了。

自然也有个别认真的学生会再来找我，但并不是来告诉我他已经看明白了，一般情况下是说他们还是看不懂。作为老师，我便不能敷衍，只能拿起具体的论文审视一番。这样的经验多了，也能归纳出一些原因，主要有以下几种情形：

一是知识的原因。具体而言，主要是作为读者的学生缺乏所读论文中涉及的知识，以致他们与作者不能共存于同一认识背景中，由此出现理解上的障碍是非常自然的。

二是思维的原因。具体而言，应是作为读者的学生具有更接近日常的思维，而论文的作者则具有更接近专业的思维。相较于知识的不足，思维的不足虽然也能被人接受，但仅靠个人意志的努力很难改良，因而可说是最让人头疼的。

三是表达的原因。这一原因成立的前提是读者与作者基本不存在知识和思维上的差异，读者之所以看不懂，当然是因为论文语言上的费解，与读者的耐心有关，而非与他们的理解能力有关。

就上述三种原因来说，老师给学生的建议，只能针对知识和思维的不足提出，通常最有效的是关于知识不足方面的。几为传统的内容众所周知，即建议学生多读多看，以丰富知识、扩大视野、形成合理的知识结构。这样的建议代代相传、颠扑不破，但因很少附带有效的方法、措施，渐渐地就沦为说教。

好在说教也不无意义，总比手足无措强上百倍。如果面对学生的不足时连同说教的能力都没有了，那就只好抱着爱莫能助的心情望洋兴叹了。现在看来，老师面对学生的思维不足，很多时候就是这个样子。之所以如此，当然与思维的可教性较弱有很大的关系，更主要的原因应是老师可能就没有教导学生思维的强烈意识。

也许还有一种可能，我觉得其存在的可能性极小，那就是老师可能也没有什么思维方面的本领能够教给学生。不过，老师自有老师的难处，因而学生思维上的不足还是要靠他们自己去解决。世世代代的学生不都是这样过来的吗？

说完作为读者的学生之不足，转过来说论文的语言表达。学生在这一原因下的看不懂，实际上指向论文语言的佶屈聱牙、晦涩难解。这样的论文，我也曾读过，而且读得还算认真，但感觉上比较辛苦，不仅没有阅读的愉悦，认识上的收获也不大。

在我的印象中，这种论文的语言表达问题主要有以下几种：

一是纯粹的语言表达能力差。最值得注意的是一些论文的作者，既用不好词语，也写不好句子，以致文章的通顺都谈不上，更不用说有什么色彩。

二是对哲学语言的认识偏差。有的论文作者很可能以为只要写出了不明不白的句子就算沾上了哲学，却不知哲学的语言之所以艰深，是因为其所蕴含的思维远远超越了日常。

想到了这些，我突然觉得做老师的人应该告诉学生，可以把一部分并非因为自己知识和思维不足而看不懂的论文扔在一边，因为那种论文的作者还有较大的进步空间，他们的知识和思维应该不如大部分读者。

我们应该相信：语言的简明是思维的彻底所致；语言的条理是思维的清晰所致；语言的神妙是思维的灵动所致……

我们与经典的关系

经典对于我们究竟意味着什么，这并不是一个不言而喻的问题。直觉至少告诉我，经典不仅是与我们认知相关的对象，而且具有超越认知范围的价值。比如，学习自然科学的人，如果去阅读经典，一定不是去获得新知，甚至不是去欣赏一种科学上的深刻。这是因为，他们在课堂中掌握的知识及其背后的思维，已经远远高于过去的经典。

他们之所以还要阅读经典，最大的可能是用这种方式满足一种对历史的好奇，同时表达对前辈的礼敬。其余的可能也是存在的，但所涉及的人群不会很多，较为典型的应是科学史研学者。如果这种情况基本符合实际，那么我们就很好理解自然科学教育中为什么不强调学习者阅读科学经典这一现象。

经典，是历经考验的创造物，自带历史的性格，这在自然科学领域算不上一种优势的品质，它之于研究者探索的价值，远远抵不上最新的研究报告。也难怪各种科学教授并不需要很大的书房和很多的书架。他们需要阅读的最新研究文献在图书馆的数据库里，他们需要的实证研究只能在自家书房之外的田野或实验室里进行。因而，虽然自然科学的经典并非虚妄，但在某种意义上，经典的重心应在人文社会科学领域。

在人文社会科学领域，一个少读经典的学者都不好意思、也没有底气在同行面前发言；相反，真读过若干经典的，即使终身无所成就，也不失学者的自信，还有资格置办一身流行的学者行头，足见经典之于人文社会科学学者的意义。这种意义的基础，则是人文社会的事情到了一定的历史阶段，基本上就穷尽了其运动的可能性，从而关于这一方面的思考，整体上很难再有什么奇迹。

于是，人文社会科学学者基本上没什么必要向前探，回看经典也就成为一种必然。必然固然是必然，却也容易让人迷失。在迷失中，人文社会科学学者，一则可能失去向前探索甚至失去关注现实的兴趣，二则可能退化探索未来和关注现实的能力。

迷失的结局通常无非两种：一种是浑头扎进经典之中，在汲取营养的同时陶醉于经典之中，我以为这是较好的一种结局；另一种是把经典视为一种资源，依据市场的逻辑，挖掘经典的实用价值，我以为这一种结局虽不为糟，却比第一种结局少了许多贵气。

应该说这两种结局中人的现实处境并不坏，他们要么被一部分人视为雅士，要么被一部分人视为才人，但整体而言属于狭小圈子里的自拉自唱者，于人世无害，但在知识生产的意义上却没有多少价值。即使说人文社会科学的经典因在螺旋上升中不断表现人性的结构与逻辑可能，也不意味着今人除了匍匐于经典便别无出路。

任何的经典都只能是我们看世界的特别的工具，而不能被我们自己塑造成看世界的障碍。今天的人文社会科学学者，不必羞于承认自己被文献挡在世界之外的事实。正确的选择应该是，强大自己的思维力量，借助经典文献，更好地去看世界。只有这样，学者才能转而成为地道的研究者。

我们的社会当然是永远需要学者的，需要他们用自己的方式传承高雅的文化。但相对而言，我们的社会更需要研究者，需要作为知识和精神生产者的他们，用自己的方式创造新的文化。

这样想来，学者和研究者与经典的心理关系是不太一样的。学者更倾向于与经典建立一种对话关系，更愿意在对文字的咀嚼中理解和欣赏自己心仪的先贤；研究者则主要关心一个经典的知识学价值，他们与经典的关系不会多么亲昵，但只有他们才可能成为新经典的创造者。

现在来回答"经典对于我们究竟意味着什么"这个问题，其答案显然取决于我们自己的角色。角色不同，我们与经典的关系也不同，反过来，经典对于我们的意味也自然不同。

意会与经典阅读

偶有学习者拿出来哲学著作中的一句话问我怎么理解，有时候我能够让对方心满意足，有时候就很难做到这一地步。这种情况下，对方也许有两种感觉：一是我和他一样说不清，因而可以减少一些失落；二是可能怀疑我不愿意让他和我一样明白。对于我来说，会有些许的尴尬，毕竟已经答应了对方的请求，但更多的是基本上无法驱除的无奈。

尤其是面对一些本体论的或是存在论的、现象学的文本，由于它们的旨趣是为一切科学的以及日常的思考寻求基础和前提，其本性总归是超越的。作为读者，如果不能和文本的作者分享同一类型和层次的思维，眼中的文字只能是看似熟悉的陌生者。反过来，如果作为读者，也有文本作者的思维经验，那么阅读则无异于打探自己哲学同伴的历史或者动向。

在打探的过程中，最为自然的表现大致是惊奇拍案、会心一笑，间或也会因文本作者的疏漏和乖张而得意忘形。有一点需要指出：即便是同时代中同等次的哲学家，他们相互之间的阅读，也不会在文字的意义上彻底明了。实际上，他们也不会纠结于字句本身，而是在相互的意会中抵达相互的理解。

客观上只有那些未入哲学堂奥的读者，才会像读古代文学文本那样，不放过一丝一毫的模糊。我们知道哲学学者中有专攻某一个哲学家的，除非他们碰巧心仪的是哲学发生历史学转向之后的各种实践哲学，否则，他们也很难像中学语文教员那样把文本讲解得通透明澈。这就启发了我们如何对待哲学家和他们作品的思路。

依我看，不以理论为志业的人们，大可不必在哲学的经典上费心用力，散落在日常世界的那些与哲学有关的只言片语，足够自己应对一般的事务，并能发挥一定的装饰作用。如果其中有人具有对哲学的好奇，首先不妨读一些说书人的书，也就是专攻某个或某类哲学家哲学的学者的书。

如果觉得还不解渴，那么，其次也可以打开哲学经典。但我的建议是：不要打算把其中的针头线脑尽收囊中，而应该像登山一样，出了汗、下了山，就算大功告成。我相信，一个登山的人，并没有也不会准备去知道山上有多少棵树和每一块石头的成分结构。

如果真有想做哲学家的人，我的忠告是看着经典文本的文字，想象文本作者的表情和他们思维的模样，然后让自己的意识在文字和作者"表情""思维模样"之间来回闪回，直至你觉得自己无需立志便很愿意成为他们。我这样说，是因为有此境地的人大约是具有哲学天赋的，他们迟早会意会那些超越具体存在物的纯粹思考。

我们中国人，总体上不太关心那些远离感觉的东西，具有现实主义的品格，其实这样也挺好，人生苦短，何必用那些古怪的问题折磨自己？然而这样的想法，自19世纪开始就不合时宜了。不触碰那些古怪的问题，就不能彻底走进科学的深处，就不会有超越他国科学创造的可能，进而在技术的领域只能跟随在别国的后面。

在向哲学家学习的过程中，我浅薄的体会是，哲学最值得感谢之处，一在于它把历史带回到现实的人之中，二在于它用特殊的方式创造着无限的可能性。而正是可能性让我们的想象力有了持续存在的价值。反过来思考，过于关注具体和当下的思维及与此具有亲缘关系的生活哲学，是否还在继续遮蔽我们的视野、褫夺我们的想象力和创造力？

还是回到读哲学的书这一问题上，我越来越觉得，凡是已经和准备打开哲学经典的人都值得我尊敬，因为他们无疑认可了哲学的意义，有了开始，再辅之以毅力，就会有新的收获。好的哲学经典能把我们从现实的禁锢中解救出来，并为我们走向可能的世界输送能量。所以，如果想跳出一个怎么也跳不出去的境地，完全可以选择走进哲学的经典，只是需谨记：意会胜于一切章句的方法。

问学的次序

文科的研究者不可能不读书，不先做一个读书人，怎能够去著述与传道呢？这听起来很常识的话，却也未见得成为常态，逆推过去，多数的所谓成果如何而来，真难以揣测。但可见许多领域内的人，每遇问题，并非回过头来读书，而是习惯了依赖知网，轻轻地输入一个关键词便可获得良莠不齐的相关文献，继而择其所需，在文档上纵横编织，最终可得一无人关心其实质的成果。此风气已成，以致有见地、有气质的文科作品越来越少，且为学的风气日渐衰落，文化的发展只能成为我们良好的愿望。

知网上的文献原本就是纸质的期刊论文，当然读得，至于为何和如何去读暂且不论，相关的厚重著作是应该去读的。我在这里只是说"应该"，显然透着心理上的谨慎，因为我知道如果说"必须"如何，在今天的学术环境中一定会落下个主观和保守的印象。

实际的情况很可能是，大众刻板印象中的部分读书人现在也很少或很难去读书了，他们太忙进而太累，能去知网上读文献已经属于相当认真和负责的研究者了，毕竟还有一些聪明人不用读书、读文献也可以硕果累累。

这无疑是一种令人揪心的局面，甚至可以说是一种严重的疾病，现在看起来还不至于要了学术的命，但如果任其发展、病入膏肓，文科研究领域的尊严必将渐渐流失，客观上会为历来轻视此领域的人们创造更充分的理由。

众所周知，大文科的研究是很难被行外的人理解的，我们千万不要低估这一现象的消极后果，尤其是当行外的人有权基于无知的傲慢对这个领域指手画脚的时候，这个领域的研究者等于无法躲开一种非理性和非文明的侵害，除非一个人有条件寄情于山水之间。

我曾经思考过一个问题，即文科的研究者虽然在知识的层面很少深入到各种科学之中，但我们好像无须努力就能对科学和科学家给予尊重甚至崇敬，为什么相反的情况却很难发生呢？这固然与一般科学研究者对自己从事的科学研究的价值过度自信有关，是不是也与我们文科研究者及其成果的思维冲击力不足有关呢？答案应该是肯定的。

但我已经觉得这个提问本身有一点脱离实际。因为各种经验已经让我知道文科研究的尊严，不是行外的人们不给面子，而是这个领域的规矩和标准可有过大的弹性，由此导致行内行外的人们很容易意识到一种不严肃与不严格，哪还有什么进一步的尊严问题呢？这便连累了那些文科研究领域中真正的学者，他们中的一部分在这种大局面下也有自降标准、随波逐流的情况。

我曾做过学术期刊的工作，时常对比文科和理科的情况，发现几乎没有人挑战理科期刊的质量要求，而人们对文科期刊学术标准的挑战，不仅没有愧疚，而且振振有词。在许多行外人那里，文科的研究只是一种说法，落到实处不过是字数不等的文章，真的让人哭笑不得。

但有什么办法呢？现实地看，这个领域的一些从业者，哪有什么研究的立场和标准，他们所贡献的所谓成果实际上成为该领域标准难立的足量证据，以致学术期刊的编辑不讲标准不行，讲起标准便像对他人的刻意刁难和拒绝。我的经验使我可以负责任地说，文科研究者的论文难发表而文科学术期刊对优质的论文求之不得的状况，很像大学生就业难而用人单位找不到合适的人，问题完全出在我们常说的供给侧。

我相信再偏执的科学家也不会低看先秦诸子、程朱陆王，当然也不会低看希腊三哲和这尔那尔。既然如此，我们文科领域的研究者是不是应当自重自强呢？且不说应该系统地训练思维、掌握方法，至少应该从读书开始吧？每个领域都有很多的经典，其知识的、思想的和思维的价值毋庸置疑，其中所蕴藏的爱智者的爱智精神和认知上的卓越品质，足以感动和征服我们，更会激发我们诚意跟随。兴许有一天，整个的文科研究领域会因研究者的读书成风而容颜大改。

从书中能读出什么

实在没有探究动力的时候，我会选择一本理论的书籍读一读，多少年形成的习惯是去读翻译过来的外国名著，这并不是因为其余的外国书不能读，而是因为名著是经过时间检验的和已被人们认可的，其中的内容和形式总是更可靠一些。这一类的书读多了，也就形成了某种感觉，最基础性的感觉一般可以用一个"好"字概括，再深一层的感觉则是与此类书的为什么"好"相关联的，应该说这后一种感觉才是读这一类书籍的最大收获。

知道了一本书好的原因，一般来说是能够滋养自己的思考能力和表达方式的。具体地说，既然那些名著的作者可以那样思考和那样写作，我们自己当然就可以放心地效仿。说到效仿，它绝不是一种懒汉的选择，对于本土的研究者来说，必须通过对典范性著作的效仿，才能够逐渐地适应进而内化不同于本土传统的思考和表达方式。

不是有许多本土作者的表达方式具有欧化特征吗？从表面上看，这是一种对欧化表达方式效仿的结果，就其实质来说，正是对欧化思维方式内化的表现。语言是思维的外壳，也是内在思维的外化。对于不能谙熟欧化思维方式的人来说，他即使努力效仿欧化的表达，也只能学得一些皮毛和碎片。因而，一个研究者若是真心想像他认同的作者那样表达，就需要想方设法浸入作者的思维方式之中。

在此稍做说明，即我的意思并不是希望任何个人都去效仿欧化的思考和写作，这样的想法在当下强调自主知识体系建构的背景下显然不合时宜。进而言之，我只是借助一种现象说明一个道理，那就是读书的目标设定，应在获得各种知识和道理的基础上，进一步汲取书中的思维和表达的经验。

思维与知识和道理的生产有关；表达与知识和道理的传播有关。我们通过阅读名著而获得具有典范性的思维和表达方式，就相当于在吃到各种"鱼"的同时还掌握了各种"渔"，岂非一举三得？再说我们长期以来就有"洋为中用"的智慧，所以，即便在今天倡导自主和中国特色的背景下，如上所述的读书方法和效仿的思路仍然是可取的。

回到理论名著为什么"好"这一问题上，简单的答案是：因为其中的知识和道理好，思维方式好，表达方式好。这样的回答虽然无疑是实实在在的，却缺少了对我们的深刻启迪，因而还需要进一步地追问，才能够挖掘出更有价值的资源。

这个追问自然是：理论名著中的知识和道理、思维和表达为什么就那么"好"呢？最为根本的原因无可置疑的是作者的天赋，以及他们对所思对象的独到感悟、体悟和觉悟，但至少还有两个非常重要的条件在起作用。如果没有这两个条件，作者根本不可能汪洋恣肆，他们必会在瞻前顾后之间丢失灵性，几乎无法使自己的作品具有浩荡之气势和彻底之性格。

不打哑谜了。这两个条件就是作者的自由意志和作者身处其中的认识的及思想的持续探究的历史。从功能角度看，自由意志可使作者的思维纯粹而奔放，持续探究的历史则可使作者信手拈来的都是格言妙语。

回头来想我们本土的研究者，其实真的不容易。天赋的好坏是他们自己做不了主的；因对幸福的热切渴望，他们对自己思维的管理也格外用心。像这样的情况，我们听起来就能觉出他们的难处；再加上在他们做自己的探究时还得追溯域外思想的历史，总归是隔了一层的，即便用心用力，又怎能得心应手？仅仅因为这种情况，我们就能够理解，进而认同人文社会科学各领域自主知识体系建构的意图。

学术写作的要义竟是写作者的姿态

　　哲学人文社会科学领域的学术论文写作本身就是一门学问，这一点是偏于科学研究范式的研究者不好理解的一件事情。就说一种现象，那就是上述领域的研究者不只需要在学术和思想上有所新进，这本来就不是一件容易的事情，还需要他们通过学术写作把自己的创新表达出来。更值得注意的是，这种表达并不是简单地把自己的创新由观念转化为文字，还必须辅之以各种方式的阐释和论证，客观地说，这一领域的同行对阐释和论证的看重一点也不亚于他们对创新本身的看重。

　　正是在此意义上，这一领域的研究者不仅要有能够创新的头脑，还要有相当的学术写作能力。因而，当我们欣赏一位研究者的时候，绝不只是欣赏他作为研究者的创造力，还在欣赏他作为写作者的写作力。每每听到人们说某个人很会写和很能写的时候，一方面会承认他们感觉的真实性，另一方面又会觉得他们对这一领域的研究者有一定的误解。如果没有足够好的学术表达功夫，研究者一则难以把自己的研究优势展现出来，二则也不会顺利地通过"社会化之筛"的过滤。

　　今天较为成熟的研究者都经历过或长或短的成长过程。想一想自己年轻的时候，想必大多数人都曾有过这样的感受，即自认为学术或思想上有可自信、自豪之处，却很难获得学术共同体的关注和认可。其中一个非常重要的原因难道不是自己的学术表达不到火候吗？就说我自己吧，年轻时的许多想法即使放在当下也不无意义，但当年的文章，说好听一点，不乏锐利和深度，但明显缺乏该有的宏阔视野和厚重思维，淹没了许多客观上具有创新意义的思想。而后来的环境变化又使自己对原先思考的主题失去了热情，无形中便损失了本该有价值或更有价值的思考。

　　这种遗憾的表层缘由实际上就是所谓学术写作的功夫，直白地说，也就是当年的自己既不会写也不能写。再进一步说，之所以不会写也不能写，一是因为语言的功夫不足；二是各种知识的积累还不够丰厚。意识到这一些后，我相信自己和其他同行一样，会有意识地练习写作和扩张阅读，效果自然会有，然而也没有幸运到自然地成为一个好的学术研究表达者，疑惑与郁闷随之而来，很多时候还会怀疑自己是否具有做研究的天赋。

后来，说实话也不知道具体从何时开始，我对如上的状态开始反思，同时也伴随着对各种经典文本的研习，渐渐地发现自己不会写和不能写的深层的原因其实是在学术写作过程中的姿态问题。具体地说，学术写作过程中的自己，虽然不可能不是边写边思，但隐隐约约是以教者的姿态呈现的，这当然与自己的教师角色具有直接的关联。在教者姿态的牵引下，脑子里总想着是在告诉别人自己悟到的一些道理，顺便对那些道理做实为辩护的论证。审视写作的文本，本质上接近未作专门标注的讲义，较理想的时候，也就是很像教科书的片段。

然而，很值得思考的是，这样的文本恰恰是老师一辈的研究者所提倡的，而问题是作为学生一辈的自己恰好处在学术领域写作范式的总体转型之中。其自然的结局是，作为新生一代研究者的自己努力沿袭老一代人的写作范式，又因综合功力不足而达不到老一代人的学术表达效果，却又不知道超越性的路径何在。察看同龄的同行群体，其中也有会写和能写的俊才，依据后来的判断，他们的先进之处应是混杂了老一代人的习惯和其时正要流行的写作样式，的确能给人以耳目一新之感。

但理性地看，这样的先进也算不上一种理想的楷模，原因是他们的先进更展现了一种写作上的成功，基于他们在学术写作中的姿态，大致可以将其看作聪明的教者。也不排除教者姿态的写作更容易赢得阅读者的青睐，但其思维的力量总难以被自然和彻底地释放，最终使文本的整体质感多少有些损失。对比这样的文本和研究者普遍尊崇的经典著作，我们还是不得不默认自己与那些经典作者的实质性差距。

问题是这种差距的实质究竟是什么呢？

对于这个问题，不同的回答者可以给出不同的答案，在我看来，即使不是唯一却一定非常重要的差距，是我们与经典作者各自在学术写作中的姿态有高下之分。经典作者的高超，或许就在于他们基本上没有考虑过读者的心理接受问题，否则就不至于让读者对他们思想的奥妙百思不得其解。我较为清晰地想象到了他们在写作过程中的心无旁骛，他们的意识中应该是除了自己和自己思考的对象别无他物。这无疑是一种姿态，一种纯粹的研究者和思考者的姿态，在这种姿态的背后隐藏着一个简单而纯粹的个人。

他们能简单和纯粹到不考虑阅读者的感受及共同体的习惯，因此他们在极其自我的写作过程中塑造了不可复制的自己。而无数的学术新人，不知多少次、多么虔诚地聆听过关于学术写作的经验之谈，但只要稍加回顾，就会发现无论什么样的学术写作指导，都很难超越技术性的和适应性的主题，甚至不乏非学术性的策略建议。这一种经验、指导和建议，通常是从整体的学术研究中剥离出来的，即使相关主体富有真诚和机智，也不可能使聆听者获得学术上的实质发展。

而且，我们可以负责任地告白，越是善于和热衷于传递写作经验、提供写作指导和建议的人，越不可能是学术或思想上的理想楷模。长期致力于哲学人文社会科学研究的人们，应能意识到这一领域的学术写作总体上并没有一个相对固定的模式，这也是他们难以批量生产学术研究文本的根由。务实地看，这一领域的人们目睹他人的高产难免心里着急，继而渴求高效率的学术写作之法。如此的着急太可理解，但如此的渴求真的应该加以抑制。相较于获取学术写作的奥秘，不如养成和经典作者一样的、纯粹研究者和思想者的姿态。

那是不是有了这样的姿态，就如同拥有了神笔的马良呢？也不尽然。纯粹研究者和思想者的姿态，只能保证学术写作过程中的人暂时忘却教者的思路和口吻，要让思想如溪流一般转成文字，还是需要丰厚的知识积累和纯粹思想式的写作练习。如果每天能抽出一个小时思考一个小问题，并以王者的心灵与问题对话，用幼童或老者的笔触表达出自己的所思所想，这样坚持下去，应是通向"下笔如有神"之境地的。也许还得补充一条，那就是哲学人文社会科学领域的写作者，最好能最大限度地淡化写作的意识，仅需把自己当作思想出世的工具。

至于人们经常说到的文笔问题，有经验的作者一定能够发觉它并不完全是语法、修辞和辞藻运用的艺术。回想一下我们最为欣赏的文本，看看其中究竟有多少我们不知晓的词汇和表达法，结果一定会令我们恍然大悟。原来，文如其人是千真万确的。而作为学术写作者的个人，他最核心的生产力要素，无非是纯粹研究者或思想者的心态、丰厚的知识积累和各种有效的语言功夫。然而，只要知识没有成为思维的障碍，只要语言没有成为表达的障碍，对学术写作起决定作用的，就只剩下纯粹研究者或思想者的姿态了。

语言与思想

语言与思想的关系很容易被结构化为形式和内容，但这里面存在着一个未解的问题是：语言和思想究竟是"谁"的形式和内容。好思的人一定会找到"思维"作为问题的答案，但可惜的是这个答案经不起推敲，最主要的原因是思维的内容并不必然是我们所说的思想。我们所说的思想，既不是感知的材料，也不是已经成熟的知识，而是一种仅与感知材料和成熟知识有关的新观念。而且，能被称作思想的新观念，在很大程度上具有被发明和创造的性质，真不是"思维的内容"可以简单概括的。

我们实际上很难想象语言仅是人发明和创造出思想之后才要借用的纯粹形式，须知没有语言的预先存在和参与，人连同自己有没有思想都无法意识到，又何谈去借助语言的形式呢？如果这样的思辨并非多余，那么我们至少有可能纠正一个学术教育中的习惯性思维，即把语言与思想分做两个领域，并在此基础上教导后学者不仅要精于思考，还得勤于写作。在这样的教导中，教导者的潜台词显而易见，基本上可以表达为：一个研究者既要有能力创造出新的思想，还能用最好的语言把自己的思想表达出来。

这听起来是多么顺理成章的事情呀，但它就是不符合语言和思想两者关系的实际。内省自己的思想经验，我实在找不到哪怕一次为思想寻找语言形式的记忆，每一次意识到新思想出现时，它总是与我毫无商量地，以我熟悉的语言呈现出来。这种情况客观上使我也没有可能在思想产生之后搞清楚语言和思想的真实关系。相对而言，在较为紧张的思辨性写作过程中，我好像更容易感受到语言和思想的具体纠葛。在这样的纠葛中，我深切的体会是语言分明参与到了思想产生的过程之中。

那些看似属于自己的新思想，有时候就像自己用本就内含了思想元素的语词组装而成的拼图，而自己在其中的核心价值主要是贡献了组装的原则。这当然应该属于较为清晰的思想过程，更多的时候，思想的过程并不清晰，自己也说不清语言和思想两者究竟在如何纠缠，能够较明显意识到的是语言的自动化组织使潜在的模糊意识成形与清晰。而本就内含了思想元素的语言的确是在由我主宰的思维运动中组合出了新的意义，只是这种"新"怎样地看待都像一种略有异样的表达方式。

好久以来我就意识到凡可顺利言传的思想，其元素均在自己的经验与记忆之中。反过来，凡能领悟我思想的他人，我的思想其实并没有超越他们思维的边界。在此意义上，真的是只有新知识而无新思想，从而我们一旦选择了思想之旅，无论我们主观上存有多么强烈的探索欲望，终了还是一只辛勤的蜜蜂。尽管如此，思想这件事情和思想这种结果还是充满了诱惑的。它一方面以其不会全然陌生而使许多人跃跃欲试，另一方面又因其总能使既有的集体无意识显像和升级而使人难免心生惊叹。

作为一种社会文化的效果现象，思想家始终在人群中享有尊崇。也因此，当我们肯定一个人有思想和会思想时，他除了立即产生自足的心理体验外，通常会毫不犹豫地释放出优雅与友好的信息。往大处说，思想之于人类整体，历来也被人们赋予更高深的意义。这方面的范例莫过于帕斯卡尔所说的"人的全部的尊严就在于思想"。

与思想比较起来，知识更在表征人的力量，人们并没有把它与自己的尊严联系起来。盖因知识是人外求的收获，思想则是人向内反观进而自我整饬的升华。外求的对象是无法实质性改变的世界，内省的对象则是容收了自我的文化和承载了文化的自我。在外求的探索中，人注定会不断逼近自我的无关紧要，而在内省的整饬中，人则注定不断意识到有限自我的珍贵。

思想者最知道只有思想着的自己既真实又切己，他们很可能幸运地规避面对世界无限时必然面对的孤寂和恐惧。据说在太空中远望地球的航天员是心情激动的，想必他们也是孤寂和恐惧的。反过来看内省的人类，他们没有离家的感觉，却会有深入心灵和穿越时空走进过往的体验，大致是远离了当下精神界面的，应会孤独。我以为其原理必是人以语言为方式发明和创造出被我们称作深邃和悠久的东西。语言因此以人的思想显现自身的存在，而思想则因此宣示自身其实就是早已内含意义的语言本身。

理论写作不全是写作问题

（一）写作是思想的表达，又是和思想统一的过程，尤其是理论写作，写作的过程就是思想的过程

常常听人们赞叹某人的文笔好，实际上文笔只是表达技术的显现。对于创作型的写作来说，文笔虽然有意义，却并非本质的。无论是形象的塑造还是理论的构造，文笔可以起到锦上添花的作用，一篇作品的分量，最终还是取决于塑造和构造的水准。任何称得上写作的行为，都区别于构词造句。构词造句，是人们在学习语言的过程中，为了掌握字词而进行的练习。没有人要求小学生造句时要具有思想性和深刻性，只要合乎语法和经验就可以。写作则不然。写作是一种思想的表达，没有思想，写作就无法开始。尤其是理论写作，要表达创造性的思想，若无创造，写作便无法开始。这样，我们就不难理解许多基础理论工作者一年写不了几个字的真正原因。我的写作原则就是"无创造不写作"。有朋友以为我是一个对自己苛刻要求的人，实际上，没有创造我是没办法写作的。在没有创造的条件下去写作，大概只能重复自己和他人，于知识的普及传播有意义，但对于理论研究者来说，是不忍为之的。理论写作的过程，实际上就是思想的过程。在基本的背景信息熟知以后，理论写作就是意识的流动，我们的大脑组织了我们的思想，并把思想转换为语言，我们手中的笔只不过是记录了流动着的思想。因而，人们常说的"写文章"一词是可商榷的。在我看

来，手中的笔只能写字，字里行间的思想不是写出来的。

（二）写作的秘密，就是把想的说出来，把说的写下来

1998 年，我给一个地区的中学校长讲写作，第一次表达了写作的秘密，就是把想的说出来，把说的写下来。想、说、写，是隐藏在写作背后的三种事件，它们具有发生的顺序性，先有想，再有说和写。想了之后，可以到说为止的，我们通常的口语表达就是这样。绝大多数人是说者，对于生活中的人来说，并没有多少语言需要用书面的形式记载下来。即便是人人都无法躲避地说，也不是一件轻易的事情。小时候，大人告诉我们"要想着说，莫抢着说"，看似主张说话时要谨慎而不要口无遮拦，背后也隐藏着想是说的前提这样的道理。我们大都能说话，会说的人却是少数。同样，受了一定教育的人，都是能写的，但会写的人就稀有了。从顺序上讲，会写，必先会说，会说，必先会想。写得好是因为说得好，说得好是因为想得好；写不好是因为说不好，说不好是因为想不好；没写好是因为没说好，没说好是因为没想好。朋友们别笑我在说绕口令，我以为理清了这想、说、写的小道理，对写作是很有价值的。这其中有一处，或许会引起大家的争议，即说在写作中的作用问题。感觉上，写作的人除了想就是写，哪有说的位置，说又有什么意义呢？这中间有心理学的道理，那就是在写作的过程中，说，始终是存在的，只是在我们成长的过程中，说，由外部言语逐渐转化为内部言语了。没有这一特别的"说"的环节，我们的所想，无论如何是无法从笔尖流出的。

（三）写作的核心机制是合理的推论和合情的联想

写作，虽然以写为名，其关键却是处于源头的想和处于中介的说，因为说实际上是一个语言显现过程，所以写作的根本在于想。所谓想，在理论写作中，主要是合理的推论和合情的联想。推论符合了逻辑的规则就是合理的。理论写作者是需要懂得逻辑的。许多理论工作者不能说不懂逻辑，但他们的逻辑基本上是在社会学习中所获得的一种逻辑感觉，以致他

们的文字因充满着各种术语而很有专业味道，究其思维的品质，与常人并无异处，也就不会有真正的理论创造。我这里不讲逻辑学，只不揣简陋地捧出我对逻辑的理解。我的理解是：逻辑，静态上就是概念、判断、推理的规则，动态上就是人的理性思维过程。其中，概念是词与物、名与实的联结，判断是概念与概念的联结，推理是判断与判断之间的联结。不符合规则和经验的概念、判断、推理，在认识意义上一般是荒诞的。合情的联想，对于文学写作者来说是很自然的，那么，它在理论写作中同样有意义吗？是的。不要以为理论写作是抽象、枯燥、乏味的过程。且不说合于理性的思维流动就是一首特殊的诗，理论思维本身从来就不排斥合情的联想。心理学家揭示出联想是一切创造活动的共有因素，合情的联想不仅能够造就优秀的文艺作品，还能够造就优秀的理论作品。

（四）理论写作，以概念为元素，以判断为单位，以推理为形式

当然，理论写作毕竟是理论思维的运动，虽然不拒绝合情的联想，但其结果一定是理论文本而非文艺的文本。理论文本一定是充满着概念、判断和推理的，缘由是理论写作就是以概念为元素，以判断为单位，以推理为形式的。所以，基本概念的熟练掌握，基本观点的丰富积累和逻辑规则的正确运用，是理论写作顺利进行的基础性前提。概念是理论的原子、思维的细胞。理论写作者必须熟练掌握所涉领域的基本概念，才能够具有踏实和自信。这就像学生造句，要熟悉词义，才能够用词得当，理论写作者，必须熟练掌握基本概念，才能够避免误用的尴尬。判断，对于理论工作者来说，就是无数的观点的语言表达。众多的他人的观点，是我们继续思考的阶梯。这些观点是要从读书中、交流中获得的。学富五车者，下笔易有千言。任何一篇理论文献，也不可能是字字新颖、句句创造，作者的卓越总是和他的前辈、同行的卓越融合在一起的。而那些抓耳挠腮的理论写作者，未见得是没有思维上的亮点，极可能是没有丰富的观点积累所致。至于推理，可以说是理论写作的灵魂，没有了推理，你的写作什么都可以是，唯独不会是理论写作。推理就是前提和结论的事情，情形并不复

杂，有前提性事件——结论性事件，有前提性判断——结论性判断，宏观
的理论思考，以前者居多，微观的理论思考，以后者居多。

（五）理论写作是可以训练的

好文章是练出来的。因而，每有学生问老师如何能写好，老师通常会
说，没有捷径，就是多写。这又让我想起，学生问老师怎样就能有学问，
老师总会说，没有捷径，就是多读。事实上，听了老师这样的话，学生仍
是一头雾水，那些道理他们原本也是懂得的。他们常常会迷茫，不知道写
多少、读多少就算多，也不知道写什么、怎么写、读什么、怎样读就见
效。到头来，学识和文章都没有什么长进，却又不知道该怪罪谁。做老师
的，多半一辈子也不会想到学生的不景气，原来还有他们的责任。间或有
人说起这样的话题，老师们常常会振振有词地埋怨现在的学生不听话，你
让他多读，他就是不多读，你让他多写，他就是不多写。这真是个难解的
题目呀！在这里，我要说，理论写作是可以训练的。当然，可以训练的内
容只能是那些可以训练的，对于不可以训练的内容，是不能训练的。

我以为，理论思维的训练，主要在两个方面：思维的训练和文笔的训
练。思维的训练分三个部分：推理的训练、联想的训练和解释的训练。训
练的目的，就是要让理论写作者善于推理、善于联想和善于解释。推理有
归纳和演绎两种，逻辑学专家有这方面的训练经验和建议。联想在理论写
作中的运用，要领在于联想的广度和深度。联想可以把各自独立的概念、
判断、推理连接起来。我觉得善于联想的人就和善于交际的人一样，他们
能把朋友的朋友，甚至能把朋友的朋友的朋友，也变成自己的朋友。理论
写作者也需要练出一种能够把看似独立的许多概念、判断、推理合理地联
系起来的功夫。只有这样，写作才能够有纵横捭阖的气象。解释，在理论
写作中，就是要变陌生为熟悉，变复杂为简单，变抽象为具体，变晦涩为
通俗。不是有知识的人都能做到这一点，仅当我们能够把知识融会贯通、
能够在思维中熟练地还原和提升知识时，解释才能成为一道风景。

文笔的训练，是可以采取曲线救国策略的。俗话说，功夫在诗外。理
论家固然可以一生只做论文，但若能偶尔做做散文和诗歌，一则怡情，二

则有益于理论的写作。通俗的深刻、生动的抽象，是理论写作的高境界。要达此境界，是否也需要汲取文学的营养呢？

（六）论文

"论文"是一个很宽泛的概念。专业人员发表在学术期刊上的文章，基本上可被统称为论文。这样的认识是需要澄清的，如此，既利于公众对学术作品的鉴别，也利于研究者的自我认知。论文是一种文章，文章则有很多种，比如有记叙的、抒情的、论说的，论文显然属于论说一类。尽管论文中难免有一星半点的记叙和抒情，但论说一定是主导性的。假如一篇文章基本上是记叙的或抒情的，即便有一星半点的论说，也断然不属于论文。论文必先是论的。既然是论的，就要有论点，有论据，有论证，这三者在论文中是有机的整体，其内在的原理，简言之，就是论证的层级性。一级论点需要二级论点支撑；如果二级论点已是公理或常识，论证结束；如果二级论点非公理或常识，则需要三级论点支撑。论证的长度，取决于公理和常识出场的速度。论证的层级多少，决定着论文的规模。一篇论文不会只有一个论点，总论点是一个，支撑总论点的论点（也就是论据），可能是一个，也可能是一组。

四

有趣的人才能创造有趣的思想

怎样打破思维的沉闷状态

要想打破思维沉闷的状态，不必去寻找什么海外奇方，能够立马见效的法子，哪里都不会有，否则，思维的沉闷就不会成为普遍性的体验。我回忆曾经的思维沉闷体验，深刻的感觉是既没有动力也没有出路。那些有意义的观念和有力量的语言，似乎很绝情地出走了，我的意识则像染上了某种病毒，虽有关于周遭事物的简单感知，却无任何思维运动的迹象。

索性去书架前碰碰运气，然而寻寻觅觅竟成为唯一的内容，先前有趣的变得无趣，先前有味的变得无味，所谓开卷有益的信念一时苍白无力。

说白了，整个的心理系统显然动力不足，仅有的一点思维的意念，在逐渐萌发的烦躁中也很快灰飞烟灭。这一切与我的上进与否无关，事后反思，觉得很接近长期没有获得保养的车子，需要的是做一做必要的清理与修复。想必思维也会有机械物的局限，一味地派给它苦役，也会诱发出一种自我保护性的怠惰。

客观地说，只消无愧疚地荒废上几日，便会神清气爽，一切如常。再回忆我每一次的无愧疚荒废，可以说一丝的策略也没有，一以贯之的只是没有了心肺，甚至把意识都交给了环境，任各种类型的事物走进我思维的客厅。它们陌生着来，陌生着去，留下各种信息，带走了我的烦躁，我就这样首先恢复了思维的动力，而不至于在面对问题时知难而退。

不过，思维没有出路的问题好像仍未得到解决，但我清楚这个问题的解决，必须等到思维的对象和目标出现才有可能。这是因为，思维的出路归根到底要接受对象与目标的引领。没有明确的对象，思维的力量就没有奔突的方向；没有明确的目标，思维的路径就不是一个有意义的话题。

所以，任何的研究者，只要自己的思维动力不成问题，就只需等待某个对象的出现，而究竟要等待多久，那就要看研究者对对象有什么样的期待。如果他不忍一点点的时光流逝，就不会等待过久，只要留心，总有无数的对象接踵而来；但如果他乐于挑战认识的极限，那就得取决于他自己思维历史的丰富和深刻程度，以及我们不能不承认的运气。

那些有重要价值的思维对象，对研究者应是很挑剔的，猜想它们一定是害怕完整的自己被毛手毛脚的研究者弄得七零八落。顺着这样的思路往下想，好像什么样的研究者遇到什么样的问题，什么样的问题遇到什么样的研究者，其中往往有定数。只是这个定数并非出自某种客观的精神，根底上还是由研究者自己的主观精神状态决定的。

正因此，研究者是需要不断改良自己精神世界的，这也是我比较执着的一个信念。现在倒可以说说这种精神世界，窃以为其理想的状态，应是兼具开阔、开放、灵敏、灵动的。

开阔是不狭窄，意味着人的精神世界远离时空的逼仄，从而可为各色的事物提供栖身之地；开放是不狭隘，意味着人的精神世界远离时空的封闭，从而使人能够心无挂碍地对话上下四方、古往今来；灵敏是不迟钝，意味着人的精神世界远离身心的怠惰，从而使各色的事物均逃不过思维的眼睛；灵动是不呆板，意味着精神世界远离身心的机械，从而使人的思维能够轻易插上想象的翅膀。

有了这样的精神世界，研究者的思维怎么会沉闷呢？间或一时陷于沉闷，研究者也不会因此而灰头土脸，他们会在等待中改良自己的精神世界，在精神世界的改良中等待思维的满血复活。

像哲学家一样思考

许多人曾经抱着对哲学功能的期望，去选了某一种哲学的书籍，但常常是还没等读完书的一半，就无奈地放弃，问其缘由，多觉得不知著作者所云。他们最终与哲学的关系大致可分为两种：一是继续保持对哲学的模糊敬畏，二是借助某种揶揄哲学的格言加入蔑视哲学的行列。无论是这两种情况中的哪一种，其主人与哲学的交往都已经失败，结果无疑是既耽搁了自己从哲学中受益，又使哲学增添了一份寂寞。

经过口耳相传，必定有许多原本对哲学跃跃欲试的人未与哲学谋面就提早绕开了哲学，他们很可能禀赋优异，但在自己的从业领域终究难以登峰造极。或有人说，哲学不会有多么重要。这话并不存在对或不对，若非得索要一个结论，就需要设置两个前提性的问题：一是我们对自己存在的满意标准如何设定，二是我们对哲学做怎样的界定。

具体地说，如果我们并不追求所谓的卓越，那哲学就没多么重要。中等的天赋加上一定程度的受教育经历，就足以让我们活得明白、做得顺遂；但如果我们对自我实现充满了兴趣，那哲学通过改良我们主观世界的品质，一定会在我们的潜力挖掘和实现中发挥独特的作用。遗憾的是，我们的思辨并没有建立在对哲学明确界定的基础之上，换言之，哲学在我们的意识中，模糊而不明晰，飘忽而不确定。

试想我们意识中的哲学究竟指代一个什么样的存在呢？虽未做调研，但仅凭借经验印象可知多数人意识中的哲学应是一个深不可测的知识或思想王国，那里面有若干像柏拉图、笛卡儿、海德格尔、胡塞尔那样的人，他们各自说着只有少数人能够理解的语言。若真是这样，我们对哲学的兴趣就很难善始善终。之所以如此，原因不止一二，其中之一必是哲学作为思想者的乐园，从开头就没有遵循确定而统一的逻辑起点，它好像不存在整体意义上的积累过程，本性上就是不断批判的。

恰当地说，"哲学"一词更是一个文化性族类的名称，而不是类似物理学那样的、在具体范式之下即可以指代一个有逻辑的知识体系。正因此，才有人说哲学是不可以学习的，而只可以从事。这相当于说哲学是一种不同于它之外的科学、艺术、宗教等的一种个性化的工作方式。但不管我们把哲学视为一种知识体，还是视为一种工作方式，它对于非认识工作者来说好像都没有多么重要，至少对于自我存在满意标准比较现实的人们来说的确如此。

可如果恰好从事了认识的工作，情况就会大不一样。因为在任何的认识工作中，我们都无法脱离具体的思维方式，而一种思维方式不仅可以自证其存在的合理，还存在着品质和水平上的差异。就品质来说，肤浅与深刻、零碎与整体、片面与全面总有区别吧？再说这种种品质上的区别，实际上也是水平上的差异。深刻、整体、全面显然是高于肤浅、零碎、片面的。

　　基于此种事实，我们是不是可以认为哲学的方式对认识工作者是有意义的呢？要知道哲学思维的特质正是认识上的深刻、整体和全面。有了这样的哲学印象，我们就容易接受哲学难以学习而只能从事的洞见了。只是这样的洞见也仅仅是洞见，毕竟对于大多数感兴趣于哲学的人来说，并不必然专业地从事哲学，他们还是需要从具体的哲学著作入手走进哲学。问题大概就出在这里，因为只要不是一本全景式的哲学教科书，我们看到的永远是一种具体的哲学，它有自己的概念及其体系，更重要的是它很可能是一个或一种形而上学的建立及其演绎。

　　尽管每一种具体的哲学都与整个哲学的历史息息相关，但每一种具体的哲学在其创造者那里从来就不是整体哲学的一部分，而是哲学的全部。这也使得执着于任何一种哲学的人，一方面自觉拥有了哲学的全部，另一方面几乎注定无法拥有整体的哲学。对于作为阅读者的我们来说，不同的哲学极容易让我们无所适从，稍不留神就会相信排斥确定的、无需基础的相对主义。最终的结果是，我们都曾见过哲学，却无法自信地宣告自己懂得哲学。

　　那就去读一本全景式的哲学教科书，或是去读一本公认的、权威的哲学史？这种看似策略的思路实际上多会使我们远离哲学的创造，而轻松地成为哲学信息和哲学故事的讲述人。现在，我们应很能理解哲学专业的人们更习惯于把某种哲学的学术式理解作为志业，或许这才是保持他们与哲学不离不弃的最有效的方式。

　　然而，更多的认识工作者是要用哲学的，这是一件更加令人烦恼的事情，原因是基于任何一种哲学的观点，都会使自己陷入某一种主义和流派，而整体的哲学虽然存在，在具体领域的认识工作者那里却是一种虽有还无，效果上就是有而无用。实际上，换一个角度，我们是可以感到幸运的，因为我们最有理由和条件把哲学作为一种工作的方式，不过其前提是我们必须把哲学作为整体对待。也可以说，我们必须在意识中淡化一个个天才的哲学家个人，而只汲取由他们共同实践和沿传下来的各种相互补充的认识方式。

　　过去，我时常纠结于向学生推荐哲学读物，实在不得已，就建议他们先读"哲学导论"和"哲学史"。现在想来，这种建议的大方向还是可取的，但用教育的立场来衡量，显然并不彻底，还应该更进一步地告诉他们只需把哲学的文献作为食材，并从此出发确立一种观念：有意识组织和管理来自不同文献的哲学精神元素。要像哲学家那样思考。这里的哲学家是指我们能够接触到的所有哲学家，而不是任何一个哪怕是曾经和正处于如日中天状态的哲学家。

"书生气"的来与去

　　书生气，按照百度的解释，是指只顾读书、脱离实际、看问题单纯、幼稚的习气。不用多说，它就是一个贬义词，所贬的并不是书和读书，而是只顾读书。既然是"只顾"，就说明这样的读书人不顾其余。他们或许觉出了书的好和读书的乐，以致对书之外和读之外的一切均不做考虑，所以除了书被他读和他被读乐，别无效用。

　　这样的读书人，除非祖上留下家财万贯，或是幸逢太平盛世而被掌柜雇佣，吃喝活命恐怕都是问题，更遑论为他人和社会做出贡献。如此这般，便只能是活脱脱的一种客观存在，应是没有用场。无用之人难免被人忽视，而他们自己则是断然没有存在感的。

　　若是他们能离群索居、自得其乐，并不问春夏秋冬倒也罢了，虽无益于他人却也无害。若恰逢盛世、天下富足，他们的选择和存在也不失为一道别致的风景。但这般假设从来就没有成为现实。人的社会性加上他们不知要从书中读出多少情怀，让我们常常见到的竟是他们的激扬文字和壮怀激烈。正是在这样的生命呈现中才露出了单纯和幼稚的破绽。

　　值得思考的是，他们并不自认为单纯和幼稚，而是反过来笑骂众人的平庸与俗气，这才被众人斥为书生气十足。理性地反观作为一种社会文化现象的书生气，之所以被世人指摘，还真的不是因为世人对书和读书人的厌弃，恰恰相反，在我们民间，迄今为止对读书人仍然是礼敬有加的。

　　一般人会把读书人与见识和文明联系起来，进而为了接近见识和文明，不仅对读书人心向往之，还会为了后代的读书而节衣缩食。但这里有一个前提，即读书人基本处在书的世界里，他们与环境交往的状态宛如一位"善待问者"。

《礼记·学记》曰："善待问者如撞钟，叩之以小者则小鸣，叩之以大者则大鸣，待其从容，然后尽其声。"这样的读书人，即使没有经邦济世的大用，也还能依循文本为众人释疑解惑，总不至于被冠以"书生气十足"。其实，凡是真书生，必会有书生气，否则他的书也就多半白读。

世人所讥讽的书生气显然不是读书人因读了书而散发出的文雅之气，而是指读书人因误以为书中自有锦囊妙计，继而自以为是地面对复杂的现实问题振振有词。他们的不妥与书及读书并无关系，"尽信书"才是他们失利的症结所在。

书上的道理着实很好，但越是好的道理，往往越是难以普遍实现。如果我们用纯粹的道理去衡量不纯粹的生活，用圣贤之德要求不可能无过的普通人，用科学的知识去应对人性的实践，除了碰壁恐怕也没有别的结果。

那么，为了规避书生气，读书人是不是就应该"两耳不闻窗外事，一心只读圣贤书"呢？立足于现代社会，绝对不能这样，事实上也很难做到。不管你是否愿意，只要阴差阳错地成为读书人（我在这里特指教书育人、探求真知的知识分子），就不能把自己置身于社会之外。

一个人立志做无用的学问，现在看来，不仅未合时宜，而且会不断走向各种边缘，极端的情况下甚至还会影响生计。这样说，读书人是无法躲开书生气了，其实也不尽然。只要心里有一本账，分清道理与实际及科学与人文，只说自己能说的，只做自己能做的，那么，无论读多少，无论读多无用的书，也与书生气难有瓜葛。

高贵的品质并不是一种虚构

昨日刚为一位纯粹、善良的人感动过，他是著名的翻译家李文俊先生。且不说他许多至纯的生活细节，仅看他引用鲁迅的"待我成尘时，你将见我的微笑"，便知他对生命的理解何等深刻，更知他面对一切变化时何等坦然。再回头看世间泛滥成灾的"放不下"，顿然觉得看似朴素甚至有点原始的纯粹和善良，应是他这样的人为后人留下的最重份量的遗产。客观而论，李文俊先生翻译过的福克纳的四部重要作品：《喧哗与骚动》《押沙龙，押沙龙！》《我弥留之际》《去吧，摩西》，我过去没有看过，将来也不会去看。

也就是说，他作为翻译家的事功之于我的价值只是他作为翻译家的证据，仅此而已。而且，我敢说他感动了我的那种人性的纯粹与善良，与他的翻译工作并无逻辑上的关系，因而是具有绝对价值的。我喜欢纯粹，也喜欢多数人都会喜欢的善良，所以当有朋友推荐《独留明月照江南：怀念我的李文俊老爸爸》一文后，我立即阅读，并收获到了越来越难得的因人性的感动，这也让我在几乎习惯了寒冷和空寂的时候又重新思考起杏雨梨云、草长莺飞的春天何时能来。

今天，我竟然送走了一位和李文俊先生一样的老人，他是我大学时期的老师郑俊杰教授。我这里所说的一样，当然是指他们各自独立地拥有一样的人性纯粹与善良，而这样的精神品质越来越难以成活和持久存在，怎能不让人倍加珍惜和由衷地感动呢？我还必须说明，对郑俊杰先生的精神品质做这样的概括，绝不是遵从了溢美逝者的传统，而是因为他着实具有一般人难以具备的人性纯粹与善良，直使人觉得本是现实的人物倒像是文人的虚构。

郑俊杰先生就是这样的，他的纯粹、善良的品质是天生的，只要与他接触过的人，必能渐渐地发现他是一个纯粹和善良得让人难以置信的人。依我个人的感受，郑先生是一个连恶念也不会有的人，更无法想象他能做出恶的事情。这种判断产生于我上大学的时候，至今已有40年，但时间显然没有损耗我判断的坚定程度。加之各个方面关于郑先生的评价信息强化，我知道自己40年来的感觉是完全可靠的。

称郑俊杰老师为先生理所应当，但真的称他为先生，这还是第一次，因为我们学生第一次对他的称呼就是"郑老师"。任何一种称呼一旦脱口而出便再难更改，就像我们从一开始就称呼史国雅、丁裕超二教授为"史先生"和"丁先生"，若是转过来叫他们为"史老师"和"丁老师"，恐怕双方都会感到不自在。

郑老师教我们的时候应是 50 岁出头，一身文雅，有些书卷气，思维简洁、清晰，具有科学倾向；他鼓励学生的思考和创新，并告诉我们"谁有新观点，就给谁打高分"，从后来的作业和考试情况看，郑老师是说到做到了。郑老师给我们讲的课程是"小学数学教学法"，这是一门小学数学教师的必修课。要说课程本身还真没有多少吸引力，但同学们对郑老师的课却是比较欢迎和认可的。现在回顾起来，我觉得最主要的原因有两个：一是我们从他的课堂中获得了远超于课程本身的给予，二是青年学生在纯粹、善良的人性面前就会像在慈祥的长辈面前那样自由烂漫。

郑老师讲的是教学法，但传递的却是教育学、心理学以及科学研究精神的信息。他是那个年代里少有的有科研意识的老师，更是少有的真懂得教育科学研究的老师。我自信我的判断中一点夸张的成分也没有，因为能让我们学生感受到科研存在的老师，郑老师虽然不是唯一的，却是排在第一位的。他的问题意识、研究规范和真诚精神，用一个时髦的词语来表达，算得上是"教科书级别"的，堪做青年人的楷模。

比起别的同学，我与郑老师有更多的接触，这是因为在研究生学习阶段，经过一个不足为外人道的过程，郑老师为我开设了"教学实验方法"课程，这让我有机会在他家的客厅接受了每周一次的教学和交流。课程的内容让我受益匪浅，但更大的收获是我近距离地感受到了什么是一个人对事业的热爱和忠诚。而与这些可贵品质相伴随的则是他的率真和洒脱。也许认识郑俊杰先生的人很难把他与洒脱联系起来，那只能说人们对洒脱的理解还流于表面。只有走进一个赤子一般的心灵世界，才会知道真正的或说最高品位的洒脱其实是一个人为了自己的事业而忘我。

郑老师的教育科学研究集中在小学数学教材上，大致的主题是"结构转化"，牵涉的理论是认知心理学和教学论，最可圈可点的成果是一套小学数学教科书，其价值在于可以在保证学习质量、完成教学任务的前提下，缩短小学生学习时间两年。记得郑老师告诉我，如果全国使用他的小学数学教科书，每年可为国家节省不菲的教育经费。我没请教过郑老师的算法，但我相信他的话绝对靠谱。在与郑老师的交流中，专业之外的内容可以说无缝插针，他对自己研究的陶醉和价值宣示，足以让人感受到选择和追随的必要。

可惜的是郑老师当年因各种原因未能带研究生，现在想来对方方面面都是一种遗憾。我有时候想，如果我们的郑老师没有那么纯粹和善良，对研究没有那么严肃和认真，是不是就能避免某种遗憾呢？但转念一想，果真那样了，那郑老师还是我们心中的郑老师吗？今天送郑先生离开我们，又一次站在了他的书架前，感慨万千！斯人已去，空留遗憾。虽说崇高的精神永存，但哪能抵得过岁月把个体人生的意义分解为尘的决绝？当深夜来临时，趁晴天仰望天空，不知可有新来的李文俊、郑俊杰？

研究者的天真和自由状态

研究者是一种职业劳动者。说一些人是研究者，自然意味着他们的确进行着研究，并多多少少获得了一些成果。研究者相互之间的意义差异，主要取决于两个方面：一是他们的研究过程是否纯粹和规范，二是他们通过研究所获得结果的价值有多少。相比较而言，研究结果的价值既为研究者个人重视，也是研究之外的人们评价研究的依据。因而，如果没有获得理想的结果，无论与此相关联的研究过程多么纯粹和规范，它的价值实际上也就沦为虚无。尽管如此，研究过程的纯粹与规范还是应该受到重视。

尤其是对于研究者自己来说，研究过程的纯粹和规范之于他们的角色和存在状态更为本质，这是因为能够有理想的收获，很多时候取决于运气这种不能完全由他们自己左右的因素，而研究者自身的品质则基本上是由他自身的素养决定的。用一句通俗的话说，一个人研究的结果客观上不必然能够如他所愿，但研究过程却必须纯粹与规范，这也是研究者自己通过主观努力可以实现的。而且需要知道，研究过程的纯粹与规范是研究者作为专业工作者应该做到的，它虽非能否取得理想结果的决定性因素，却一定属于基础性的因素，实际上表征着一个研究者劳动专业化的程度。

我之所以特别重视这一点，除了其内在的价值之外，也是某种消极的现实状况刺激的结果。说白了，就是现实中实际存在着具有研究者身份却无力使研究纯粹与规范的现象。在这种现象背后，实际隐藏着研究者自身价值难以实现和社会性研究资源难尽其用两种情况。无论从哪种角度考虑，我们都应该对这些情况给予重视，相信只有这样才能够使研究者个人和研究事业获得较大程度的发展。

虽然在强调研究过程的纯粹与规范，我们却不准备继续谈论如何纯粹和规范的问题，这种问题的解决，一则取决于研究者的真诚，二则取决于他们对学术共同体智慧的实现，任何外在的议论对这一问题的解决基本上于事无补。倒是观察和内省让我意识到一个重要的事情，即研究者在拥有必要的真诚和学术共同体的研究规范之外，还需要做两个方面的工夫：

一是研究者须夯实相关领域的信息基础。

这里面既包括相对确定性的事实和知识，也包括不一定完美却灵动的思想和想象。没有这些基础，就等于说一个研究者未能具有相当的学养，这不仅不利于新想法的产生，更麻烦的是即使他有了自认为新颖的想法，也无法判定它在信息整体中的价值。可见过主观上努力思考且具有纯粹和规范研究素养但就是没有创新的研究者？应该说他们的不足并不在于无力运行创造的心理机制，恰恰在于因信息基础缺憾而不能预先判断自己的创新是否具有普遍的价值。

或因此，历来的师者多会鼓励自己的学生博览群书、深入田野，想着其中的道理应是说相关联领域的信息总体上犹如一池水，研究者不进入其中便难知其水性与水温，自然也就没有必要的判断力。我们现在培养做研究的人，无不要求他们通过对文献的综述洞悉研究动态，这无疑是必要的教学性措施，但对于能够浸泡在信息水池中的研究者来说，在某种意义上这难道不是一种多余吗？

二是研究者须使自己在研究过程中基本处于天真、自由的状态。

之所以谨慎地说"基本处于"，是因为让成年人完全处于天真、自由的状态的确艰难。因为现代研究者要抵御的各种干扰性因素，要比他们的前辈们曾经面对的困难要多得多。要让他们做到一心向学、忠诚于认识固然毫无过分，但他们若是有些许的不纯粹和不忠诚，我们在提醒的同时应该顺便带着理解。要知道天真和自由的状态本就是未谙世事者无须努力就能具备的状态，但对于成年人来说当然是有难度的。

艰难归艰难，其意义却客观存在。即使我们不能成为未来学术传说中的主人公，也需要尽力排除各种日常生活因素的影响，起码保证在具体研究过程中能够保持天真与自由的状态。保持如此状态的价值并不在于塑造某种典型研究者的形象，而在于它事实上说明了我们对天真、自由与创造之间密切关联的自觉认知。天真与自由的状态对成年人其实也不是什么奇迹，一旦我们能够专心致志，这样的状态就会自动生成。

在天真、自由的状态下，研究者就是纯粹的他们自己，进而在研究的过程中也就只留下他们自己与对象独立相对，说是什么样的认识奇迹都可能因此发生也不算过分。如果必须有所补充，那就是研究者至少在研究之中应当唤醒平日里处在意识边缘的赤子之心，这绝不是在无原则地宣扬某种诗性的浪漫，俗而言之实际上也是内含了工具思维的。说实话，每一次读到或听到类似牛顿煮怀表、陈景润撞大树的故事，我都不认为那只是作家们抱着教育企图的文学创作，而是坚定地相信这一类故事并未失于真实。

研究者与世界的认识关系

我们与世界的关系是具有多重性的。有时候我们在看世界，世界就是我们看的对象，我们与世界之间的关系就是看与被看的关系，如果这种看中间还有审美的元素，那么这种关系就会立即转换成审美关系。

有时候我们在利用世界，世界就是我们利用的对象，世界与我们的关系就是利用与被利用的关系，如果在这中间还有比较高尚的目的，那么这种关系就立即转换成一种实践关系。

有时候我们在理解世界，世界就是我们理解的对象，世界与我们之间的关系就是理解与被理解的关系，如果在这种理解中还有求知的成分，那么这种关系就立即转换成认识关系。

作为研究者，我们的理想就是要认识世界，而这种认识并不仅仅是为了满足我们个人对世界的认识需要，我们实际上是作为某个认识共同体的一员，并作为这个共同体的代表向世界求知的。

客观而言，这样的意识是作为研究者的我们必须具有的，而且越早具有这样的意识，就能够越早地走上研究的道路。

当然存在着许多研究者从始至终没有建立起这样的系统意识，尤其是他们中间的新手，常常在一知半解之中就开始了自己的具体研究，并且也实际取得了大大小小的成果，但总体上来说，他们不可能成为卓越的研究者，而且他们的成功通常不会具有通向深刻的可持续性。

造成这种结果的根本原因，就是他们与世界之间没有建立起来稳固的和深刻的认识关系。从而，对于他们曾经取得的大大小小的成功，我们也可以解释为一种偶然的好运气，或者是在先辈的指导下的按部就班的操作，只是他们的操作很幸运带来了有意义的成果。

如果我们与世界之间缺乏一种深刻的认识论关系，谁又能指望那样的幸运会时常到来呢？从这个角度思考，各个领域的、历史上的卓越研究者，应该是与世界之间具有深刻的认识关系的。那些也做出了有意义的贡献却未能持续有所贡献的研究者，除了其他各种因素的影响之外，恐怕就是因为他们与世界之间的认识关系不太深刻。

对这种认识关系的不深刻，我们可以至少做出两个方面的解释：一是他们在研究过程中夹杂了超过一定阈限的非认知因素，二是他们在研究过程中或强或弱地忘却了研究的终极目的。说到底，这是一个研究者是否具有系统地认识劳动自觉的问题，其关键在于他们是否认知到自己的劳动与人类对世界的理解范围和水平直接相关。

换一种说法，这也是认识劳动领域的境界问题。如果研究者与世界之间的认识关系不纯粹进而不神圣，那么这种关系也就不可能彻底，纯粹求知所需求的研究者与世界之间的纯粹情感就难以形成。没有了这样的纯粹情感，研究者与世界之间的关系就会因自身的不牢固而被各种非研究的因素动摇。

我们时不时能从媒体中获知研究者的学术不端和他们研究的平庸无奇，这种状况在很大程度上并非研究者的能力不足所致，大多数情况下，至少被研究者自己解释为外界各种压力或不合理评价制度的影响。

我们应该善意地相信他们的解释是实事求是的，如果我们觉得他们提供的理由并不充分，那么他们没有说出的理由也许真的是他们说不出来。而在这说不出来的理由中，恐怕就有他们与世界之间的不深刻从而不稳定的认识关系。

我们知悉了这一番道理的最大的好处，是可以帮助我们理解发生和存在于研究领域的各种艰难现象，实际上并不能解决普遍的认识关系不纯粹问题。

研究领域的理想主义固然值得肯定，但其普遍的实现却几乎没有可能，原因是能够有条件与世界确立纯粹认识关系的研究者，要么是超越平常的痴迷以致对生活的要求仅限于生存，要么是有足够的财富（且不论这财富从何而来）足以让他沉醉于研究之中。可这样的研究者，自古以来又有多少呢？

现实一点说，研究者只需知道这个道理就可以。这样，当不具备痴迷于研究的充分条件时，研究者起码不必为自己与世界之间的认识关系不深刻和不纯粹而过分自责。

回头一想，我们与世界之间的审美关系、实践关系又何曾普遍纯粹和深刻过呢？任何劳动的境界，包括认识劳动的境界，都不会是纯粹的劳动自身的问题，而一定是劳动者自身与环境、主观与客观联合作用的结果。

学问家的特殊价值

"做学问"当然是一个雅致的词语，只要想到一个人是做学问的，那种书卷气和相对的纯粹气立马就能漂浮在我们的意识中。但"做学问"显然又是一个极不专业的词语，因为它过于含混，也不能含括所有的文科研究者，所以只能作为一个日常的语词对待。如果深入一些说，做学问虽然是任何时期和地方均存在的一件事情，但对于我们中国人来说主要与文史类学者有更大的关联。他们的劳作不免有精研细究，却不是求知取向的，其功夫在于文献的理解和阐发，其效用优先在于个人学养的增益、人文情趣形成和文化精神的广播，这便与现代学科学术的研究有了价值观念的差别。

我们知道，现代学科学术的研究应是求新知、修旧知的，如果这一方面的研究者忽略了这一点，那他们不知不觉间就会成为钻研文献以披沙拣金的学问家。学问家自然没什么不好，从社会大众的视角看待，他们才最符合日常意义上的知识分子标准，反倒是直接与自然和社会打交道的研究者好像只是享用了知识分子的荣誉。既然如此，做学问的人就有理由站稳自己的立场，沿着先辈开辟的道路踏踏实实地前行，只是需要顺便领会自己领域之外的研究类型，以避免必然局限自己视野和思维的本位主义心理。

我这样说，并不是主观的臆测，而是有事实依据的。多年前，我曾与一位优秀的学问家交流，请教过他文献研究的高水准意味着什么，他自信地告诉我，对文献理解的准确程度就是判断文献研究水准的标准。我很不知趣地问道："文献作者总知道自己在说什么吧？他同时代的学问家也应该知道他在说什么吧？"那位优秀的学问家果真优秀，他略思片刻便感叹道："照这样说，我们这些做学问的好像没有多少存在的价值。我立即回应说绝非如此。"

因为在我看来，学问家因其术业专攻，在自己的领域博览群书，且有一般人不具备的工具与能力，客观上在弥合历史间距形成的古今割裂以及专业与日常的隔阂。不仅如此，他们更大的贡献在于通过自己的文献理解与阐发，使人类的文化得以传承，也正是他们的前赴后继，才让历史在当下获得了新生。如果没有学问家对中国传统的各种经典进行不懈的解读，我们又如何在地理之外的意义上确认自己是中国人？同样，如果没有学问家对域外传统的各种经典进行阐释，我们又如何知晓在我们的传统之外还有令人惊叹的文化创造?

做学问的学者实际上是在做文化,即使他们主观上只是执着于学问本身,只要他们的劳动成果能汇入社会互动之中,客观上就在发挥化育大众的作用。回顾我们自己曾经翻阅过的唐诗、宋词解释和鉴赏文本,无不出自学有特长的学者之手。然而,在我们借助他们的解释和鉴赏心有所获之后,又何曾关注过一定曾经秉烛夜读的他们? 但无论如何,我们事实上是以他们为师的。

我其实只是说了一个显而易见的道理,当然也不无意义,至少有可能使更多的人理解学问家的价值。不过,更值得我期待的则是学问家自己对借助做学问化育大众的自觉。有了这样的自觉,学问家的学问应该能在原本就具有的书卷气之上平添几分朝气和情怀。化育的动力能够驱使学问家把自己有限的劳动与无限的社会生活现实和大众进化的未来连接起来。

把学问做到了这一步,"为天地立心,为生民立命,为往圣继绝学,为万世开太平"以及"铁肩担道义,妙手著文章"的知识分子理想才能够真正地实现。梁启超说过:"夫学术者,天下之公器也。"学问家的身体不能不在书斋,但学问家的心志却有必要走向田野。这并不是说要学问家离开他们的冷板凳,而是要他们具有自觉服务于大众生活和社会发展的热情。科学家贡献知识,哲学家贡献思想,艺术家贡献希望,学问家则可以贡献自己对各种贡献的理解和阐发,并以此参与到社会文化的绵延与进步中。

有趣的人才能创造有趣的思想

"思想很有趣,但人更有趣。"这是英国作家莎拉·贝克韦尔从读哲学和讲哲学故事的过程中得出的结论。我个人的理解是,人,实际上是具有历史性的个体人生的展开，会毫不费力地呈现个体经验过程中的一切变化，此变化中可感的复杂、矛盾、纠结，等等，或会让自己和旁观者手足无措，但正是自己有此明确感觉并不忍放过并进行思维处理的人，给这个世界创造了各种思想。但在思想被创造出来之后，它就自然独立，即便其中有差错，创造者也很难补救；即便创造者有机会对其中的差错进行纠正，最终被他人接收和接受的，也不见得就是他纠正过的思想。

因而，思想的创造者只有在创造过程中才与自己的思想具有真实亲密的关系，在思想出炉之后，创造者也就回到了他未进行创造时的状态，要是他再洒脱一些，则完全可能把自己的思想忘个一干二净，最起码不会与人就此津津乐道。现实中这样的洒脱极少出现，这也使得曾经有过纯粹认识高峰体验的思想者，在日常生活中也无法避免被常情俗事拖累甚而被污名化。比较消极的效果是，众人感知到与思想一体化的创造者个人在常情俗事上的狼狈和尴尬，又进一步不假思索地矮化了他的思想。如果不是这样，被黑格尔称为"骑在马背上的世界精神"的拿破仑也不至于在仆人眼里毫无光泽。

之所以出现这种"仆人眼里无伟人"的现象，皆因仆人与伟人离得太近。伟人所有的生活细节、小小的毛病和瑕疵，都逃不过仆人的眼睛，而他的功业、光环并不能掩盖他个性的缺陷。实际上，只要那些伟人能够自觉到自己伟大的真实意义，同时自觉到自己在功业和光环之外丝毫无异于他人，其心境就应是平静的。而作为思想创造者的观瞻者，我们则更无缘由把他们视为某种异类，而是应当理解思想创造和其他任何劳动所具有的共性。具体地说，由于我们从来不会把木匠做的桌子与具体的木匠永远联系在一起，也不会把鸡下的蛋与具体的母鸡刻意地结合起来，自然也能够（且不说应不应该）把思想和创造思想的个人分离开来。

做这样的分离，对思想和它的创造者是很有好处的，而更大的好处是可以在很大程度上减少人性的局限给思想的传播和发展带来的消极作用。这个道理也许不具有彻底的普遍性，但不大彻底的普遍性一定是具有的。我相信深谙今日中国人文化心理奥妙的人们，不管心情如何，都不好否定这一判断，因为他们太容易感知到中国思想创造领域的各种现象，同时也较容易感觉到数量众多的超级大脑愣是在人类思想创造的整体中沉默寡言。问题是他们无法不沉默寡言，激发思想创造的健康对话，在他们的日常职业生活中接近空无，而他们自认为存在的与域外当代及历史上的同类的对话，充其量也就是一种说法。

假如他们坚持自己的确与那些域外的同类进行了对话，那也是一种处于不同境遇中的两个人的照面，不会有多少真正共同的语言，更何况无视自己的真实生活世界及其中的同类，本就是在切断自己思想运动的根基。此时的人不思考此时的事情，此地的人不思考此地的事情，这肯定是一种与创造无缘的冒险。在这种事情上，根本用不着讲什么整个的人类，这种听起来的高大上，在认识的显微镜下其实都是一个个浮躁、干瘪却又自负的微粒。由这样的微粒构成的个人，当然需要在地理、文化、学科等意义上脱离本土的条件下获得一种仅可聊以自慰的自在感。但这样的自在除了可用于自我平衡之外，还能有什么用场呢？

我很多年前就觉察到了一种中国学术界的现象，那就是存在着一种自视较高的学人，他们的读书原则是：中国人写的书不看，底线是今天的中国人写的书不看；本学科的书不看，底线是今天中国人写的本学科的书不看。这种现象在理论和现实的意义上实际上都属于极端，是不可能普遍存在的。可有一点却不能忽视，即本国的、今天的、本学科的书，在具体的学术领域寂寞而在的情形应是客观、普遍存在的。虽然不可否认学界仍然存在着一时难以消退的崇洋、复古、致用的倾向，但学人之间的人性局限导致的健康、专业的对话匮乏，应是中国思想领域低水平繁荣和自拉自唱自嗨的根本原因。

一定有朋友会说目前的学术和思想对话不仅频繁而且壮观，那只能说明这一类朋友对此还没有格外上心。只要稍加留心就不难发现，各种频繁举行的、颇为壮观的论坛和会议，实质上无异于年复一年举办的文艺晚会。这种晚会的特点是，不同文艺门类的演员，在规定的时间内完成了自己的表演即可退场。至于退场之后是选择继续做观众，还是回家看自己的家人，那就是演员自己的事情了。所谓能够激发思想创造的对话与交锋，任一个人在论坛、会议上出入多次也难有机会遇到。那就把这种对话和交锋转移到平常的学术生活中吧？理论上可以，实际上很难实现。如果在一个共同体中，成员各自均恪守独立自主、自力更生的生产原则，并在某种文化心理的作用下把思想和它的创造者紧密地结合在一起，任何有意义的对话和交锋都不会产生。

随着一个人在社会学的意义上逐渐成熟，能有几人持续与自己的地理、文化、学科本土的同类进行深刻、持续的对话和交锋？不过，我们也应意识到，思想领域的对话和交锋之所以艰难，除了外在因素外，还有其内在的原因。我的感觉是领域内的人们好像缺乏相互对话和交锋的大前提，即尽管大家看似面对同一对象做同样的工作，但各自为政。相互之间无论在基本信念、共同前提上，还是在相互明了并共同认可的研究方法上，均无相当的共识，从而使各自的思想探索难以在当下获得理所应当的专业的和健康的反馈。在这种情况下，本就如凤毛麟角的个人创造性探索也会很快与时俱逝。

必须承认，目前我们的思想领域或者说学术领域，有趣的思想不多，有趣的人更少。而有趣思想之所以不多，正是因为有趣的人实在太少。这并不是因为本土的人们缺乏有趣的基因，而是某种特殊荒诞的生存哲学对他们原本可以有趣的基因进行了改造，进而使他们的精神或说灵魂逐渐脱落，最终只能以干瘪自负、道貌岸然的姿态面对他人，自然就没有了趣味。然而，思想这种东西对人的有趣具有格外苛刻的要求，这就难怪本土的思想创造难以繁荣、硕果寥寥了。

但有一种现象很值得我们回味，那就是无论怎样无趣的人，一旦在一定的条件下忘却思想和学术，尤其是忘却与自己并无本质联系的符号性身份，都能够自然表现出比较有趣的样子。这也让人不禁联想他们的职业生活实际上极为枯燥，而且难免有寂寞无聊的时候，原因主要就是他们的精神很少出席职业生活。也因此，他们的心灵被功利、虚荣、市侩等租用，思想的和认识的纯粹不再能发生，与同类的对话和交锋也不再能进行。因为，在他们的新视野中，同类不再完全是思想和认识领域的同事，而成为名利竞技场上或强或弱、或近或远的对手。对手之间，或许可以通过相互的远离来规避争斗与妥协，却难有专业、健康的对话和交锋。

理论家及其理论创造

理论家一旦因其理论在个人那里成为现实，通常不再有神秘的色彩。这种结果与理论家个人所创造的理论本身并不具有直接的关系，主要是理论家才会具有的一种心态导致的。那是一种什么样的心态呢？这在我们未能走进他们心理世界的时候是无法做结论的，但显然也不能完全相信他们自己的表白。难道我们会通过他们的寡言少语或是嘘寒问暖就认定他们具有平和的心态？或者因为他们外表的冷峻和不食人间烟火的样子就认为他们过度地自我膨胀？所以，在走不进理论家的心理世界又不能完全相信理论家个人表白的情况下，我们不必执着于弄清理论家个人的真实心态，再说知道了又有什么用呢？

理论家个人在理论显现和展开的过程中扮演着重要的中介角色。只要理论显现并得以展开，理论家的实际价值就可能弱化。我们都是知道勾股定理的，但是否同时知道蒋铭祖定理和毕达哥拉斯定理呢？如果我转述蒋铭祖定理和毕达哥拉斯定理就是我们知道的勾股定理，你还会觉得蒋铭祖和毕达哥拉斯两个人十分重要吗？即使我们认为他们是重要的，也往往因为他们使得勾股定理得以显现和展开，甚至可以想象，如果没有他们的适时出现，勾股定理或许晚显现和晚展开许多年。至于蒋铭祖和毕达哥拉斯这两个具体的个人，我们通常不认得，因而对于我们来说，更可能是两个有所指代的名称。

这样看来，我们的确没有必要去关心理论家个人的心态，而应当把认知和情感的能量投入到各种理论本身。但值得深思的是，这样的建议根本就没有什么新意。换言之，不用我们建议，学校里的学生从入学的第一天起就在老师的引导下，自动搁置了各种理论背后的理论家个人，继而直接去领会和运用各种理论本身。从而，学校里所传授的所有知识，虽然没有一个是从天而降的，但在学生的意识中客观上成为无源之水和无本之木。与发现者、创造者相分离的各种知识，除了其纯粹的形式及其内在的逻辑规则，并没有任何人文意义上的活力，因而教师教得或许顺畅，但学生难免觉得枯燥，知识的人文性在此过程中则被白白地雪藏。

应是因此，我们的基础教育越来越重视学科史在学科教学中的渗透，其中自然就包含让仅仅作为创造者标识的人名在教学中生动起来。这样的生动不只对学校里的学生有益，对研究领域的新手同样具有特殊的教养价值。我们把心思集中在理论研究领域，就会发现长期以来存在的不足，就在于理论研究者通常只是对作为认识结果的各种理论本身感兴趣，至于各种理论如何得来，并不是他们的关注对象，从而各学科领域的学者不断涌现，但我们自己的理论创造却乏善可陈。

想一想如果一个人口占世界五分之一左右的国家，在理论尤其是哲学人文社会科学理论的创造上影响力有限，这种情况的确值得我们认真分析和深刻反思。对这一问题的认识也是各种各样的，不乏有人习惯做外在、客观条件的归因，其主要的意思无非是说理论研究者并不缺乏创造的动力和能力，只是外在的条件不允许。更进一步讲，一是缺少经济上的支持，二是缺少心理上的宽宥。对此，我是基本不认同的，甚至认为这样的归因完全是一种责任推脱现象。

暂且不说我们哲学人文社会科学的理论创造对经济上的支持并无实质上的需求，关键是国家在这一领域的经济投入多数情况下并没有获得预期的效益。究其缘由，则是因为无论多少经费的投入都不可能直接换来理论上的创造。把话说开了，就是理论的创造所需要的第一条件从来就是且永远是理论研究者的创造力，而这种创造力是不可能用经费投入获得的。而且，这种创造力是不可能以文本的形式显现的，它只能存在于理论家个人的真实思维运动之中。如果我们只是接受一个一个的理论，却不能或想都不想就走进理论家个人的心理世界，那我们能否在理论领域有所创造就只能听天由命了。

不会有人认为我们的理论研究者没有理想，就像不会有人相信我们的理论研究者有创造的能力。在未来，我们必将认识到今日理论创造力的匮乏，主要的问题仅仅出在我们的学术教育整体上未步入创造性认识的轨道。哲学、人文、社会科学与自然、工程、技术科学大异其趣，学习前者研究的学生们，由于他们的师傅们很难做出理论创造的示范，因而基本无缘在学习过程中感知到理论创造的真实存在。除非某些学习者个人属于理论研究领域的天选之子，否则，运气好一点的学生可以努力做一个以阐释和评论为业的学者，运气差一点的就只能为了糊口和基本的尊严去做一些可有可无的文章。

近来，我比以往任何时候都更能理解崇尚经典阅读和阐释的学者。我也清楚他们很有可能最终被经典彻底征服而失去自己并无知无觉，但他们起码具身表达了自己难以言表的、对当下同行不屑一顾的立场。即使不排除他们对当下理论领域的误读和过于主观的轻视，我还是能够基本赞成他们的选择。我对他们选择的赞成，主要是因为他们至少没有把大好的生命浪费在学术废品的制造上，而且很有可能通过自己的经典阅读和阐释走进那些经典理论家的精神世界之中。从这个角度说，我希望他们能给后来者讲一讲那些经典理论家的思维故事，而不只是洋洋洒洒地表明自己对经典理论和思想理解的深刻与到位。

但说句实话，这样的故事虽然具有重要的价值，却抵不过当下正活跃的理论家个人。客观的情况是，我们常常对历史上的那些经典理论家做出过度的解释和想当然的夸张，其真实性与当下理论家个人的自白是无法比拟的。可惜的是，对这种自白有兴趣的理论家几乎可以忽略不计。已经存在的那些学术性自述，多为自传体的叙事，是少有学术教育价值的。尽管如此，我们还是应该对当下真正的理论家发出普遍的请求，请求他们能够像作家谈创作一样把自己的理论创作过程加以总结，以使同行尤其是正在学习做研究的人们方便借鉴。

只要理论家能够就自己的理论创造过程进行发言，不论其系统性、深刻性和可接受性如何，总归是原汁原味的原产地产品，其可靠性总是要无条件地超越任何优秀的学者对以往经典理论家的说明。这个思路的科学性应该没有问题，实际的困难是当下真正的理论家要么居庙堂之高，要么处江湖之远，前者繁忙，后者散淡，不大可能做理论创造的自白，所以这个思路的现实性看起来很糟糕。那又该怎么办呢？我觉得，个人的人生和社会的历史，在微观的层面可以有自己的计划和标准，但在宇观的层面，都是一种自然现象。

如果一切都如了那些书生气十足的理想主义者的愿，也就是说所有从事理论研究的人都能够有板有眼地进行理论的创造，那得给学习和运用理论的人增添多少负担？何况人文世界的有趣就在于其中内含着对立和多元。只有白天或只有黑夜，世界都没有多大的意思。我曾经突发奇想，想象世界上如果没有了可否定的对象，那字典和词典都会大大地缩水。如果没有平原，谁又知道高山就是高山呢？很多时候，我们的思维会受到自己所在结构的制约，进而当遇到一些问题的时候也习惯于在结构中寻求解决的办法，却不知一旦我们能够跳出自己身在其中的结构思考，不仅可能快速寻找到解决问题的妙法，还可能使原先的问题不再成为问题。

前几日，我看到有人引用武汉大学前校长刘道玉的话"真正的人才，都是自学成才的"。对于这一说法我是毫无折扣地同意，但在此基础上还能够做进一步的阐发。具体到理论家个体的形成上，他无疑可以从业已存在的理论家那里获得启示，但根本上建基于他对一个领域最值得研究的对象的追随。除此之外，还有一个非常重要的原则需要遵循，即必须向既有的认识和待认识的对象敞开精神，而不能闭锁自己的心灵。要知道，即便一个理论家真的敞开了自己的精神，门可罗雀也难以避免。

海德格尔在论及思想家时的一段话可以让我们从反方向理解这一现象。他说："一位思想家在时间上离我们越近，差不多是我们同时代的，则通向他的思想的道路就越远。"（孙周兴、王庆杰主编，《海德格尔文集·什么叫思想？》，孙周兴译，商务印书馆，2017 年版，第 82 页）我自己在论及教育家时也曾说过，"我们经常提及并不怀疑其真实性的教育家，一般是非当代的和非本土的。换句话说，就是那些时间上和空间上离我们很远的成功的教育工作者。"这样看来，阐释和评论以往经典理论的学者是一种必然的存在，当下真正的理论家的有意义自白只有在理论的意义上才能成立。

确实有近乎完美的研究者

优秀的个体研究者总会有知识、思想或方法上的贡献，这是把他们当作生产者来看待的一个结论。而他们之所以优秀，并不仅仅是因为研究上的贡献，通常还会因其纯粹、真诚和责任而成为同行者的楷模。若将以上两方面的因素加以综合考虑，那么一个完美的个体研究者就是既有研究上的贡献又有研究者最佳品质的个人。站在接受者的立场上，个体研究者在研究上的贡献会引起我们认识上的震撼，而他们作为研究者所具有的好品质则会让我们心生崇敬。如果一个学习或已经从事研究的人遇到了这样的个人，那可真是难得的幸运。这种幸运的根由并不是一个人遇到了稀有的存在者，而主要是完美的研究者可以引领同类人的进步和飞跃。

个体研究者创造性的研究贡献在任何时候都很难得，在今天可以说是实在难得。看一看有多少躺平的研究者，这还算是一种不坏的情况；再看一看有多少基本不拿研究当回事儿的研究者，他们既有可能毫无创造地制造学术次品，应该说这也算不上多么坏的情况，原因是他们虽然没有什么贡献，但还不至于存在品性上的大瑕疵；最令人咋舌的是，客观上存在着一些人，他们顶着研究者的名义，却在以伪研究的方式败坏着研究的风气。

说实话，即使是最后这一种情况，我们也不至于毫不理解。这首先是因为环境中的相关机制可以使伪研究者存活甚至可以使他们如鱼得水；其次则是因为"人为财死、鸟为食亡"的说法虽然不太中听却是符合人性的。我当然不是在讽刺他们，若说是有一丝的揶揄倾向，也主要指向环境中的相关机制，至于人性的问题，我总觉得不能过多地依赖个人的意志努力。这样一分析，就能够理解为什么遇到一位完美的研究者算得上一种幸运。

或许有人质疑：世上有完美的研究者吗？只要不是刻意地咬文嚼字，那么具备纯粹、真诚和责任的个体研究者还是有的，不过数量的确不多。

每当听人说当下基本没有真正的思想家、理论家、哲学家时，我都没有怀疑过我们的研究者在思维上至少不逊于外人，而是很坚定地认为问题主要出在研究者个人的价值哲学上。明确地讲，一些研究者的价值哲学是不能满足研究事业之需求的，很多时候还可能是背离研究之需求的，这也是学术教育中普遍重视研究价值教育的原因。但就实际的研究价值教育而言，它不仅苍白无力，而且简单无趣，总体来看，无非各种方式的说教和动机合理但实施粗糙、幼稚的各种惩戒，也许有一点效果，但绝对抵不过为此投入的精力和资源。

我们还是应坚持"存在决定意识"的信念，并进一步直面一个事实：既有的研究生态催生了意志力薄弱者的消极价值观。龚自珍当年有诗句"著书都为稻粱谋"批评著述者过于追求物质利益的功利心态，应是那时的著述风气确实极差。遗憾的是，这种过于追求物质利益的功利心态在今天依然存在。

其实，研究者或读书人为谋稻粱而著书并不为过，只有当他们为谋稻粱胡乱著书时才需要提醒。现在的麻烦是各种相关的、赤裸裸的不成熟机制，扭曲了一些研究者的心灵，制造了局部的逆淘汰现象。更值得警醒的是，一些研究者对这一类不正当的现象已经司空见惯，并在难以言说的无奈之下努力适应，无形中也成为相关不良机制的促进者，使得已经足够糟糕的风气似乎更难以逆转。

尽管如此，我们却也无须悲观，我们今天的感觉，过去的人们也曾经有过，想必未来的人们也难以摆脱。这好像还是一种悲观的腔调，其实不尽然。严谨地讲，在研究领域的文化没有发生实质性变化的情况下，比较纯粹、真诚和有责任的优秀研究者总是少数的，大多数还是为稻粱而谋而且也会本分地做研究，当然也总会有少数以伪研究者的身份招摇撞骗、攫取名利的。

对于那些伪研究者，我们该批评还是要批评，这是在表达一种认识的正义，但也大可不必为此过于费心伤神。正确的选择是做一个能积极思维、有积极心态的人，把目光聚焦到那些优秀的研究者身上。一要品味他们创造的知识、思想和方法，二要学习他们具有的纯粹、真诚和责任。

今日有幸聆听一位真诚的研究者讲述，让我更加坚信聚焦优秀研究者的必要。我从他带着纯粹、真诚和责任的分析和推演中，兴奋地获得了确确实实的新知识。那可真的是新知识！那一新知识有朝一日若能借助知识组织的过程汇入公共知识体系，起码能使一些基本的观念更加清晰，依我的判断，应是可能改进领域内人们的专业思维的。我在现场一方面联想到自己近年来格外重视的知识组织学问题，另一方面则不由自主地开始欣赏讲述者的思维和他难以遮掩的良好心性，还有就是我的意识中不时呈现出一个个心性杂乱、德性未修、价值扭曲的形象。

在此过程中，我分明在接受一种教育，在获得一种启迪，也在享受一种美丽。身心静下来的时候，我有意识地回忆四十年的学习和研究生涯，搜寻几代学人中称得上完美研究者个体的人们，一时备感幸福。这是因为，我也不知何德何能，竟然遇到过不少于五位近乎完美的先生、同辈以及后生。

我本想说出他们尊贵的姓名，但最终还是舍不得说出来，更愿意把他们留在我的心中。我也想过，若是所有的研究者都能像他们一样，那么研究者的世界一定是格外美好，人类的知识、思想和方法一定会数不胜数。但转念一想，那些完美和优秀的研究者所创造的知识、思想和方法，已经足够我们学习和应用了。在研究者的理想世界到来之前，我们应该努力为那些为谋稻粱而进行研究的人们创造更好的条件，同时还应该通过对完美研究者的赞扬和对伪研究者的批评，间接地影响相关机制的进步。

学者世界里的精神变化

学者当然可以被看作一个社会分工的结果，也就是作为一个职业人员，从这个角度讲，学者有什么样的人性的弱点暴露出来都不足为奇。比如说他们也有自己的利益和其他世俗性的诉求，公众没有理由理直气壮地指责他们。实际上，这只是一种比较底层的道理，若真的如此，那么公众同样不能够去任性地指责社会上其他的职业工作人员，因为即使是公务员也是普通社会成员，他们也有自己的日常生活，也有自己的世俗性追求。

可这样一来，整个社会的文明状况便难以稳步前进。大概就是这样的集体无意识的作用，人们通常对不同职业人员的品质期望有高与低、严与松的分别。就说对于学者，社会公众头脑中的刻板印象基本上是心地纯正、一心向学，如果学者的心地不大纯正以至于仅把做学问当作敲开各种利益大门的砖头，公众就会感到意外，接踵而来的就是各种各样的批评和谴责。

相比较而言，娱乐名人及普通百姓容易被公众较为宽容地对待，有时候还会觉得不应对他们过于苛刻。这样的现象司空见惯,哪怕是学者也不会为此感到有什么不公。回顾传统社会的学者,他们并未将自己仅仅视为专业的匠人,而是在某种精神传统的规约下带有使命意识和责任担当。学者或上下求索,或左右担当,或发扬道统,或开辟新河,总之是要使自己有别于普通大众的。

对于学者的此种心态,任何人都可以去谈论他们的自命不凡,但在他们的世界中,如果有个人偏离道统的规约甚至反其道而行之,注定为同类人嗤之以鼻。在这种情况下,无论他们从环境中获取多少利益、拥有何种显耀,都摆脱不了自己为自己鼓掌的结局,想要获得纯粹的学者荣耀几无可能。秦桧是有学问的,蔡京是有学问的,赵孟頫也是有学问的,而且这几位在中国的书法史上都是有所贡献的,但他们的学问和贡献并没有掩蔽违逆道统的品质所带来的消极影响。

这大概就是主流文化文明在社会进步中的作用体现,具体地说,一种主流文化界定的纯正总在默默地左右着社会前行的方向,有时候强有力,有时候相对无力,但始终没有消失。不过,这都是传统社会中的一种情况,今天的学者及其所在的世界是不可与之同日而语的。曾经有过的强劲的市场力量及其带来的新规约和新道统,使得一部分学者开始偏离了航向,更关键的是他们懵懵懂懂中竟然能从小收益到大成功,并从此一发不可收拾,最终演化到如鱼得水之境。

而他们的收益和成功很显然是由新的规约和道统界定的,因而也使隐藏在收益和公共背后的方法、技术成为一种先进及经验,加之新机制的辅助,这种经验渐渐地开始反哺新规约与新道统。经过一段时间的综合互动,学者及其世界应该说焕然一新了。曾经发挥引领作用的精神法则先是被挤压到边缘,接着被实际地搁置,最终成为一种保守和落后的象征,学者劳动的环境和生态戏剧般地发生了变化。

走在这种变化前沿的人们自然先得其利,而且站立在潮头,并成为后觉者的楷模,学者的精神结构在潮流的涌动中开始了自觉或不自觉的顺应。我这里的顺应是皮亚杰意义上的顺应,它意味着学者在改造着自己的精神结构,假以时日,学者群体将会更新迭代。

当新的阶段基本来临的时候,我们将会欣赏到一种趋于普遍的原则:

学者的架子是要有的，但不能把迂腐的品格带到做学问之中；虽然不能露骨地把学问做成生意，但一定要在做学问的过程中借鉴工商业的精神；必要的时候也可以创造性地运用成功学的原理和方法。

而这一系列原则其实已经在现实中体现，只是成功的实践者至今仍为少数。谁能否认如今对学问真有敬畏和纯粹之心的人越来越罕见？谁能否认对学问真有敬畏和纯粹之心的人越来越孤单？谁能否认许多名义的研究其实就是一场生意？谁又能否认注水的学术人事已经被人们熟视无睹？

相信真正的学者应希望这样的现象只是学术历史长河中的片段的乱流，但这样的乱流能不能快速地消失，恐怕没有多少人会持乐观的态度。有时候，媒体上的一则消息会令人激动。比如，中国科学院于 2023 年 9 月发公开信，"严肃查处院士增选候选人说情打招呼行贿受贿行为，终身问责"，说明其所指向的消极行为已被重视。

如果我们承认能够奋斗到这一层次的几乎所有科学家均有辛勤和专业的长期付出，那么发生在这一领域的消极行为对于当事人来说必然存在不同程度上的不得已，而在这种不得已的背后则必然存在对研究（学问）有失敬畏和纯粹的事实，与此相伴随的则应是环境对做学问、搞研究的人采取了以名利诱导和以名利界定的策略，从而使一部分学者和研究者的价值结构发生了消极的变化。

更多的话其实也无必要说出，长期以来存在于学者世界里的怪乱现象，不过是更大系统原则辐射的结果。假药、假酒、假证、假牛肉、假鸡蛋等对于人们来说已经屡见不鲜，因此，存在一些假学问、伪研究、假人才的现象，也就不那么令人诧异了。但是，这绝非真正的学者所愿意看到的，更非国家和社会所能容忍的。

进而可以说，这一领域的问题终将被郑重对待，因为无论是学术资源的浪费还是学者价值观的扭曲，对于整个社会来说都是偏离文明的事实，自然不符合进步的潮流。在世界范围的智力竞赛中，对学问的敬畏和纯粹之心从来就是制胜的法宝。对于这一点谁也不要不信，认识领域的南郭先生一定能够等到灰头土脸的那一天，原因是学问本身就是一件严肃的事情，绝非依靠一点奸诈和小聪明就可以长久应付的。

用心感悟历史利于摆脱精神贫穷

现实是从历史的镜子里流出来的东西，所以熟悉历史的人对现实完全有条件没有兴趣。不用说，现实的，本就是历史的，对它没有新奇感，更主要的是因为现实只是历史里的一点点溢出物，之于历史的整体根本不足挂齿。若是熟悉历史的人看到只知现实且只沉醉于现实的人，想必是有同情的，其中性子急一点的，极可能把对方唤醒，甚至会让人家最好走进历史。

但我想这样的唤醒虽然极少，虽然不会让人熟视无睹，却也很难有什么效果。其原因实际上很简单，那就是多数人更习惯于思考在当下，历史于他们而言只是一个熟悉的词语，而与他们的存在和发展并无实质的关联。由于这样的人居多，所以一个时期内人们的存在状态是趋于平面化的，通俗易懂却无味道。既然这样，那我们就去重视历史吧？的确应该如此，但如何重视却是一个核心问题。

这个问题绝非去读一些有趣的历史故事书就能解决的，甚至也不是上大学历史系去系统学习能够解决的。当然，如果做了这样的功课，总会离历史更近一些，但在此基础上，更为关键的是能够通过历史故事走进人性人心，因为只有这样，我们才能通过历史故事把过去和现在联系起来，从而进一步感悟到在岁月的变迁中最基本的东西是保持不变的。

所谓"读史明智、鉴往知来"，并不是说历史的故事中直接蕴含着智慧，而是说读史能有感悟的人，因能理解人性人心的不变而对许多表层的乱象泰然处之。我们现在的人，如果很少重视历史，就可以表达为必然不会靠谱地重视未来。许多人遵循活在当下的原则，看似很策略地节约了自己的回顾和展望，实际上也阉割了自己的反思和想象。

他们虽然不可能一无所获，但因缺乏反思的能力和想象的动力，轻而易举地流失了自己的神灵。这种情况对于一个人来说自然不会危及其生存，但有品位的进步从理论上讲是没有可能的。如果一个人不忍自己的神灵悄悄流失，再如果一个人不满足自己生命的既有状态，那么带着虔诚的心与健康的悟性走进历史，应是一种相对可靠的选择。

凝视人类的或我们自己民族的过往，继而用心感悟，如果运气较佳，应能发现历史与现实是两个平行的世界，会发现历史中有许多我们现实中的熟人熟事，而现实中则在复现许多历史上的旧人故事。同样的道理，未来也应是与现实和历史平行存在的新世界。这里说未来的新，更在突出它的后生，对于那些有幸通过读史进而明智的人来说，是不存在什么新或不新的。

有俗语云，少见多怪，反过来说，见多不怪。若想多见，最便利的方法莫过于留心当下，但无论如何也抵不上走进历史的效果。我之所以如此坚定地做此判断，其实只有一个理由，即历史与现实完全可以互为镜鉴。做更深入的解释，是因为化为历史的一切人与事，好也罢，不好也罢，都无机会强作修饰，不若现实中的人与事常常让人如坠云雾，有时候还会让人领受到生活的欺骗。

历史永远是一笔财富，因而远离历史的人，他们的精神注定贫穷，或能饱食终日，却会空虚终生。那么，我们是否可以义无反顾地走进历史？是否可以去专做历史的学问？我想做任何事情都不必着急慌张，而应定定神，想一想相关的事情。

谨慎一点说，走进历史可以义无反顾，但一定要标记好回到现实世界的路子；至于做历史的学问，这可得慎而又慎，须知可使人明智的"读史"与做历史的学问完全不是一回事情。读史使人明智的概率较高，而做历史的学问，能使人明智的概率就比较低了。这话并不是我说的，说实话，我也不习惯这样说，但别人说的这话，如果经过检验有一定的道理，我也会认真接受。

做历史的学问，实际上是研究历史，这是一个广阔且诱人的领域，其中的研究者也不是同一种样子。他们中有研究治乱兴衰的，也有研究针头线脑的，在今天，大多数历史研究者在学科体制下只能是某一领域的专家。而具有讽刺意味的是，他们作为专家越是成功，似乎越是难以触及真正的明智。从而，如果我们频繁遇到与明智毫无关联的历史研究专家，也就不足为奇了。

莫说是做历史的学问，即便是做哲学和科学的学问，只要当事人没有进一步用心感悟，是不可能从历史、哲学或科学中深刻受益的。但必须指出，没有用心的感悟，做学问的人就无异于机器。如果他们只相当于一台处理材料的机器，便无缘他们所在的学问领域的本质。进而可以说，他们有多糊涂都是他们自己的事情，与历史、哲学、科学本身并无关系。

我们不可能脱出自身之外

"这样的人，实在也是一个心造的幻影，在现实世界上是没有的。要做这样的人，恰如用自己的手拔着头发，要离开地球一样。"这句话是鲁迅先生在《论"第三种人"》中说的，原文是在描述一种人，他们是"生在有阶级的社会里而要做超阶级的作家，生在战斗的时代而要离开战斗而独立，生在现在而要做给与将来的作品"（鲁迅著，鲁迅先生纪念委员会编.《鲁迅全集·第5卷》，花城出版社，2021年版，第13页）。后来，我们只在意了"用自己的手拔着头发，要离开地球"幽默，并没有在意鲁迅先生的具体所指。

今日读书，又见到一句话，虽说是在谈论极其纯粹的认识问题，但其某种灵魂性的意义，竟可与鲁迅先生的说法联系起来。这就是孔狄亚克在《人类知识起源论》中所说的，"无论我们上升，比方说，直上九霄云外，或者下降，坠入万丈深渊，我们都绝不能脱出自身之外；而我们所能觉察的，也永远只能是我们自己的思想"（《人类知识起源论》，商务印书馆，1989年版，第10页）。

我说这两句话有灵魂上的联系，显然是在说两位思想者均意识到人的具体性和有限性，并均进一步告诉我们，具体的个人思想和认识，既无法超越自己生活的现实（鲁迅），也无法超越现实生活中的自己（孔狄亚克）。而这样的认识，在今天借助教育的普及，也能被具有中学知识水平的人们掌握，因而也就失去了那种新感悟诞生时带给人们的深刻感。但我相信，像这样的至理名言，无论被人们重复多少次也不算过度，更不会因家喻户晓而变得寡淡如水。

这样的道理本就是对一种事实的逻辑表达，而事实本身并不会因它自身已被表达而有所改变，即使事实是人文的而非自然的也是如此。这种情况当然会让我们感到惊讶和羞赧，但也能让我们理解为什么读了许多书的人仍然拥有许多的糊涂。这是因为，无论他们把书中的道理弄得多么透彻，也改变不了作为读者的他们自己仍然是一个个具体的个人。只要他们无缘某种思维和人格境界的转化，很可能刚跨出鲁迅和孔狄亚克的客厅，就信誓旦旦地要"用自己的手拔着头发，要离开地球"，或是要在上升或者下降中脱出自身之外。

这也不意味着一个人有缘某种思维和人格境界的转化就可以怎样，最多只能说一个人能够因此平静地自知、自觉，进而从源头处有机会打消某种荒诞的生长。要说人世间如此广大，有多少荒诞也能被容纳，似乎并无必要担心任何荒诞的呈现，但这只是一种看似超然的冷漠立场。倘若荒诞的主人是我们自己的兄弟，那这种超然就很难算得上超然。遇到这种情况，我们很可能自信地去教喻，自然也很可能碰上一鼻子的灰，但即使我们失意而归，也算尽到了做兄弟的责任，日后总会少一些由不尽责而生出的悔恨。

经验表明这种教喻通常以失意收场，因而鲁迅和孔狄亚克所谈到的道理，就这样在人们都认可的背景下基本上还是一个道理。如果你正在读我的文字，兴许会有些着急和不解，你很有可能想知道我究竟要说什么，想知道一贯不善于引述他人论述的我为什么如此认真地转述鲁迅和孔狄亚克的话语。那么，现在我就可以说出来这个答案，即我到了今年的春天，不再忍心看到我兄弟的头发越来越少，也不再忍心看到他们为脱出自己而做的无用功。眼看着认知的、人格的原因使他们的生命意志做了无谓的消耗，而他们自己还自得其乐地陶醉其中，我柔善的心多多少少是有些颤抖的。

我从来就不拒绝勇敢，对于遐想，虽无很大的兴趣，也不会反对，但面对近距离的荒诞还是抑制不住自己的同情。实在地说，我的同情可能是杞人忧天，甚至在他者的视域中属于同一品种的荒诞，但至少在离开地球和脱出自身这件事情上还没有走得太远。这也不是因为我有什么先验的智慧，而是在汲取思想历史的营养过程中，日复一日地感受到多么伟大的头脑在他的后来者那里都有可能落为笑柄，而那些伟大的头脑在他自己的时代都曾是精神精华的源头。

说到这里，是不是有人会指摘我理智上的颓废？会不会以为我是在主张会思想的人应该中规中矩以免被后人讪笑？读者真的不必有这方面的怀疑冲动，要知道任何真正的思想者，固然比常人要多出不知多少严谨，但只要他们尚未疯癫，断然不会用自己的所思求得人类的一劳永逸。思想家和理论家的成长大多是一个作茧自缚的过程，这便意味着他们充其量只是在认知上使自己壮大，但同时也使自己的精神更为封闭和坚固。他的精神强壮了，终了却没能脱出自己。

也许可以说，谁也走不出自己，像黑格尔那样的几乎完备的哲学体系，也可以理解为他自己可能性的极大实现，但也还是他自己。既然这样，普通人就更不必为难自己的头发和皮肤。思考、遐想，这是人的标志，也是人人可以有的选择，但如果有可能，还是应当设法意识到或是相信相关的教喻，不要信誓旦旦地把自己的有限思考当作具有普遍价值的东西。真正有意义的创见，无须思考者装神弄鬼就可以广为传播。纯粹认识领域的创造，只要它的主人没有放任他的创造走出纯粹认识的领域，它就不会失去纯粹的光华。

学术文化的不纯粹也是发展中的问题

如今的研究者都是在人事体制和学科体制下工作的，这是认识活动本身不断深化和认识效率追求不断提升的必然结果。在这种情况下，类似"民科"那样的研究者，即便真实地存在也难有所成就，根底的原因是仅仅依靠个人的天赋和独立的思考通常难有新的知识性收获。退一步讲，即便那个"万一"出现了，这样的研究者也很难寻找到一个被体制下的专业工作者认可的传播方式。尽管现在的媒体、网络技术高度发达和方便，这样的研究者不至于站在城市的广场卖艺式地自说自话，更不至于让自己的成果与小广告共享空间，而是可以使用自媒体进行发布，但除非有兼备见识和胸怀的成功者愿意正视，否则，这样的研究者无论实际上做成了什么，最终都只能沦为一段笑话。

在今天，一个研究者可以有自己的个性化追求，甚至可以缺席任何共同体的仪式性活动，但必须遵从学术共同体的价值和方法，才能够取得共同体在不同意义上的接受和认可。无论一个研究者如何有个性，只要他没有条件和心志做闲云野鹤，总还是要从体制中获取生活资源的。正是因为这一点，研究者个人也需要让渡自己的一些权益，比如完全的自我选择和独立判断。要清楚一点，即人世间的事情从来不是，永远也不会是无条件自主的。无论你是否接受，到终了都会发现各种事情原本就是基于某种利益交换的。

既然是各种利益交换，个体只有自觉依从或不自觉契合了利益交换的规则，才能够以本取利。相反，如果一个人天生就不是做利益交换的材料，或是心里也知道利益交换的原理却一门心思地想天马行空甚而企图空手夺刀，那就只能靠天吃饭和祈祷风调雨顺了。但问题是上天与神仙也有自己的难处，这也就难怪多数人的人生总会有八九成的不如意。一定有人疑惑，难道做研究这些事情，也会和日常的生活共享一样的道理吗？按理说还真不会，可在现实的意义上，我们只能说不应该会，因为现实的研究者的确在从不纯粹的研究规则中受益或受损。细察其缘由，其实也不复杂，应当说显而易见，那就是研究者所在的体制具有人事的和学科的双重性质。

学科性质的一侧没有什么可议论的余地，真假、高低的衡量均有认识的标准可以依循，但人事性质的一侧就迥然不同了。据说智慧的人多愿意附和"水至清无鱼，人至察无徒"，他们通常也有策略让那些喜欢至清和至察的倔强人在深水里潜游，同时也乐于不辞劳苦地启发、引导那些不喜欢至清和至察的活络人在风生水起的地带搞联欢或做团建。我真的见过熊猫一样珍稀的榆木脑袋，他们愣是把研究的世界想象得格外严肃和有意义，参加上一次名字很有质感的论坛或沙龙，口音都能够改掉三成。殊不知他们自己不过是买票观瞻了一次次形式大于实质的演出，只不过是偶尔被拉去做了群演，便误以为自己已经踏进了学术界的大门。

这样的错觉已经耽搁了不知多少有理想的青年，直至他们有一天幡然醒悟，才发觉一切都难以改变。而这种结局如果对一个有志于研究的个人属于意料之外，那么能为此负责的恐怕也只有他自己。因为，人类认识的历史积累足以让研究者从中获取德性的楷模和技术的标准，只怪他们未能自主地留意历史中真正有意义的遗产。他们很可能少有思考地跟从了现实中的活络人，从而捡了芝麻却丢了西瓜。历来真正的研究者都是倡导认真的，但现实中的活络人却可能脸也不红地告诉倔强人不要太认真，这其实就是目前我们研究领域，尤其是哲学和人文社会科学研究领域的一个侧影。

说实话，早已经有直率的人对这样的侧影进行过批判，但效果好像并不理想，在某些局部还引发了更大的反弹。对于这种情况，我们也不必过于悲观，反倒应当给予充分的理解。读者切不可因此觉得我是个乡愿，须知我从开端处就没有计划讨好谁或是惹恼谁。在我的意识中，具体的活络人从头至尾都只是一种背景，我是从主题运动的趋势上判断出我们的研究领域最终还是充满着希望的。非常有必要指出，对于我们这样的一个后发现代化的国家来说，目前研究领域所呈现出的所有问题，都是进步转型过程中的自然现象。在一百年出头的时间里，我们几乎是在慌乱中从古代切换到了近现代。

在文化碰撞的过程中，知识精英的指导思想，从最初的中体西用，到随后的中西并存，再到并没有立足的西体中用，其间的纠结和艰难可想而知。具体到探索性的研究，科学和技术领域的研究者尚能做到萧规曹随，而在哲学和人文社会科学领域，研究者的提升空间仍然较大。由于非经验哲学的认识论教育和非实证研究的方法规训至今难以到位，相关领域的研究者如果不是自修自得或是亲赴国外接受地道的学术训练，所谓的研究在他们那里大多是有名无实的。抛开所谓情面，哲学和人文社会科学领域的研究者整体上固然不存在勤奋与聪明上的欠缺，但认识论素养和研究方法上的不足事实上已让他们陷入心有余而力不足的境地。通俗而言，研究者普遍缺乏认识论意义上的许多标准和规范，从而，"做研究"在一些人那里无法不被转换为"写论文"。

　　要说起来，写论文也是研究者的必要功夫，现在的问题是我们从无数的论文中基本上意会不出研究者的问题意识、创造标准和方法规范，换句话说，岂不是无数论文背后的、作为研究者的作者对研究本身的不甚了了吗？这是一个严肃的问题，当然也是一个严重的问题，值得我们深思的是这个问题不仅未被研究者普遍自觉到，而且未被培养研究者的学术教育机构和相关的专业人员充分地认识到。由此促生了哲学和人文社会科学研究领域的一种怪象，即除了少数卓越的研究者之外，这一领域的人们大多不会用认识论的标准来要求自己和衡量别人。他们情不自禁地想表白自己或评估他人的时候，自然就只能使用外在的、形式的标准来形成陈述，并天长日久地铸成了一个时期特有的学术文化。

　　这种学术文化的个性就是它的不纯粹性，而在这种不纯粹的学术文化中，非认识因素所占的比例，不见得在数量上占据优势，但在重量上是绝对不容忽视的。这种情况虽然不是真正的研究者所乐见的，他们却也不必为此黯然神伤。应当相信，随着学术事业的更新迭代和人类命运共同体建设的进程延续，先进的和本质的标准必将赢得所有人的敬畏。尽管黄钟毁弃、瓦缶雷鸣的现象时不时出现，但新生一代的研究者已经逐渐在辨别真假、高低的能力方面超越了他们的前辈。看到这种迹象，我们对研究领域的未来就没有理由悲观。再多考虑一点，我们离自己的古代实际上很近这一事实，就能理解目前存在的尚未来得及清理的沉渣，已经踏上了穷途末路。经验表明，新陈代谢也需要一个过程。

后　记

在这本随笔集出版之际，我觉得有必要做一些相关说明，这不仅仅是一种写作者的习惯，某种意义上也是作者的一种义务。其中的道理是：任何既成的文字，如果不属于天启的结果，其作者便应当对自己写作和出版的原因或理由做出解释。否则，一方面会影响读者对作品的理解，另一方面也会使与既成的文字相关的有效信息被无端地埋没。且不说作者自己毕竟有所付出，即便从社会学的意义上讲，如果能够说清楚作品产生的过程，透露一点运行于其中的情感与价值，也能够增强作品在读者意识中的活性，于人于己均属于有益的作为。

于我而言，最需要说明的应是随笔集中这么多文章的来由。须知对于一个教育者兼研究者看来说，本职的教学和研究工作足以花掉自己几乎所有的有效时间，哪还有什么心思去写这些小文章？说实话，这一问题一经提出，我便立即自觉到专门的说明有多么重要，因为这看起来很有规模的随笔集，并非我业余的兴趣所致，严格地讲，应属于本职工作的有机成果。进一步说，集子里文章的数目可观，但就其主题来说，也无外乎"正心""修身""育人""问道"，恰是典型的中国教育者和研究者的本分。

而这些文字之所以在我的职业生涯中生成，应摆在第一位功劳的还是时代和本职工作在灵感上的恩赐，作为作者的主要作用只是贡献了基于本分和认真的反思习惯。说白了，作为一个教育者，我不可能时时刻刻站在讲台上；作为研究者，我也不可能时时刻刻在写所谓的论文和著作；更多的时间里，我在阅读，在思考，当然还得带着忍痛割爱的心情，拿出大把时间，去做一些少有意义却不能不做的事情。在各种各样的事情中，我自然会获得各种各样的感受，而我又不愿意让这些感受随风飘逝，便从某一个年代开始，选择用反思性的写作记载下来。

现在回忆那个选择反思性写作的时间应是 2005 年的夏季，至今整整 20 个年头。简单地说，第一个十年的随笔写作，最终结集为《思想者的逻辑》出版；如今要出版的这本《育人之道与问学之理》，加上另一本《正心之念与修身之思》，则是第二个十年里的随笔作品。

关于这本集子的特点，本书的责任编辑崔文燕说道："本书是作者在'以人类的名义思考，向认识的极限挑战'理念引领下，对教育和教育学术研究的理性思考，主题集中在'育人'和'问学'两个范畴之中，充分体现了现代精神和中华优秀传统文化的结合。作者以随笔的形式书写，对具体环境中的教育实践和教育学术研究进行了深刻的思虑，内容通俗而深刻，体现了教育哲学学者的真诚与使命意识，既具有思想的灵动性，也具有理论的严谨性。"这样的概括显然有溢美之词，但又甚合我意，说明她的理解和把握是相当到位的。

由片段的文字结成的集子，自然赶不上理论著作的系统性，但因它是我们这个时代影响下的产物，对于未来想理解我们这个时代的人们来说，也可能成为一种类型的文献。晚清山西士子刘大鹏曾著《退想斋日记》，记述了自 1890 年以后半个多世纪自己的生平活动和社会见闻。他自然想不到自己的"日记"成为后来社会史研究者不可多得的民间视角的记述。我的随笔集虽比不上刘大鹏日记的具体、生动与连续，但也能反映我们这个时代的一个教育者兼研究者思虑的个人视角，更不用说其中难免有在理论论文和著作中未能尽及的内容。因而，我相信对于有缘读到它的人们，应能从中有所获得，自然也不排除从中获得反面教训的可能。即使如此，吾愿足矣！

感谢所有赐给我灵感的人们！

感谢这个让人总有所思的年代！